회사운영과 관련된 전반적인 법률문제를

회사설립과
법대로 운영하기

편저 : 이종익

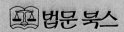
법문북스

회사운영과 관련된 전반적인 법률문제를 해결하는

회사설립과
법대로 운영하기

편저 : 이종익

법문 북스

머리말

　우리나라의 주식회사제도는 1912년 제령 제7호인 「조선민사령」에 의하여 의용된 일본 상법에 포함하여 도입되었으며, 8·15광복 후에도 1946년 11월의 군정법령 제21호에 의하여 그때까지 의용된 일본 상법이 계속 시행되었습니다. 그러다가 1962년 우리 「상법」이 제정됨에 따라 주식회사제도에 있어서 큰 변혁을 가져왔습니다.

　주식회사란 주식의 발행을 통해 여러 사람으로부터 자본금을 조달받고 설립된 회사를 말합니다. 주식을 매입하여 주주가 된 사원은 주식의 인수한도 내에서만 출자의무를 부담하고 회사의 채무에 대해서는 직접책임을 부담하지 하지 않습니다.
　또 주식회사는 1인 이상의 사원(주주)으로 구성됩니다. 주식회사의 주주는 회사채권자에게 아무런 직접적인 책임을 부담하지 않고 자신이 가진 주식의 인수가액 한도 내에서 간접·유한의 책임을 집니다.

　이러한 여러 가지 규약과 상법에서 정하고 있는 주식회사를 설립하고 운영하려면 복잡하고 까다로운 절차와 법령에 정한 규제규정들이 있어 일반인들은 전문가를 통하지 않고 설립·운영하는 것은 생각하기조차 어렵습니다.

　이 책에서는 이와 같은 복잡한 주식회사의 설립 절차와 운영에 이르기까지 상세한 내용을 상담사례와 관련판례 및 서식을 함께 수

록하여 누구나 쉽게 이해할 수 있도록 하였습니다.

이러한 자료들은 대법원의 최신 판결례와 법제처의 생활법령, 대한법률구조공단의 상담사례 및 서식 등을 참고하였으며, 이를 종합적으로 정리, 분석하여 일목요연하게 편집하였습니다.

이 책이 복잡한 절차를 밟아 주식회사를 설립·운영하려는 분들에게 큰 도움이 되리라 믿으며, 열악한 출판시장임에도 불구하고 흔쾌히 출간에 응해 주신 법문북스 김현호 대표에게 감사를 드립니다.

2018. 6.
편저자 드림

목 차

제1장 회사의 종류는 어떻게 되나요?

제2장 주식회사는 어떻게 설립해야 하나요?

제3장 정관작성 및 주식발행사항 결정은 어떻게 하나요?

제4장 주식회사 설립은 어떤 방법으로 하나요?

◆ 제1절 발기설립의 경우

부 록 : 관련법령- 상법 초록(抄錄)

제1장

회사의 종류는
어떻게 되나요?

제1장 회사의 종류는 어떻게 되나요?

1. 회사의 개념

"회사"란 상행위나 그 밖의 영리를 목적으로 설립한 법인을 말합니다(상법 제169조). 따라서 회사는 영리를 목적으로 하며, 법인이라는 특성을 갖습니다.

2. 회사의 특성

2-1. 영리성

회사는 상행위나 그 밖의 영리를 목적으로 해야 합니다(상법 제169조). 영리를 목적으로 한다는 것은 대외적 수익활동을 통해 얻은 이익을 주주와 같은 구성원에게 분배한다는 것을 말합니다.

2-2. 법인성

회사는 법인성을 가져야 합니다(상법 제169조). 법인성을 갖는다는 것은 구성원인 사원과 회사는 별개의 인격을 가지므로 회사는 사원으로부터 독립하여 별개의 권리와 의무를 가지며, 사원은 회사재산에 대해 직접적인 권리를 갖지 못한다는 것을 뜻합니다.

3. 회사의 종류

3-1. 「상법」상 회사의 종류

「상법」에서는 회사를 ① 합명회사, ② 합자회사, ③ 유한책임회사, ④ 주식회사, ⑤ 유한회사의 5가지로 분류하고 있습니다(상법 제170조).

3-2. 합명회사

① 합명회사는 2인 이상의 무한책임사원으로 구성됩니다. 무한책임사원은 회사에 대하여 출자의무를 가지고 회사채권자에 대하여 직접·연대하여 무한의 책임을 집니다(상법 제212조 참조).

② 무한책임사원은 합명회사의 업무를 집행합니다. 무한책임사원은 업무집행을 전담할 사원을 정할 수 있으며, 업무집행사원을 정하지 않은 경우에는 각 사원이 회사를 대표하고, 여러 명의 업무집행사원을 정한 경우에는 각 업무집행사원이 회사를 대표합니다(상법 제200조 및 제207조 참조).

3-3. 합자회사

① 합자회사는 1인 이상의 무한책임사원과 1인 이상의 유한책임사원으로 구성됩니다. 무한책임사원은 회사채권자에 대하여 직접·연대하여 무한의 책임을 지는 반면, 유한책임사원은 회사에 대해 일정 출자의무를 부담할 뿐 그 출자가액에서 이미 이행한 부분을 공제한 가액을 한도로 하여 책임을 집니다(상법 제268조 및 제279조 참조).

② 무한책임사원은 정관에 다른 규정이 없는 때에는 각자가 회사의 업무를 집행할 권리와 의무가 있으며, 유한책임사원은 대표권한이나 업무집행권한은 없지만 회사의 업무와 재산상태를 감시할 권한을 갖습니다(상법 제273조, 제277조 및 제278조 참조).

3-4. 유한책임회사

① 유한책임회사는 공동기업이나 회사의 형태를 취하면서도 내부적으로는 사적자치가 폭넓게 인정되는 조합의 성격을 갖고, 외부적으로는 사원의 유한책임이 확보되는 기업 형태에 대한 수요를 충족하기 위해 「상법」에 도입된 회사형태로서 사모(私募)투자펀드와 같은 펀드나 벤처기업 등 새로운 기업에 적합한 회사형태입니다.

② 유한책임회사는 1인 이상의 유한책임사원으로 구성됩니다. 유한책임 사원은 회사채권자에 대하여 출자금액을 한도로 간접·유한의 책임을 집니다(상법 제287조의7 참조).

③ 유한책임회사는 업무집행자가 유한책임회사를 대표합니다. 따라서 정 관에 사원 또는 사원이 아닌 자를 업무집행자로 정해 놓아야 하며, 정관 또는 총사원의 동의로 둘 이상의 업무집행자가 공동으로 회사 를 대표할 것을 정할 수도 있습니다(상법 제287조의12제1항 및 제 287조의19 참조).

3-5. 주식회사

① 주식회사는 1인 이상의 사원(주주)으로 구성됩니다. 주식회사의 주주 는 회사채권자에게 아무런 직접적인 책임을 부담하지 않고 자신이 가 진 주식의 인수가액 한도 내에서 간접·유한의 책임을 집니다(상법 제 331조 참조).

② 주식회사는 주주라는 다수의 이해당사자가 존재하므로 의사결정기관 으로 주주총회를 두어 정기적으로 이를 소집해야 하고, 업무집행기관 으로 이사회 및 대표이사를 두어 회사의 업무를 집행합니다. 또한 이 사의 직무집행을 감사하고, 회사의 업무와 재산상태를 조사하기 위해 감사와 같은 감사기관을 둡니다(상법 제361조, 제365조, 제382조, 제389조 및 제409조 참조).

③ 주식회사는 주식을 단위로 자본이 구성되므로 자본집중이 쉽고, 주주 가 유한책임을 부담하므로 사업실패에 대한 위험이 적어 공동기업의 형태로 자주 이용됩니다. 현재 우리나라의 회사 형태 중 주식회사가 차지하는 비율은 약 94%에 달합니다.

3-6. 유한회사

① 유한회사는 1인 이상의 사원으로 구성됩니다. 유한회사의 사원은 주 식회사와 마찬가지로 회사채권자에게 직접적인 책임을 부담하지 않고

자신이 출자한 금액의 한도에서 간접·유한의 책임을 집니다(상법 제
553조 참조).

② 유한회사의 조직형태는 주식회사와 유사하지만, 주식회사와 달리 이
사회가 없고 사원총회에서 업무집행 및 회사대표를 위한 이사를 선임
합니다. 선임된 이사는 정관 또는 사원총회의 결의로 특별한 정함이
없으면 각각 회사의 업무를 집행하고 회사를 대표하는 권한을 가집
니다(상법 제561조, 제562조 및 제547조 참조).

③ 유한회사의 조직형태는 주식회사와 유사하지만 주식회사와 달리 패쇄
적이고 비공개적인 형태의 조직을 갖습니다. 또한 주식회사보다 설립
절차가 비교적 간단하고 사원총회 소집절차도 간소하다는 특징이 있
습니다.

4. 주식회사의 개념

4-1. 주식회사란?

① "주식회사"란 주식의 발행을 통해 여러 사람으로부터 자본금을 조달
받고 설립된 회사를 말합니다. 주식을 매입하여 주주가 된 사원은 주
식의 인수한도 내에서만 출자의무를 부담하고 회사의 채무에 대해서
는 직접책임을 부담하지 하지 않습니다.

② 따라서 주식회사는 주식, 자본금, 주주의 유한책임이라는 3가지 요소
를 본질로 합니다.

4-2. 주식회사의 본질적 요소

4-2-1. 주식

① "주식"이란 주식회사에서의 사원의 지위를 말합니다. 주식은 주식회사
의 입장에서는 자본금을 구성하는 요소이면서 동시에 주주의 입장에
서는 주주의 자격을 얻기 위해 회사에 납부해야 하는 출자금액의 의

미를 갖습니다(상법 제301조, 제305조 및 제451조 참조).

② 회사는 주식을 발행할 때 액면주식으로 발행할 수 있으며, 정관으로
정한 경우에는 주식의 전부를 무액면주식으로 발행할 수도 있습니다
(상법 제329조제1항).

③ "액면주식"이란 1주의 금액이 정해져 있는 주식을 말하며, "무액면주
식"이란 1주의 금액이 정해져 있지 않은 주식을 말합니다.

④ 액면주식의 금액은 균일해야 하며, 1주의 금액은 100원 이상으로 해
야 합니다(상법 제329조제2항 및 제3항).

4-2-2. 자본금

① 자본금은 주주가 출자하여 회사성립의 기초가 된 자금을 말합니다. 자
본금은 다음과 같이 액면주식을 발행한 경우와 무액면주식을 발행한
경우에 따라 다르게 구성됩니다(상법 제451조제1항 및 제2항 참조).

구분	자본금
액면주식을 발행한 경우	발행주식의 액면총액(액면금액에 주식수를 곱한 것)이 자본금이 됩니다.
무액면주식을 발행한 경우	주식 발행가액의 2분의 1이상의 금액으로서 이사회(상법 제416조 단서에서 정한 주식발행의 경우에는 주주총회를 말함)에서 자본금으로 계상하기로 한 금액의 총액이 자본금이 됩니다(이 경우 주식의 발행가액 중 자본금으로 계상하지 않는 금액은 자본준비금으로 계상해야 함).

② 회사의 자본금은 액면주식을 무액면주식으로 전환하거나 무액면주식
을 액면주식으로 전환함으로써 변경할 수 없습니다(상법 제451조제3
항).

③ 한편, 주식회사의 최저자본금은 종전에는 5,000만원 이상이었으나,
「상법」 개정으로 최저자본금제도를 폐지하여 누구라도 손쉽게 저렴한

비용으로 회사를 설립할 수 있도록 하였습니다.

4-2-3. 주주의 유한책임

주주는 회사에 대하여 주식의 인수가액을 한도로 하여 출자의무를 부담할 뿐이며, 그 이상 회사에 출연할 책임을 부담하지 않습니다. 따라서 회사가 채무초과상태에 있다고 하더라도 주주는 회사의 채권자에게 변제할 책임이 없습니다. 이를 주주의 유한책임이라고 합니다(상법 제331조 참조).

4-3. 주식회사 설립 절차 개관

4-3-1. 주식회사의 설립과정

주식회사를 설립하려면 우선 ① 발기인을 구성하여, ② 회사상호와 사업목적을 정한 다음, ③ 발기인이 정관을 작성합니다. 정관작성 후에는 ④ 주식발행사항을 결정하고 ⑤ 발기설립 또는 모집설립의 과정을 거쳐 ⑥ 법인설립등기, 법인설립신고 및 사업자등록을 하면 모든 설립행위가 완료됩니다.

4-3-2. 발기설립과 모집설립의 차이

주식회사의 설립방법에는 발기설립과 모집설립이 있습니다. 발기설립이란 설립 시에 주식의 전부를 발기인만이 인수하여 설립하는 것을 말하고, 모집설립이란 설립 시에 주식의 일부를 발기인이 우선인수하고 주주를 모집하여 그 나머지를 인수하게 하는 설립방법을 말합니다. 발기설립과 모집설립은 다음의 차이가 있습니다.

	발기설립	모집설립
기능	소규모 회사설립에 용이	대규모 자본 조달에 유리
주식의 인수	주식의 총수를 발기인이 인수	발기인과 모집주주가 함께 주식 인수
인수 방식	단순한 서면주의	법정기재사항이 있는 주식청약서에 의함
주식의 납입	발기인이 지정한 은행 그 밖의 금융기관에 납입	주식청약서에 기재한 은행 그 밖의 금융기관에 납입
납입의 해태	민법의 일반원칙에 따름	실권절차(상법 제307조)가 있음
창립총회	불필요	필요
기관구성	발기인의 의결권의 과반수로 선임	창립총회에 출석한 주식인수인의 의결권의 3분의 2 이상이고 인수된 주식의 총수의 과반수에 해당하는 다수로 선임
설립경과조사	이사와 감사가 조사하여 발기인에게 보고	이사와 감사가 조사하여 창립총회에 보고
변태설립사항	이사가 법원에 검사인 선임 청구, 검사인은 조사하여 법원에 보고	발기인은 법원에 검사인 선임 청구, 검사인은 조사하여 창립총회에 보고

[서식 예] 설립전 확정할 사항

상 호	
본점 소재지	
공고 방법	
1주의 금액	
자본의 총액	

사업목적(업태 / 종목, 목적사항이 많은 경우 별지기재) 1. 2. 3. 4.

임원(발기인) 및 지분율
  주1. 이사의 종류를 사외이사 및 기타 비상무이사로 등기할 경우
     별도 표시할 것
  주2. 발기설립의 경우 지분없는 이사 또는 감사 1인이 있어야 함

대표이사	성명 주민번호 주소	지분율 %
사내이사 (생략가능)	성명 주민번호 주소	지분율 %
사내이사 (생략가능)	성명 주민번호 주소	지분율 %
감사	성명 주민번호 주소	지분율 %

임원 아닌 주주 (생략가능) 성명 주민번호 주소	지분율 %
잔고증명서발급은행, 지점명 잔고증명서의 증명일자	
필요 서류	– 대표이사, 이사, 감사의 인감도장, 인감증명서 및 주민등록등본(또는 초본) 각1통, 잔고증명서 1통 – 기타 임원아닌 주주의 도장(인감아니어도 무방)
업무담당자	성 명: 연락처 :

■ **미성년자도 주식회사를 설립할 수 있나요? 그리고 주식회사는 어떻게 설립하는 건가요?**

Q: 개인홈페이지 서비스를 제공하는 IT회사에 만화형태의 캐릭터를 제작하여 보급하는 사업을 하려고 하는 17세의 고등학생입니다. 친구들과 주식회사를 설립해서 사업을 시작해보려고 하는데요, 미성년자도 주식회사를 설립할 수 있나요? 그리고 주식회사는 어떻게 설립하는 건가요?

A: 주식회사를 설립하는 사람을 발기인이 하며, 법정대리인(친권자)의 동의만 있다면 미성년자도 발기인이 될 수 있습니다. 한편, 주식회사를 설립하려면 ① 발기인을 구성하여, ② 회사상호와 사업목적을 정하고 ③ 발기인이 정관을 작성한 다음 ④ 주식발행사항을 결정하고 ⑤ 발기설립 또는 모집설립의 과정을 거쳐 ⑥ 법인설립등기, 법인설립신고 및 사업자등록을 하면 됩니다.

◇ 주식회사의 개념 및 발기인의 자격요건

① "주식회사"란 주식의 발행을 통해 여러 사람으로부터 자본금을 조달받고 설립된 회사를 말합니다. 주식을 매입하여 주주가 된 사원은 주식의 인수한도 내에서만 출자의무를 부담하고 회사의 채무에 대해서는 직접책임을 부담하지 하지 않습니다.

② 주식회사를 설립하는 사람을 발기인이라고 합니다. 발기인이 될 수 있는 자격조건에는 특별한 제한이 없습니다. 따라서 법인이나 미성년자도 주식회사의 발기인이 될 수 있습니다. 다만, 미성년자가 발기인으로서 회사를 설립하려면 법정대리인(친권자 또는 미성년후견인)의 동의가 있어야 합니다.

◇ 주식회사 설립절차

주식회사를 설립하려면 우선 ① 발기인을 구성하여, ② 회사상호와 사업목적을 정한 다음, ③ 발기인이 정관을 작성합니다. 정관작성 후에는 ④ 주식발행사항을 결정하고 ⑤ 발기설립 또는 모집설립의 과정을 거쳐 ⑥ 법인설립등기, 법인설립신고 및 사업자등록을 하면 모든 설립행위가 완료됩니다.

제2장

주식회사는 어떻게 설립해야 하나요?

제2장 주식회사는 어떻게 설립해야 하나요?

1. 발기인 구성하기

1-1. 발기인의 구성과 책임

① 주식회사를 설립하는 사람을 발기인이라고 합니다. 주식회사 설립절차에는 발기인이 중요한 역할을 하므로, 누가 발기인이 될 수 있는가는 주식회사 설립에 있어서 중요한 문제입니다.

② 발기인은 주식회사를 설립할 때 회사의 정관을 작성하고 그 정관에 기명날인 또는 서명을 해야 합니다(상법 제288조 및 제289조 제1항).

1-2. 발기인의 자격 및 인원

1-2-1. 발기인의 자격조건

① 발기인이 될 수 있는 자격조건에는 제한이 없습니다. 따라서 법인이나 미성년자도 주식회사의 발기인이 될 수 있습니다.

■ 미성년자가 주식회사를 설립할 수 있나요?

Q: 저는 중학교에 다니고 있는 학생입니다. 이번에 제가 발명한 상품을 제조할 목적으로 주식회사를 설립하고 싶은데요, 제가 직접 주식회사를 설립할 수 있나요?

A: 회사를 설립하는 사람을 발기인이라고 합니다. 발기인의 자격에는 제한이 없어 미성년자인 중학생도 발기인이 되어 주식회사를 설립할 수 있습니다. 다만, 미성년자가 발기인으로서 회사를 설립하려면 법정대리인(친권자 또는 미성년후견인)의 동의가 있어야 합니다(민법 제5조 참조).

1-2-2. 발기인의 인원수

주식회사 설립 시 필요한 발기인의 인원수에는 제한이 없으므로, 발기인의 구성은 1인만으로도 가능합니다(상법 제288조 참조).

■ 혼자서 주식회사를 설립하는 것이 가능한가요?

Q: 주식회사를 설립하려고 하는데 같이 설립할 사람을 모집하였지만 찾기가 힘들어 혼자 주식회사를 설립하려고 하는데 가능한가요?

A: 주식회사 설립을 준비하는 발기인의 수에는 제한이 없으므로, 혼자서 주식회사를 설립할 수 있습니다. 이 경우 1인이 회사설립 업무를 담당하므로 발기설립으로 회사를 설립하게 되며, 발기인의 주식인수 → 주식인수금의 납입 → 회사기관의 구성 → 설립사항 조사 → 설립등기 및 사업자등록신청의 과정을 통해 설립됩니다.

1-2-3. 발기인 조합

① 2명 이상의 발기인이 회사설립에 관한 의사가 합치하여 단체를 만든 경우 그 단체는 발기인조합계약에 의해 체결된 조합에 해당하며, 「민법」에 따른 조합규정이 적용됩니다. 따라서 발기인조합의 의사결정은 발기인의 과반수로 합니다(민법 제706조제2항 참조).

② 다만, 「상법」에서 발기인 전원의 동의가 필요한 것으로 규정하고 있는 정관작성이나 주식발행사항을 결정할 때(정관에 달리 정함이 없는 경우)에는 발기인 전원의 동의가 있어야 합니다(상법 제289조제1항 및 제291조).

2. 발기인의 책임

2-1. 회사가 성립한 경우 발기인의 책임

2-1-1. 자본충실책임(資本充實責任)

① 회사설립 시에 발행한 주식으로서 회사성립 후에 아직 인수되지 않은 주식이 있거나 주식인수의 청약이 취소된 때에는 발기인이 이를 공동으로 인수한 것으로 봅니다(상법 제321조제1항).

② 회사성립 후 주식인수가액의 납입을 완료하지 않은 주식이 있는 때에는 발기인은 연대하여 그 납입을 하여야 합니다(상법 제321조제2항).

③ 대표이사는 발기인에게 자본충실책임 외에도 아래의 손해배상을 청구할 수 있습니다(상법 제209조, 제315조 및 제321조제3항).

2-1-2. 손해배상책임

① 회사에 대한 손해배상책임

- 발기인이 회사의 설립에 관하여 그 임무를 게을리 한 때에는 그 발기인은 회사에 대하여 연대하여 손해를 배상할 책임이 있습니다. 다만, 주주 전원의 동의가 있는 경우 발기인은 회사가 입은 손해에 대한 배상책임을 면제받을 수 있습니다(상법 제322조제1항 및 제324조).

- 대표이사가 발기인에게 책임을 추궁하지 않는 경우, 발행주식총수 100분의 1 이상의 주식을 가진 주주는 회사에 대하여 발기인의 책임을 추궁할 수 있는 소를 제기할 수 있으며, 회사가 이러한 청구를 받은 날부터 30일내에 소를 제기하지 않으면 주주는 즉시 회사를 위해 소를 제기할 수 있습니다(상법 제209조, 제324조, 제403조제1항 및 제3항).

② 제3자에 대한 손해배상책임

- 발기인이 회사의 설립에 관하여 악의 또는 중대한 과실로 인하여 그 임무를 게을리 한 때에는 그 발기인은 제3자에 대하여도 연대하여 손해를 배상할 책임이 있습니다(상법 제322조제2항).

■ 회사의 개업준비행위로서 영업자금을 차입한 경우 차용금채무는 상사채무로서 5년의 소멸시효가 적용되나요?

Q: 甲과 乙은 유아용 장난감을 제조하는 공장을 운영하기 위해 丙으로부터 사업자금을 차용하였습니다. 이후 甲은 위 공장의 운영 등을 목적으로 하는 A 주식회사를 설립하여 대표이사로 취임하였습니다. 이 때 甲의 위 차용금채무는 상사채무로서 5년의 소멸시효가 적용되나요?

A: 영업자금 차입 행위는 행위 자체의 성질로 보아서는 영업의 목적인 상행위를 준비하는 행위라고 할 수 없지만, 행위자의 주관적 의사가 영업을 위한 준비행위이고 상대방도 행위자의 설명 등에 의하여 그 행위가 영업을 위한 준비행위라는 점을 인식한 경우에는 상행위에 관한 상법의 규정이 적용됩니다. 다만 영업을 준비하는 행위가 보조적 상행위로서 상법의 적용을 받기 위해서는 행위를 하는 자 스스로 상인자격을 취득하는 것을 당연한 전제로 하므로, 어떠한 자가 자기 명의로 상행위를 함으로써 상인자격을 취득하고자 준비행위를 하는 것이 아니라 다른 상인의 영업을 위한 준비행위를 하는 것에 불과하다면, 그 행위는 행위를 한 자의 보조적 상행위가 될 수 없습니다. 여기에 회사가 상법에 의해 상인으로 의제된다고 하더라도 회사의 기관인 대표이사 개인은 상인이 아니어서 비록 대표이사 개인이 회사 자금으로 사용하기 위해서 차용한다고 하더라도 상행위에 해당하지 아니하여 차용금채무를 상사채무로 볼 수 없는 법리를 더하여 보면, 회사 설립을 위하여 개인이 한 행위는 그것이 설립 중 회사의 행위로 인정되어 장래 설립될 회사에 효력이 미쳐 회사의 보조적 상행위가 될 수 있는지는 별론으로 하고, 장래 설립될 회사가 상인이라는 이유만으로 당연히 개인의 상행위가 되어 상법 규정이 적용된다고 볼 수는 없습니다. 따라서 이번 사건에서 甲의 위 차용금채무는 5년의 상사소멸시효가 적용되지 않습니다(대법원 2012. 7. 26. 2011다43594 판결 참조).

■ 기존주식회사의 채무를 신설주식회사에 청구할 수 있는지요?

Q: 저는 甲주식회사에 5,000만원을 대여하였으나, 甲주식회사 대표이사 乙은 甲주식회사의 부채가 많아지자 甲주식회사를 해산하고 사업내용이 동일한 丙주식회사를 새로 설립하여 회사를 운영하고 있습니다. 그러나 丙주식회사는 채무변제를 도외시하고 있는데, 丙주식회사에 대하여 위 대여금채권을 청구할 수 있는지요?

A: 구 회사가 해산되고 신 회사가 설립되는 과정에서 신 회사는 구 회사의 채권·채무를 승계 한다는 약정이 있는 경우나, 신·구 회사가 합병이라는 절차를 밟는 경우에는 신 회사에 대하여 구 회사에 대한 채권을 청구하는 데에 문제가 없겠지만 원칙적으로 구 회사가 존속하거나 또는 해산되면서 별도의 신 회사가 설립되는 경우에는 구 회사에 대한 채권을 가지고 신 회사에 대하여 이행청구나 강제집행 등을 할 수는 없는 것입니다.

　그러나, "구 회사가 채무를 면탈할 목적으로 기업의 형태·내용이 실질적으로 동일한 신설회사를 설립하였다면, 신설회사의 설립은 기존회사의 채무면탈이라는 위법한 목적달성을 위하여 회사제도를 남용한 것이므로 기존회사의 채권자에 대하여 위 두 회사가 별개의 법인격을 갖고 있음을 주장하는 것은 신의성실의 원칙상 허용될 수 없다 할 것이어서 기존회사의 채권자는 위 두 회사 어느 쪽에 대하여서도 채무의 이행을 청구할 수 있다."라고 한 사례가 있습니다(대법원 2004. 11. 12. 선고 2002다66892 판결, 2006. 7. 13. 선고 2004다36130 판결).

　또한 구 회사가 해산되면서 신 회사로의 재산 양도 등의 법률행위가 구 회사의 채권에 대한 강제집행의 면탈을 목적으로 법률행위를 한 경우에는 채권자취소권의 요건에 해당될 수가 있으므로 그 원상회복을 법원에 청구하여 원래의 구 회사를 되살려놓고 이에 대해 채무변제를 청구할 수도 있고, 또한 「상법」 제401조 제1항에 규정하듯이 이사가 고의 또는 중대한 과실로 그 임무를 게을리 한 경우에는 그 이사에 대해 손해배상 책임을 물을 수도 있을 것입니다.

다만, 판례는 "이사가 제3자에 대하여 연대하여 손해배상책임을 지는 고의 또는 중대한 과실로 인한 임무해태행위라 함은 이사의 직무상 충실 및 선관의무위반의 행위로서 위법한 사정이 있어야 하고 통상의 거래행위로 인하여 부담하는 회사의 채무를 이행할 능력이 있었음에도 단순히 그 이행을 지체하고 있는 사실로 인하여 상대방에게 손해를 끼치는 사실만으로는 이를 임무를 해태한 위법한 경우라고 할 수는 없다."라고 하였고(대법원 1985. 11. 12. 선고 84다카2490 판결, 2006. 8. 25. 선고 2004다26119 판결), 또한 "부동산의 매수인인 주식회사의 대표이사가 매도인과 사이에 매매잔대금의 지급방법으로 매수부동산을 금융기관에 담보로 제공하여 그 대출금으로 잔금을 지급하기로 약정하였으나, 대출이 이루어진 후 해당 대출금 중 일부만을 매매잔대금으로 지급하고 나머지는 다른 용도로 사용한 후, 나머지 잔금이 지급되지 않은 상태에서 피담보채무도 변제하지 아니하여 그 부동산이 경매절차에서 경락되어 결과적으로 매도인이 손해를 입은 경우, 그 주식회사의 대표이사가 악의 또는 중대한 과실로 인하여 그 임무를 해태한 경우에 해당한다고 볼 여지가 있다."라고 하였습니다(대법원 2002. 3. 29. 선고 2000다47316 판결).

따라서 귀하의 경우 丙주식회사가 甲주식회사의 채무를 면탈할 목적으로 설립된 회사라면 丙주식회사에 대하여 대여금채권을 청구해볼 수 있으며 또한, 甲주식회사의 재산이 다른 곳에 처분이 되었다면 채권자취소소송을 통하여 그 재산을 甲주식회사로 회복 후 강제집행을 하는 방법이 있을 수 있으며, 대표이사인 乙에 대하여는 「상법」 제401조 제1항의 이사의 악의 및 중과실 여부를 입증하여 책임을 물을 수도 있을 것입니다.

2-2. 회사가 성립하지 못한 경우 발기인의 책임

① 회사가 성립하지 못한 경우에는 발기인은 그 설립에 관한 행위에 대하여 연대하여 책임을 집니다(상법 제326조제1항).

② 회사가 성립하지 못한 경우 회사의 설립에 관하여 지급한 비용은 발기인이 부담합니다(상법 제326조제2항).

2-3. 유사발기인의 책임

① "유사발기인"이란 주식청약서 그 밖의 주식모집에 관한 서면에 성명과 회사의 설립에 찬조하는 뜻을 기재할 것을 승낙한 자를 말합니다(상법 제327조).

② 유사발기인은 발기인과 동일한 책임을 부담하므로, 자본충실책임과 회사가 성립하지 않았을 때의 연대책임 및 회사설립을 위해 지급한 비용을 부담합니다(상법 제327조).

3. 발기인에 대한 처벌

3-1. 발기인의 특별배임죄

① 발기인이 본인의 임무를 위배하여 재산상의 이익을 취하거나 제3자로 하여금 이를 취득하게 하여 회사에 손해를 가한 때에는 10년 이하의 징역 또는 3천만원 이하의 벌금에 처해집니다(상법 제622조제1항).

② 징역과 벌금은 병과될 수 있으며, 발기인이 법인인 때에는 그 행위를 한 법인의 이사, 집행임원, 감사 그 밖에 업무를 집행한 사원 또는 지배인이 벌칙을 부담합니다(상법 제632조 및 제637조).

3-2. 이사, 감사 등의 조사업무를 방해한 경우

발기인이 이사, 감사, 검사인, 감정인 또는 공증인의 회사설립사항 조사업무를 방해하는 경우에는 500만원 이하의 과태료가 부과됩니다. 다만, 위반행위에 형을 받는 경우에는 과태료가 부과되지 않습니다(상법 제635조제1항제3호).

4. 설립목적 정하기

4-1. 회사의 설립목적 정하기

4-1-1. 회사의 설립목적

① 회사의 설립목적은 회사의 존재이유 또는 수행하려는 사업에 관한 것입니다. 발기인은 정관을 작성할 때 회사의 목적을 정해야 합니다(상법 제289조제1항제1호).

② 또한 회사는 영리를 목적으로 하므로, 주식회사의 목적사업은 영리를 추구하는 사업이어야 합니다(상법 제169조 참조).

4-1-2. 목적의 필요성

① 이사가 고의 또는 과실로 정관을 위반할 경우에는 손해배상책임을 부담하고, 직무에 관하여 정관을 위반한 중대한 사실이 있으면 해임사유가 되며, 정관에 위반한 행위로 회복할 수 없는 손해가 생길 염려가 있는 경우에는 유지청구권(留止請求權)을 행사할 수 있는 근거가 되므로, 회사의 설립목적은 회사의 업무를 수행해야 할 이사의 업무집행범위를 결정하는 기준이 됩니다(상법 제385조, 제399조 및 제402조 참조).

② 또한 「부가가치세법」에 따른 재화나 용역을 공급하는 사업의 구분은 「부가가치세법 시행령」에 특별한 규정이 있는 경우를 제외하고는 통계청장이 고시하는 해당 과세기간 개시일 현재의 「한국표준산업분류」에 따르므로, 한국표준산업분류에서 정하는 사업목적에 따라 주식회사에 부과되는 세금이 다를 수 있습니다(부가가치세법 시행령 제4조제1항 참조).

■ 회사의 사업목적을 정하려면?

Q: 젊은 층을 타겟으로 하는 의류사업을 위해 주식회사를 설립하려고 합니다. 회사 정관에 목적을 기재해야 하는데, 제조업이라고 쓰면 되나요?

A: 회사를 설립하려는 경우 목적사업의 업태와 종목은 부가가치세법 시행령에 특별히 규정된 것을 제외하고 통계청장이 고시하는 해당 과세기간 개시일 현재의 「한국표준산업분류표」에 따르도록 하고 있으므로(부가가치세법 시행령 제4조제1항), 통계청이 고시하는 「한국표준산업분류표」를 참고하여 사업의 업태와 종목을 선택하는 것이 좋습니다.

4-2. 설립목적이 불법한 회사에 대한 해산명령

4-2-1. 법원의 회사해산명령

① 법원은 회사의 설립목적이 불법한 것인 때에는 이해관계인이나 검사의 청구에 의하여 또는 직권으로 회사의 해산을 명할 수 있습니다(상법 제176조제1항제1호).

② 설립목적이 불법하다는 것은 정관에 기재한 설립목적 자체가 불법하거나, 정관에 기재된 설립목적은 적법하지만 그 목적에 따른 사업이 아닌 불법한 사업을 운영하는 경우 등을 말합니다.

4-2-2. 회사해산명령절차의 관할

회사해산명령절차는 해당 회사의 본점소재지의 지방법원합의부에서 관할합니다(비송사건절차법 제72조제1항).

4-2-3. 신청인

① 법원이 직권으로 회사해산명령을 하는 외에 이해관계인이나 검사의 청구가 있어야 합니다(상법 제176조제1항제1호).

② "이해관계인"이란 회사존립에 직접 법률상 이해관계가 있는 자를 말합니다(대법원 1995. 9. 12. 자, 95마686 결정).

4-2-4. 신청방법

신청방법에는 특별한 규정이 없으므로 서면 또는 말로 신청하면 됩니다

(비송사건절차법 제8조 및 민사소송법 제161조).

■ 주식회사 설립 시 회사 정관작성에 목적은 그냥 대략적으로 기재하면 안 되나요?

Q: 주식회사의 발기인입니다. 주식회사를 설립하기 위해 정관을 작성하려고 하는데요, 정관작성 항목 중에서 회사의 목적을 무엇이라고 기재해야 할지 잘 모르겠습니다. 주식회사의 목적은 그냥 대략적으로 기재하면 안 되나요?

A: 주식회사 설립시 반드시 작성해야 하는 정관기재 사항 중 설립목적은 매우 중요한 사항으로서, 이사의 책임사항 및 업무집행범위를 결정하는 기준이 되고 「부가가치세법」에 따라 주식회사에 부과되는 세금을 결정짓는 표준이 되므로, 주식회사 설립시에 목적사항을 정확하게 기재해야 합니다.

◇ 회사의 설립목적 정하기

회사의 설립목적은 회사의 존재이유 또는 수행하려는 사업에 관한 것입니다. 발기인은 정관을 작성할 때 회사의 목적을 반드시 정해야 합니다.

◇ 회사 설립목적의 중요성

① 이사가 고의 또는 과실로 정관을 위반할 경우에는 손해배상책임을 부담하고, 직무에 관하여 정관을 위반한 중대한 사실이 있으면 해임사유가 되며, 정관에 위반한 행위로 회복할 수 없는 손해가 생길 염려가 있는 경우에는 유지청구권을 행사할 수 있는 근거가 되므로, 회사의 설립목적은 회사의 업무를 수행해야 할 이사의 업무집행범위를 결정하는 기준이 됩니다.

② 또한 「부가가치세법」에 따른 재화나 용역을 공급하는 사업의 구분은 「한국표준산업분류」에 따르므로, 한국표준산업분류에서 정하는 사업목적에 따라 주식회사에 부과되는 세금이 다를 수 있습니다. 따라서 회사설립의 목적은 정확하게 기재하는 것이 좋습니다.

5. 회사상호 정하기

5-1. 주식회사의 상호 정하기

5-1-1. 상호 정하기

주식회사의 이름을 상호(商號)라고 합니다. 주식회사의 상호는 원칙적으로 자유롭게 정할 수 있으나, 주식회사의 상호에는 반드시 '주식회사'라는 문자를 사용해야 합니다(상법 제18조 및 제19조 참조).

5-1-2. 상호 결정시 유의사항

① 상호를 결정할 때 동일한 영업에는 단일한 상호를 사용해야 하며, 설립하려는 주식회사에 지점이 있는 경우 지점의 상호에는 본점과의 종속관계를 표시해야 합니다(상법 제21조).

② 누구든지 부정한 목적으로 다른 사람의 영업으로 오인(誤認)할 수 있는 상호를 사용하지 못합니다(상법 제23조제1항).

③ 이를 위반한 자에게는 200만원 이하의 과태료가 부과됩니다(상법 제28조).

> **(관련판례) '부정한 목적'의 의미**
> 「상법」 제23조제1항은 "누구든지 부정한 목적으로 타인의 영업으로 오인할 수 있는 상호를 사용하지 못한다."고 규정하고 있고, 제23조제4항은 "동일한 특별시·광역시·시·군에서 동종 영업으로 타인이 등기한 상호를 사용하는 자는 부정한 목적으로 사용하는 것으로 추정한다."고 규정하고 있는바, 위 조항에 규정된 '부정한 목적'이란 어느 명칭을 자기의 상호로 사용함으로써 일반인으로 하여금 자기의 영업을 그 명칭에 의하여 표시된 타인의 영업으로 오인시키려고 하는 의도를 말한다 (대법원 2004. 3. 26. 선고 2001다72081 판결).

④ 한편, 「부정경쟁방지 및 영업비밀보호에 관한 법률」에서는 국내에 널

리 인식된 타인의 상호 등과 동일하거나 유사한 것을 사용하여 타인
의 영업상의 시설 또는 활동과 혼동하게 하는 행위를 부정경쟁행위로
보아 이를 금지하고 있습니다(동법 제2조제1호 나목 및 제4조).

⑤ 고의 또는 과실에 의한 부정경쟁행위로 타인의 영업상 이익을 침해하
여 손해를 입힌 자는 그 손해를 배상할 책임을 부담하며, 부정경쟁
행위를 한 자는 3년 이하의 징역 또는 3천만원 이하의 벌금에 처해
집니다(동법 제5조 및 제18조제3항제1호).

■ 유사상호를 사용하고 있는 경쟁회사에 대해서 손해배상청구를 어떻게
청구하나요?

Q: 작은 치킨 집에서 시작해 치킨 관련 프랜차이즈업으로 사업을 확대
하여 운영하고 있는 사람입니다. 그런데, 저희 회사와 비슷한 상호
와 메뉴로 치킨 프랜차이즈업을 시작한 경쟁치킨 회사 때문에 매출
도 많이 줄고 피해가 이만저만이 아닙니다. 어떻게 해야 하나요?

A: 유사한 영업표지로 그 상호를 사용하는 행위는 일반 수요자로 하여금
피해자의 영업표지와 혼동하게 하는 부정경쟁행위에 해당하므로, 이에
대한 손해배상을 청구할 수 있을 것으로 보입니다(부정경쟁방지 및 영
업비밀보호에 관한 법률 제5조).

이와 유사한 사례에서 판례는 "영업표지의 유사 여부는 동종의 영업에
사용되는 두 개의 영업표지를 외관, 호칭, 관념 등의 점에서 전체적·객
관적·이격적으로 관찰하여 구체적인 거래실정상 일반 수요자나 거래자
가 그 영업의 출처에 관하여 오인·혼동할 우려가 있는지 여부에 의하여
판별하고, 「부정경쟁방지 및 영업비밀보호에 관한 법률」에서 "타인의
영업상의 시설 또는 활동과 혼동을 하게 한다."는 것은 영업표지 자체
가 동일하다고 오인하게 하는 경우뿐만 아니라 타인의 영업표지와 동일
또는 유사한 표지를 사용함으로써 일반수요자나 거래자로 하여금 당해
영업표지의 주체와 동일·유사한 표지의 사용자 간에 자본, 조직 등에

밀접한 관계가 있다고 잘못 믿게 하는 경우도 포함한다. 그리고 그와 같이 타인의 영업표지와 혼동을 하게 하는 행위에 해당하는지 여부는 영업표지의 주지성, 식별력의 정도, 표지의 유사 정도, 영업 실태, 고객 층의 중복 등으로 인한 경업·경합관계의 존부, 모방자의 악의(사용의 도) 유무 등을 종합하여 판단하여야 한다"고 판시하여 손해배상청구를 인정하였습니다(대법원 2011. 4. 28. 선고, 2009도11221 판결).

■ 영업출자된 회사가 출자자의 상호 계속 사용 시 종전영업채무에 대하여 채권을 행사할 수 있는지요?

Q: 저는 甲이 경영하는 개인회사에 납품한 물품대금 5,000만원을 지급 받지 못하였습니다. 그런데 甲은 자신의 유일한 재산인 개인회사를 乙주식회사에 출자하면서 설비 및 종업원을 그대로 활용하며 대표이 사로 취임하였고, 상호 또한 주식회사라는 문구만 다를 뿐 종전회사 와 유사합니다. 현재 甲에게는 乙주식회사의 재산을 제외하고는 다 른 재산이 거의 없습니다. 이 경우 乙주식회사에 대하여 위 채권을 행사할 수 있는지요?

A: 상호를 속용하는 양수인의 책임에 관하여 「상법」제42조 제1항은 "영업 양수인이 양도인의 상호를 계속 사용하는 경우에는 양도인의 영업으로 인한 제3자의 채권에 대하여 양수인도 변제할 책임이 있다."라고 규정 하고 있습니다.

그리고 이에 관하여 판례는 "영업을 출자하여 주식회사를 설립하고 그 상호를 계속 사용하는 경우에는, 영업의 양도는 아니지만 출자의 목적이 된 영업의 개념이 동일하고 법률행위에 의한 영업의 이전이란 점에서 영업의 양도와 유사하며 채권자의 입장에서 볼 때는 외형상의 양도와 출자를 구분하기 어려우므로, 새로 설립된 법인은 상법 제42조 제1항의 규정의 유추적용에 의하여 출자자의 채무를 변제할 책임이 있다."라고 하였고(대법원 1995. 8. 22. 선고 95다12231 판결), "상법 제42조

제1항은 영업양수인이 양도인의 상호를 계속 사용하는 경우에는 양도인의 영업으로 인한 제3자의 채권에 대하여 양수인도 변제할 책임이 있다고 규정하고 있는바, 영업을 출자하여 주식회사를 설립하고 그 상호를 계속 사용하는 경우에는 영업의 양도는 아니지만 출자의 목적이 된 영업의 개념이 동일하고 법률행위에 의한 영업의 이전이라는 점에서 영업의 양도와 유사하며 채권자의 입장에서 볼 때는 외형상의 양도와 출자를 구분하기 어려우므로, 새로 설립된 법인은 상법 제42조 제1항의 규정의 유추적용에 의하여 출자자의 채무를 변제할 책임이 있고, 여기서 말하는 영업의 출자라 함은 일정한 영업목적에 의하여 조직화된 업체 즉 인적·물적 조직을 그 동일성을 유지하면서 일체로서 출자하는 것을 말한다."라고 하였습니다(대법원 1996. 7. 9. 선고 96다13767 판결).

또한, "양수인이 계속 사용하는 상호는 형식상 양도인의 상호와 전혀 동일한 것임을 요하지 않고 양도인의 상호 중 그 기업주체를 상징하는 부분을 양수한 영업의 기업주체를 상징하는 것으로 상호 중에 사용하는 경우를 포함한다고 할 것이고, 그 동일여부는 명칭, 영업목적, 영업장소, 이사의 구성 등을 참작하여 결정하여야 할 것이고, 영업으로 인하여 발생한 채무란 영업상의 활동에 관하여 발생한 모든 채무를 말한다고 하여야 할 것이며, 불법행위로 인한 손해배상채무도 이에 포함된다고 보아야 할 것이다."라고 하였습니다(대법원 1989. 3. 28. 선고 88다카12100 판결, 2002. 6. 28. 선고 2000다5862판결).

따라서 귀하도 乙주식회사를 상대로 물품대금청구소송을 제기하여 승소판결 후 乙주식회사재산에 강제집행을 해볼 수 있을 것입니다.

■ 명의대여자의 책임이 인정될까요?

Q: 대한통운주식회사는 甲과 출장소 운영계약을 체결하고, 甲을 출장소장으로 임명하였습니다. 甲은 "대한통운주식회사 신탄진출장소"라는 간판을 달고 영업을 하여 왔습니다. 乙이 甲에게 영업자금을 대여한 경우, 대한통운주식회사의 乙에 대한 명의대여자의 책임이 인정될까요?

A: 상법 제24조에 따라 명의대여자의 책임이 인정되기 위하여는 명의대여자의 영업인 듯한 외관이 존재하여야 하며, 상호에 지점·영업소·출장소 등 부가적 명칭이 사용된 경우에도 본래의 상호와 동일성이 있다고 봅니다. 이에 대한통운주식회사는 乙에 대하여 명의대여자의 책임을 부담합니다. (대법원 1976. 9. 28. 선고 76다955 판결 참조)

(관련판례)
　명의대여자를 영업주로 오인하여 명의차용자와 거래한 채권자가 물품대금채권에 관하여 상법 제24조에 의한 명의대여자 책임을 묻자 명의대여자가 그 채권이 3년의 단기소멸시효기간 경과로 소멸하였다고 항변한 사안에서, 부진정연대채무자의 1인에 불과한 명의차용자가 한 채무 승인 또는 시효이익 포기의 효력은 다른 부진정연대채무자인 명의대여자에게 미치지 않음에도, 명의차용자가 시효기간 경과 전 채권 일부를 대물변제하고 잔액을 정산하여 변제를 약속한 사실이 있으므로 이는 채무 승인 또는 시효이익 포기에 해당한다는 이유로 위 항변을 배척한 원심판단을 파기한 사례(대법원 2011. 4. 14. 선고 2010다91886 판결).

5-2. 상호등기

5-2-1. 상호등기 방법

회사의 상호는 설립등기 사항이므로 설립등기를 하면 자동으로 상호가 등기되며, 별도로 상호등기를 할 필요는 없습니다(상업등기법 제37조제1항).

5-2-2. 상호등기의 효력

① 타인이 등기한 상호는 동일한 특별시·광역시·시·군에서 동종영업의 상호로 등기하지 못합니다(상법 제22조).

② 부정한 목적으로 타인의 영업으로 오인할 수 있는 상호를 사용하는 자가 있는 경우에 이로 인하여 손해를 받을 염려가 있는 자 또는 상호를 등기한 자는 그 폐지를 청구할 수 있습니다(상법 제23조제1항 및 제2항).

③ 이 경우 동일한 특별시·광역시·시·군에서 동종영업으로 타인이 등기한 상호를 사용하는 자는 부정한 목적으로 사용하는 것으로 추정합니다(상법 제23조제4항).

■ 동일상호가 있는지 확인하려면 어떻게 하나요?

Q: 주식회사 상호를 정해서 등기하려고 하는데요, 요즘 비슷한 상호가 너무 많아서 회사상호를 정하기가 쉽지가 않습니다. 혹시 다른 회사가 등기한 상호를 확인할 수 있는 방법은 없나요?

A: 타인이 등기한 상호는 등기할 수 없으므로, 회사설립 등기를 하기 전에 선정한 상호가 기존 회사의 상호와 동일한지 여부를 반드시 확인해야 합니다. 새로 지은 상호가 이미 등기되어 있는지 알아보려면 〈인터넷등기소(www.iros.go.kr) → 법인등기 → 열람하기〉에서 확인할 수 있습니다.

■ 상법 제23조에 따라 상호전용권을 행사할 수 있을까요?

Q: 보령제약주식회사 甲은 서울에 "보령약국"으로 약국을 개설하였는데, 그 이후 乙은 수원에 "수원보령약국"으로 약국을 개설하였습니다. 이에 甲은 乙에 대하여 상법 제23조에 따라 상호전용권을 행사할 수 있을까요?

A: 보령제약주식회사 甲이 서울에 개설한 "보령약국"과 乙이 수원에 개설한 "수원보령약국"은 영업의 종류, 범위, 시설 및 규모등 그 영업의 양상은 물론 고객도 서로 달리하고 있어서 甲의 고객이 수원에 있는 乙 경영의 위 약국을 서울에 있는 甲 경영의 위 약국의 영업으로 혼동 오인하게 될 염려는 없다 할 것이므로 "보령"이라는 상호가 공통된다 해도 乙 경영의 위 약국의 영업상 이익을 침해하는 것 즉 "보령"이라는 상호가 甲이 부정경쟁방지법에 의하여 보호를 구할 수 있는 정당한 영업상의 이익이라고 할 수 없습니다. 이에 甲은 乙에 대하여 상호전용권을 행사하기는 어렵습니다. (대법원 1976. 2. 24. 선고 73다1238 판결 참조)

(관련판례)

우리 법률에 따르면, 법인의 명칭이 상법상의 '상호'에 해당할 경우 상법 제23조의 규정에 의하여 상호전용권이 인정되어 이를 침해하는 상호의 사용 금지 등을 구할 수 있고, 또한 국내에 널리 알려진 타인의 상호 등을 부정하게 사용하는 등의 부정경쟁 영업행위가 있을 때에는 부정경쟁방지 및 영업비밀보호에 관한 법률에 따라 위와 같은 행위의 금지를 구할 수 있는 등 일부 법률에서만 일정한 요건하에 명칭의 사용금지를 구할 수 있는 법적 근거를 명시하고 있을 뿐, 모든 법인 명칭에 관하여 전속적인 사용권을 일반적으로 인정하는 법률 규정은 민법 등 어느 법률에도 찾아볼 수 없다(대구지방법원상주지원 2014. 5. 1. 선고 2013가합634 판결).

5-3. 상호가등기

5-3-1. 상호가등기의 개념

주식회사의 상호등기를 하기 전에 미리 상호를 선정하여 이를 보전하기 위하여 하여 두는 등기를 상호가등기라고 합니다.

5-3-2. 상호가등기의 신청

① 주식회사를 설립하려는 때에는 발기인 또는 사원이 본점의 소재지를 관할하는 등기소에 상호의 가등기를 신청할 수 있습니다(상법 제22조의2제1항 및 상업등기법 제38조제1항).

② 상호의 가등기를 할 때에는 다음의 사항을 등기해야 합니다(상업등기법 제38조제2항).

- 상호
- 본점이 소재할 특별시·광역시·특별자치시·시 또는 군
- 목적
- 발기인 등 전원의 성명·주민등록번호 및 주소
- 본등기를 할 때까지의 기간

③ 본등기를 할 때까지의 기간을 "예정기간"이라 합니다. 이 기간은 2년을 초과할 수 없습니다(상업등기법 제38조제3항 및 제40조제1항).

5-3-3. 상호가등기의 효력

가등기한 상호는 「상업등기법」 제29조를 적용할 때 상호의 등기를 한 것으로 봅니다. 따라서 동일한 특별시·광역시·특별자치시·시(행정시를 포함) 또는 군(광역시의 군은 제외함)에서는 동종의 영업을 위하여 다른 상인이 가등기한 상호와 동일한 상호를 등기할 수 없습니다(상업등기법 제29조 및 제45조).

5-3-4. 상호가등기를 위한 공탁금

상호의 가등기를 신청할 때에는 다음의 금액을 공탁해야 합니다(상업등기법 제41조, 상업등기규칙 제79조 및 별표 1).

구분	예정기간이 6개월 이하인 경우	예정기간이 6개월을 초과하는 경우
공탁금액	200만원	200만원에다가 초과되는 예정기간 6개월(6개월 미만의 기간은 6개월로 봄)마다 100만원을 추가한 금액

■ **주식회사 상호정하기는 다른 회사 상호와 비슷하게 만들어도 상관없나요?**

Q: 요즘 유행하고 있는 친환경·유기농 A피자와 비슷한 컨셉으로 프랜차이즈 형태의 피자 주식회사를 만들어 보려고 하는데요, 주식회사의 상호를 결정할 때 A피자의 상호와 비슷하게 만들어도 상관없나요?

A: 주식회사의 상호를 결정할 때에는 부정한 목적으로 다른 사람의 영업으로 오인할 수 있는 상호를 사용해서는 안 됩니다. 또한 국내에 널리 인식된 타인의 상호와 유사한 상호를 사용해 타인의 영업상의 시설 또는 활동과 혼동하게 하는 행위를 하면 「부정경쟁방지 및 영업비밀보호에 관한 법률」에 따른 부정경쟁행위가 되어 손해배상책임을 부담하거나 징역 또는 벌금형에 처해질 수도 있습니다.

◇ 주식회사의 상호 결정시 유의사항

① 주식회사의 이름을 상호라고 합니다. 주식회사의 상호는 원칙적으로 자유롭게 정할 수 있지만, 부정한 목적으로 다른 사람의 영업으로 오인할 수 있는 상호를 사용하면 안 됩니다. 이를 위반한 자에게는 200만원 이하의 과태료가 부과됩니다.

② 이 때 '부정한 목적'이란 어느 명칭을 자기의 상호로 사용함으로써 일반인으로 하여금 자기의 영업을 그 명칭에 의하여 표시된 타인의 영

업으로 오인시키려고 하는 의도를 말합니다(대법원 2004. 3. 26. 선고 2001다72081 판결).

③ 한편, 「부정경쟁방지 및 영업비밀보호에 관한 법률」에서는 국내에 널리 인식된 타인의 상호 등과 동일하거나 유사한 것을 사용하여 타인의 영업상의 시설 또는 활동과 혼동하게 하는 행위를 부정경쟁행위로 보아 이를 금지하고 있으며, 고의 또는 과실에 의한 부정경쟁행위로 타인의 영업상 이익을 침해하여 손해를 입힌 자는 그 손해를 배상할 책임을 부담하며, 부정경쟁행위를 한 자는 3년 이하의 징역 또는 3천만원 이하의 벌금에 처해집니다.

(관련판례)

[1] 「상법」 제22조는 "타인이 등기한 상호는 동일한 특별시·광역시·시·군에서 동종 영업의 상호로 등기하지 못한다."고 규정하고 있는바, 위 규정의 취지는 일정한 지역 범위 내에서 먼저 등기된 상호에 관한 일반 공중의 오인·혼동을 방지하여 이에 대한 신뢰를 보호함과 아울러, 상호를 먼저 등기한 자가 그 상호를 타인의 상호와 구별하고자 하는 이익을 보호하는 데 있고, 한편 「비송사건절차법」 제164조에서 "상호의 등기는 동일한 특별시·광역시·시 또는 군 내에서는 동일한 영업을 위하여 타인이 등기한 것과 확연히 구별할 수 있는 것이 아니면 이를 할 수 없다"고 규정하여 먼저 등기된 상호가 상호등기에 관한 절차에서 갖는 효력에 관한 규정을 마련하고 있으므로, 「상법」 제22조의 규정은 동일한 특별시·광역시·시 또는 군 내에서는 동일한 영업을 위하여 타인이 등기한 상호 또는 확연히 구별할 수 없는 상호의 등기를 금지하는 효력과 함께 그와 같은 상호가 등기된 경우에는 선등기자가 후등기자를 상대로 그와 같은 등기의 말소를 소로써 청구할 수 있는 효력도 인정한 규정이라고 봄이 상당하다.

[2] 「상법」 제23조제1항은 "누구든지 부정한 목적으로 타인의 영업으로 오인할 수 있는 상호를 사용하지 못한다"고 규정하고 있고, 같은 조 제4항은 "동일한 특별시·광역시·시·군에서 동종 영업으로 타인이 등기한 상호를 사용하는 자는 부정한 목적으로 사용하는 것으로 추정한다"고 규정

하고 있는바, 위 조항에 규정된 "부정한 목적"이란 어느 명칭을 자기의 상호로 사용함으로써 일반인으로 하여금 자기의 영업을 그 명칭에 의하여 표시된 타인의 영업으로 오인시키려고 하는 의도를 말한다.

[3] 실권 또는 실효의 법리는 신의성실의 원칙에 바탕을 둔 파생적인 원리로서 이는 본래 권리행사의 기회가 있음에도 불구하고 권리자가 장기간에 걸쳐 그 권리를 행사하지 아니하였기 때문에 의무자인 상대방이 이미 그의 권리를 행사하지 아니할 것으로 믿을 만한 정당한 사유가 있게 됨으로써 새삼스럽게 그 권리를 행사하는 것이 신의성실의 원칙에 위반되는 결과가 될 때 그 권리행사를 허용하지 않는 것을 의미한다(대법원 2004. 3. 26. 선고 2001다72081 판결).

■ 동일 상호 사용을 이유로 손해배상을 청구할 수 있나요?

Q: 甲은 1995년부터 '△△컴 주식회사'라는 상호로 소규모로 전자부품 도?소매업을 하였는데, 대기업인 乙이 1999년 전기통신회선설비 임대사업을 영위하는 대규모 회사를 설립하면서 '주식회사 △△콤'이라는 상호를 사용하였습니다. 甲은 '주식회사 △△콤' 회사에 동일 상호 사용을 이유로 손해배상을 청구할 수 있나요?

A: 상법 제23조는 "① 누구든지 부정한 목적으로 타인의 영업으로 오인할 수 있는 상호를 사용하지 못한다. ② 제1항의 규정에 위반하여 상호를 사용하는 자가 있는 경우에 이로 인하여 손해를 받을 염려가 있는 자 또는 상호를 등기한 자는 그 폐지를 청구할 수 있다. ③ 제2항의 규정은 손해배상의 청구에 영향을 미치지 아니한다."라고 규정하고 있습니다.

그런데 판례는 "타인의 영업으로 오인할 수 있는 상호는 그 타인의 영업과 동종 영업에 사용되는 상호만을 한정하는 것은 아니라고 할 것이나, 어떤 상호가 일반 수요자들로 하여금 영업주체를 오인 · 혼동시킬 염려가 있는 것인지를 판단함에 있어서는, 양 상호 전체를 비교 관찰하여 각 영업의 성질이나 내용, 영업방법, 수요자층 등에서 서로 밀접한 관련을 가지고 있는 경우로서 일반 수요자들이 양 업무의 주체가 서로 관련이 있는 것으로 생각하거나 또는 그 타인의 상호가 현저하게 널리 알려져 있어 일반 수요자들로부터 기업의 명성으로 인하여 절대적인 신뢰를 획득한 경우에 해당하는지 여부를 종합적으로 고려하여야 할 것이다"라고 하였습니다.(대법원 1996. 10. 15. 선고 96다24637 판결 참조).

사안에서 '△△컴 주식회사'는 그 영위하는 사업이 소규모 전자부품 도소매업이고, '주식회사 △△콤'은 대규모로 전기통신회선설비 임대사업을 영위하는 회사이므로 그 영업의 성질이나 내용, 수요자층이 다른 것으로 보이므로 그 손해가 인정되기 어려울 것으로 보입니다.

제3장

정관작성 및
주식발행사항 결정은
어떻게 하나요?

제3장 정관작성 및 주식발행사항 결정은 어떻게 하나요?

1. 발기인의 정관작성

1-1. 정관작성 방법 및 기재사항

1-1-1. 발기인의 정관작성

"정관(定款)"이란 회사의 조직과 활동을 정한 근본규칙 또는 이를 기재한 서면을 말합니다. 주식회사를 설립할 때에는 발기인이 정관을 작성해야 합니다(상법 제288조).

1-1-2. 정관의 기재사항

정관의 기재사항에는 ① 정관에 반드시 기재해야 하고 만일 누락될 경우 정관이 무효가 되어 결과적으로 회사설립 자체가 무효로 되는 절대적 기재사항, ② 정관에 기재가 누락되더라도 정관의 효력에는 영향이 없지만, 해당 내용이 구속력을 가지기 위해서는 정관에 기재되어야 하는 상대적 기재사항, ③ 정관에 기재되어야만 효력이 생기는 것은 아니지만, 그 내용을 기재하면 그 기재대로 효력이 발생하는 임의적 기재사항이 있습니다.

정 관

제 1 장 총칙

제1조(상호) 당 회사는 '주식회사 …(회사명)' 또는 '…(회사명) 주식회사' 라고 부른다.

제2조(목적) 당 회사는 다음 사업을 목적으로 한다.

1)

2)

3)

4)

5) 위 각 호에 관련된 부대사업 일체

제3조(본점과 지점) 당 회사는 본점을 (…특별시·광역시·시·군) 내에 둔다. 필요에 따라 국내 및 해외에 지점 또는 출장소 및 영업소를 둘 수 있다.

제4조(공고방법) 당 회사의 공고는 (…시·도) 내에서 발행하는 일간 (.. 신문)에 게재한다.

제 2 장 주식(株式)과 주권(株券)

제5조(회사가 발행할 주식의 총수 및 각종 주식의 내용과 수) 당 회사가 발행할 주식의 총수는 __주로서 보통주식으로 한다.

제6조(1주의 금액) 당 회사가 발행하는 주식 1주의 금액은 금 ___원으로 한다.

제7조(회사 설립시 발행하는 주식의 총수) 당 회사는 설립시에 ___주의 주식을 발행하기로 한다.

제8조(주권의 종류) 당 회사의 주식은 전부 기명식으로서 주권은 1주권, 10주권, 100주권의 3종류로 한다.

제9조(주권불소지) 당 회사는 주권불소지 제도를 채택하지 아니한다.

제10조(주금납입의 지체) 회사설립시의 주식인수인이 주금납입을 지체한 때에는 납입기일 다음 날부터 납입이 끝날 때까지 지체주금(遲滯株金) 1000원에 대하여 1원의 비율로서 과태금 (過怠金)을 회사에 지급하고 또 이로 인하여 손해가 생겼을 때는 그 손해를 배상하여야 한다.

제11조(주식의 명의개서) ① 당 회사의 주식에 관하여 명의개서를 청구함에 있어서는 당 회사 소정의 청구서에 기명날인하고 이에 주권을 첨부하여 제출하여야 한다.

② 양도 이외의 사유로 인하여 주식을 취득한 경우에는 그 사유를 증명하는 서면도 함께 제출하여야 한다.

제12조(질권의 등록 및 신탁 재산의 표시) 당 회사의 주식에 관하여 질권의 등록 또는 신탁재산의 표시를 청구함에 있어서는 당 회사 소정의 청구서에 당사자가 기명날인하고 이에 확정된 제권판결의 정본 또는 주권을 첨부하여 제출하여야 한다. 그 등록 또는 표시의 말소를 청구함에 있어서도 같다.

제13조(주권의 재발행) ① 주식의 분할·병합, 주권의 오손 등의 사유로 주권의 재발행을 청구함에 있어서는 당 회사 소정의 청구서에 기명날인하고 이에 주권을 첨부하여 제출하여야 한다.

② 주권의 상실로 인하여 그 재발행을 청구함에 있어서는 당 회사 소정의 청구서에 기명날인하고 이에 확정된 제권판결의 정본 또는 등본을 첨부하여 제출하여야 한다.

제14조(수수료) 제11조 내지 제13조의 청구를 하는 자는 당 회사가 정한 수수료를 납부하여야 한다.

제15조(주주명부의 폐쇄 및 기준일) ① 당 회사에서는 매년 1월 1일 부터 정기 주주총회의 종결일자까지 주주명부 기재의 변경을 정지한다.

② 제1항의 경우 이외에 주주 또는 질권자로서 권리를 행사할 자를 확정하기 위하여 필요한 때에는 이사회의 결의에 의하여 일정한 기간 동안 주주명부 기재의 변경을 정지하거나 또는 기준일을 정할 수 있다. 이 경우에는 그 기간 또는 기준일의 2주간 전에 공고하는 것

으로 한다.

제16조(주주 등의 주소, 성명 및 인감의 신고) 주주, 등록질권자 또는
그 법정대리인이나 대표자는 당 회사 소정의 서식에 의하여 성명,
주소 및 인감을 당 회사에 신고하여야 한다. 신고사항에 변경이 있
을 때에도 또한 같다.

제 3 장 주주총회(株主總會)

제17조(소집) 당 회사의 정기 주주총회는 영업연도 말일의 다음날부터
3월 이내에 소집하고 임시주주총회는 필요한 경우 수시 소집한다.

제18조(의장) 대표이사가 주주총회의 의장이 된다. 대표이사가 유고일
때에는 이사회에서 선임한 다른 이사가 의장이 된다.

제19조(결의) 주주총회의 결의는 법령 또는 정관에 다른 규정이 있는
경우를 제외하고는 발행주식 총수의 과반수에 해당하는 주식을 가
진 주주의 출석으로, 그 출석 주주의 의결권의 과반수에 의한다.

제20조(의결권의 대리행사 및 총회의 의사록) ① 주주는 대리인으로
하여금 그 의결권을 행사하게 할 수 있다.

② 총회는 의사록을 작성하여야 하며, 의사록에는 의사의 경과요령
과 그 결과를 기재하고 의장과 출석한 이사가 기명날인하여야 한다.

제 4 장 임원과 이사회

제21조(이사와 감사의 수) 당 회사의 이사는 1인 이상, 감사는 1인 이
상으로 한다.

제22조(이사의 선임) ① 당 회사의 이사는 발행주식 총수의 과반수에
해당하는 주식을 가진 주주가 출석하여 그 의결권의 과반수로 선임
한다.

② 2인 이상의 이사를 선임하는 경우에도 상법 제382조의2에 규정
된 집중 투표제를 적용하지 아니한다.

제23조(감사의 선임) 당 회사의 감사는 제22조의 규정에 의한 결의 방

법에 의하여 선임한다. 그러나 이 경우 의결권 없는 주식을 제외한 발행주식 총수의 100분의 3을 초과하는 주식을 가진 주주는 그 초과하는 주식에 관하여는 의결권을 행사하지 못한다.

제24조(이사 및 감사의 임기) ① 이사의 임기는 취임 후 3년으로 한다. 다만, 임기 중의 최종의 결산기에 관한 정기주주총회의 종결시까지 연장할 수 있다.

② 감사의 임기는 취임 후 3년 내의 최종의 결산기에 관한 정기주주총회의 종결시까지로 한다.

제25조(회사대표) 당 회사의 대표행위는 이사회의 결의로 선임한 대표이사가 행한다.

제26조(대표이사) ① 당회사는 대표이사 1명을 두고 이사회의 결의로 그를 보좌할 전무이사 및 상무이사 약간명을 둘 수 있다.

② 필요에 따라 수인의 대표이사 또는 공동대표이사를 둘 수 있다.

③ 대표이사, 전무이사 및 상무이사는 이사회의 결의로 이사 중에서 선임한다.

제27조(업무진행) ① 대표이사 사장은 당 회사의 업무를 총괄하고 전무이사와 상무이사는 사장을 보좌하고 이사회에서 정하는 바에 따라 당 회사의 업무를 분담 집행한다.

② 대표이사 사장의 유고 시에는 미리 이사회에서 정한 순서에 따라 전무이사 또는 상무이사가 사장의 직무를 대행한다.

제28조(임원의 보선) 이사 또는 감사가 결원 되었을 때는 임시주주총회를 소집하여 보선한다. 다만, 법정 수를 결하지 아니한 경우에는 그러하지 않을 수 있다. 보선 및 증원으로 인하여 선임된 이사나 감사의 임기는 취임한 날로부터 기산한다.

제29조(이사회의 소집) 이사회는 대표이사 또는 이사회에서 따로 정한 이사가 있을 때에는 그 이사가 회의 개최 7일전에 각 이사 및 감사에게 통지하여 소집한다. 그러나 이사 및 감사 전원의 동의가 있는 때에는 소집절차를 생략할 수 있다.

제30조(이사회의 결의) 이사회의 결의는 이사 과반수의 출석과 출석이사의 과반수로 한다.

제31조(감사의 직무) 감사는 당 회사의 회계와 업무를 감사한다. 감사는 이사회에 출석하여 의견을 진술할 수 있다.

제32조(보수와 퇴직금) 임원의 보수 또는 퇴직금은 주주총회의 결의로 정한다.

제 5 장 계산(計算)

제33조(영업연도) 당 회사의 영업연도는 매년 1월 1일부터 당해 연도 12월 31일까지로 한다.

제34조(재무제표, 영업보고서의 작성·비치) ① 당 회사의 사장은 정기총회 개최 6주간 전에 다음 서류 및 그 부속명세서와 영업보고서를 작성하여 이사회의 승인과 감사의 감사를 받아 정기총회에 제출하여야 한다.

1) 대차대조표

2) 손익계산서

3) 이익금 처분계산서 또는 결손금 처리계산서

② 제1항의 서류는 감사보고서와 함께 정기총회 개최 1주일 전부터 당 회사의 본점과 지점에 비치하여야 하고, 총회의 승인을 얻었을 때에는 그 중 대차대조표를 지체없이 공고하여야 한다.

제35조(이익금의 처분) 매기 총 수입금에서 총 지출금을 공제한 잔액을 이익금으로 하여 이를 다음과 같이 처분한다.

1) 이익준비금(매결산기의 금전에 의한 이익배당금액의 10분의 1이상)

2) 별도적립금 약간

3) 주주배당금 약간

4) 임원상여금 약간

5) 후기 이월금 약간

제36조(이익배당) 이익배당금은 매 결산기 말일 현재의 주주명부에 기재된 주주 또는 등록질권자에게 지급된다.

부　칙

제37조(최초의 영업연도) 당 회사의 최초 영업연도는 회사의 설립일로
부터 당해 연도 12월 31일까지로 한다.

제38조(준용규정 및 내부규정) ① 이 정관에 규정되지 않은 사항은 주
주총회결의 및 상사에 관한 법규, 기타 법령에 의한다.

② 당 회사는 필요에 따라 이사회 결의로 업무수행 및 경영상 필요
한 세칙 등 내규를 정할 수 있다.

제39조(발기인의 성명과 주소) 당 회사의 설립 발기인의 성명, 주민등
록번호와 주소는 이 정관 말미에 기재한다.

제40조(시행일자) 이 정관은　　년　월　일부터 시행한다.

　위와 같이 주식회사...(회사명)을 설립하기 위하여 이 정관을 작성하
고 발기인 전원이 이에 기명날인한다.

년　월　일

주식회사...　(회사명)
(주소)

　　발 기 인 : 성명(주민등록번호)
　　　　　　　(주소)
　　발 기 인 : 성명(주민등록번호)
　　　　　　　(주소)

※ 본 정관양식은 주식회사 정관에 기재하여야 할 가장 기본적인 내용
을 예시한 것이므로, 실제 정관 작성시에 다른 상대적·임의적 사항
들을 기재할 수 있음

> **(참고) 정관작성시 도움이 되는 곳**
> 다음의 표준정관을 참조하여 각 주식회사에 맞게 정관을 작성할 수 있습니다.
> ① 법무부, 주식회사 표준정관
> ② 한국상장회사협의회(www.klca.or.kr) → 상장회사 법규 → 표준규정 → 상장회사 표준정관
> ③ KRX 한국거래소(www.krx.co.kr) 홈페이지

■ 정관에 의한 회사의 권리능력은 어떻게 제한되는지요?

Q: 전자제품을 생산하는 A주식회사의 대표이사가 친구의 채무에 대해 회사명의로 보증을 섰습니다. 그 회사의 정관에는 보증에 대한 규정이 없을 경우에도 A주식회사가 그 보증채무를 져야 합니까?

A: 회사의 권리능력은 정관에 정해진 목적에 제한되지만 대표이사의 보증행위가 목적수행을 위해 필요한 행위인지를 판단해야 합니다. ①필요한 행위라고 인정된다면 회사의 권리능력범위 내의 대표이사의 행위로 유효하므로 A주식회사가 보증채무에 대해 책임을 져야 합니다. 그러나 상대방인 친구의 채권자가 대표이사의 개인적 이익을 위한 보증이었다는 것을 알았다면 무효가 됩니다.②필요한 행위로 볼 수 없다면 권리능력범위를 넘은 행위로 회사는 보증책임이 없게 되나, 상대방은 회사에 대해 불법행위에 기한 손해배상청구를 할 수 있습니다. 그러나 상대방이 권리능력범위를 넘은 것임을 알았다면 손해배상을 받을 수 없게 됩니다.

1-2. 정관의 절대적 기재사항

정관에 반드시 기재해야 하는 절대적 기재사항은 다음과 같습니다(상법 제289조제1항).

1. 목적
2. 상호
3. 회사가 발행할 주식의 총수

4. 액면주식을 발행하는 경우 1주의 금액(무액면 주식을 발행하는 경우에는 해당 없음)
5. 회사 설립 시 발행하는 주식의 총수
6. 본점의 소재지

※ **본점소재지**
— 본점소재지는 회사의 주소가 됩니다(상법 제171조).
— 정관에 창립총회 소집 장소에 대해 규정이 없으면, 발기인은 회사 본점소재지 또는 인접한 장소에서 창립총회를 개최해야 합니다(상법 제308조제2항 및 제364조).
— 본점소재지는 회사설립무효의 소, 회사설립취소의 소 및 채권자에 의한 설립취소의 소와 같은 회사 관련 소송이 제기될 경우에 소송의 관할 표준지가 됩니다(상법 제184조, 제185조 및 제186조).

---

7. 회사가 공고를 하는 방법

※ **공고 방법**
— 회사의 공고는 관보 또는 시사에 관한 사항을 게재하는 일간신문에 해야 합니다. 다만, 회사는 그 공고를 정관으로 정하는 바에 따라 회사의 인터넷 홈페이지에 게재하는 방법으로도 할 수 있습니다(상법 제289조제3항 및 상법 시행령 제6조제1항).

---

8. 발기인의 성명·주민등록번호 및 주소

1-3. 상대적 기재사항

1-3-1. 정관의 상대적 기재사항

정관의 상대적 기재사항에는 ① 변태설립사항과 ② 그 밖의 상대적 기재사항이 있습니다.

1-3-2. 변태설립사항

① "변태설립사항"이란 주식회사 설립 당시에 발기인에 의해 남용되어 자본충실을 해칠 우려가 있는 사항으로서, 반드시 정관에 기재해야만 효력이 있는 다음의 사항을 말합니다(상법 제290조).

- 발기인이 받을 특별이익과 이를 받을 자의 성명
- 현물출자를 하는 자의 성명과 그 목적인 재산의 종류, 수량, 가격과 이에 대하여 부여할 주식의 종류와 수

※ 현물출자를 하는 발기인은 납입기일에 지체 없이 출자의 목적인 재산을 인도하고 등기, 등록 그 밖의 권리의 설정 또는 이전을 요할 경우에는 이에 관한 서류를 완비하여 교부하여야 합니다(상법 제295조제2항).

- 회사성립 후에 양수할 것을 약정한 재산의 종류, 수량, 가격과 그 양도인의 성명
- 회사가 부담할 설립비용과 발기인이 받을 보수액

② 한편, 변태설립사항은 모집주주의 주식청약서에 기재해야 하고, 검사인의 조사를 받도록 하고 있습니다(상법 제299조 및 제302조제2항제2호).

■ 변태설립사항이란 무엇인가요?

Q: 회사를 설립할 때 현물출자를 하려고 하는데요, 현물출자는 변태설립사항(變態設立事項)에 해당하여 반드시 정관에 작성하라고 하던데, 변태설립사항이란 무엇인가요?

A: "변태설립사항"이란 설립 당시에 발기인에 의해 남용되어 자본충실을 해칠 우려가 있는 사항으로서, 회사 정관에 반드시 기재해야 하는 사항은 아니지만 정관에 기재해야만 효력이 인정되는 사항을 말합니다.

변태설립사항에는 4가지가 있는데, '① 발기인이 받을 특별이익과 이를 받을 자의 성명, ② 현물출자를 하는 사람의 성명과 그 목적인 재산의

종류, 수량, 가격과 이에 대해 부여할 주식의 종류와 수, ③ 회사성립 후에 양수할 것을 약정한 재산의 종류, 수량, 가격과 그 양도인의 성명, ④ 회사가 부담할 설립비용과 발기인이 받을 보수액'이 있습니다(상법 제290조). 이 중에서 현물출자에 관한 사항은 출자재산을 과대평가할 위험이 있기 때문에 현물출자 하는 사람의 성명과 그 목적재산의 종류, 수량, 가격 등을 정관에 작성하도록 하고 있는 것입니다.

(관련판례)

상법 제290조 제3호는 변태설립사항의 하나로서 회사성립 후에 양수할 것을 약정한 재산의 종류, 수량, 가격과 그 양도인의 성명은 정관에 기재함으로써 그 효력이 있다고 규정하고 있다. 여기서 회사의 성립 후에 양수할 것을 약정한다는 것은 이른바 재산인수로서 발기인이 회사의 성립을 조건으로 다른 발기인이나 주식인수인 또는 제3자로부터 일정한 재산을 매매의 형식으로 양수할 것을 약정하는 계약을 체결함을 의미하며, 아직 원시정관의 작성 전이어서 발기인의 자격이 없는 자가 장래 성립할 회사를 위하여 위와 같은 계약을 체결하고 그 후 그 회사의 설립을 위한 발기인이 되었다면 위 계약은 재산인수에 해당하고 정관에 기재가 없는 한 무효이다(대법원 1992. 9. 14. 선고 91다33087 판결 등 참조).(대법원 2015. 3. 20. 선고 2013다88829 판결)

1-3-3. 그 밖의 상대적 기재사항

그 밖에 주식매수선택권의 부여(상법 제340조의2제1항), 종류주식발행(상법 제344조제2항), 전환주식의 발행(상법 제346조제1항), 서면투표의 채택(상법 제368조의3제1항), 감사위원회 등 이사회 내부위원회의 설치(상법 제393조의2 및 제415조의2), 이사임기의 총회종결까지의 연장(상법 제383조제3항), 대표이사를 주주총회에서 선임하는 것(상법 제389조제1항 단서), 이사회소집기간의 단축(상법 제390조제3항 단서) 등은 정관에 기재하여야 효력이 있습니다.

1-4. 정관의 임의적 기재사항

임의로 정관에 기재하는 사항으로는 주식회사의 본질, 법의 강행규정, 사회질서에 반하지 않는 범위에서 회사운영에 대한 사항(예: 이사·감사의 수, 총회의 소집시기, 영업연도, 지점의 설치·이전·폐지 등)등을 정관에 기재하면 효력이 발생합니다.

■ **출자금 대신에 자신의 소유로 되어 있는 작은 건물을 제공하겠다고 합니다. 이런 것도 정관에 기재해야 하나요?**

Q: 주식회사를 설립하기 위해 친구에게 발기인으로 참여하여 투자해줄 것을 부탁했는데요, 친구가 여유자금이 충분하지 않아서 출자금 대신에 자신의 소유로 되어 있는 작은 건물을 제공하겠다고 합니다. 그런데 이런 것도 정관에 기재해야 하나요?

A: 출자금 대신에 건물로 현물출자를 하려는 경우에는 변태설립사항에 해당하여 "현물출자 하는 자의 성명과 그 목적인 재산의 종류, 수량, 가격과 이에 대하여 부여할 주식의 종류와 수"를 정관에 기재해야 효력이 발생합니다.

◇ 변태설립사항의 정관기재

① "변태설립사항"이란 설립 당시에 발기인에 의해 남용되어 자본충실을 해칠 우려가 있는 사항으로서, 회사 정관에 반드시 기재해야 하는 사항은 아니지만 정관에 기재해야만 효력이 인정되는 사항을 말합니다.

② 변태설립사항에는 4가지가 있는데, 1. 발기인이 받을 특별이익과 이를 받을 자의 성명, 2. 현물출자를 하는 사람의 성명과 그 목적인 재산의 종류, 수량, 가격과 이에 대해 부여할 주식의 종류와 수, 3. 회사 성립 후에 양수할 것을 약정한 재산의 종류, 수량, 가격과 그 양도인의 성명, 4. 회사가 부담할 설립비용과 발기인이 받을 보수액입니다.

③ "현물출자"란 금전 이외의 재산으로써 하는 출자를 말합니다[(예) 토지나 건물과 같은 부동산, 유가증권 등의 동산, 그 밖에 특허권·지상

권 등의 무형자산에 의한 출자].

④ 따라서 현물출자를 하려는 경우에는 "현물출자 하는 자의 성명과 그 목적인 재산의 종류, 수량, 가격과 이에 대하여 부여할 주식의 종류와 수"를 정관에 기재해야 효력이 발생합니다.

⑤ 현물출자를 하는 발기인은 납입기일에 지체 없이 출자의 목적인 재산을 인도하고 등기, 등록 그 밖의 권리의 설정 또는 이전을 요할 경우에는 이에 관한 서류를 완비하여 교부하여야 합니다.

■ 주식회사 정관 외의 사유로 이사의 해임이 가능한지요?

Q : 저는 A 주식회사의 이사인데 대주주 몇몇이 회사의 이익이 아닌 개인주의 이익을 위해 필요한 경영상 청탁을 하자 이를 거부하여 원한을 산 일이 있었습니다. 그렇게 사이가 틀어진 후 위 대주주들이 서로 야합을 하여 주주총회를 기회로 저에 대한 해임결의안을 의제로 삼고 정관에 정한 이사의 해임사유가 아닌 다른 이유를 구실로 저를 강제로 해임을 시켜버렸습니다. 회사의 정관에서 정하지 않은 사유로 이사를 해임시킬 수가 있는 것인가요?

A : 주주총회에서 정관에서 정한 이사의 해임사유 이외의 이유로 이사를 해임시킬 수 있는 것과 관련하여 판례는 법인과 이사의 법률관계는 신뢰를 기초로 한 위임 유사의 관계로 볼 수 있는데, 민법 제689조 제1항에서는 위임계약은 각 당사자가 언제든지 해지할 수 있다고 규정하고 있으므로, 법인은 원칙적으로 이사의 임기 만료 전에도 이사를 해임할 수 있지만,이러한 민법의 규정은 임의규정에 불과하므로 법인이 자치법규인 정관으로 이사의 해임사유 및 절차 등에 관하여 별도의 규정을 두는 것도 가능하다고 보아 정관의 구속력을 강하게 인정하고 있습니다. 또한 같은 사안에서 판례는 이와 같이 법인이 정관에 이사의 해임사유 및 절차 등을 따로 정한 경우 그 규정은 법인과 이사와의 관계를 명확히 함은 물론 이사의 신분을 보장하는 의미도 아울러 가지고 있어 이를

단순히 주의적 규정으로 볼 수는 없고, 따라서 법인의 정관에 이사의 해임사유에 관한 규정이 있는 경우 법인으로서는 이사의 중대한 의무위반 또는 정상적인 사무집행 불능 등의 특별한 사정이 없는 이상, 정관에서 정하지 아니한 사유로 이사를 해임할 수 없다고 판시한바 있습니다(대법원 2013. 11. 28. 선고 2011다41741 판결 참조). 따라서 선생님께서는 이사로서 회사에 대한 중대한 선관주의 의무가 없고 정상적인 사무집행 능력이 있다는 점을 소명하시어 총회결의 효력정지 가처분을 하신 뒤 본안에서 이사해임결의취소소송을 제기하여 그 효력을 다투셔야 할 것입니다.

(관련판례)

법인과 이사의 법률관계는 신뢰를 기초로 한 위임 유사의 관계로 볼 수 있는데, 민법 제689조 제1항에서는 위임계약은 각 당사자가 언제든지 해지할 수 있다고 규정하고 있으므로, 법인은 원칙적으로 이사의 임기 만료 전에도 이사를 해임할 수 있지만, 이러한 민법의 규정은 임의규정에 불과하므로 법인이 자치법규인 정관으로 이사의 해임사유 및 절차 등에 관하여 별도의 규정을 두는 것도 가능하다. 그리고 이와 같이 법인이 정관에 이사의 해임사유 및 절차 등을 따로 정한 경우 그 규정은 법인과 이사와의 관계를 명확히 함은 물론 이사의 신분을 보장하는 의미도 아울러 가지고 있어 이를 단순히 주의적 규정으로 볼 수는 없다. 따라서 법인의 정관에 이사의 해임사유에 관한 규정이 있는 경우 법인으로서는 이사의 중대한 의무위반 또는 정상적인 사무집행 불능 등의 특별한 사정이 없는 이상, 정관에서 정하지 아니한 사유로 이사를 해임할 수 없다(대법원 2013. 11. 28. 선고 2011다41741 판결).

■ 주주총회의사록만 작성하여 정관 변경한 경우 주주총회결의 부존재확인 소송이 가능한지요?

Q: 저는 A주식회사의 주식을 가지고 있는 주주 甲입니다. 저는 A회사의 경영에 관심이 많은 주주입니다. 그런데 최근에 위 회사의 지분 98%를 가지고 있는 대주주이자 대표이사 乙이 최근에 소집절차와 결의절차도 거치지 않고 주주총회의 결의가 있었던 것처럼 회의록을 작성하여 회사의 정관을 변경하였습니다. 나중에 제가 乙에게 따지니 어차피 주주총회를 거쳐도 마찬가지이므로 법적으로 문제될 것이 없다고 합니다. 열리지도 않은 주주총회 결의가 대주주의 뜻에 맞게 의사록만 작성되었다고 법적으로 주주총회 결의가 있는 것으로 보는 것이 맞나요?

A: 상법 제363조는 총회를 소집함에는 회일을 정하여 2주간 전에 각 주주에 대하여 서면 또는 전자문서로 통지를 발송하여야 하고, 통지서에는 회의의 목적사항을 기재하도록 하도록 규정하고 있습니다. 또한 같은 법 제373조는 주주총회를 한 후에는 의사록을 작성하여야 하고, 의사록에는 의사의 경과요령과 그 결과를 기재하고 의장과 출석한 이사가 기명날인 또는 서명하도록 하고 있습니다.

이러한 주주총회의 소집통지를 거치지 않고 의사록만 작성한 경우에 주주는 같은 법 제380조에 따라서 총회의 소집절차 또는 결의방법에 총회결의가 존재한다고 볼 수 없을 정도의 중대한 하자가 있는 것을 이유로 하여 주주총회결의부존재의 확인을 청구하는 소를 제기할 수 있습니다.

주식회사의 주주가 1명인 1인 회사에서 주주총회의 소집절차를 거치지 않은 사안에서 대법원은 주식회사에 있어서 총 주식을 한 사람이 소유한 이른바 1인 회사의 경우 그 주주가 유일한 주주로서 주주총회에 출석하면 전원 총회로서 성립하고 그 주주의 의사대로 결의가 될 것임이 명백하므로 따로 총회소집절차가 필요 없으며, 실제로 총회를 개최한 사실이 없었다 하더라도 그 1인 주주에 의하여 의결이 있었던 것으로 주주총회 의사록이 작성되었다면 특별한 사정이 없는 한 그 내용의 결의가 있었던 것으로 볼 수 있다고 판시한바 있습니다(대법원 1976. 4. 13. 선고 74다1755 판결 등 참조).

그러나, 본 사안처럼 주식회사의 주주가 1인이 아니라 여러명이고 대다수의 주식을 가진 주주가 총회소집절차도 거치지 않고 주주총회 회의록만 작성해서 정관을 변경한 경우에 대법원은 "주식의 소유가 실질적으로 분산되어 있는 경우에는 상법상의 원칙으로 돌아가 실제의 소집절차와 결의절차를 거치지 아니한 채 주주총회의 결의가 있었던 것처럼 주주총회 의사록을 허위로 작성한 것이라면 설사 1인이 총 주식의 대다수를 가지고 있고 그 지배주주에 의하여 의결이 있었던 것으로 주주총회 의사록이 작성되어 있다 하더라도 도저히 그 결의가 존재한다고 볼 수 없을 정도로 중대한 하자가 있는 때에 해당하여 그 주주총회의 결의는 부존재하다고 보아야 할 것이다."고 판시하였습니다(대법원 2007. 2. 22. 선고 2005다73020 판결).

따라서 1인 회사가 아닌 회사에서 대다수의 주식을 가지고 있는 주주가 소집통지를 하지 않고 총회의사록만 작성하여 정관변경을 한 경우에는 주주총회의 소집절차가 존재한다고 볼 수 없는 중대한 하자가 있게 됩니다. 이 경우 주주 甲은 주식회사 A를 상대로 주주총회결의 부존재 확인소송을 제기할 수 있습니다.

(관련판례)
구 도시 및 주거환경정비법(2012. 2. 1. 법률 제11293호로 개정되기 전의 것) 제20조 제3항은 조합이 정관을 변경하고자 하는 경우에는 총회를 개최하여 조합원 과반수 또는 3분의 2 이상의 동의를 얻어 시장·군수의 인가를 받도록 규정하고 있다. 여기서 시장 등의 인가는 그 대상이 되는 기본행위를 보충하여 법률상 효력을 완성시키는 행위로서 이러한 인가를 받지 못한 경우 변경된 정관은 효력이 없고, 시장 등이 변경된 정관을 인가하더라도 정관변경의 효력이 총회의 의결이 있었던 때로 소급하여 발생한다고 할 수 없다(대법원 2014. 7. 10. 선고 2013도11532 판결).

■ 주주총회결의를 흠결하여 정관을 변경한 경우 주주총회결의의 취소 또는 무효를 구할 수 있나요?

Q: 甲주식회사는 2016. 3. 4. 정기주주총회에서 '기존 우선주주들이 무상증자 등에 의하여 향후 배정받게 될 우선주는 구 우선주와 달리 10년 후에도 보통주로 전환할 수 없다'는 내용으로 정관변경결의를 하였습니다. 甲회사의 우선주주인 乙은 甲회사가 위와 같이 정관변경결의를 하면서 종류주주총회결의를 거치지 아니하였다는 이유로 위 주주총회결의의 취소 또는 무효를 구할 수 있나요?

A: 상법 제435조 제1항은 "회사가 종류주식을 발행한 경우에 정관을 변경함으로써 어느 종류주식의 주주에게 손해를 미치게 될 때에는 주주총회의 결의 외에 그 종류주식의 주주의 총회의 결의가 있어야 한다."고 규정하고 있는바, 위 규정의 취지는 주식회사가 보통주 이외의 수종의 주식을 발행하고 있는 경우에 보통주를 가진 다수의 주주들이 일방적으로 어느 종류의 주식을 가진 소수주주들에게 손해를 미치는 내용으로 정관을 변경할 수 있게 할 경우에 그 종류의 주식을 가진 소수주주들이 부당한 불이익을 받게 되는 결과를 방지하기 위한 것이므로, 여기서의 '어느 종류의 주주에게 손해를 미치게 될 때'라 함에는, 어느 종류의 주주에게 직접적으로 불이익을 가져오는 경우는 물론이고, 외견상 형식적으로는 평등한 것이라고 하더라도 실질적으로는 불이익한 결과를 가져오는 경우도 포함되며, 나아가 어느 종류의 주주의 지위가 정관의 변경에 따라 유리한 면이 있으면서 불이익한 면을 수반하는 경우도 이에 해당됩니다(대법원 2006. 1. 27. 선고 2004다44575 판결).

그렇다면 甲회사가 '기존 우선주주들이 향후 배정받게 될 우선주는 구 우선주와 달리 10년 후에도 보통주로 전환할 수 없다'는 내용으로 정관을 변경한 것이 상법 제435조 제1항에서 말하는 회사가 종류주식을 발행한 경우에 정관을 변경함으로써 '어느 종류주식의 주주에게 손해를 미치게 될 때'에 해당한다면 甲회사는 주주총회의 결의 외에 그 종류주식의 주주의 총회의 결의가 거쳐야 합니다.

甲회사의 위와 같은 정관변경으로 인하여, 기존의 우선주주들이 무상증자 등에 의하여 향후 새로 배정받게 될 우선주의 내용에만 차이가 생기는 것일 뿐이고 그 외에는 아무런 차이가 없는데, 차이가 생기는 부분인 향후 배정받게 될 우선주의 내용은 구 우선주와 달리 10년 후에도 보통주로 전환할 수 없는 것이므로, 보통주로의 전환에 의한 의결권의 취득을 바라고 있던 우선주주의 지위에서는 정관변경이 불리한 반면, 의결권의 취득에는 관심이 적고 그보다는 이익배당에 더 관심이 있던 우선주주의 지위에서는 특정 비율 이상의 우선배당권이 10년의 제한을 받지 아니하고 언제까지나 보장되는 것이어서 유리한 바, 정관을 변경함으로써 우선주주 각자의 입장에 따라 유리한 점과 불리한 점이 공존하고 있을 경우에 해당하므로 우선주주들로 구성된 종류주주총회의 결의가 필요합니다.

다만 어느 종류 주주에게 손해를 미치는 내용으로 정관을 변경함에 있어서 그 정관변경에 관한 주주총회의 결의 외에 추가로 요구되는 종류주주총회의 결의는 정관변경이라는 법률효과가 발생하기 위한 하나의 특별요건이라고 할 것이므로, 그와 같은 내용의 정관변경에 관하여 종류주주총회의 결의가 아직 이루어지지 않았다면 그러한 정관변경의 효력이 아직 발생하지 않는 데에 그칠 뿐이고, 그러한 정관변경을 결의한 주주총회결의 자체의 효력에는 아무런 하자가 없다는 것이 판례의 태도입니다(대법원 2006. 1. 27. 선고 2004다44575 판결).

따라서 乙은 甲회사를 상대로 2016. 4. 17. 주주총회결의 취소나 무효를 구할 수는 없고, 민사상 정관변경 무효확인의 소를 구할 수 있을 뿐입니다.

(관련판례)
갑 주식회사의 주주인 을 등이 주주총회결의 부존재 확인 및 취소를 구하는 소를 제기하였는데 소송 계속 중에 갑 회사와 병 주식회사의 주식 교환에 따라 병 회사가 갑 회사의 완전모회사가 되고 을 등은 병 회사의 주주가 된 사안에서, 을 등에게 주주총회결의 부존재 확인을 구할 이익이 없고, 결의취소의 소를 제기할 원고적격도 인정되지 않는 다고 한 사례(대법원 2016. 7. 22. 선고 2015다66397 판결).

2. 정관의 공증

2-1.정관의 효력발생(공증)

2-1-1. 정관의 공증

① 정관은 공증인의 인증을 받음으로써 효력이 생깁니다(상법 제292조 본문).

② 자본금 총액이 10억원 미만인 회사를 발기설립(發起設立)하는 경우에 는 공증인의 공증을 받을 필요 없이 각 발기인이 정관에 기명날인 또는 서명함으로써 효력이 생깁니다(상법 제292조 단서).

2-1-2. 공증 절차 및 필요서류

① 정관의 인증을 촉탁하려면 정관(전자문서로 작성된 정관은 제외함) 2 통을 제출하여야 합니다(공증인법 제63조제1항).

② 정관의 인증은 촉탁인 또는 그 대리인으로 하여금 공증인 앞에서 제 출된 각 정관에 발기인이 서명 또는 기명날인하였음을 확인하게 한 후 그 사실을 적는 방법으로 합니다(공증인법 제63조제2항).

③ 공증인은 위의 기재를 한 정관 중 1통은 자신이 보존하고 다른 1통 은 촉탁인 또는 그 대리인에게 돌려주어야 합니다(공증인법 제63조 제3항).

2-1-3. 공증 수수료

「상법」의 규정에 의한 정관인증의 수수료는 발행주식의 액면총액 5천만원까 지는 8만원으로 하고, 5천만원을 초과할 경우에는 그 초과액의 2천분의 1

을 더하되 100만원을 초과하지 못합니다(공증인 수수료 규칙 제21조제1항).

발행주식의 액면총액	수 수 료
5천만원 이하	8만원
5천만원 초과	8만원에 그 5천만원 초과액의 2천분의 1을 더하되, 수수료가 100만원을 초과하지 못함 예) 발행주식의 액면총액이 10억원인 경우: 8만원 + 9억 5천만원(1/2000) = 55만 5천원

3. 주식발행사항의 결정

3-1. 발행주식의 종류 등의 결정

3-1-1. 주식발행사항의 결정

"주식발행사항"이란 정관의 절대적 기재사항(① 회사설립 시에 발행하는 주식의 총수와 ② 1주의 금액) 외에 자본금에 관한 구체적인 사항을 결정하는 것으로서, 회사설립 시에 발행하는 주식에 관한 다음의 사항에 대해 정관에 다른 규정이 없는 경우 발기인 전원의 동의로 결정하는 사항을 말합니다(상법 제289조제1항제4호, 제5호 및 제291조).

- 주식의 종류와 수
- 액면주식의 경우에 액면 이상의 주식을 발행할 때에는 그 수와 금액
- 무액면주식을 발행하는 경우에는 주식의 발행가액과 주식의 발행가액 중 자본금으로 계상하는 금액

3-1-2. 주식의 종류와 수의 결정

주식의 표준이 되는 보통주 외에 우선주, 후배주, 혼합주, 의결권제한주식, 전환주식, 상환주식 등과 같은 종류주식을 발행하는 경우에는 그 발행하는 주식의 종류와 수를 결정해야 합니다(상법 제291조제1호, 제344

조, 제345조제1항 및 제346조제1항).

주식의 종류	내용
의결권제한주식	이익배당에서는 우선적 권리가 있지만, 의결권은 없는 주식을 말합니다(상법 제344조의3제1항 참조).
전환주식	회사가 권리내용이 다른 여러 종류주식을 발행하는 경우 다른 종류주식으로 전환할 수 있는 권리, 즉 전환권이 인정되는 주식을 말합니다. 회사가 전환주식을 발행하는 경우, 전환의 조건, 전환의 청구기간, 전환으로 인하여 발행할 주식의 수와 내용을 정해야 하며(「상법」 제346조제1항), 주식청약서 또는 신주인수권증서에도 그 내용을 적어야 합니다(상법 제347조).
상환주식	회사가 자금이 필요한 경우 발행하였으나 일정 기간이 지난 후 해당 주식을 회수하여 소각하려는 경우에 발행하는 주식을 말합니다(상법 제345조).

■ **명의개서가 부당하게 거절당한 경우 주식양수인이 회사를 상대로 주주로서의 권리를 행사할 수 있는지요?**

Q: 甲은 A주식회사의 발행주식총수의 10%를 보유한 기명주주로부터 그의 보유주식 전부를 양수하면서 주권을 교부받았습니다. 甲은 주권을 지참하여 A회사에 명의개서를 청구하였으나 A회사는 정당한 사유도 없이 이를 거절하였습니다. 심지어 A회사는 주주총회를 개최하면서 甲이 아닌 주식양도인에게 총회소집을 통지하였고, 이에 甲은 이익배당에 관한 총회결의에서 의결권을 행사한 후 이이배당금을 지급받았습니다. 이러한 경우 주식양수인 甲은 주주로서의 권리를 행사할 수 없는건가요?

A: 상법 제336조 제1항에 규정되어 있듯이 주식의 양도는 당사자간의 양도계약과 주권의 교부에 의하여 효력이 발생합니다. 다만 기명주식을 양도

할 때에는 취득자의 성명과 주소를 주주명부에 기재하는 절차 즉, 명의개서를 거쳐야 회사에 대항할 수 있는 것(상법 제337조 제1항)이 원칙입니다. 문제는 사안과 같이 회사측에서 정당한 이유 없이 적법한 명의개서 청구를 부당거절하는 경우 주식양수인은 어떠한 조치를 취해야하는가 입니다. 이러한 경우 일반적으로 1) A회사를 상대로한 명의개서청구소송, 2) 임시주주의 지위를 정하는 가처분, 3) 이사 또는 회사를 상대로한 손해배상청구 등을 구제수단으로 고려해볼 수 있으나 이러한 일반적 구제수단들은 그 실익을 보는 데에 상당한 시일을 요하거나 우회적, 간접적 수단에 불과하므로 甲의 권리보호에 미흡한 점이 있습니다. 따라서 가장 직접적인 구제방안은 명의개서가 부당하게 거절된 이상 주식양수인 甲을 명의개서를 필한 주주와 동일한 지위에 있는 것으로 취급하고 그에 따라 甲이 명의개서를 하지 않고도 A회사에 대하여 주주권을 행사할 수 있다고 보는 것입니다. 이에 대하여 대법원은 "주식을 양도받은 주식양수인들이 명의개서를 청구하였는데도 회사의 대표이사가 정당한 사유 없이 그 명의개서를 거절한 것이라면 회사는 명의개서가 없음을 이유로 그 양도의 효력과 주식양수인의 주주로서의 지위를 부인할 수 없다"고 판시한바 있습니다(대판 1993. 7. 13. 92다40952). 따라서 甲은 명의개서를 부당하게 거절한 A회사를 상대로 명의개서청구소송 등을 취하지 않고도 주주로서의 권리를 행사할 수 있습니다.

(관련판례)

주식을 양수하였으나 아직 주주명부에 명의개서를 하지 아니하여 주주명부에는 양도인이 주주로 기재되어 있는 경우뿐만 아니라, 주식을 인수하거나 양수하려는 자가 타인의 명의를 빌려 회사의 주식을 인수하거나 양수하고 타인의 명의로 주주명부에의 기재까지 마치는 경우에도, 회사에 대한 관계에서는 주주명부상 주주만이 주주로서 의결권 등 주주권을 적법하게 행사할 수 있다.

이는 주주명부에 주주로 기재되어 있는 자는 특별한 사정이 없는 한 회사에 대한 관계에서 주식에 관한 의결권 등 주주권을 적법하게 행사할 수 있고, 회사의 주식을 양수하였더라도 주주명부에 기재를 마치지 아니하면 주식의 양수를 회사에 대항할 수 없다는 법리에 비추어 볼 때 자연스러운 결과이다. 또한 언제든 주주명부에 주주로 기재해 줄 것을 청구하여 주주권을 행사할 수 있는 자가 자기의 명의가 아닌 타인의 명의로 주주명부에 기재를 마치는 것은 적어도 주주명부상 주주가 회사에 대한 관계에서 주주권을 행사하더라도 이를 허용하거나 받아들이려는 의사였다고 봄이 합리적이다.

그렇기 때문에 주주명부상 주주가 주식을 인수하거나 양수한 사람의 의사에 반하여 주주권을 행사한다 하더라도, 이는 주주명부상 주주에게 주주권을 행사하는 것을 허용함에 따른 결과이므로 주주권의 행사가 신의칙에 반한다고 볼 수 없다(대법원 2017. 3. 23. 선고 2015다248342 전원합의체 판결).

3-1-3. 액면이상의 주식을 발행하는 때 그 수와 금액의 결정

「상법」에서는 회사설립 시 액면미달의 가액으로 주식을 발행하지 못하도록 금지하고 있지만, 자본충실의 이념상 액면가액 이상으로 발행하는 것은 허용하고 있습니다. 따라서 이 경우에는 그 액면가액과 몇 주(株)를 발행할지를 결정해야 합니다(상법 제291조제1호 및 제330조).

3-1-4. 무액면주식 발행시 주식의 발행가액 등의 결정

무액면주식을 발행하는 경우에는 주식의 발행가액과 주식의 발행가액 중 자본금으로 계상할 금액을 정해야 합니다(상법 제291조제3호).

■ 높은 주가가 형성되어 이를 믿고 주식을 구입한 주주가 주가 폭락에 대해 이사를 상대로 손해배상을 청구할 수 있는지요?

Q: 저는 주식회사 A의 주식을 구입한 주주 甲입니다. 지인으로부터 주식회사 A가 건실하다는 이야기를 듣고 주식을 구입하여 주주가 되었습니다. 그런데 제가 구입한 후에 이 사실이 알려져 주가가 폭락하여 손해를 보게 되었습니다. 나중에 알고 보니 제가 구입하기 직전

에 주식회사 A의 이사 乙이 재산을 횡령하고 부실공시를 하여 정상 주가보다 높게 주가가 형성된 사실을 알게 되었습니다. 주위에서는 이미 이사가 횡령하여 입은 피해는 간접적인 피해이므로 주주가 직접 배상을 묻기는 어려울 것이라고 합니다. 이러한 경우에 저는 이사 乙을 상대로 손해배상을 청구할 수 있나요?

A: 상법 제401조 제1항은 "이사가 고의 또는 중대한 과실로 그 임무를 게을리한 때에는 그 이사는 제3자에 대하여 연대하여 손해를 배상할 책임이 있다."고 규정하고 있습니다. 반면에 같은 법 제403조 제1항은 "발행주식의 총수의 100분의 1 이상에 해당하는 주식을 가진 주주는 회사에 대하여 이사의 책임을 추궁할 소의 제기를 청구할 수 있다."고 규정하고 있습니다.

이 경우에 주주가 입은 피해가 직접적인 피해의 경우라면 상법 제401조 제1항에 의해 이사를 상대로 손해배상책임을 추궁할 수 있지만, 회사가 손해를 입은 간접적인 피해의 경우라면 상법 제403조 제1항에 따라 회사에 이사의 책임을 추궁할 소의 제기를 청구할 수밖에 없습니다.

최근 들어 위와 유사한 사례에서 대법원은 "주식회사의 주주가 이사의 악의 또는 중대한 과실로 인한 임무해태행위로 직접손해를 입은 경우에는 이사에 대하여 구 상법(2011.4.14.법률 제10600호로 개정되기 전의 것, 이하 '상법'이라 한다) 제401조에 의하여 손해배상을 청구할 수 있으나, 이사가 회사의 재산을 횡령하여 회사의 재산이 감소함으로써 회사가 손해를 입고 결과적으로 주주의 경제적 이익이 침해되는 손해와 같은 간접적인 손해는 상법 제401조 제1항에서 말하는 손해의 개념에 포함되지 아니하므로 이에 대하여는 위 법조항에 의한 손해배상을 청구할 수 없다. 그러나 회사의 재산을 횡령한 이사가 악의 또는 중대한 과실로 부실공시를 하여 재무구조의 악화 사실이 증권시장에 알려지지 아니함으로써 회사 발행주식의 주가가 정상주가보다 높게 형성되고, 주식매수인이 그러한 사실을 알지 못한 채 주식을 취득하였다가 그 후 그 사실이 증권

시장에 공표되어 주가가 하락한 경우에는, 주주는 이사의 부실공시로 인하여 정상주가보다 높은 가격에 주식을 매수하였다가 주가가 하락함으로써 직접 손해를 입은 것이므로, 이사에 대하여 상법 제401조 제1항 에 의하여 손해배상을 청구할 수 있다."고 판시한 바 있습니다.

위 판례의 견해에 따를 때 주주 甲은 주식회사의 재산을 횡령하고 부실공시를 하여 정상주가보다 높은 주가가 형성되어 이를 믿고 주식을 구입하였으므로 이사 乙을 상대로 손해배상을 청구할 수 있게 됩니다.

■ 회사의 자기주식취득은 유효한것 인가요?

Q: A회사는 조만간 상장이 예정되어 있는 회사입니다. A회사의 대표이사 甲은 상장 후 양도차익을 얻을 목적으로 자기회사의 주식을 취득하기로 마음먹고, 그 영업연도에 이르기까지 이사회의 결의로 적립해둔 회사의 이익준비금을 재원으로 하여 평소 친분이 있던 주주들로부터 주식을 매수하기로 마음먹었습니다. 결국 이사회의 승인결의 후에 A회사가 주주들로부터 주식을 매수하였는데 이와 같은 회사의 자기주식취득은 유효한것 인가요?

A: 회사가 자기의 계산으로 자기의 주식을 취득하는 것을 제한없이 허용하게 되면 회사의 자본충실을 침해하거나 투기적인 거래에 악용되거나 주주평등의 원칙에 반하는 등 다양한 문제가 발생할 수 있기 때문에 상법은 제341조에서 자기주식을 취득하기 위한 요건을 엄격하게 정하고 있습니다. 따라서 회사가 적법하게 자기주식을 취득하기 위해서는 1) 자기주식의 취득가액의 총액이 배당가능이익을 초과해서는 안되고(제341조 제1항 단서), 2) 해당 연업연도의 결산기에 대차대조표상의 순자산액이 제462조 제1항 각호의 금액의 합계액에 미치지 못할 우려 즉, 자본금 또는 법정준비금의 항목의 결손을 초래할 우려가 없어야 합니다(동조 제3항). 사안의 경우 A회사가 자기주식을 취득하는데 사용한 이익준비금은 자본준비금과 더불어 법정준비금의 일종이므로 이를 사용하

여 자기주식을 취득한 것은 자본충실의 이념에 기초를 둔 제341조 제1항 단서에 위반한 것입니다. 제341조에 반하는 주식취득은 무효라고 보는 판례의 입장에 따른다면(대판 2003. 5. 16. 2001다44109) A회사의 자기주식취득은 무효입니다.

(관련판례)

회사가 제3자의 명의로 회사의 주식을 취득하더라도, 그 주식 취득을 위한 자금이 회사의 출연에 의한 것이고 그 주식 취득에 따른 손익이 회사에 귀속되는 경우라면, 상법 기타의 법률에서 규정하는 예외사유에 해당하지 않는 한, 그러한 주식의 취득은 회사의 계산으로 이루어져 회사의 자본적 기초를 위태롭게 할 우려가 있는 것으로서 상법 제341조, 제625조 제2호, 제622조가 금지하는 자기주식의 취득에 해당한다(대법원 2007. 7. 26. 선고 2006다33609 판결).

■ **명의개서미필주주도 주주총회에 참석할 수 있을까요?**

Q: 주식회사의 기명주식을 인수하였는데 아직 명의개서를 하지 아니한 상태입니다. 얼마있어 주주총회가 열리는 것으로 아는데 거기에 참석할 수 있을까요?

A: 주식의 양도는 주권의 교부에 의하여 그 효력이 발생하지만 기명주식의 경우 회사에 대하여 권리를 행사하기 위하여는 명의개서를 하여야 합니다. 따라서 명의개서를 하지 않는 상태에서는 주주총회에 참석할 수 없습니다. 기명주식이든 무기명주식이든 회사와는 관계없이 그 양도의 경우에는 주권의 교부에 의하여(상법 제336조 제1항), 상속이나 합병 등의 경우에는 그 법률효과의 발생과 동시에 주식이 이전됩니다(민법 제1005조,상법 제235조,제530조 제2항). 그러나 회사에 대해 권리를 행사하는 방법면에서는 무기명주식과 기명주식이 각각 다른바, 전자에 있어서는 주식을 취득한 자가 회사에 그 주권을 공탁함으로써 그 주주로서의 자격을 인정받게 됨에 반하여(상법 제358조), 후자에 있어서는

주식을 취득한 자가 회사에 그 주권을 제시하고 그 성명과 주소를 주주 명부에 기재하지 않은 한 회사에 대해서 주주로서 권리행사를 할 수 없습니다(상법 제337조 제1항). 다만 상법 제337조 제1항의 규정은 주주권이전의 효력요건을 정한 것이 아니고 회사에 대한 관계에서 누가 주주로 인정되느냐 하는 주주의 자격을 정한 것으로서 기명주식의 취득자가 주주명부상의 주주명의를 개서하지 아니하면 스스로 회사에 대하여 주주권을 주장할 수 없다는 의미이고, 명의개서를 하지 아니한 실질상의 주주를 회사측에서 주주로 인정하는 것은 무방하다고 해석할 것입니다(대법원 1989.10.24. 선고 89다카14714 판결).

■ 주식을 가압류하는 방법은 무엇일까요?

Q: 甲은 乙에 대한 대여금채권을 행사하기 위해 乙의 재산을 조사하던 중 乙에게 아래와 같은 주식들이 있을 뿐임을 알게 되었습니다. 각각의 경우 甲이 乙 명의 주식을 가압류할 방법이 무엇일까요?

　　(1) 아직 설립절차 진행 중인 A주식회사 주식,

　　(2) 설립절차가 완료(6개월 미경과)되었으나 주권 미교부 상태인 B주식회사 주식,

　　(3) 설립절차가 완료(6개월 경과)되었으나 주권 미교부 상태인 C주식회사 주식,

　　(4) 설립절차가 완료되었고 주권이 교부된 비상장회사 D주식회사 주식,

　　(5) 설립절차가 완료된 상장회사 E주식회사 주식(F증권사를 통해 보유 중)

A: (1)의 경우 乙은 A주식회사의 '권리주'를 가진 것에 불과하며, '권리주'의 양도는 회사에 대하여 효력이 없으므로(상법 제319조) 甲은 권리주 자체를 압류할 수는 없습니다. 다만 이 경우 乙은 설립 후의 A주식회사에 대해 주권교부청구권을 가지므로(상법 제355조 제1항) 甲은 乙을

채무자, A주식회사를 제3채무자로 하여 주권교부청구권 가압류신청을 제기할 수 있습니다.(민사집행법 제243조 참조)

(2)의 경우 乙은 B주식회사의 주주이나 이 경우 B주식회사 주식의 양도는 회사에 대하여 효력이 없으므로(상법 제355조 제2항), 결국 甲은 乙을 채무자, B주식회사를 제3채무자로 하여 주권교부청구권 가압류신청을 제기할 수 있습니다.

(3)의 경우 주권 없는 주식의 양도가 가능하므로 甲은 주식 자체를 기타 재산권으로 보아, 乙을 채무자, C주식회사를 제3채무자로 하는 주식 가압류신청을 제기할 수 있습니다.(민사집행법 제251조 제1항)

(4)의 경우 주식의 양도는 주권의 교부를 요건으로 하므로(상법 제336조 제1항), 甲은 주권 자체에 대하여 유체동산 가압류를 신청하여야 할 것입니다.(민사집행법 제189조 제2항 제3호) 이 경우 甲은 乙이 점유 중인 주권을 집행관이 인도받아 적당한 방법으로 보관하라는 취지로 신청하여야 할 것입니다.

(5)의 경우 乙은 예탁결제원에 예탁된 예탁유가증권에 대한 공유지분을 가지는 것(자본시장법 제312조 참조)이므로, 甲은 乙을 채무자, F증권사를 예탁자로 하는 예탁증권지분 가압류를 신청해야 할 것입니다.(민사집행규칙 제182조, 민사집행법 제159조)

[서식 예] 주식청약금반환청구의 소(직원이 횡령한 경우)

소   장

원   고   ○○○ (주민등록번호)

　　　　○○시 ○○구 ○○길 ○○(우편번호)

　　　　전화·휴대폰번호:

　　　　팩스번호, 전자우편(e-mail)주소:

피   고   ◇◇◇ (주민등록번호)

　　　　○○시 ○○구 ○○길 ○○(우편번호)

　　　　전화·휴대폰번호:

　　　　팩스번호, 전자우편(e-mail)주소:

주식청약금반환청구의 소

청 구 취 지

1. 피고는 원고에게 금 10,000,000원 및 이에 대한 20○○.
   ○. ○.부터 이 사건 소장부본 송달일까지는 연 5%의, 그 다
   음날부터 다 갚는 날까지는 연 15%의 각 비율에 의한 돈을
   지급하라.
2. 소송비용은 피고의 부담으로 한다.
3. 위 제1항은 가집행 할 수 있다.

라는 판결을 구합니다.

청 구 원 인

1. 당사자관계
   피고는 소외 ◆◆회사(다음부터 소외회사라고 함)의 주주이자
   이사이고, 원고는 피고와 이웃지간입니다.
2. 피고는 20○○. ○. ○. 소외 ◆◆회사가 신주를 발행하기로

이사회에서 결의를 한 바 있는데, 소외회사는 소프트웨어개발업체로서 장래 사업전망이 밝고 수익성이 좋아서 코스닥시장 등록을 추진 중에 있으므로 발행될 신주를 인수하게 되면 많은 이익을 볼 수 있다고 하여, 원고는 피고의 말을 믿고 피고에게 주식청약금으로 금 10,000,000원을 교부하였습니다.

3. 그런데 피고가 위 돈을 교부받은 뒤 연락이 없고 집에 찾아가도 만날 수가 없어 소외회사로 문의한 바, 피고는 원고로부터 교부받은 주식청약금을 회사에 입금하지 않고 횡령한 것으로 드러났습니다.

4. 이에 원고는 피고에게 주식청약금 10,000,000원 및 이에 대한 20○○. ○. ○.부터 이 사건 소장부본 송달일까지는 민법에서 정한 연 5%의, 그 다음날부터 다 갚는 날까지는 소송촉진등에관한특례법에서 정한 연 15%의 각 비율에 의한 지연손해금을 청구하고자 이 사건 소를 제기합니다.

입 증 방 법

1. 갑 제1호증   고소장
1. 갑 제2호증   청약금영수증

첨 부 서 류

1. 위 입증방법   각 1통
1. 소장부본   1통
1. 송달료납부서   1통

20○○.   ○.   ○.

위 원고   ○○○   (서명 또는 날인)

○○지방법원 ○○지원   귀중

3-2. 주식발행사항에 관한 발기인의 동의

3-2-1. 발기인 전원의 동의

주식발행사항을 결정한 경우 그 사항에 대해서는 정관으로 달리 정하지 않으면 발기인 전원의 동의가 있어야 합니다(상법 제291조).

3-2-2. 회사설립 등기시 결정사항을 증명하는 정보의 제공

발기인 전원의 동의방법에는 제한이 없지만, 주식발행사항을 결정한 경우에는 회사설립 등기시 그 결정사항을 증명하는 정보를 제공해야 합니다(상업등기법 제24조제3항 및 상업등기규칙 제129조제4호 참고).

제4장

주식회사 설립은
어떤 방법으로 하나요?

제4장 주식회사 설립은 어떤 방법으로 하나요?

제1절 발기설립의 경우

1. 주식인수 및 출자이행

1-1. 주식인수

1-1-1. 발기인의 주식인수

각 발기인은 서면에 의하여 주식을 인수해야 하며, 발기인이 설립등기를 신청할 때에는 주식의 인수를 증명하는 정보를 제공해야 합니다(상법 제293조 및 상업등기규칙 제129조제2호).

1-1-2. 주식인수증 서면작성 예

① 주식인수증을 작성하는 방법에 관한 자세한 내용은 『온라인 법인설립시스템(www.startbiz.go.kr)』에서 확인할 수 있으며, 아래의 작성 예에 따라 다음의 순서대로 작성하면 됩니다(중소벤처기업부, 온라인 법인설립시스템 홈페이지 참조).

1. 상호에는 주식을 인수할 회사의 상호를 기재합니다.
2. 인수할 주식의 종류와 수에는 본인이 인수하는 주식의 종류와 수량을 기재합니다[(예) 우선주: 1,000주]
3. 1주의 금액은 정관에 기재된 회사의 1주의 금액을 기재합니다.
4. 인수주식 총액은 위 3. 및 4.에 따라 인수한 주식의 총 금액을 기재합니다.
5. 납입기관 및 장소는 주식금액을 납입하기 위한 납입장소를 기재합니다. 회사의 주식이 발행됨과 동시에 발기인이 결정하게 됩니다. 발기설립의 경우 주식인수증에 기재된 납입기관이 기준이 되며, 모집설립의 경우에는 주식 청약서에 기재되는 납입기관을 기준으로

작성됩니다.

6. 주식을 인수하는 사람의 성명, 주민등록번호, 주소를 기재하고 기명날인을 실시합니다.

1-1-3. 납입책임면탈의 죄

납입의 책임을 면하기 위해 타인 또는 가설인의 명의로 주식 또는 출자를 인수한 자는 1년 이하의 징역 또는 300만원 이하의 벌금에 처해집니다(상법 제634조).

1-2. 출자이행

1-2-1. 발기인의 인수가액 전액 납입

발기인이 회사의 설립 시에 발행하는 주식의 총수를 인수한 때에는 지체없이 각 주식에 대하여 그 인수가액의 전액을 납입해야 합니다(상법 제295조제1항 전단).

※ 납입금에 대한 상계허용
— 개정전 「상법」 제334조에서는 주주의 납입금에 관하여 회사와 상계(相計)할 수 없도록 금지하고 있었으나, 이를 삭제(법률 제10600호, 2011.4.14.)하여 납입금에 관하여 회사와 합의로 상계를 할 수 있도록 하였습니다(상법 제421조제2항 참조).
※ "상계"란 쌍방이 서로 같은 종류를 목적으로 한 채무를 부담한 경우에 그 쌍방의 채무의 이행기가 도래한 때에는 각 채무자는 대등액에 관하여 소멸시킬 수 있는 권리를 말합니다(민법 제492조제1항).

■ 주식으로 전환할 수 있는 권한을 대여자에게 부여하는 내용의 계약조항을 둔 경우, 전액을 주식으로 전환해줄 것을 청구할 수 있나요?

Q: 甲은 주식회사 乙에게 1억원을 이자 연10%, 변제기 2017. 9. 15. 로 정하여 빌려주면서 "甲이 위 변제기까지 대여금액의 전부 또는 일부를 乙 회사의 주식으로 전환받기를 원하는 경우 乙 회사는 언제

나 주식을 액면가(1주당 5,000원)로 발행하여 甲에게 이를 교부한다. 그리고 乙 회사는 甲의 동의를 받지 않고는 증자를 실시하지 않는다"는 약정을 하였습니다. 甲은 변제기 전에 대여금 1억 전액을 乙 회사의 주식으로 전환해줄 것을 청구할 수 있나요?

A: 이 사건 약정은 소비대차의 형식을 띄고 있으나 실질적으로는 원고에게 위 대여금을 주식으로 전환할 수 있는 권리를 부여한 것으로 사실상의 전환사채발행약정에 해당한다고 할 것이다. 주식회사가 타인으로부터 돈을 빌리는 소비대차계약을 체결하면서 "채권자는 만기까지 대여금액의 일부 또는 전부를 회사 주식으로 액면가에 따라 언제든지 전환할 수 있는 권한을 갖는다"는 내용의 계약조항을 둔 경우, 달리 특별한 사정이 없는 한 이는 전환의 청구를 한 때에 그 효력이 생기는 형성권으로서의 전환권을 부여하는 조항이라고 보아야 하는바, 신주의 발행과 관련하여 특별법에서 달리 정한 경우를 제외하고 신주의 발행은 상법이 정하는 방법 및 절차에 의하여만 가능하다는 점에 비추어 볼 때, 위와 같은 전환권 부여조항은 상법이 정한 방법과 절차에 의하지 아니한 신주발행 내지는 주식으로의 전환을 예정하는 것이어서 효력이 없습니다 [대법원 2007. 2. 22. 선고 2005다73020 판결 참조]. 따라서 甲은 乙 회사에게 위 약정에 따라 대여금을 乙 회사의 주식으로 전환하여 줄 것을 청구할 수 없습니다.

(관련판례)

주식회사가 타인으로부터 돈을 빌리는 소비대차계약을 체결하면서 "채권자는 만기까지 대여금액의 일부 또는 전부를 회사 주식으로 액면가에 따라 언제든지 전환할 수 있는 권한을 갖는다"는 내용의 계약조항을 둔 경우, 달리 특별한 사정이 없는 한 이는 전환의 청구를 한 때에 그 효력이 생기는 형성권으로서의 전환권을 부여하는 조항이라고 보아야 하는바, 신주의 발행과 관련하여 특별법에서 달리 정한 경우를 제외하고 신주의 발행은 상법이 정하는 방법 및 절차에 의하여만 가능하다는 점에 비추어 볼 때, 위와 같은 전환권 부여조항은 상법이 정한 방법과 절차에 의하지 아니한 신주발행 내지는 주식으로의 전환을 예정하는 것이어서 효력이 없다(대법원 2007. 2. 22. 선고 2005다73020 판결).

1-2-2. 주식 인수금 납입기관

① 발기인이 인수가액의 전액을 납입할 경우에는 납입을 맡을 은행 그 밖의 금융기관과 납입장소를 지정해야 합니다(상법 제295조제1항 후단).

② 설립등기를 신청하는 경우 주금의 납입을 맡은 은행, 그 밖의 금융기관의 납입금 보관을 증명하는 정보를 제공해야 하므로, 납입금을 보관한 은행이나 그 밖의 금융기관은 발기인 또는 이사의 청구를 받으면 그 보관금액에 관하여 증명서를 발급해야 합니다(상업등기규칙 제129조제12호 및 상법 제318조제1항).

③ 다만, 자본금 총액이 10억원 미만인 회사를 위의 방법에 따라 발기설립하는 경우에는 증명서를 은행이나 그 밖의 금융기관의 잔고증명서로 대체할 수 있습니다(상법 제318조제3항).

④ 이 경우 은행이나 그 밖의 금융기관은 증명한 보관금액에 대하여는 납입이 부실하거나 그 금액의 반환에 제한이 있다는 것을 이유로 회사에 대항하지 못합니다(상법 제318조제2항).

1-2-3. 현물출자로 이행하는 경우

① "현물출자"란 금전 이외의 재산으로써 하는 출자를 말합니다. 예를들면 토지나 건물과 같은 부동산, 유가증권 등의 동산, 그 밖에 특허권·지상권 등의 무형자산에 의한 출자를 말합니다.

② 현물출자를 하는 발기인은 납입기일에 지체 없이 출자의 목적인 재산을 인도하고 등기, 등록 그 밖의 권리의 설정 또는 이전을 요할 경우에는 이에 관한 서류를 완비하여 교부하여야 합니다(상법 제295조제2항).

■ 토지를 현물로 출자하기로 약정하고 회사 설립 후 재산인수계약의 효력
  은 어떻게 되는지요?

Q: 甲은 乙이 장래 설립·운영할 A주식회사에 토지를 현물로 출자하기로
   약정하고 A 주식회사 설립 후 소유권이전등기를 마쳐 준 다음 회장
   등 직함으로 15년 이상 A 회사의 경영에 관여해 오다가, A회사가
   설립된 때부터 15년이 지난 후에 양도의 무효를 주장하면서 소유권
   이전등기의 말소를 구하였는데, 甲의 청구는 인용될 수 있는지요?

A: 甲의 토지 현물 출자는 상법 제290조 제3호에서 정한 재산인수의 성질
   을 가지는 것으로 정관에 그 기재 없기 때문에 그 재산인수는 무효라 할
   것이나, 등기 이전 후 장기간 기간이 경과되었기 때문에 신의칙 위반이
   아닌지 문제 될 것입니다. 본건과 유사 사안에서 대법원 역시 "甲이 乙
   이 장래 설립·운영할 丙주식회사에 토지를 현물로 출자하거나 매도하기
   로 약정하고 丙회사 설립 후 소유권이전등기를 마쳐 준 다음 회장 등 직
   함으로 장기간丙회사의 경영에 관여해 오다가,丙회사가 설립된 때부터 약
   15년이 지난 후에 토지양도의 무효를 주장하면서 소유권이전등기의 말소
   를 구한 사안에서, 위 약정은 상법제290조 제3호 에서 정한 재산인수로
   서 정관에 기재가 없어 무효이나, 丙회사로서는 丙회사의 설립에 직접
   관여하여 토지에 관한 재산인수를 위한 약정을 체결하고 이를 이행한 다
   음 설립 후에는 장기간 丙회사의 경영에까지 참여하여 온 甲이 이제 와
   서 丙회사의 설립을 위한 토지 양도의 효력을 문제 삼지 않을 것이라는
   정당한 신뢰를 가지게 되었고, 甲의 양도대금채권이 시효로 소멸하였으
   며, 甲이 丙회사 설립 후 15년 가까이 지난 다음 토지의 양도가 정관의
   기재 없는 재산인수임을 내세워 자신이 직접 관여한 회사설립행위의 효
   력을 부정하면서 무효를 주장하는 것은 회사의 주주 또는 회사채권자 등
   이해관계인의 이익 보호라는 상법 제290조 의 목적과 무관하거나 오히
   려 이에 배치되는 것으로서 신의성실의 원칙에 반하여 허용될 수 없다."
   고 판시(대법원2013다88829 참조) 하여, 재산인수계약은 상법 제290

조 위반으로 무효이나 여러 사정 상 그 무효를 주장하는 것은 신의칙에 반한다고 결정하였습니다.

(관련판례)

갑 시의 을 도시관리공사가 갑 시로부터 현물출자받은 토지에 관하여 구 경기도 도세 감면조례 제13조 제1항에 따라 취득세 및 등록세를 면제받았다가, 토지의 취득일로부터 1년 이내에 정당한 사유 없이 고유업무에 직접 사용하지 아니하는 경우에는 면제된 취득세액을 신고납부 하여야 한다는 안내를 받고 취득세 등을 신고한 후, 다시 위 토지가 구 조세특례제한법 제120조 제2항에 따른 감면 대상에 해당한다는 이유로 취득세 경정청구를 하였으나 관할 관청이 취득세 감면이 불가하다는 처분을 한 사안에서, 현물출자는 현물출자자에게 주주로서의 권리의무를 대가로 지급하고 현물을 취득하는 유상승계취득에 해당하므로 대가를 지급하여 현물을 사실상 취득하거나 현물에 관한 소유권이전등기·등록 등을 한 때를 취득시기로 보아야 한다는 이유로, 현물출자자인 갑 시가 현물출자로 인하여 증가된 자본금에 대하여 출자자로서의 지위를 취득함으로써 을 도시관리공사가 토지를 취득하였다고 본 원심 판단이 정당하다고 한 사례(대법원 2016. 11. 9. 선고 2016두45318 판결).

1-3. 주식인수금의 가장납입 문제

1-3-1. 납입가장죄

① 발기인이 납입 또는 현물출자의 이행을 가장하는 행위를 한 때에는 5년 이하의 징역 또는 1천500만원 이하의 벌금에 처해지며, 이러한 행위에 응하거나 이를 중개한 자도 같은 처벌을 받습니다(상법 제628조제1항 및 제2항).

② 발기인 및 발기인의 가장납입 행위에 응하거나 중개한 자가 받을 징역과 벌금은 병과될 수 있습니다(상법 제632조).

③ 발기인이 법인인 때에는 그 행위를 한 법인의 이사, 집행임원, 감사

그 밖에 업무를 집행한 사원 또는 지배인이 벌칙을 부담합니다(상법 제637조).

1-3-2. 가장납입의 효력

판례는 가장납입 행위가 이루어졌다고 하더라도 회사의 설립이나 증자와 같은 집단적 절차의 일환을 이루는 주식인수금 납입의 효력은 있다고 판시하였습니다(대법원 1997. 5. 23. 선고, 95다5790 판결).

■ **가장납입을 통한 회사설립은 유효한가요?**

Q: 자본금 10억원의 A주식회사를 설립하던 발기인 甲은 회사설립시에 발행하는 주식총수의 80%를 인수하였으나 인수대금이 전혀 없어 사채업자로부터 8억원 전액을 차입하였습니다. 甲은 이를 다른 인수인 들이 납입한 2억원과 함께 납입금보관은행인 B은행에 예치한 다음 설립등기를 마쳤습니다. A회사의 대표이사로 선임된 甲은 설립등기 직후 B은행에서 8억원을 인출하여 사채업자에게 변제하였습니다. 이러한 가장납입의 경우 A회사의 설립은 유효한 것인가요?

A: 甲은 A회사의 설립등기 직후 자신이 차용했던 주식인수대금을 은행에서 인출하여 사채업자에게 변제하였는데, 이와 같은 일시차입금에 의한 가장납입으로 납입된 부분도 회사의 자본금을 구성하는 주식대금의 납입으로서 유효한지가 문제됩니다. 만약 주식대금의 납입으로서 유효하다면 A회사의 설립 또한 유효한 것으로 볼 수 있습니다. 이에 대하여 대법원은 "위장납입은 금원의 이동에 따른 현실의 불입이 있는 것이고 설령 그것이 주금납입의 가장수단으로 이용된 것이라 할지라도 이는 납입을 하는 발기인, 이사들의 주관적 의도에 불과하고 이러한 내심적 사정은 회사의 설립이나 증자와 같은 집단적 절차의 일환을 이루는 주금납입의 효력을 좌우할 수 없다"고 하여 납입이 유효하다는 입장을 취하고 있습니다(대판 1983. 5. 24. 82누522). 따라서 甲이 가장납입을 하였

다고 하더라도 이는 주식대금의 납입으로서 유효하므로 A회사의 설립은 유효하다고 볼 수 있습니다.

(관련판례) 주금 가장납입의 효력

일시적인 차입금으로 단지 주식인수금 납입의 외형을 갖추고 회사설립이나 증자 후 곧바로 그 납입금을 인출하여 차입금을 변제하는 주금의 가장납입의 경우에도 금원의 이동에 따른 현실의 불입이 있는 것이고, 설령 그것이 실제로는 주금납입의 가장 수단으로 이용된 것이라고 할지라도 이는 그 납입을 하는 발기인 또는 이사들의 주관적 의도의 문제에 불과하므로, 이러한 내심적 사정에 의하여 회사의 설립이나 증자와 같은 집단적 절차의 일환을 이루는 주금납입의 효력이 좌우될 수 없다(대법원 1997. 5. 23. 선고, 95다5790 판결).

2. 임원선임 및 설립경과조사

2-1. 임원의 선임

2-1-1. 발기인의 이사·감사 선임

① 발기인의 인수가액에 대한 전액 납입과 현물출자의 이행이 완료된 때에는 발기인은 지체 없이 의결권의 과반수로 이사와 감사를 선임해야 합니다(상법 제296조제1항).

② 발기인이 여러 명일 경우 발기인의 의결권은 그 인수주식의 1주에 대하여 1개로 합니다(상법 제296조제2항).

■ **임기만료 전의 감사 해임에 관하여 손해배상을 청구할 수 있을까요?**

Q: 甲은 A주식회사의 감사로 일을 하였는데 업무추진비 및 출장비의 일부를 부적절하게 집행하였다는 이유로 주주총회의 결의에 따라 정해진 임기가 만료되기도 전에 해임되었습니다. 해임된 후 甲은 B주식회사의 감사로 재직하면서 보수를 지급받았습니다. 甲은 A주식회

사를 상대로 임기만료 전 해임에 관하여 손해배상을 청구할 수 있을까요?

A: 감사의 해임에 관하여 상법 제415조는 이사의 해임 규정인 상법 제385조를 준용하고 있고, 제385조는 "이사는 언제든지 제434조의 규정에 의한 주주총회의 결의로 이를 해임할 수 있다. 그러나 이사의 임기를 정한 경우에 정당한 이유 없이 그 임기만료 전에 이를 해임한 때에는 그 이사는 회사에 대하여 해임으로 인한 손해의 배상을 청구할 수 있다."라고 규정하고 있습니다. 甲이 A회사를 상대로 손해배상을 청구하기 위해서는 회사의 해임에 정당한 사유가 없었어야 하는데 사례의 경우 감사가 일을 하는 과정에서 업무추진비, 출장비 등을 부적절하게 집행하였다는 것이 정당한 사유가 될 수 있는지가 문제됩니다.

상법 제415조, 상법 제385조 제1항에서 말하는 '정당한 이유'가 무엇인지에 관하여 대법원 판례는 "상법 제415조 , 제385조 제1항 에 규정된 '정당한 이유'란 주주와 감사 사이에 불화 등 단순히 주관적인 신뢰관계가 상실된 것만으로는 부족하고, 감사가 그 직무와 관련하여 법령이나 정관에 위반된 행위를 하였거나 정신적 · 육체적으로 감사로서의 직무를 감당하기 현저하게 곤란한 경우, 감사로서의 직무수행능력에 대한 근본적인 신뢰관계가 상실된 경우 등과 같이 당해 감사가 그 직무를 수행하는 데 장해가 될 객관적 상황이 발생한 경우에 비로소 임기 전에 해임할 수 있는 정당한 이유가 있다고 할 것이다."라고 판시한 바 있습니다(대법원 2004.10.15.선고2004다25611판결).

나아가 대법원 판례 중에는 감사가 "감사정보비, 업무추진비, 출장비 일부의 부적절한 집행 등 잘못이 있다고 하더라도 그러한 사유들만으로는 원고가 감사로서의 업무를 집행하는 데 장해가 될 만한 객관적 상황이 발생하였다고 볼 수 없으므로 이 사건 해임에 정당한 해임사유가 존재하지 아니한다."고 본 것이 있습니다(대법원 2013. 9. 26. 선고 2011다42348 판결).

따라서 甲의 경우 정당한 해임사유가 존재하지 않으므로 A회사를 상대로 임기만료 전 해임으로 인한 손해배상을 청구할 수 있을 것입니다.

나아가 甲의 경우와 같이 감사가 임기만료 전 해임된 후 다른 직장에 종사한 경우 손해배상의 범위를 정함에 있어서 판례는 "당해 감사가 그 해임으로 인하여 남은 임기 동안 회사를 위한 위임사무 처리에 들이지 않게 된 자신의 시간과 노력을 다른 직장에 종사하여 사용함으로써 얻은 이익이 해임과 사이에 상당인과관계가 인정된다면 해임으로 인한 손해배상액을 산정함에 있어서 공제되어야 한다."고 보고 있습니다(대법원 2013. 9. 26. 선고 2011다42348 판결).

이러한 판례에 비추어 볼 때 甲이 A주식회사를 상대로 손해배상청구를 하더라도 해임 이후 B주식회사에서 재직하면서 지급받은 보수는 손익상계의 법리에 따라 공제될 것입니다.

(관련판례)

농업협동조합법 제45조 제1항, 제55조, 상법 제382조 제2항의 규정 내용과 농업협동조합법에 따라 설립된 지역농업협동조합(이하 '지역농협'이라고 한다)에서 감사의 지위와 역할 등을 고려하면, 지역농협과 감사의 법률관계는 신뢰를 기초로 한 위임 유사의 관계로 보아야 한다. 한편 위임계약은 각 당사자가 언제든지 해지할 수 있고, 다만 당사자 일방이 부득이한 사유 없이 상대방의 불리한 시기에 계약을 해지한 때에는 손해를 배상할 책임을 부담할 뿐이다(민법 제689조). 따라서 정관 등에서 감사의 해임사유를 정하고 있는 등 특별한 사정이 없는 한, 지역농협은 특별한 사유가 없더라도 언제든지 농업협동조합법 등에서 정한 절차에 따라 감사를 해임할 수 있고, 다만 부득이한 사유 없이 감사에게 불리한 시기에 해임한 때에는 그로 인한 손해를 배상할 책임을 부담할 뿐이다(대법원 2016. 3. 10. 선고 2013다90754 판결).

■ 주식회사 감사 선임 시 3% 초과 주식이 상법 제368조 제1항의 '발행
주식총수'에 산입할 수 있나요?

Q: 저는 주식회사 A의 주주 甲입니다. 저는 주식회사 A의 주식의
33%를, 주주 乙은 주식의 33%를, 주주이자 대표이사 丙은 주식의
34%를 가지고 있습니다. 회사 A는 최근에 감사 乙의 임기가 만료
되어 새로운 감사를 선임하는 주주총회를 열기로 하였습니다. 그런
데 회사 대표이사 丙은 자신이 원하는 감사를 선임하기 위해서 주주
총회에서 자신의 친구 丁을 선임하고 싶어합니다. 저와 주주 乙은
감사만은 대표이사 丙과 무관한 사람을 선임해야 된다는데 의견을
같이하고 감사로 戊를 선임하는데 의견을 모으고, 3명이 있는 자리
에서 주주 丙의 반대에도 불구하고 戊를 감사로 선임하였습니다. 그
런데 최근들어 대표이사 丙은 3%이상 주식은 감사 선임에 의결권이
없고 의결은 발행주식 총수의 4분의 1 이상으로 하여야 하는데 주주
甲과 乙의 주식은 합쳐도 발행주식총수의 6%에 불과하므로 감사
戊는 A회사의 적법한 감사가 아니라고 주장하고 있습니다. 이러한
대표이사 丙의 주장대로라면 이 회사는 감사 선임이 불가능하게 되
는데 감사 戊는 회사 A의 감사가 될 수 없나요.

A: 상법 제409조 제1항은 "감사는 주주총회에서 선임한다.", 같은 조 제2
항은 "의결권없는 주식을 제외한 발행주식의 총수의 100분의 3을 초과
하는 수의 주식을 가진 주주는 그 초과하는 주식에 관하여 제1항의 감
사의 선임에 있어서는 의결권을 행사하지 못한다."고 각 규정하고 있습
니다. 이는 감사 선임에 대주주의 영향력을 배제하기 위한 규정입니다.
한편 같은 법 제368조는 "총회의 결의는 이 법 또는 정관에 다른 정
함이 있는 경우를 제외하고는 출석한 주주의 의결권의 과반수와 발행주
식총수의 4분의 1이상의 수로써 하여야 한다."고 규정하고 있습니다.
결국 정관에 달리 규정이 없으면 발행주식 총수의 4분의 1 이상을 갖
추어야 유효한 결의가 될 수 있습니다.

한편 상법 제371조는 "총회의 결의에 관하여는 제344조의3제1항(의결권 없는 주식)과 제369조제2항(자기주식) 및 제3항(상호주식)의 의결권 없는 주식의 수는 발행주식총수에 산입하지 아니한다."고 규정하고 있습니다.

그런데 감사 선임에서 상법 제368조의 규정만 해석하면 3%를 초과하는 주식은 의결권이 없다고는 하고 있으나 이 주식이 의결정족수를 산정하는 발행주식총수에 산입하지 않는다는 규정은 존재하지 않습니다.

질문하신 사례와 유사한 사안에서 대법원은 "주주총회에서 감사를 선임하려면 우선 '출석한 주주의 의결권의 과반수'라는 의결정족수를 충족하여야 하고, 나아가 의결정족수가 '발행주식총수의 4분의 1이상의 수'이어야 하는데, 상법 제371조 는 제1항에서 '발행주식총수에 산입하지 않는 주식'에 대하여 정하면서 상법 제409조 제2항 의 의결권 없는 주식(이하 '3% 초과 주식'이라 한다)은 이에 포함시키지 않고 있고, 제2항에서 '출석한 주주의 의결권 수에 산입하지 않는 주식'에 대하여 정하면서는 3% 초과 주식을 이에 포함시키고 있다.

그런데 만약 3% 초과 주식이 상법 제368조 제1항 에서 말하는 '발행주식총수'에 산입된다고 보게 되면, 어느 한 주주가 발행주식총수의 78%를 초과하여 소유하는 경우와 같이 3% 초과 주식의 수가 발행주식총수의 75%를 넘는 경우에는 상법 제368조 제1항 에서 말하는 '발행주식총수의 4분의 1 이상의 수'라는 요건을 충족시키는 것이 원천적으로 불가능하게 되는데, 이러한 결과는 감사를 주식회사의 필요적 상설기관으로 규정하고 있는 상법의 기본 입장과 모순된다. 따라서 감사의 선임에서 3% 초과 주식은 상법 제371조 의 규정에도 불구하고 상법 제368조 제1항 에서 말하는 '발행주식총수'에 산입되지 않는다.그리고 이는 자본금 총액이 10억 원 미만이어서 감사를 반드시 선임하지 않아도 되는 주식회사라고 하여 달리 볼 것도 아니다."고 판시하고 있습니다(대법원 2016. 8. 17. 선고 2016다222996 판결).

위와 같은 판례의 견해는 3% 초과주식을 합산한 것이 전체 발행주식총수의 75%를 넘는 경우에 위 3% 초과주식을 발행주식총수에 포함된다고 보게 되면 감사를 선임할 수 있는 정족수를 갖추지 못하게 되므로 3% 초과 주식 부분은 의결권 행사시 발행주식총수에 포함되지 않는다는 것입니다. 이에 따라 사례를 살펴보면 주주 甲, 주주 乙, 주주 丙은 감사 선임에서 3%만 주식을 행사할 수 있고, 주주 甲과 주주 乙이 감사 戊의 선임에 동의하였으므로, 발행주식총수의 3분의 2가 찬성하여 감사 戊는 주식회사 A의 적법한 감사가 됩니다.

(관련판례)

자회사의 소수주주가 상법 제360조의25 제1항에 따라 모회사에게 주식매수청구를 한 경우에 모회사가 지배주주에 해당하는지 여부를 판단함에 있어, 상법 제360조의24 제1항은 회사의 발행주식총수를 기준으로 보유주식의 수의 비율을 산정하도록 규정할 뿐 발행주식총수의 범위에 제한을 두고 있지 않으므로 자회사의 자기주식은 발행주식총수에 포함되어야 한다. 또한 상법 제360조의24 제2항은 보유주식의 수를 산정할 때에는 모회사와 자회사가 보유한 주식을 합산하도록 규정할 뿐 자회사가 보유한 자기주식을 제외하도록 규정하고 있지 않으므로 자회사가 보유하고 있는 자기주식은 모회사의 보유주식에 합산되어야 한다(대법원 2017.7.14.자 2016마230 결정).

■ **이사의 회사에 대한 손해배상은 어디까지 책임지나요?**

Q: 주식회사의 이사가 회사에 대하여 손해배상책임을 지는 경우와 이 손해배상책임의 시효기간에 대하여 알고 싶습니다.

A: 상법에서는 이사의 회사에 대한 책임에 대하여 별도의 규정을 두고 있는데, 이사가 법령 또는 정관에 위반한 행위를 하거나 그 임무를 해태한 때, 그 이사는 회사에 대하여 연대하여 손해를 배상할 책임이 있고, 이 행위가 이사회의 결의에 의한 것인 때에는 그 결의에 찬성한 이사도 책임이 있다고 규정하고 있습니다. 대법원은 이러한 손해배상책임의 소

멸시효기간은 일반채무의 경우와 같이 10년이라고 보아야 한다고 판시한 바 있습니다.

■ **상법상 주식회사의 이사가 회사와 동종영업을 할 수 없는 범위는 어디까지 인가요?**

Q: 저는 무역업을 하는 甲주식회사의 이사로 있으면서 여유자금으로 대금업도 하고 있습니다. 그런데 甲주식회사는 최근 환율상승으로 보유하고 있던 달러가 폭등하여 여유자금이 생기자 새로이 대금업을 하기로 하고 우량한 차주 乙을 상대로 대금업을 시작하였습니다. 「상법」 제397조는 "이사는 이사회의 승인 없이 자기 또는 제3자의 계산으로 회사의 영업부류에 속하는 거래를 하거나 동종영업을 목적으로 하는 다른 회사의 무한책임사원이나 이사가 되지 못한다."라고 규정하고 있는데, 저는 앞으로 대금업을 할 수 없는지요?

A: 「상법」 제397조에서 이사의 경업금지의무를 정한 것은 이사가 그 지위를 이용하여 회사의 비용으로 얻어진 영업기회를 유용 하는 것을 제한하고 이사는 회사의 업무에 전념해야 된다는 당위성을 규범화하기 위하여 이사에게 특별한 법적 책임을 과한 것입니다.
　판례도 "상법 제397조 제1항이 이사의 경업금지의무를 규정한 취지는 이사가 그 지위를 이용하여 자신의 개인적 이익을 추구함으로써 회사의 이익을 침해할 우려가 큰 경업을 금지하여 이사로 하여금 선량한 관리자의 의사로써 회사를 유효·적절하게 운영하여 그 직무를 충실하게 수행하지 않으면 안될 의무를 다하도록 하려는데 있는 것이다."라고 하였습니다(대법원 1990. 11. 2.자 90마745 결정, 1993. 4. 9. 선고 92다53583 판결).
　그러므로 영업의 제한범위는 회사의 사업목적에 국한하지 않고 널리 회사의 영리성이 미칠 수 있는 거래를 모두 포함하지만, 회사의 이사라고 하여 일체의 영리활동이 금지되는 것은 아닐 것입니다. 위 제도의 주된 목적은 이사가 회사의 비용으로 얻은 영업기회를 유용 하는 것을 방지하는데 있는 것이므로, 회사가 이에 비용을 부담한 영업기회이냐에 기준을 두어야 할 것입니다.

따라서 위 사안에 있어서는 귀하가 이미 甲회사가 거래한 적이 있는 우량한 차주 乙을 상대로 대금업을 한다면 경업으로 보아야 할 것이고, 甲회사와 전혀 거래한 사실이 없는 차주를 확보하여 대금업을 한다면 경업에서 제외시켜도 무방할 것으로 보입니다.

(관련판례)

상법이 제397조 제1항으로 "이사는 이사회의 승인이 없으면 자기 또는 제3자의 계산으로 회사의 영업부류에 속한 거래를 하거나 동종영업을 목적으로 하는 다른 회사의 무한책임사원이나 이사가 되지 못한다."고 규정한 취지는, 이사가 그 지위를 이용하여 자신의 개인적 이익을 추구함으로써 회사의 이익을 침해할 우려가 큰 경업을 금지하여 이사로 하여금 선량한 관리자의 주의로써 회사를 유효적절하게 운영하여 그 직무를 충실하게 수행하여야 할 의무를 다하도록 하려는 데 있다. 따라서 이사는 경업 대상 회사의 이사, 대표이사가 되는 경우뿐만 아니라 그 회사의 지배주주가 되어 그 회사의 의사결정과 업무집행에 관여할 수 있게 되는 경우에도 자신이 속한 회사 이사회의 승인을 얻어야 하는 것으로 볼 것이다. 한편 어떤 회사가 이사가 속한 회사의 영업부류에 속한 거래를 하고 있다면 그 당시 서로 영업지역을 달리하고 있다고 하여 그것만으로 두 회사가 경업관계에 있지 아니하다고 볼 것은 아니지만, 두 회사의 지분소유 상황과 지배구조, 영업형태, 동일하거나 유사한 상호나 상표의 사용 여부, 시장에서 두 회사가 경쟁자로 인식되는지 여부 등 거래 전반의 사정에 비추어 볼 때 경업 대상 여부가 문제되는 회사가 실질적으로 이사가 속한 회사의 지점 내지 영업부문으로 운영되고 공동의 이익을 추구하는 관계에 있다면 두 회사 사이에는 서로 이익충돌의 여지가 있다고 볼 수 없고, 이사가 위와 같은 다른 회사의 주식을 인수하여 지배주주가 되려는 경우에는 상법 제397조가 정하는 바와 같은 이사회의 승인을 얻을 필요가 있다고 보기 어렵다(대법원 2013. 9. 12. 선고 2011다57869 판결).

■ 이사자격 없는 자에게도 상법상 표현대표이사 규정이 적용되는지요?

Q: 저는 甲주식회사의 이사이며 대표라고 주장하는 乙과 甲주식회사 사무실에서 3억 5,000만원 상당의 물품납품계약을 체결하고 물건을 납품하였습니다. 그러나 甲회사의 법인등기사항증명서를 확인해보니 丙이 등기부상 대표이사로 등재되어 있었고 乙은 이사로 등재되어 있지도 않았습니다. 이 경우 저는 甲주식회사에 대하여 물품대금을 청구할 수 있는지요?

A: 「상법」제395조는 "사장, 부사장, 전무, 상무 기타 회사를 대표할 권한이 있는 것으로 인정될 만한 명칭을 사용한 이사의 행위에 대하여는 그 이사가 회사를 대표할 권한이 없는 경우에도 회사는 선의의 제3자에 대하여 그 책임을 진다."라고 규정하여 표현대표이사가 이사자격을 갖출 것을 법 형식상의 요건으로 하고 있습니다.

그러나 판례는 "상법 제395조가 회사를 대표할 권한이 있는 것으로 인정될 만한 명칭을 사용한 이사의 행위에 대한 회사책임을 규정한 것이어서, 표현대표이사가 이사자격을 갖출 것을 그 요건으로 하고 있으나, 이 규정은 표시에 의한 금반언(禁反言)의 법리나 외관이론(外觀理論)에 따라 대표이사로서의 외관을 신뢰한 제3자를 보호하기 위하여 그와 같은 외관의 존재에 관하여 귀책사유가 있는 회사로 하여금 선의의 제3자에 대하여 그들의 행위에 관한 책임을 지도록 하려는 것이므로, 회사가 이사자격이 없는 자에게 표현대표이사의 명칭을 사용하게 하는 경우는 물론, 이사자격도 없는 사람이 임의로 표현대표이사의 명칭을 사용하고 있는 것을 회사가 알면서도 아무런 조치를 취하지 아니한 채 그대로 방치하여 소극적으로 묵인한 경우에도 위 규정이 유추적용 되는 것으로 해석함이 상당하고(대법원 1992. 7. 28. 선고 91다35816 판결), 상법 제395조가 정한 표현대표이사의 행위에 의한 회사의 책임에 관한 규정은 표현대표이사가 자기의 명칭을 사용하여 법률행위를 한 경우는 물론이고, 자기의 명칭을 사용하지 아니하고 다른 대표이사의 명칭을 사용하여 행위를 한 경우에도 적용된다."라고 하였습니다(대법원 1988. 10. 25. 선고 86다카1228 판결, 2003. 7. 22. 선고 2002다40432 판결).

 또한, 판례는 "상법 제395조의 표현대표이사책임에 관한 규정의 취지는 회사의 대표이사가 아닌 이사가 외관상 회사의 대표권 있는 것으로 인정될 만한 명칭을 사용하여 거래행위를 하고 이러한 외관상 회사의 대표행위에 대하여 회사에게 귀책사유가 있는 경우에 그 외관을 믿은 선의의 제3자를 보호함으로써 상거래의 신뢰와 안전을 도모하려는 데에 있으므로, 위와 같은 표현대표자의 행위에 대하여 회사가 책임을 지는 것은 회사가 표현대표자의 명칭사용을 명시적으로나 묵시적으로 승인할 경우에 한하는 것이고, 회사의 명칭사용의 승인 없이 임의로 명칭을 참칭(僭稱)한 자의 행위에 대하여는 비록 그 명칭사용을 알지 못하고 제지하지 못한 점에 있어 회사에게 과실이 있다고 할지라도, 그 회사의 책임으로 돌려 선의의 제3자에 대하여 책임을 지게 할 수 없다."라고 하였습니다(대법원 1995. 11. 21. 선고 94다50908 판결).

 따라서 위 사안의 경우는 乙이 등기부상의 대표이사가 아니고 심지어 이사의 자격조차 갖추지 못하고 있다고 하더라도 甲주식회사는 그 회사의 사무실에서 대표이사의 명칭을 사용하며 위와 같은 계약을 체결하도록 하는 등 방치한 이상, 甲주식회사는 위 같은 법 제395조의 유추적용에 의하여 귀하가 납품한 물품대금에 대하여 책임을 져야 할 것으로 보입니다. 다만, 대법원은 "제3자가 조금만 주의를 기울였더라면 표현대표이사의 행위가 대표권에 기한 것이 아니라는 사정을 알 수 있었음에도 만연히 이를 대표권에 기한 행위라고 믿음으로써 거래통념상 요구되는 주의의무에 현저히 위반하는 것으로, 공평의 관점에서 제3자를 구태여 보호할 필요가 없다고 봄이 상당하다"고 판시함으로써 거래의 상대방에게 중대한 과실이 있을 경우 표현대표이사 책임을 물을 수 없다고 판시한 바가 있습니다(대법원 2003. 7. 22. 선고 2002다40432 판결).

이사 선임 권한이 없는 사람이 주주총회의사록 등을 허위로 작성하여 주주총회결의 등의 외관을 만들고 이에 터 잡아 이사를 선임한 경우에는, 주주총회의 개최와 결의가 존재는 하지만 무효 또는 취소사유가 있는 경우와는 달리, 그 이사 선임에 관한 주식회사 내부의 의사결정은 존재하지 아니하여 회사가 그 외관의 현출에 관여할 수 없었을 것이므로, 달리 회사의 적법한 대표이사가 그 대표 자격의 외관이 현출되는 것에 협조, 묵인하는 등의 방법으로 관여하였다거나 회사가 그 사실을 알고 있음에도 시정하지 않고 방치하는 등 이를 회사의 귀책사유와 동일시할 수 있는 특별한 사정이 없는 한, 회사에 대하여 상법 제395조에 의한 표현대표이사 책임을 물을 수 없고, 이 경우 위와 같이 허위의 주주총회결의 등의 외관을 만든 사람이 회사의 상당한 지분을 가진 주주라고 하더라도 그러한 사정만으로는 대표 자격의 외관이 현출된 데에 대하여 회사에 귀책사유가 있는 것과 동일시할 수 없다(대법원 2008. 7. 24. 선고 2006다24100 판결 참조).(대법원 2013. 7. 25. 선고 2011다30574 판결).

■ **대표권 없는 이사의 월권행위에 대해 주식회사는 책임이 없는지요?**

Q: 저는 의류판매업을 하는 상인으로서 甲주식회사와 계속 거래해오던 중 평소처럼 영업담당 상무이사직함을 가진 乙에게 의류제품을 주문하였고, 그 물품대금을 지급하면서 乙이 甲주식회사 영업담당상무이사 명의로 발행한 영수증을 받았습니다. 그 후 주문한 의류제품이 납품되지 않아 甲주식회사에 확인해보니 乙이 권한을 넘는 행위를 하여 그 책임을 지고 회사를 그만두었다고 하며, 저희 의류주문 및 물품대금수령에 대하여 회사는 모르는 일이라고 합니다. 乙은 甲주식회사의 법인등기부상에 이사로 등기되어 있지만 대표권은 없는데, 이 경우 甲주식회사는 책임이 없는지요?

A: 표현대표이사의 행위에 대한 회사의 책임에 관하여 「상법」제395조는 "사장, 부사장, 전무, 상무, 기타 회사를 대표할 권한이 있는 것으로 인

정될 만한 명칭을 사용한 이사의 행위에 대하여 그 이사가 회사를 대표할 권한이 없는 경우에도 회사는 선의의 제3자에 대하여 책임을 진다."라고 규정하고 있습니다.

 그런데 제3자가 표현대표이사에게 회사를 대표할 권한이 있다고 믿은 데에 중과실이 있는 경우 회사가 제3자에 대하여 책임이 있는지에 관하여 판례는 "상법 제395조가 규정하는 표현대표이사의 행위로 인한 주식회사의 책임이 성립하기 위하여 법률행위의 상대방이 된 제3자의 선의(善意) 이외에 무과실(無過失)까지도 필요로 하는 것은 아니지만, 그 규정의 취지는 회사의 대표이사가 아닌 이사가 외관상 회사의 대표권이 있는 것으로 인정될 만한 명칭을 사용하여 거래행위를 하고, 이러한 외관이 생겨난 데에 관하여 회사에 귀책사유가 있는 경우에 그 외관을 믿은 선의의 제3자를 보호함으로써 상거래의 신뢰와 안전을 도모하려는 데에 있다 할 것인바, 그와 같은 '제3자의 신뢰는 보호할 만한 가치가 있는 정당한 것이어야' 할 것이므로 설령 제3자가 회사의 대표이사가 아닌 이사가 그 거래행위를 함에 있어서 회사를 대표할 권한이 있다고 믿었다 할지라도 그와 같이 믿음에 있어서 '중대한 과실이 있는 경우'에는 회사는 그 제3자에 대하여는 책임을 지지 아니하고, 상법 제395조는 표현대표이사의 명칭을 예시하면서 사장, 부사장, 전무, 상무 등의 명칭을 들고 있는바, 사장, 부사장, 전무, 상무 등의 명칭은 표현대표이사의 명칭으로 될 수 있는 직함을 예시한 것으로서 그와 같은 명칭이 표현대표이사의 명칭에 해당하는가 하는 것은 사회일반의 거래통념에 따라 결정하여야 할 것인데, 상법은 모든 이사에게 회사의 대표권을 인정하지 아니하고, 이사회 또는 주주총회에서 선정한 대표이사에게만 회사 대표권을 인정하고 있으며, 그와 같은 제도는 상법이 시행된 이후 상당한 기간 동안 변함없이 계속하여 시행되어 왔고, 그 동안 국민일반의 교육수준도 향상되고 일반인들이 회사제도와 대표이사제도를 접하는 기회도 현저하게 많아졌기 때문에 일반인들도 그와 같은 상법의 대표이사제도를 보다 더 잘 이해하게 되었으며, 적어도 직제상 사장, 부사장, 전무, 상무 등의 직책을 두고 있는 주식회사의 경우라면 상법상 대표이사에게는 사장 등의 직책과는 별도로 대표이사라는 명칭을 사용하도록 하고 상법상 대표이사가 아닌 이사에게는 대표이사라는 명칭을 사용하지 못하도록 하고 있으며, 또한 규모가 큰 주식회사의 경우 직제상 사장의 직책을 가지는 이사는 대표이사로 선정되어 있는 경우가 많은 반면, 직제상 전무 또는 상무의 직책을 가지는 이사는 반드시 그러하지는 아니하고, 전무 또는 상무의 직책을 가지면서 동시에 대표이사로 선정되어 있는 이사들은 '대표이사 전무', '대표이사 상무' 등의 명칭을 사용하는 것이 현재 우리나라 경제계의 실정이고, 따라서 상법 제395조가 표현대표이사의 명칭으로 사장, 부사장, 전무, 상무 등의 명칭을 나란히 예시하고 있다 하더라도 그 각 명칭에 대하여 거래통념상 제3자가 가질 수 있는 신뢰의 정도는 한결같다고 할 수 없으므로, 위와 같은 각 명칭에 대하여 제3자가 그 명칭을 사용한 이사가 회사를 대표할 권한이 있다고 믿었는지 여부, 그와 같이 믿음에 있어서 중과실이 있는지 여부 등은 거래통념에 비추어 개별적·구체적으로 결정하여야 할 것이며, 특히 규모가 큰 주식회사에 있어서 '대표이사 전무' 또는 '대표이사 상무' 등의 명칭을 사용하지 아니하고, 단지 '전무이사' 또는 '상무이사' 등의 명칭을 사용하는 이사에 대하여는 제3자가 악의(惡意)라거나 중과실(重過失)이 있다는 회사측의 항변을 배척함에 있어서는 구체적인 당해 거래의 당사자와 거래내용 등에 관하여 신중한 심리를 필요로 하고, 함부로 그 항변을 배척하여서는 아니 된다."라고 하였습니다(대법원 1999. 11. 12. 선고 99다19797 판결).

또 다른 판례는 "상법 제395조가 회사를 대표할 권한이 있는 것으로 인정될 만한 명칭을 사용한 이사의 행위에 대한 회사의 책임을 규정한 것이어서 표현대표이사가 이사의 자격을 갖출 것을 그 요건으로 하고 있으나, 이 규정은 표시에 의한 금반언의 법리나 외관이론에 따라 대표이사로서의 외관을 신뢰한 제3자를 보호하기 위하여 그와 같은 외관의 존재에 관하여 귀책사유가 있는 회사로 하여금 선의의 제3자에 대하여 그들의 행위에 관한 책임을 지도록 하려는 것이므로, 회사가 이사의 자격이 없는 자에게 표현대표이사의 명칭을 사용하게 허용한 경우는 물론, 이사의 자격도 없는 사람이 임의로 표현대표이사의 명칭을사용하고 있는 것을 회사가 알면서도 아무런 조치를 취하지 아니한 채 그대로 방치하여 소극적으로 묵인한 경우에도, 위 규정이 유추적용 되는 것으로 해석함이 상당하다."라고 하여 표현대표이사가 이사로 등재되지 않은 경우까지도 상법 제395조를 유추적용 할 수 있다고 하였습니다(대법원 1992. 7. 28. 선고 91다35816 판결).

따라서 위 사안에서 귀하가 甲회사와 최초의 거래 시 乙이 대표권에 관하여 표시함이 없이 '영업담당 상무이사'라는 명칭을 사용하여 계약을 체결하고 물품대금을 수령하였다면, 귀하에게 乙의 행위가 대표권 없는 자의 행위라는 것을 알았거나 알 수 있었음에도 알지 못한 중과실이 있다고 볼 수도 있을 것이지만, 귀하가 乙과 계속적으로 거래해오는 동안 甲회사에서는 乙이 대표권을 행사하는 것을 묵인하여 오다가 위 사안의 경우에만 乙의 대표권 없음을 주장함은 甲회사에 귀책사유가 있는 경우에 해당되어 그 외관을 믿은 선의의 제3자인 귀하에 대하여 乙의 행위에 대한 책임을 져야 할 것으로 보입니다.

■ 1인 주주가 사임서를 위조해 이사 사임등기한 경우 공정증서원본불실기재죄가 성립되는지요?

Q: 甲은 A 주식회사의 주식 100%를 소유하고 있는 1인 주주입니다. A 주식회사는 乙을 이사로 선임하였는데, 어느 날 乙이 사망하였습니다. 甲은 乙의 사망으로 인한 퇴임절차를 거치는 것이 번거로워 乙 명의로 사임서를 위조하여 법인등기부에 乙이 사임하였다는 내용을 등재하게 하였습니다. 甲이 공정증서원본불실기재죄 및 동행사죄로 처벌될 수 있는가요?

A: 형법 제228조 제1항은 "공무원에 대하여 허위신고를 하여 공정증서원본 또는 이와 동일한 전자기록등 특수매체기록에 부실의 사실을 기재

또는 기록하게 한 자는 5년 이하의 징역 또는 1천만 원 이하의 벌금에 처한다."고 규정하고 있습니다.

이와 관련하여 대법원은 "이른바 1인회사에 있어서 1인주주의 의사는 바로 주주총회나 이사회의 의사와 같은 것이어서 가사 주주총회나 이사회의 결의나 그에 의한 임원변경등기가 불법하게 되었다 하더라도 그것이 1인주주의 의사에 합치되는 이상 이를 가리켜 의사록을 위조하거나 불실의 등기를 한 것이라고는 볼 수 없다 하겠으나 한편 임원의 사임서나 이에 따른 이사사임등기는 위와 같은 주주총회나 이사회의 결의 또는 1인주주의 의사와는 무관하고 오로지 당해 임원의 의사에 따라야 하는 것이므로 당해 임원의 의사에 기하지 아니한 사임서의 작성이나 이에 기한 등기부의 기재를 하였다면 이는 사문서위조 및 공정증서원본불실기재의 죄책을 면할 수 없다."고 판시한 바 있습니다(대법원 1992. 9. 14. 선고 92도1564 판결 참조).

위 사례의 경우, 절차를 거치지 않고 이사를 해임하고 해임등기를 한 것이 아니라, 乙의 사임서를 위조하여 사임등기를 한 것이므로, 乙이 사망하기 전에 사임의 의사를 밝힌 사실이 있다든지 하는 특별한 사정이 없는 한 甲에게는 사문서위조죄, 공정증서원본불실기재죄 및 동행사죄가 성립합니다.

■ **회사의 감사가 장기 입원한 경우 감사직무 집행자의 선임은 어떤 방법으로 해야 하나요?**

Q: 저희 회사는 정기주주총회 회의일을 앞두고 한 분만 있던 감사가 중병으로 입원하여 당분간 그 직무를 수행할 수 없게 되었습니다. 총회에 앞서 감사가 재무제표를 본 후 그 보고서를 작성·제출하여야 하는데, 어떻게 하면 좋겠습니까?

A: 임시주주총회를 소집하여 감사를 보선하여야 할 것이지만(상법 제409조) 주주총회를 열려면 상당한 시일도 필요하고 때로는 많은 비용과 노

력이 필요합니다. 이러할 때에는 부득이 법원에 일시 감사의 직무를 행할 자를 선임하여 달라고 신청하여야 할 것입니다.

「상법」제386조 제2항을 보면 이사의 원수를 결한 경우 필요하다고 인정되면 이사, 감사, 기타 이해관계인의 청구에 의하여 법원이 일시 이사의 직무를 행할 자를 선임할 수 있도록 규정되어 있으며, 이 규정이 같은 법 제415조에 의하여 감사에도 준용됩니다.

이사회의 경우에 이사의 원수를 결하면 이사회는 그 기능을 할 수가 없습니다. 이사전원이 결원인 경우도 있겠고 일부가 결원으로 이사 정수에 미달인 경우도 있겠습니다. 이 때에 법원이 후견적인 위치에서 일시 이사직무집행자를 선임하도록 하는 것이 위 조문의 취지라 하겠습니다. 그리고 법원이 일시 이사의 직무를 행할 자를 선임할 수 있는 요건인 같은 법 제386조 제2항 소정의 '필요한 때'의 의미 및 그 판단기준에 관하여 판례는 "상법 제386조에서 필요한 때라 함은 이사의 사망으로 결원이 생기거나 종전의 이사가 해임된 경우, 이사가 중병으로 사임하거나 장기간 부재중인 경우 등과 같이 퇴임이사로 하여금 이사로서의 권리·의무를 가지게 하는 것이 불가능하거나 부적당한 경우를 의미한다고 할 것이나, 구체적으로 어떠한 경우가 이에 해당할 것인지에 관하여는 일시이사 및 직무대행자제도의 취지와 관련하여 사안에 따라 개별적으로 판단하여야 할 것이다."라고 하였습니다(대법원 2000. 11. 17. 2000마5632 결정, 2001. 12. 6. 선고 2001그113 판결).

또한, 일시이사 및 일시대표이사의 자격에 관하여 판례는 "주식회사의 이사 및 대표이사 전원이 결원인 경우에 법원이 선임하는 일시이사 및 일시대표이사의 자격에는 아무런 제한이 없으므로 그 회사와 무슨 이해관계가 있는 자만이 일시이사 등으로 선임될 자격이 있는 것이 아니다."라고 하였습니다(대법원 1981. 9. 8. 선고 80다2511 판결).

감사의 경우엔 감사가 한 명도 없거나 있더라도 장기 해외여행이나 사안과 같이 신병으로 그 기능을 못할 경우가 바로 이에 해당합니다. 감사가 한 명도 없는 경우는 이사 전원이 결원인 경우와 같고, 그 나머지 경우는 이사 일부가 결원인 경우와 같다고 할 것이며, 일시이사 등에 관한 위 판례는 일시감사 선임의 경우에도 그 기준이 될 것으로 보입니다.

(관련판례)

甲 주식회사가 이사회를 개최하여 정기주주총회에서 실시할 임원선임결의에 관한 사전투표 시기(始期)를 정관에서 정한 날보다 연장하고 사전투표에 참여하거나 주주총회에서 직접 의결권을 행사하는 주주들에게 골프장 예약권과 상품교환권을 제공하기로 결의한 다음 사전투표 등에 참여한 주주들에게 이를 제공하여 주주총회에서 종전 대표이사 乙 등이 임원으로 선임되자, 대표이사 등 후보자로 등록하였다가 선임되지 못한 주주 丙 등이 주주총회결의의 부존재 또는 취소사유가 존재한다고 주장하면서 乙 등에 대한 직무집행정지가처분을 구한 사안에서, 위 주주총회결의는 정관을 위반하여 사전투표기간을 연장하고 사전투표기간에 전체 투표수의 약 67%에 해당하는 주주들의 의결권행사와 관련하여 사회통념상 허용되는 범위를 넘어서는 위법한 이익이 제공됨으로써 주주총회결의 취소사유에 해당하는 하자가 있으므로, 위 가처분신청은 乙 등에 대한 직무집행정지가처분을 구할 피보전권리의 존재가 인정되는데도, 이와 달리 보아 가처분신청을 기각한 원심결정에는 주주총회결의 취소사유에 관한 법리오해의 위법이 있다(대법원 2014.7.11자 2013마2397 결정).

2-1-2. 대표이사의 선임

① 대표이사는 설립등기시에 등기해야 할 사항이므로 설립등기 전에 대표이사를 선임해야 합니다. 그러나 정관으로 주주총회에서 대표이사를 선정할 것을 정할 수 있습니다(상법 제317조제2항제9호 및 제389조제1항).

② 또한 대표이사를 정할 경우에는 수인의 대표이사가 공동으로 회사를 대표할 것을 정할 수 있습니다(상법 제389조제2항).

■ 대표이사가 개인채무 변제를 위해 회사명의 어음 발행 시 회사의 책임은 어디까지 인지요?

Q: 저는 乙주식회사의 대표이사로 있는 甲에게 1,000만원을 빌려주면서 약속어음을 교부받았는데, 발행자를 乙주식회사 대표이사 甲명의로 하였습니다. 그 후 지급기일에 회사에 대하여 어음금 1,000만원을 변제하라고 하였더니 乙회사는 대표이사 甲이 위 어음금 1,000만원을 회사의 운영자금으로 사용하지 않고 개인적인 채무변제에 사용하였으므로, 위 어음금을 지급할 수 없다고 하였습니다. 이 경우 乙회사의 주장이 맞는지요?

A: 관련 판례를 보면 "일반적으로 주식회사 대표이사는 회사의 권리능력의 범위 내에서 재판상 또는 재판 외의 일체의 행위를 할 수 있고 이러한 대표권 그 자체는 성질상 제한될 수 없는 것이지만, 대외적인 업무집행에 관한 결정권한으로서의 대표권은 법률의 규정에 의하여 제한될 뿐만 아니라 회사의 정관, 이사회의 결의 등의 내부적 절차 또는 내규 등에 의하여 내부적으로 제한될 수 있으며, 이렇게 대표권한이 내부적으로 제한된 경우에는 그 대표이사는 제한범위 내에서만 대표권한이 있는데 불과하게 되는 것이지만, 그렇더라도 그 대표권한의 범위를 벗어난 행위 다시 말하면 대표권의 제한을 위반한 행위라 하더라도 그것이 회사의 권리능력의 범위 내에 속한 행위이기만 하다면 대표권의 제한을 알지 못하는 제3자는 그 행위를 회사의 대표행위라고 믿는 것이 당연하고 이러한 신뢰는 보호되어야 하고, 주식회사의 대표이사가 그 대표권의 범위 내에서 한 행위는 설사 대표이사가 회사의 영리목적과 관계없이 자기 또는 제3자의 이익을 도모할 목적으로 그 권한을 남용한 것이라 할지라도 일단 회사의 행위로서 유효하고, 다만 그 행위의 상대방이 대표이사의 진의를 알았거나 알 수 있었을 때에는 회사에 대하여 무효가 되는 것이다."라고 하였습니다(대법원 1997. 8. 29. 선고 97다18059 판결, 2005. 7. 28. 선고 2005다3649 판결).

또한, "주식회사의 대표이사가 회사의 영리목적과 관계없이 자기의 개인적인 채무변제를 위하여 회사대표이사 명의로 약속어음을 발행·교부한 경우에는 그 권한을 남용한 것에 불과할 뿐 어음발행의 원인관계가 없는 것이라고 할 수는 없고, 다만 이 경우 상대방이 대표이사의 진의를 알았거나 알 수 있었을 때에는 그로 인하여 취득한 권리를 회사에 대하여 주장하는 것은 신의칙(信義則)에 반하는 것이므로 회사는 상대방의 악의를 입증하여 그 행위의 효력을 부인할 수 있다."라고 하였습니다(대법원 1987. 10. 13. 선고 86다카1522 판결, 1990. 3. 13. 선고 89다카24360 판결).

따라서 위 사안의 경우 어음발행자로 된 乙주식회사는 어음금을 지급할 책임이 있다 할 것입니다. 다만, 乙회사는 귀하가 위 약속어음을 교부받음에 있어서 甲이 자기의 개인채무를 변제하기 위하여 위 어음을 발행한 것이라는 사실을 알고 있었거나 알 수 있었다는 것을 입증하면 그 지급책임을 면할 수 있을 것입니다.

■ 두 회사의 대표이사 겸직자가 두 회사간의 매매계약을 체결한 경우 이 매매계약의 효력은 어떻게 되는지요?

Q: 甲은 乙주식회사와 丙주식회사의 대표이사를 겸하고 있습니다. 그런데 甲은 乙주식회사의 토지 및 건물을 丙회사에 매각하는 매매계약을 체결하면서 乙주식회사 이사회의 승인을 받지 않았습니다. 이 경우 위 매매계약의 효력은 어떻게 되는지요?

A: 이사회의 권한에 관하여 「상법」 제393조 제1항은 "중요한 자산의 처분 및 양도, 대규모 재산의 차입, 지배인의 선임 또는 해임과 지점의 설치·이전 또는 폐지 등 회사의 업무집행은 이사회의 결의로 한다."라고 규정하고 있고, 이사와 회사간의 거래에 관하여 같은 법 제398조는 「상법」 제398조는 "다음 각 호의 어느 하나에 해당하는 자가 자기 또는 제3자의 계산으로 회사와 거래를 하기 위하여는 미리 이사회에서

해당 거래에 관한 중요사실을 밝히고 이사회의 승인을 받아야 한다. 이 경우 이사회의 승인은 이사 3분의 2 이상의 수로써 하여야 하고, 그 거래의 내용과 절차는 공정하여야 한다.

1. 이사 또는 제542조의8제2항제6호에 따른 주요주주
2. 제1호의 자의 배우자 및 직계존비속
3. 제1호의 자의 배우자의 직계존비속
4. 제1호부터 제3호까지의 자가 단독 또는 공동으로 의결권 있는 발행주식 총수의 100분의 50 이상을 가진 회사 및 그 자회사
5. 제1호부터 제3호까지의 자가 제4호의 회사와 합하여 의결권 있는 발행주식총수의 100분의 50 이상을 가진 회사"라고 규정하고 있습니다.

그런데 위 사안에서는 별개인 乙·丙 두 회사의 대표이사를 겸하고 있는 甲이 두 회사 사이의 매매계약을 체결한 경우이므로, 이 경우 대표이사 甲의 위와 같은 행위가 자기거래에 해당하는지 문제됩니다.

관련 판례를 보면, "A, B 두 회사의 대표이사를 겸하고 있던 자에 의하여 A회사와 B회사 사이에 토지 및 건물에 대한 매매계약이 체결되고 B회사 명의로 소유권이전등기가 경료된 경우, 그 매매계약은 이른바 '이사의 자기거래'에 해당하고, 달리 특별한 사정이 없는 한 이는 A회사와 그 이사와의 사이에 이해충돌의 염려 내지 A회사에 불이익을 생기게 할 염려가 있는 거래에 해당하는데, 그 거래에 대하여 A회사 이사회의 승인이 없었으므로 그 매매계약의 효력은 B회사에 대한 관계에 있어서 무효이다."라고 하였습니다(대법원 1996. 5. 28. 선고 95다12101 판결).

따라서 위 사안에 있어서 甲이 乙회사의 토지 및 건물을 丙회사에 매도하는 계약을 체결하면서 乙회사의 이사회의 승인을 받지 않았으므로, 위 토지 및 건물의 매매계약은 무효라고 하여야 할 것으로 보입니다.

참고로 "회사의 이사에 대한 채무부담행위가 상법 제398조 소정의 이사의 자기거래에 해당하여 이사회의 승인을 요한다고 할지라도, 위 규정의 취지가 회사 및 주주에게 예기치 못한 손해를 끼치는 것을 방지함

에 있다고 할 것이므로, 그 채무부담행위에 대하여 사전에 주주 전원의 동의가 있었다면 회사는 이사회의승인이 없었음을 이유로 그 책임을 회피할 수 없다."라고 한 바 있습니다(대법원 1992. 3. 31. 선고 91다16310 판결, 2002. 7. 12. 선고 2002다20544 판결).

■ **대표이사의 공금 횡령으로 파산한 주식회사 채권자는 누구에게 손해배상을 청구할 수 있나요?**

Q: 저는 甲이 대표이사인 乙주식회사의 고객인데, 甲은 乙주식회사의 공금을 횡령하여 그로 인해 乙주식회사가 파산지경에 이르게 됨으로 인하여 제가 乙회사에 대하여 가지고 있는 채권을 회수할 수 없게 되었습니다. 이러한 경우 제가 직접 甲을 상대로 손해배상청구를 할 수 있는지요?

A: 합명회사 대표사원의 제3자에 대한 손해배상책임에 관하여 「상법」제210조는 "회사를 대표하는 사원이 그 업무집행으로 인하여 타인에게 손해를 가한 때에는 회사는 그 사원과 연대하여 배상할 책임이 있다."라고 규정하고 있고, 이 규정은 같은 법 제389조 제3항에 의하여 주식회사의 대표이사에게도 준용되고 있습니다. 또한, 같은 법 제401조 제1항은 "이사가 악의 또는 중대한 과실로 인하여 그 임무를 해태한 때에는 그 이사는 제3자에 대하여 연대하여 손해를 배상할 책임이 있다."라고 규정하고 있습니다.

그런데 관련 판례를 보면, "주식회사의 주주가 대표이사의 악의 또는 중대한 과실로 인한 임무해태행위로 직접 손해를 입은 경우에는 이사와 회사에 대하여 상법 제401조, 제389조 제3항, 제210조에 의하여 손해배상을 청구할 수 있으나, 대표이사가 회사재산을 횡령하여 회사재산이 감소함으로써 회사가 손해를 입고 결과적으로 주주의 경제적 이익이 침해되는 손해와 같은 간접적인 손해는 상법 제401조 제1항에서 말하는 손해의 개념에 포함되지 아니하므로, 이에 대하여는 위 법 조항에 의한 손해배상을 청구할 수 없고, 이와 같은 법리는 주주가 중소기업창업지원법상의 중소기업창업투자회사라고 하여도 다를 바 없다."라고 한 바 있습니다(대법원 1993. 1. 26. 선고 91다36093 판결, 2003. 10. 24. 선고 2003다29661 판결).

따라서 위 사안과 같은 경우에도 乙회사가 甲을 상대로 甲의 불법행위로 인한 손해배상 또는 부당이득반환청구를 함은 별론으로 하고, 乙회사의 고객인 귀하가 甲을 상대로 乙회사가 파산지경에 이르게 됨으로써 입게 된 손해 즉, 간접손해를 청구할 수는 없을 것으로 보입니다.

참고로 이사의 제3자에 대한 책임과 관련하여 회사채무의 이행지체가 「상법」제401조 소정의 이사의 임무해태행위에 해당하는지에 관하여 판례는 "이사가 제3자에 대하여 연대하여 손해배상책임을 지는 고의 또는 중대한 과실로 인한 임무해태행위라 함은 이사의 직무상 충실 및 선관의무위반의 행위로서 위법한 사정이 있어야 하고 통상의 거래행위로 인하여 부담하는 회사의 채무를 이행할 능력이 있었음에도 단순히 그 이행을 지체하고 있는 사실로 인하여 상대방에게 손해를 끼치는 사실만으로는 이를 임무를 해태한 위법한 경우라고 할 수는 없다."라고 한 바 있습니다(대법원 1985. 11. 12. 선고 84다카2490 판결, 2003. 4. 11. 선고 2002다70044 판결).

■ 주식회사에 대한 채권으로 대표이사 등의 개인재산을 강제집행할 수 있는지요?

Q: 저는 갑에게 사업자금 3,000만원을 빌려주면서 '○○주식회사 대표이사 갑'이 차용하는 것으로 기재된 차용증을 교부받았습니다. 그런데 정해진 기한까지 갑이 돈을 갚지 않아 확인해보니 이 회사는 갑이 설립한 소규모 회사로서 등기부상 이름만 남아 있을 뿐 회사명의의 재산은 아무 것도 없었습니다. 그렇다면 제가 갑을 상대로 위 대여금을 청구하여 갑의 개인재산에 강제집행을 할 수 있는지요?

A: 본 사안에서는 차용증서상 '○○주식회사'에 돈을 빌려준 것으로 되어 있어 '○○주식회사'를 상대로 재판을 하고 판결을 받아 ○○주식회사의 명의로 된 재산에 대하여만 강제집행을 할 수 있을 뿐이며, ○○주식회사의 주주나 대표이사를 상대로는 청구할 수 없을 것으로 보입니다. 다만, 갑이 ○○주식회사의 재산을 빼돌려 개인적인 용도에 사용하였다면 형사적으로는 갑을 횡령죄로 고발할 수 있을 것입니다.

■ 회사의 대표이사라고 칭하고 1억원을 차입하였을 경우 차입금을 상환할 의무가 있을까요?

Q: A 주식회사의 감사인 甲은 대표이사 乙이 장기해외체류 중인 틈을 타 주주총회의사기록 및 이사회 의사록을 위조하여 자기를 대표이사로 선임, 등기한 다음, 회사의 대표이사라고 칭하고 B로부터 1억원을 차입하였습니다. 이 경우 A 주식회사는 B에 대하여 차입금을 상환할 의무가 있을까요?

A: 이와 같은 경우 감사인 甲의 대표권이 있는지와 관련하여, 이사회 결의 및 주주총회 결의가 부존재하기 때문에 甲의 대표행위는 무권대표행위에 해당합니다. 다만 이 경우에도 표현대표이사의 성부 및 부실등기의 효력이 문제될 수 있는데, 판례는 A 주식회사가 甲의 행위를 알면서도 방치한 경우에 한하여 표현대표이사 적용을 긍정하고 있습니다. 이에 A 주식회사가 알면서도 방치하였는지 여부가 중요한 쟁점이 될 수 있습니다. 만일 알면서 방치한 경우에 해당하여 차입 행위의 효력을 인정할 때에도, A 주식회사는 B가 甲의 대표권 남용 사실을 알았을 경우 대표권 남용의 항변을 할 수 있는 여지가 있습니다. (대법원 1975. 5. 27. 선고 74다1366 판결 참조)

■ 공동대표이사 중 1인이 단독으로 한 법률행위가 유효한지요?

Q: 저는 甲주식회사의 대표이사 乙과 3,000만원 상당의 물품납품계약을 체결하고 물품을 납품한 후 그 물품대금을 청구하였습니다. 그러나 甲주식회사는 대표이사가 乙 이외의 2인을 포함한 3인이 공동대표이사로 되어 있으며, 위 물품납품계약은 3인이 공동으로 하지 않아 무효이므로 위 물품대금을 지급할 수 없다고 합니다. 이 경우 저는 甲회사로부터 위 물품대금을 지급 받을 수 없는지요?

A: 주식회사의 대표이사는 각자 회사를 대표(각자대표)하여 회사의 영업에 관하여 재판상 또는 재판 외의 모든 행위를 할 수 있는 권한을 가지며, 이 권한에 대한 제한은 선의의 제3자에게 대항하지 못합니다(상법 제389조 제3항, 제209조). 그러나 회사는 대표권의 남용 또는 오용을 방지하기 위하여 이사회의 결의로써 수인의 대표이사가 공동하여 회사를 대표(공동대표)하도록 정할 수 있으며, 이 경우에는 공동대표이사의 상대방에 대한 의사표시는 공동으로 하여야 하고 요식행위(要式行爲)에는 공동대표이사 전원의 기명날인이 있어야 합니다(같은 법 제389조 제2항). 다만 제3자의 의사표시를 받는 권한은 각자 가지고 있다고 할 것입니다.

위 규정에 비추어보면 원칙적으로, 귀하는 乙을 포함한 甲주식회사의 공동대표이사 전원과 물품납품계약을 체결하였어야만 甲주식회사에 대하여 납품된 물품의 대금을 청구할 수 있을 것이므로 乙 1인과만 계약을 체결한 본 사안에 있어서는 甲주식회사에 대금을 청구하기는 어려워 보입니다.

다만, 관련 판례는 "회사가 수인의 대표이사가 공동으로 회사를 대표할 것을 정하고 이를 등기한 경우에도, 공동대표이사 중의 1인이 대표이사라는 명칭을 사용하여 법률행위를 하는 것을 용인(容認)하거나 방임(放任)한 때에는, 그 공동대표이사가 단독으로 회사를 대표하여 한 법률행위에 관하여 회사가 선의의 제3자에 대하여 상법 제395조(표현대표이사의 행위와 회사의 책임)에 따른 책임을 진다."라고 하였습니다(대법

원 1992. 10. 27. 선고 92다19033 판결, 1993. 12. 28. 선고 93
다47653 판결, 1996. 10. 25. 선고 95누14190 판결).

따라서 귀하는 甲회사가 乙에게 대표이사라는 명칭을 사용하여 단독으
로 법률행위 하는 것을 용인하였거나 방임하였음을 입증할 수만 있다
면, 甲회사를 상대로 물품대금 청구를 해볼 수 있을 것입니다.

■ 대표이사의 업무집행권에 의해 회사의 재산상청구권을 대위행사할 수
 있는지요?

Q: 甲은 乙주식회사의 공동대표이사 겸 주주인데, 乙주식회사소유 부
 동산이 丙에게로 소유권이전 되었으나, 그것은 乙주식회사의 전임대
 표이사였던 丁이 이사회의 결의사항임을 무시하고 이사회의 결의 없
 이 소유권이전 해준 것이며, 丙은 丁의 친척으로서 그 사실을 잘 알
 고서 소유권을 이전받은 것이므로 소유권이전등기말소를 청구하고자
 합니다. 그러나 乙주식회사의 내분이 심하여 乙주식회사가 소유권이
 전등기말소를 청구함에 문제가 있는바, 이 경우 甲이 대표이사의 업
 무집행권 또는 주주의 주주권에 기초하여 乙회사를 대위하여 위 소
 유권이전등기를 말소할 수 있는지요?

A: 이사회의 권한에 관하여 상법에서 중요한 자산의 처분 및 양도, 대규모
 재산의 차입, 지배인의 선임 또는 해임과 지점의 설치·이전 또는 폐지
 등 회사의 업무집행은 이사회의 결의로 한다고 규정하고 있는데(상법
 제393조 제1항), 주식회사의 대표이사가 이사회결의를 거쳐야 할 대외
 적 거래행위에 관하여 이를 거치지 않은 경우 거래행위의 효력에 관한
 판례를 보면, 주식회사의 대표이사가 이사회결의를 거쳐야 할 대외적
 거래행위에 관하여 이를 거치지 아니한 경우라도, 이러한 이사회결의사
 항은 회사의 내부적 의사결정에 불과하므로 그 거래상대방이 그러한 이
 사회결의가 없었음을 알았거나 알 수 있었을 경우가 아니라면 그 거래
 행위는 유효하고, 이 때 거래상대방이 이사회결의가 없음을 알았거나

알 수 있었던 사정은 이를 주장하는 회사가 주장·증명하여야 할 사항에 속하므로, 특별한 사정이 없는 한 거래상대방으로서는 회사의 대표자가 거래에 필요한 회사의 내부절차는 마쳤을 것으로 신뢰하였다고 보는 것이 일반 경험칙에 부합하는 해석이라고 하였습니다(대법원 2009. 3. 26. 선고 2006다47677 판결). 그러므로 위 사안에서도 거래상대방인 丙이 이사회결의가 없었음을 알았거나 알 수 있었다는 점에 대하여는 회사측이 입증하여야 하는 것입니다.

그런데 채권자대위권에 관하여 민법에서 채권자는 자기의 채권을 보전하기 위하여 채무자의 권리를 행사할 수 있으나, 일신에 전속한 권리는 그렇지 않고, 채권자는 그 채권의 기한이 도래하기 전에는 법원의 허가 없이 위의 권리를 행사하지 못하지만, 보존행위는 그렇지 않다고 규정하고 있고(민법 제404조), 채권자대위권에 기초하여 대위소송을 제기하려면 우선 채권자에게 보전의 필요성이 인정되는 채권이 있어야 하며, 그러한 피보전채권은 채무자의 재산에 의하여 담보되어질 수 있는 재산적 가치를 가지는 채권으로서 특정된 구체적인 청구권이어야 합니다.

한편, 대표이사의 업무집행권이나 주주의 주주권과 같이 비재산적 채권에 기초하여 회사가 제3자에 대하여 가지는 재산상의 청구권을 직접 또는 대위행사 할 수 있는지 판례를 보면, 대표이사의 업무집행권 등은 대표이사의 개인적인 재산상의 권리가 아니며, 주주권도 어떤 특정된 구체적인 청구권을 내용으로 하는 것이 아니므로, 특별한 사정이 없는 한 대표이사의 업무집행권 등이나 주주의 주주권에 기초하여 회사가 제3자에 대하여 가지는 특정물에 대한 물권적 청구권 등의 재산상의 청구권을 직접 또는 대위행사 할 수 없다고 하였으며(대법원 1998. 3. 24. 선고 95다6885 판결), 주주가 직접 회사와 제3자의 거래관계에 개입하여 회사가 체결한 계약의 무효를 주장할 수 있는지에 관해서도, 주식회사의 주주는 주식의 소유자로서 회사의 경영에 이해관계를 가지고 있다고 할 것이나, 회사의 재산관계에 대하여는 단순히 사실상, 경제상 또는 일반적, 추상적인 이해관계만을 가질 뿐, 구체적 또는 법률상의 이해관계를 가진다고는 할 수 없고(대법원

1979. 2. 13. 선고 78다1117 판결), 주주는 직접 회사경영에 참여하지 못하고 주주총회결의를 통해서 또는 주주감독권에 의하여 회사영업에 영향을 미칠 수 있을 뿐이므로, 주주는 일정한 요건에 따라 이사를 상대로 그 이사의 행위에 대하여 유지청구권을 행사하여 그 행위를 유지시키거나(상법 제402조), 또는 대표소송에 의하여 그 책임을 추궁하는 소를 제기할 수 있을 뿐(상법 제403조), 직접 제3자와의 거래관계에 개입하여 회사가 체결한 계약의 무효를 주장할 수는 없을 것이고, 주식회사의 주주가 회사에 대하여 주주총회결의에 관한 부존재확인의 소를 제기하면서 이를 피보전권리로 한 가처분이 허용되는 경우라 하더라도, 주주총회에서 이루어진 결의 자체의 집행 또는 효력정지를 구할 수 있을 뿐, 회사 또는 제3자의 별도의 거래행위에 직접적으로 개입하여 이를 금지할 권리가 있다고 할 수는 없다고 하였습니다(대법원 2001. 2. 28. 선고 2000마7839 결정).

따라서 위 사안에서도 甲이 대표이사의 업무집행권이나 주주권에 기초한 채권자대위권행사로 위 부동산에 대한 丙명의의 소유권이전등기의 말소를 청구할 수는 없을 것이고, 乙주식회사가 말소청구 하여야 할 것입니다.

■ 대표이사가 법인에 대한 배임죄로 유죄판결 받은 경우 재심을 청구할 수 있는지요?

Q: 주식회사의 대표이사가 자기 이익을 위해서 회사를 배신하고 항소를 취하해버렸습니다. 그 뒤 대표이사는 배임죄로 유죄판결을 받았는데요, 이런 경우에 재심을 청구할 수 있을까요?

A: 민사소송법 제451조 제1항 제5호는 '형사상 처벌을 받을 다른 사람의 행위로 말미암아 자백을 한 경우'를 재심사유로 인정하고 있는데, 이는 다른 사람의 범죄행위를 직접적 원인으로 하여 이루어진 소송행위와 그에 기초한 확정판결은 법질서의 이념인 정의의 관념상 그 효력을 용인할 수 없다는 취지에서 재심이라는 비상수단을 통해 확정판결의 취소를

허용하고자 한 것입니다. 따라서 형사상 처벌을 받을 다른 사람의 행위로 말미암아 상소 취하를 하여 그 원심판결이 확정된 경우에도 위 자백에 준하여 재심사유가 될 수 있습니다. 그리고 위 '형사상 처벌을 받을 다른 사람의 행위'에는 당사자의 대리인이 범한 배임죄도 포함될 수 있으나, 이를 재심사유로 인정하기 위해서는 단순히 대리인이 문제된 소송행위와 관련하여 배임죄로 유죄판결을 받았다는 것만으로는 충분하지 않고, 위 대리인의 배임행위에 소송의 상대방 또는 그 대리인이 통모하여 가담한 경우와 같이 대리인이 한 소송행위의 효과를 당사자 본인에게 귀속시키는 것이 절차적 정의에 반하여 도저히 수긍할 수 없다고 볼 정도로 대리권에 실질적인 흠이 발생한 경우라야 합니다.

주식회사의 실질적인 대표이사가 자기 또는 제3자의 이익을 위하여 임무를 위반하여 회사에게 불이익한 것을 알면서도 전부 패소한 제1심판결에 대하여 항소를 취하한 것은 다른 사람의 배임행위로 말미암아 회사가 자백을 한 것과 마찬가지로 볼 수 있고, 재심대상판결 당시 피고의 실질적 대표자가 위 소송의 상대방과 공모하여 개인적으로 돈을 받기로 하고 제1심판결에 대한 피고의 항소를 취하함으로써 업무상배임죄로 유죄판결을 받고 그 판결이 확정되기까지 하였으므로 재심대상판결에는 민사소송법 제451조 제1항 제5호에 준하는 재심사유가 있다는 것이 판례의 태도입니다. [대법원 2012.6.14., 선고, 2010다86112, 판결 참조]

2-1-3. 발기인의 의사록작성

발기인은 의사록을 작성하여 의사의 경과와 그 결과를 기재하고 기명날인 또는 서명해야 합니다(상법 제297조).

2-2. 설립경과 조사 및 보고

2-2-1. 이사·감사의 설립경과 조사·보고

이사와 감사는 취임후 지체 없이 회사의 설립에 관한 모든 사항이 법령 또는 정관의 규정에 위반되지 않는지의 여부를 조사하여 발기인에게 보고해야 합니다(상법 제298조제1항).

2-2-2. 이사·감사가 조사·보고에 참여할 수 없는 경우

① 이사와 감사중 발기인이었던 자·현물출자자 또는 회사성립 후 양수할 재산의 계약당사자인 자는 위의 조사·보고에 참가하지 못하며, 이사와 감사의 전원이 여기에 해당하는 때에는 이사는 공증인으로 하여금 위의 조사·보고를 하게 해야 합니다(상법 제298조제2항 및 제3항).

② 이사와 감사 또는 공증인의 조사보고에 관한 정보는 회사설립 등기 신청시 제공해야 합니다(상업등기법 제24조제3항 및 상업등기규칙 제129조제5호).

■ 설립중인 회사의 개념과 발기인의 권한범위는 어디까지 인가요?

Q: A는 甲주식회사의 발기인인데, 정관을 작성하거나 주식을 인수하기 전인 2015. 12. 9. 乙사단법인으로부터 甲주식회사의 공장부지로 사용할 목적으로 토지를 A명의로 매수하였습니다. 그 후 甲주식회사가 2016. 2. 1. 설립등기를 마친 경우 甲주식회사는 乙사단법인에게 위 토지에 대한 소유권이전등기를 청구할 수 있나요?

A: 위 사안에서 문제되는 것은 첫째, 甲주식회사의 발기인인 A가 정관을 작성하지도 않고, 주식을 인수하기 전 단계를 설립중의 회사로 볼 수 있는지 여부와 둘째, 발기인은 회사의 설립사무를 집행하는 자이므로 설립에 관련된 행위를 할 수 있는 권한이 있는데, 발기인의 행위 가운데 어느 범위까지가 설립관련행위로 인정되는지 특히 개업준비행위{회사의 설립에 필요한 행위(예를 들어 설립사무소를 임차하는 행위)가 아니라 성립 후의 회사에 필요한 행위(예를 들어 성립 후의 회사가 제품을 생산할 수 있도록 공장부지를 매입하는 행위)를 말합니다}도 발기인의 권한범위에 포함되는지가 문제됩니다.

설립중의 회사라 함은 주식회사의 설립과정에서 발기인이 회사의 설립을 위하여 필요한 행위로 인하여 취득하게 된 권리의무가 회사의 설립과 동시에 그 설립된 회사에 귀속되는 관계를 설명하기 위한 강학상의 개념으로서 정관이 작성되고 발기인이 적어도 1주 이상의 주식을 인수하였을 때 비로소 성립하는 것이고, 이러한 설립중의 회사로서의 실체가 갖추어지기 이전에 발기인이 취득한 권리, 의무는 구체적 사정에 따라 발기인 개인 또는 발기인조합에 귀속되는 것으로서 이들에게 귀속된 권리의무를 설립 후의 회사에 귀속시키기 위해서는 양수나 채무인수 등의 특별한 이전행위가 있어야 합니다(대법원 1994. 1. 28. 선고 93다50215 판결).

한편, 장래 운송 사업을 목적으로 회사를 설립 중인 발기인이 발기인대표로서 자동차조립계약을 체결한 경우에 이 계약은 회사설립사무의 집행을 위하여 체결한 것으로서 성립 후의 회사가 자동차조립대금을 변제해야 한다는 것이 판례의 태도인바, 여기서 자동차조립계약은 성립 후의 회사를 위한 이른바 개업준비행위로서 판례는 이와 같은 개업준비행위도 발기인의 권한범위에 포함된다고 보고 있습니다(대법원 1970. 8. 31. 선고 70다1357 판결, 대구고등법원 1970. 5. 28. 선고 70나4 판결).

우선 A가 甲주식회사의 공장부지로 사용하기 위해 乙사단법인으로부터 토지를 매입한 것은 개업준비행위에 해당하여 발기인의 권한범위에 포함됩니다.

그러나 설립중 회사는 정관이 작성되고 발기인이 적어도 1주 이상의 주식을 인수하였을 때 비로소 성립한다는 것인 판례의 태도이므로 A가 정관을 작성하거나 주식을 인수하기 전에 토지를 매입한 행위의 효력은 甲주식회사에 승계될 수 없습니다.

따라서 원칙적으로 甲주식회사는 乙사단법인에 위 토지에 대한 소유권이전등기를 청구할 수 없습니다. 다만 甲주식회사가 설립등기 경료 후 乙사단법인과 위 토지에 대한 매매계약상 매수인을 A에서 甲주식회사로 변경하는 내용의 매매계약서를 새로 작성한다면 발기인인 A에게 귀속된 권리의무를 설립 후의 회사에 귀속시키는 양수나 채무인수 등의 특별한 이전행위가 있다고 보아 甲주식회사가 乙사단법인을 상대로 위 토지에 대한 소유권이전등기를 청구할 수 있습니다.

2-3. 변태설립사항에 대한 검사인의 조사·보고
2-3-1. 검사인의 선임
① 정관으로 변태설립사항을 정한 때에는 이사는 이에 관한 조사를 하게 하기 위하여 검사인의 선임을 법원에 청구해야 합니다(상법 제298조제4항 본문).

② 검사인의 신청은 서면으로 하며, 그 신청서에는 신청의 사유, 검사의 목적, 신청 연월일, 법원의 표시를 기재하고 이사가 기명날인하여 회사 본점소재지를 관할하는 지방법원합의부에 제출합니다(비송사건절차법 제72조제1항 및 제73조).

※ **공증인 또는 감정인이 조사할 수 있는 예외적인 경우**

① 변태설립사항 중 발기인이 받을 특별이익과 이를 받을 자의 성명, 회사가 부담할 설립비용과 발기인이 받을 보수액에 관해서는 공증인의 조사·보고로, 현물출자를 하는 자의 성명과 그 목적인 재산의 종류, 수량, 가격과 이에 대하여 부여할 주식의 종류와 수, 회사성립 후에 양수할 것을 약정한 재산의 종류, 수량, 가격과 그 양도인의 성명과 「상법」 제295조에 따른 현물출자의 이행에 관해서는 **공인된** 감정인의 감정으로 검사인의 조사에 갈음할 수 있습니다(상법 제298조제4항 및 제299조의2 전단).

② 이 경우 공증인 또는 감정인은 조사 또는 감정결과를 법원에 보고해야 합니다(상법 제298조제4항 및 제299조의2 후단).

2-3-2. 검사인의 조사·보고
① 검사인은 변태설립사항과 현물출자의 이행을 조사하여 서면으로 법원에 보고해야 합니다(상법 제299조제1항 및 비송사건절차법 제74조제1항).

② 검사인은 조사보고서를 작성한 후 지체 없이 그 등본을 각 발기인에

게 교부해야 합니다(상법 제299조제3항).

③ 검사인의 조사보고서에 사실과 다른 사항이 있는 경우에는 발기인은 이에 대한 설명서를 법원에 제출할 수 있습니다(상법 제299조제4항).

※ **검사인의 조사·보고를 생략할 수 있는 경우**

- 위의 검사인의 조사보고에 관한 것은 다음의 어느 하나에 해당할 경우에는 적용하지 않습니다(상법 제299조제2항, 상법 시행령 제7조제1항 및 제2항).

 1. 현물출자 또는 회사성립 후에 양수할 것을 약정한 재산총액이 자본금의 5분의 1을 초과하지 않고 5천만원을 초과하지 않는 경우
 2. 현물출자 또는 회사성립 후에 양수할 것을 약정한 재산이 거래소에서 시세가 있는 유가증권인 경우로서 정관에 적힌 가격이 다음의 방법으로 산정된 시세 중 낮은 금액을 초과하지 않는 경우
- 정관의 효력발생일부터 소급하여 1개월간의 거래소에서의 평균 종가(終價), 효력발생일부터 소급하여 1주일간의 거래소에서의 평균 종가 및 효력발생일의 직전 거래일의 거래소에서의 종가를 산술평균하여 산정한 금액
- 효력발생일 직전 거래일의 거래소에서의 종가

2-3-3. 부당한 변태설립사항에 대한 법원의 변경처분

① 법원은 검사인 또는 공증인의 조사보고서 또는 감정인의 감정결과와 발기인의 설명서를 심사하여 변태설립사항을 부당하다고 인정한 때에는 이를 변경하여 각 발기인에게 통고할 수 있습니다(상법 제300조제1항).

② 변태설립사항의 변경에 관한 재판은 이유를 붙인 결정으로써 하여야 하며, 법원은 재판을 하기 전에 발기인과 이사의 진술을 들어야 합니다(비송사건절차법 제75조제1항, 제2항).

③ 발기인과 이사는 변태설립사항의 변경에 관한 재판에 대하여 즉시항고를 할 수 있습니다(비송사건절차법 제75조제3항).

④ 법원의 변경에 불복하는 발기인은 그 주식의 인수를 취소할 수 있습

니다. 이 경우에는 정관을 변경하여 설립에 관한 절차를 속행할 수 있습니다(상법 제300조제2항).

⑤ 법원의 통고가 있은 후 2주내에 주식의 인수를 취소한 발기인이 없는 때에는 정관은 통고에 따라서 변경된 것으로 봅니다(상법 제300조제3항).

⑥ 이 경우 법원의 처분으로 정관변경이 이루어졌고, 변경처분 재판의 등본은 회사설립 등기와 함께 제공해야하는 정보이므로, 변경된 정관에 공증인의 인증을 받을 필요는 없습니다(상업등기규칙 제129조제7호 참조).

2-4. 부실 조사·보고 등에 대한 처벌

2-4-1. 부실한 보고를 하거나 사실을 은폐한 경우

이사·감사·검사인 또는 공증인이 주식 또는 출자의 인수나 납입, 현물출자의 이행, 변태설립사항에 대해 법원 또는 발기인에게 부실한 보고를 하거나 사실을 은폐한 때에는 5년 이하의 징역 또는 1,500만원 이하의 벌금에 처해집니다(상법 제625조제1호).

2-4-2. 조사·보고 직무에 대해 부정한 청탁을 받은 경우

① 이사, 감사, 검사인 또는 공증인이 회사설립 사항에 대한 조사·보고에 대한 직무에 대해 부정한 청탁을 받고 재산상의 이익을 수수(收受), 요구 또는 약속한 때에는 5년 이하의 징역 또는 1,500만원 이하의 벌금에 처해집니다(상법 제630조제1항).

② 이 경우 이사·감사·검사인 또는 공증인이 수수한 이익은 몰수되며, 그 이익 전부 또는 일부를 몰수할 수 없는 때에는 그 가액을 추징합니다(상법 제633조).

③ 위의 이익을 약속, 공여(供與) 또는 공여의 의사를 표시한 자도 5년 이하의 징역 또는 1,500만원 이하의 벌금에 처해집니다(상법 제630조제2항).

2-4-3. 징역과 벌금의 병과

이사·감사·검사인 또는 공증인이 받을 징역과 벌금은 병과될 수 있습니다
(상법 제632조).

2-4-4. 법인에 대한 벌칙 적용

이사·감사 또는 공증인이 법인인 때에는 그 행위를 한 법인의 이사·감사
그 밖의 업무를 집행한 사원 또는 지배인이 벌칙을 부담합니다(상법 제
637조).

■ 손해배상채무를 면탈할 목적으로 주식회사를 설립한 경우 그 주식회사
를 상대로 손해배상을 청구하지 못하는 건가요?

Q: 甲은 A라는 상호로 가게를 운영하는 자입니다. 그런데 甲에게 도급
을 받아 A가게 내부공사를 하고 있던 乙이 공사 중 사고를 당하여
이를 이유로 불법행위에 기한 손해배상을 청구하자 甲은 손해배상책
임을 회피할 목적으로 A 가게의 영업 전부를 현물출자하여 A주식회
사를 설립하였습니다. 이 경우 乙은 甲이외에 A주식회사를 상대로
는 손해배상을 청구하지 못하는 건가요?

A: 상법 제42조는 영업양수인이 양도인의 상호를 계속사용하는 경우에 양
도인의 여업으로 인한 제3자의 채권에 대하여 양수인도 변제할 책임이
있다고 규정하고 있는바 이는 영업양도가 있을 시 양도인의 채권자를
보호하기 위한 규정입니다. 상법 제42조는 영업양도에 관한 규정이지만
판례는 현물출자에 의한 회사설립의 경우에도 이를 유추적용하고 있습
니다. "영업을 출자하여 주식회사를 설립하고 그 상호를 계속 사용하는
경우에는 영업의 양도는 아니지만 출자의 목적이 된 영업의 개념이 동
일하고 법률행위에 의한 영업의 이전이란 점에서 영업의 양도와 유사하
며 채권자의 입장에서 볼 때는 외형상의 양도와 출자를 구분하기 어려
우므로 새로 설립된 법인은 상법 제42조 제1항의 규정의 유추적용에

의하여 출자자의 채무를 변제할 책임이 있다."(대판 1995. 8. 22. 95
다12231) 따라서 乙은 甲이외에 A주식회사를 상대로도 손해배상책임
을 물을 수 있습니다.

제2절 모집설립의 경우

1. 주식인수 및 출자이행

1-1. 주식인수

1-1-1. 발기인의 주식인수

① 각 발기인은 서면에 의하여 주식을 인수해야 합니다(상법 제293조). 이 경우 발기인은 주식의 전부가 아닌 일부를 인수하면 됩니다.

② 주식인수를 증명하는 정보에 대한 서면형식에는 제한이 없으며, 이 정보는 이후에 회사설립 등기를 신청할 때 제공해야 합니다(상업등기법 제24조제3항 및 상업등기규칙 제129조제2호 참조).

③ 발기인의 주식인수는 주주를 모집할 때 주식청약서에 각 발기인이 인수한 주식의 종류와 수를 기재해야 하므로 주주를 모집하기 전에 이루어져야 합니다(상법 제302조제2항제4호 참조).

■ 이행이 완료되지 않았음을 이유로 주식매매계약을 해제하였을 경우 주식매매계약해제는 적법할까요?

Q: 갑은 을 회사의 주주로서 반대주식매수 청구권을 행사하였고, 이로 인해 주식매매계약이 성립한 상태에서 을 회사의 회생절차가 개시되었습니다. 당시 을 회사는 주식대금의 일부를 이미 갑에게 지급한 상태였는데, 을 회사의 관리인 병은 이행이 완료되지 않았음을 이유로 주식매매계약을 해제하였습니다. 병의 주식매매계약해제는 적법할까요?

A: 채무자 회생 및 파산에 관한 법률(이하 '채무자회생법'이라고 한다) 제119조 제1항 은 "쌍무계약에 관하여 채무자와 그 상대방이 모두 회생절차개시 당시에 아직 그 이행을 완료하지 아니한 때에는 관리인은 계약을 해제 또는 해지하거나 채무자의 채무를 이행하고 상대방의 채무이

행을 청구할 수 있다."라고 규정하고있습니다. 한편 판례는 " 채무자회생법 제119조 제1항 의 '그 이행을 완료하지 아니한 때'에는 채무의 일부를 이행하지 아니한 것도 포함되고 이행을 완료하지 아니한 이유는 묻지 아니하므로, 주식매수청구권 행사 후 회사의 귀책사유로 주식대금 지급채무의 일부가 미이행되었다고 하더라도, 일부 미이행된 부분이 상대방의 채무와 서로 대등한 대가관계에 있다고 보기 어려운 경우가 아닌 이상 관리인은 일부 미이행된 부분뿐만 아니라 계약의 전부를 해제할 수 있다"고 하여 특별한 사유가 없는 한 일부 미이행된 경우라도 계약의 전부를 해제할 수 있다고 보았습니다(대법원 2017. 4. 26. 선고 2015다6517, 6524, 6531 판결). 그렇다면 특별한 사유가 없는 한, 갑이 매매대금의 일부를 지급받았다 하더라도 병은 아직 그 이행이 완료되지 않았음을 이유로 계약의 해제를 할 수 있다고 할 것입니다.

(관련판례)
주식매매계약이 회사정리법 제103조 제1항에 따른 해제권 행사로 실효된 경우, 그 해제권 행사는 실질적으로 정리회사의 책임에 귀속할 사유에 의한 이행불능에 기인한 것으로 보아야 할 것이고, 그에 따른 손해배상의 범위는 신뢰이익뿐만 아니라 이행이익의 상실에 의한 손해배상을 포함하는 것으로 보아야 할 것이며, 매수인인 정리회사의 대금 지급의무를 연대보증한 자는 연대보증이 계약에 대한 이행보증의 의미는 아니라 하더라도 계약이 매수인의 귀책사유로 인하여 실효되고 이로 인하여 매수인이 매도인에게 손해배상책임을 부담하게 될 경우 이에 대한 책임까지도 연대보증한 것으로 보아야 한다(서울고등법원 2001. 2. 6. 선고 2000나14035 판결).

1-1-2. 주주의 모집 및 주식인수 청약

① 발기인이 회사의 설립시에 발행하는 주식의 총수를 인수하지 않은 때에는 주주를 모집해야 합니다(상법 제301조).

② 주식인수의 청약을 하려는 자는 주식청약서 2통에 인수할 주식의 종

류 및 수와 주소를 기재하고 기명날인 또는 서명해야 합니다(상법 제302조제1항).

③ 주식청약서 2통 중 1통은 회사가 보관하고, 다른 1통은 회사설립 등 기시 제출합니다(상업등기법 제24조제3항 및 상업등기규칙 제129조 제3호 참고).

■ **소수주주의 회계장부 열람등사청구권에 기한 가처분이 허용되는지요?**

Q: 저는 甲주식회사의 주주인데, 甲회사에서는 회계처리에 의문점이 있음에도 회계장부의 열람을 거부하고 있는바, 소수주주들이 회계장 부열람·등사청구가처분을 신청할 수 있는지요?

A: 주주의 회계장부열람권에 관하여 「상법」제466조는 "①발행주식의 총수 의 100분의 3이상에 해당하는 주식을 가진 주주는 이유를 붙인 서면으 로 회계의 장부와 서류의 열람 또는 등사를 청구할 수 있다. ②회사는 제1항의 주주의 청구가 부당함을 증명하지 아니하면 이를 거부하지 못 한다."라고 규정하고 있습니다.

  그럼에도 불구하고 회사에서 회계장부의 열람 또는 등사를 거부할 경 우 「상법」제466조 제1항 소정의 소수주주가 회계장부열람등사청구권을 피보전권리로 하여 당해 장부 등의 열람·등사를 명하는 가처분을 신청 할 수 있는지에 관하여 판례는 "상법 제466조 제1항 소정의 소수주주 의 회계장부열람등사청구권을 피보전권리로 하여 당해 장부 등의 열람· 등사를 명하는 가처분이 실질적으로 본안소송의 목적을 달성하여 버리 는 면이 있다고 할지라도, 나중에 본안소송에서 패소가 확정되면 손해 배상청구권이 인정되는 등으로 법률적으로는 여전히 잠정적인 면을 가 지고 있기 때문에 임시적인 조치로서 이러한 회계장부열람등사청구권을 피보전권리로 하는 가처분도 허용된다고 볼 것이고, 이러한 가처분을 허용함에 있어서는 피신청인인 회사에 대하여 직접 열람·등사를 허용하 라는 명령을 내리는 방법뿐만 아니라, 열람·등사의 대상장부 등에 관하여 훼손, 폐기, 은닉, 개찬(改撰)이 행하여질 위험이 있는 때에는 이를 방지하기 위하여 그 장부 등을 집행관에게 이전·보관시키는 가처분을 허용할 수도 있고, 상법 제466조 제1항 소정의 소수주주의 회계장부 및 서류의 열람·등사청구권이 인정되는 이상 그 열람·등사청구권은 그 권리행사에 필요한 범위 내에서 허용되어야 할 것이지, 열람 및 등사의 회수가 1회에 국한되는 등으로 사전에 제한될 성질의 것은 아니다."라고 하였습니다(대법원 1999. 12. 21. 선고 99다137 판결).

따라서 귀하가 발행주식의 총수의 100분의 3이상에 해당하는 주식을 가진 주주에 해당된다면 회계장부열람등사청구권을 피보전권리로 하여 당해 장부 등의 열람·등사를 명하는 가처분을 신청할 수 있을 것입니다.

참고로 주식회사 소수주주가 위 같은 법 제466조 제1항의 규정에 따라 회사에 대하여 회계의 장부와 서류의 열람 또는 등사를 청구하기 위해서는 이유를 붙인 서면으로 하여야 하는바, 회계의 장부와 서류를 열람 또는 등사시키는 것은 회계운영상 중대한 일이므로 그 절차를 신중하게 함과 동시에 상대방인 회사에게 열람 및 등사에 응하여야 할 의무의 존부 또는 열람 및 등사를 허용하지 않으면 안 될 회계의 장부 및 서류의 범위 등의 판단을 손쉽게 하기 위하여 그 이유는 구체적으로 기재하여야 합니다.

(관련판례)

상법 제466조 제1항에서 규정하고 있는 주주의 회계장부와 서류 등에 대한 열람·등사청구가 있는 경우 회사는 청구가 부당함을 증명하여 이를 거부할 수 있고, 주주의 열람·등사권 행사가 부당한 것인지는 행사에 이르게 된 경위, 행사의 목적, 악의성 유무 등 제반 사정을 종합적으로 고려하여 판단하여야 한다. 특히 주주의 이와 같은 열람·등사권 행사가 회사업무의 운영 또는 주주 공동의 이익을 해치거나 주주가 회사의 경쟁자로서 취득한 정보를 경업에 이용할 우려가 있거나, 또는 회사에 지나치게 불리한 시기를 택하여 행사하는 경우 등에는 정당한 목적을 결하여 부당한 것이라고 보아야 한다. 한편 주식매수청구권을 행사한 주주도 회사로부터 주식의 매매대금을 지급받지 아니하고 있는 동안에는 주주로서의 지위를 여전히 가지고 있으므로 특별한 사정이 없는 한 주주로서의 권리를 행사하기 위하여 필요한 경우에는 위와 같은 회계장부열람·등사권을 가진다. 주주가 주식의 매수가액을 결정하기 위한 경우뿐만 아니라 회사의 이사에 대하여 대표소송을 통한 책임추궁이나 유지청구, 해임청구를 하는 등 주주로서의 권리를 행사하기 위하여 필요하다고 인정되는 경우에는 특별한 사정이 없는 한 그 청구는 회사의 경영을 감독하여 회사와 주주의 이익을 보호하기 위한 것이므로, 주식매수청구권을 행사하였다는 사정만으로 청구가 정당한 목적을 결하여 부당한 것이라고 볼 수 없다(대법원 2018. 2. 28. 선고 2017다270916 판결).

■ 회계장부 열람등사청구 대상에 자회사 회계장부가 포함되는지요?

Q: 저는 甲주식회사의 발행주식의 총수의 100분의 3 이상에 해당하는 주식을 가진 주주입니다. 그런데 甲주식회사에서는 회계장부열람청구에 불응하고 있습니다. 이에 대해 저는 장부등열람및등사가처분신청을 하고자 하는데, 이 때 甲주식회사의 자(子)회사의 회계장부까지도 포함시킬 수 있는지요?

A: 주주의 회계장부열람권에 관하여 「상법」제466조는 "①발행주식의 총수의 100분의 3이상에 해당하는 주식을 가진 주주는 이유를 붙인 서면으로 회계의 장부와 서류의 열람 또는 등사를 청구할 수 있다. ②회사는 제1항의 주주의 청구가 부당함을 증명하지 아니하면 이를 거부하지 못한다."라고 규정하고 있습니다.

위 법 제466조 제1항 소정의 소수주주의 회계장부열람등사청구권을 피보전권리로 하여 당해 장부 등의 열람·등사를 명하는 가처분의 허용 여부에 관하여 판례는 "상법 제466조 제1항 소정의 소수주주의 회계장부열람등사청구권을 피보전권리로 하여 당해 장부 등의 열람·등사를 명하는 가처분이 실질적으로 본안소송의 목적을 달성하여 버리는 면이 있다고 할지라도, 나중에 본안소송에서 패소가 확정되면 손해배상청구권이 인정되는 등으로 법률적으로는 여전히 잠정적인 면을 가지고 있기 때문에 임시적인 조치로서 이러한 회계장부열람등사청구권을 피보전권리로 하는 가처분도 허용된다고 볼 것이고, 이러한 가처분을 허용함에 있어서는 피신청인인 회사에 대하여 직접 열람·등사를 허용하라는 명령을 내리는 방법뿐만 아니라, 열람·등사의 대상장부 등에 관하여 훼손, 폐기, 은닉, 개찬(改撰)이 행하여질 위험이 있는 때에는 이를 방지하기 위하여 그 장부 등을 집행관에게 이전·보관시키는 가처분을 허용할 수도 있다." 라고 하였습니다(대법원 1999. 12. 21. 선고 99다137 판결).

본 사안에서는 위 법 제466조 제1항 소정의 회계장부열람등사청구의 대상에 자회사의 회계장부가 포함될 수 있는지가 문제되는데 이에 관하여 판례는 "상법 제466조 제1항에서 정하고 있는 소수주주의 열람·등사청구의 대상이 되는 '회계의 장부 및 서류'에는 소수주주가 열람·등사를 구하는 이유와 실질적으로 관련이 있는 회계장부와 그 근거자료가 되는 회계서류를 가리키는 것으로서, 그것이 회계서류인 경우에는 그 작성명의인이 반드시 열람·등사제공의무를 부담하는 회사로 국한되어야 하거나, 원본에 국한되는 것은 아니며, 열람·등사제공의무를 부담하는 회사의 출자 또는 투자로 성립한 자회사의 회계장부라 할지라도 그것이 모자관계에 있는 모회사에 보관되어 있고, 또한 모회사의 회계상황을 파악하기 위한 근거자료로서 실질적으로 필요한 경우에는 모회사의 회계서류로서 모회사 소수주주의 열람·등사청구의 대상이 될 수 있다."라고 하였습니다(대법원 2001. 10. 26. 선고 99다58051 판결).

따라서 위 사안에서도 열람 및 등사하고자 하는 서류가 자회사의 회계장부라고 하더라도 그것이 甲회사에 보관되어 있고, 모회사의 회계상황을 파악하기 위한 근거자료로서 실질적으로 필요한 경우에는 甲회사의 회계서류로서 소수주주인 귀하의 열람·등사청구의 대상이 될 수 있다고 할 것입니다.

1-1-3. 주식청약서 기재사항

① 주식청약서는 발기인이 작성하고 다음의 사항을 적어야 합니다(상법 제302조제2항).

- 정관의 인증년월일과 공증인의 성명
- 정관의 절대적 기재사항, 변태설립사항
- 회사의 존립기간 또는 해산사유를 정한 때에는 그 규정
- 각 발기인이 인수한 주식의 종류와 수
- 설립당시의 주식발행사항
- 주식의 양도에 관하여 이사회의 승인을 얻도록 정한 때에는 그 규정
- 주주에게 배당할 이익으로 주식을 소각할 것을 정한 때에는 그 규정
- 일정한 시기까지 창립총회를 종결하지 않은 때에는 주식의 인수를 취소할 수 있다는 뜻
- 납입을 맡을 은행 기타 금융기관과 납입장소
- 명의개서대리인을 둔 때에는 그 성명·주소 및 영업소

② 주식인수 청약을 할 때 「민법」 제107조제1항 단서의 규정은 주식인수의 청약에 적용되지 않으므로 주식인수의 청약을 한 자가 진의 아닌 의사를 표시하고 발기인이 이를 알았거나 알 수 있었던 경우라도 청약이 무효가 되지 않고 유효한 청약이 됩니다(상법 제302조제3항).

1-1-4. 가설인 또는 타인 명의에 의한 인수인의 책임

① 가설인의 명의로 주식을 인수하거나 타인의 승낙 없이 그 명의로 주

식을 인수한 자는 주식 인수인으로서의 책임이 있습니다(상법 제332
조제1항).

② 타인의 승락을 얻어 그 명의로 주식을 인수한 자는 그 타인과 연대
하여 납입할 책임이 있습니다(상법 제332조제2항).

(관련판례) 타인의 승낙을 얻어 주식을 인수한 경우 실질상의 주식인수인

[1] 주식회사를 설립하면서 일시적인 차입금으로 주금납입의 외형을 갖
추고 회사 설립절차를 마친 다음 바로 그 납입금을 인출하여 차입금을
변제하는 이른바 가장납입의 경우에도 주금납입의 효력을 부인할 수는
없다고 할 것이어서 주식인수인이나 주주의 주금납입의무도 종결되었다
고 보아야 할 것이고, 한편 주식을 인수함에 있어 타인의 승낙을 얻어
그 명의로 출자하여 주식대금을 납입한 경우에는 실제로 주식을 인수하
여 그 대금을 납입한 명의차용인만이 실질상의 주식인수인으로서 주주
가 된다고 할 것이고 단순한 명의대여인은 주주가 될 수 없다.

[2] 주식회사의 자본충실의 요청상 주금을 납입하기 전에 명의대여자
및 명의차용자 모두에게 주금납입의 연대책임을 부과하는 규정인 「상
법」 제332조제2항은 이미 주금납입의 효력이 발생한 주금의 가장납입
의 경우에는 적용되지 않는다고 할 것이고, 또한 주금의 가장납입이 일
시 차입금을 가지고 주주들의 주금을 체당납입한 것과 같이 볼 수 있어
주금납입이 종료된 후에도 주주는 회사에 대하여 체당납입한 주금을 상
환할 의무가 있다고 하여도 이러한 주금상환채무는 실질상 주주인 명의
차용자가 부담하는 것일 뿐 단지 명의대여자로서 주식회사의 주주가 될
수 없는 자가 부담하는 채무라고는 할 수 없다(대법원 2004. 3. 26.
선고 2002다29138 판결).

1-1-5. 청약자에 대한 주식의 배정

발기인은 배정방법을 미리 공고하지 않은 이상 주식 총수에서 자유롭게
주식을 배정할 수 있습니다. 발기인이 주식을 배정하면 주식인수가 성립
하게 되며, 주식인수인은 발기인이 배정한 주식의 수에 따라서 인수가액

을 납입할 의무를 부담합니다(상법 제303조).

1-2. 출자이행

1-2-1. 인수가액의 전액 납입

회사설립 시에 발행하는 주식의 총수가 인수된 때에는 발기인은 지체 없이 주식 인수인에 대하여 각 주식에 대한 인수가액의 전액을 납입시켜야 하며, 인수가액의 납입은 주식청약서에 기재한 납입장소에서 해야 합니다(상법 제305조제1항 및 제2항).

※ 납입금에 대한 상계허용

— 개정전 「상법」 제334조에서는 주주의 납입금에 관하여 회사와 상계(相計)할 수 없도록 금지하고 있었으나, 이를 삭제(법률 제10600호, 2011. 4. 14.)하여 납입금에 관하여 회사와 합의로 상계를 할 수 있도록 하였습니다(상법 제421조제2항 참조).

※ "상계"란 쌍방이 서로 같은 종류를 목적으로 한 채무를 부담한 경우에 그 쌍방의 채무의 이행기가 도래한 때에는 각 채무자는 대등액에 관하여 소멸시킬 수 있는 권리를 말합니다(민법 제492조제1항).

■ **영업출자로 설립된 주식회사에 종전영업 관련 손해배상청구 가능한지요?**

Q: 저는 비법인사업체를 운영하던 甲에게 고용되어 근무하던 중 산재사고를 당하였습니다. 그 후 甲은 자신회사의 영업을 현물출자 하여 甲주식회사를 설립한 후 대표이사가 되었습니다. 이 경우 甲주식회사를 상대로 한 손해배상청구가 가능한지요?

A: 「상법」제42조 제1항은 "영업양수인이 양도인의 상호를 계속 사용하는 경우에는 양도인의 영업으로 인한 제3자의 채권에 대하여 양수인도 변제할 책임이 있다."라고 규정하고 있습니다.

또한, 위 사안과 관련하여 판례는 "상법 제42조 제1항은 영업양수인이 양도인의 상호를 계속 사용하는 경우에는 양도인의 영업으로 인한 제3자의 채권에 대하여 양수인도 변제할 책임이 있다고 규정하고 있는바, 영업을 출자하여 주식회사를 설립하고 그 상호를 계속 사용하는 경우에는 영업의 양도는 아니지만 출자의 목적이 된 영업의 개념이 동일하고 법률행위에 의한 영업의 이전이라는 점에서 영업의 양도와 유사하며 채권자의 입장에서 볼 때는 외형상의 양도와 출자를 구분하기 어려우므로, 새로 설립된 법인은 상법 제42조 제1항의 규정의 유추적용에 의하여 출자자의 채무를 변제할 책임이 있고, 여기서 말하는 영업의 출자라 함은 일정한 영업목적에 의하여 조직화된 업체 즉 인적·물적 조직을 그 동일성을 유지하면서 일체로서 출자하는 것을 말하며.....”(대법원 1996. 7. 9. 선고 96다13767 판결), “영업으로 인하여 발생한 채무란 영업상의 활동에 관하여 발생한 모든 채무를 말한다고 하여야 할 것이며, 불법행위로 인한 손해배상채무도 이에 포함된다고 보아야 할 것이다.”(대법원 2002. 6. 28. 선고 2000다5862판결, 대법원 1989. 3. 28. 선고 88다카12100 판결)라고 하였습니다.

위 규정과 판례들을 종합해 보건대, 甲이 개인회사의 영업을 출자하여 甲주식회사를 설립한 것은 영업양도 유사의 효력을 갖는 것이고 산재사고는 영업주체의 불법행위책임의 발생요건이 되는 것이므로 위 사안의 경우에 귀하는 甲주식회사에게 상호를 속용하는 영업양수인의 책임 규정에 근거해 산재사고로 인한 손해배상청구를 해볼 수 있을 것입니다.

(관련판례)

상법 제42조 제1항은 영업양수인이 양도인의 상호를 계속 사용하는 경우에는 양도인의 영업으로 인한 제3자의 채권에 대하여 양수인도 변제할 책임이 있다고 규정하고 있는바, 영업을 출자하여 주식회사를 설립하고 그 상호를 계속 사용하는 경우에는 영업의 양도는 아니지만 출자의 목적이 된 영업의 개념이 동일하고 법률행위에 의한 영업의 이전이라는 점에서 영업의 양도와 유사하며 채권자의 입장에서 볼 때는 외형상의 양도와 출자를 구분하기 어려우므로 새로 설립된 법인은 상법 제 42조 제1항의 규정의 유추적용에 의하여 출자자의 채무를 변제할 책임 이 있고, 여기서 말하는 영업의 출자라 함은 일정한 영업목적에 의하여 조직화된 업체 즉 인적·물적 조직을 그 동일성을 유지하면서 일체로서 출자하는 것을 말한다(대법원 1996. 7. 9. 선고 96다13767 판결).

1-2-2. 주식인수금 납입기관

① 인수가액의 납입은 주식청약서에 기재한 납입장소에서 해야 합니다. 따라서 발기인은 납입장소를 정해 이를 주식청약서에 기재해야 합니다(상법 제302조제2항제9호 및 제305조제2항).

② 인수가액을 납입할 때 납입금의 보관자 또는 납입장소를 변경할 때 에는 법원의 허가를 얻어야 하며, 발기인 또는 이사가 납입금 보관자 또는 납입장소를 변경하는 사유를 소명하여 회사 본점소재지 지방법 원합의부 관할 법원에 허가를 신청해야 합니다(상법 제306조, 비송사 건절차법 제72조 및 제82조).

③ 설립등기를 신청하는 경우 주금의 납입을 맡은 은행, 그 밖의 금융기 관의 납입금 보관을 증명하는 정보를 제공해야 하므로, 납입금을 보 관한 은행이나 그 밖의 금융기관은 발기인 또는 이사의 청구를 받으 면 그 보관금액에 관하여 증명서를 발급해야 합니다(상업등기규칙 제 129조제12호 및 상법 제318조제1항).

④ 자본금 총액이 10억원 미만인 회사를 위의 방법에 따라 발기설립하 는 경우에는 증명서를 은행이나 그 밖의 금융기관의 잔고증명서로 대체할 수 있습니다(상법 제318조제3항).

⑤ 은행이나 그 밖의 금융기관은 증명한 보관금액에 대하여는 납입이 부실하거나 그 금액의 반환에 제한이 있다는 것을 이유로 회사에 대 항하지 못합니다(상법 제318조제2항).

1-2-3. 현물출자로 이행하는 경우

현물출자를 하는 주식인수인은 납입기일에 지체 없이 출자의 목적인 재산을 인도하고 등기, 등록 그 밖의 권리의 설정 또는 이전을 요할 경우에는 이에 관한 서류를 완비하여 교부하여야 합니다(상법 제295조제2항 및 제305조제3항).

1-2-4. 주식 인수인의 실권절차

① 주식 인수인이 납입을 하지 않은 때에는 발기인은 일정한 기일을 정하여 그 기일내에 납입을 하지 않으면 그 권리를 잃는다는 뜻을 기일의 2주간전에 그 주식 인수인에게 통지해야 합니다(상법 제307조제1항).

② 이러한 통지를 받은 주식 인수인이 그 기일 내에 납입의 이행을 하지 않은 때에는 그 권리를 잃습니다. 이 경우에는 발기인은 다시 그 주식에 대한 주주를 모집할 수 있으며, 주식 인수인에 대한 손해배상을 청구할 수 있습니다(상법 제307조제2항 및 제3항).

■ **乙 보유 주식이 제3자에게 매도되어 보유하고 있지 않는 경우, 乙의 주식반환의무가 이행불능이 되었는지요?**

Q: 甲이 乙에게서 丙 주식회사 주식을 매수한 후 乙에게 명의신탁하였는데 乙이 丙 회사 주식을 제3자에게 매도하였고, 그 후 甲이 명의신탁을 해지하였습니다. 乙 보유 주식이 제3자에게 매도되어 乙이 보유하고 있지 않으므로 乙의 주식반환의무가 이행불능이 되었다고 할 수 있나요?

A: 민법 제 375조에서 채권의 목적을 종류로만 지정한 경우에 법률행위의 성질이나 당사자의 의사에 의하여 품질을 정할 수 없는 때에는 채무자는 중등품질의 물건으로 이행하여야 한다고 규정하고 있습니다. 이러한 채권을 종류채권이라고 하며 채무자는 일정한 종류에 속하는 일정량의

물건을 인도할 의무가 있습니다.

판례는 주식반환의무의 성질과 관련하여, 주식은 주주가 출자자로서 회사에 대하여 가지는 지분으로서 동일 회사의 동일 종류 주식 상호 간에는 그 개성이 중요하지 아니한 점, 이 사건 주식보관증에는 보관하는 주권이 특정되어 있지 아니한 점을 고려하여 보면, 주식반환의무는 특정물채무가 아니라 종류채무에 해당한다고 판시하였습니다(대법원 2015.2.26, 선고, 2014다37040 판결).

따라서 乙의 주식반환의무는 종류채무에 해당하므로, 乙이 주식을 취득하여 반환할 수 없는 등의 특별한 사정이 없는 한, 乙 보유 주식이 제3자에게 매도되어 피고가 이를 보유하고 있지 않다는 사정만으로는 피고의 주식반환의무가 이행불능이 되었다고 할 수 없습니다.

(관련판례)

갑이 을에게서 병 주식회사 주식을 매수한 후 을에게 명의신탁하였는데, 병 회사 주식이 제3자에게 매도된 후 갑이 명의신탁을 해지한 사안에서, 주식은 주주가 출자자로서 회사에 대하여 가지는 지분으로서 동일 회사의 동일 종류 주식 상호 간에는 개성이 중요하지 아니한 점, 을이 갑에게 교부한 주식보관증에 을이 보관하는 주권이 특정되어 있지 아니한 점을 고려하여 보면, 을의 갑에 대한 주식반환의무는 특정물채무가 아니라 종류채무에 해당하므로, 을 보유 주식이 제3자에게 매도되어 을이 이를 보유하고 있지 않다는 사정만으로는 을의 주식반환의무가 이행불능이 되었다고 할 수 없는데도, 이와 달리 본 원심판결에 법리오해의 잘못이 있다(대법원 2015. 2. 26. 선고 2014다37040 판결).

1-3. 주식인수금의 가장납입 문제

1-3-1. 납입가장죄(納入假裝罪)

① 발기인이 납입 또는 현물출자의 이행을 가장하는 행위를 한 때에는 5년 이하의 징역 또는 1천 500만원 이하의 벌금에 처해지며, 이러한 행위에 응하거나 이를 중개한 자도 같은 처벌을 받습니다(상법 제

628조제1항 및 제2항).

② 발기인 및 발기인 등의 납입가장에 응하거나 중개한 사람이 받을 징역과 벌금은 병과될 수 있습니다(상법 제632조).

③ 발기인이 법인인 때에는 그 행위를 한 법인의 이사, 집행임원, 감사 그 밖에 업무를 집행한 사원 또는 지배인이 벌칙을 부담합니다(상법 제637조).

1-3-2. 가장납입의 효력

판례는 가장납입 행위가 이루어졌다고 하더라도 회사의 설립이나 증자와 같은 집단적 절차의 일환을 이루는 주금납입의 효력은 있다고 판시하였습니다(대법원 1997. 5. 23. 선고 95다5790 판결).

■ 상법상 주식회사의 자기주식 취득금지와 가장납입의 효력은?

Q: 甲주식회사는 2015. 7. 6. 유동성부족으로 금융감독원으로부터 영업정지처분을 받을 위험에 처하게 되자 경영정상화를 위해 유상증자를 하기로 계획하였습니다. 그러나 유상증자에 참여하려는 주주를 찾지 못한 甲회사는 유상증자 과정에서 발행한 신주인수대금 10억 원을 乙주식회사에 대여해주고, 乙회사는 위 10억 원으로 주식인수대금을 납입하였습니다. 한편, 위 두 회사는 甲회사가 영업정지처분을 받을 경우 乙회사가 甲회사에 대하여 위 주식의 매수청구권(환매)이 발생한 것으로 간주하고, 이 경우 재매수대금은 甲회사의 乙회사에 대한 100억 원의 대출금채권과 상계하기로 약정하였습니다. 몇 달 후 甲회사가 실제로 영업정지처분을 받게 된 경우 乙회사는 甲회사에 대한 위 100억 원의 차용금채무가 부존재 함을 주장할 수 있나요?

A: 주식회사는 원칙적으로 자기의 계산으로 자기의 주식을 취득 할 수 없습니다(상법 제341조). 그 이유는 ① 자기주식을 취득하는 것은 실질적으로 출자를 환급하는 결과가 되어 자본충실의 이념에 반하고, ② 내

부자에 의한 투기거래에 악용될 가능성이 있으며, ③ 회사가 경영상의 위험 외에 자식주식의 주가변동으로 인한 위험까지 부담하는 것은 바람직하지 못하기 때문입니다.

따라서 회사가 자기주식취득 금지에 위반하여 주식을 취득한 행위는 사법상 절대적으로 무효가 되게 되며 설령 회사 또는 주주나 회사채권자 등에게 생길지도 모르는 중대한 손해를 회피하기 위하여 부득이 한 사정이 있다고 하더라도 마찬가지입니다. 그리고 이사 등이 이를 위반할 경우 일정한 손해배상책임과 형사제재가 부과됩니다(상법 제625조 제2호).

다만 예외적으로 상법 제341조 , 제341조의2 , 제342조의2및 증권거래법에서는 명시적으로 자기주식의 취득을 허용하는 경우를 열거하고 있고, 회사가 자기주식을 무상으로 취득하는 경우 또는 타인의 계산으로 자기주식을 취득하는 경우 등과 같이 회사의 자본적 기초를 위태롭게 하거나 주주 등의 이익을 해한다고 할 수 없는 것이 유형적으로 명백한 경우에도 자기주식의 취득이 허용됩니다.

한편, 회사 아닌 제3자의 명의로 회사의 주식을 취득하더라도 그 주식취득을 위한 자금이 회사의 출연에 의한 것이고 그 주식취득에 따른 손익이 회사에 귀속되는 경우라면, 상법 기타의 법률에서 규정하는 예외사유에 해당하지 않는 한, 그러한 주식의 취득은 회사의 계산으로 이루어져 회사의 자본적 기초를 위태롭게 할 우려가 있는 것으로서 상법 제341조 가 금지하는 자기주식의 취득에 해당합니다.

그리고 주식회사의 자본충실의 원칙상 주식의 인수대금은 그 전액을 현실적으로 납입하여야 하고 그 납입에 관하여 상계로써 회사에 대항하지 못하는 것이므로 회사가 제3자에게 주식인수대금 상당의 대여를 하고 제3자는 그 대여금으로 주식인수대금을 납입한 경우에, 회사가 처음부터 제3자에 대하여 대여금 채권을 행사하지 아니하기로 약정되어 있는 등으로 대여금을 실질적으로 회수할 의사가 없었고 제3자도 그러한 회사의 의사를 전제로 하여 주식인수청약을 한 때에는, 그 제3자가 인수한 주식의 액면금액에 상당하는 회사의 자본이 증가되었다고 할 수 없으므로 위와 같은 주식인수대금의 납입은 단순히 납입을 가장한 것에 지나지 아니하여 무효입니다(대법원 2003. 5. 16. 선고 2001다44109 판결).

甲회사는 乙회사에게 주식인수대금 10억 원을 대여해 주었고, 乙회사는 그 대여금으로 주식인수대금을 납입하였는바, 甲회사는 처음부터 乙회사에 대하여 대여금 채권을 행사하지 아니하기로 약정하여 대여금을 실질적으로 회수할 의사가 없었고, 乙회사도 그러한 甲회사의 의사를 전제로 하여 주식을 인수한 경우에 해당하므로 乙회사가 인수한 주식의 액면금액에 상당하는 甲회사의 자본이 증가하였다고 할 수 없으므로 乙회사가 10억 원을 신주인수대금으로 납입한 것은 단순히 납입을 가장한 것에 지나지 아니하여 무효에 해당합니다.

그렇다면 위 계약에 기초하여 甲회사와 乙회사 사이에서 이루어진 10억 원의 대출약정은 무효이므로 위 대출약정에 따른 乙회사의 차용금 채무는 존재하지 아니하고, 또한 乙회사는 甲회사로부터 받은 10억 원을 甲회사의 신주인수대금 명목으로 甲회사에 입금하였으므로 乙회사가 대출금 상당의 부당이득을 한 것으로 볼 수도 없습니다.

(관련판례) 주금 가장납입의 효력

일시적인 차입금으로 단지 주금납입의 외형을 갖추고 회사설립이나 증자 후 곧바로 그 납입금을 인출하여 차입금을 변제하는 주금의 가장 납입의 경우에도 금원의 이동에 따른 현실의 불입이 있는 것이고, 설령 그것이 실제로는 주금납입의 가장 수단으로 이용된 것이라고 할지라도 이는 그 납입을 하는 발기인 또는 이사들의 주관적 의도의 문제에 불과하므로, 이러한 내심적 사정에 의하여 회사의 설립이나 증자와 같은 집단적 절차의 일환을 이루는 주금납입의 효력이 좌우될 수 없다(대법원 1997. 5. 23. 선고 95다5790 판결).

1-3-3. 가장납입한 주주의 지위

판례는 주식인수인이 가장납입의 형태로 주금을 납입한 후 회사가 청구한 주금 상당액을 납입하지 않은 경우 주주로서의 지위를 상실하지 않으며, 주금을 납입하지 않은 채 그 납입일로부터 상당 기간이 지난 후 주주임을 주장하는 것이 신의성실의 원칙에 반하지 않는다고 판시하였습니다(대법원 1998. 12. 23. 선고 97다20649 판결).

(관련판례 1) 가장납입 주주의 지위

회사 설립 당시 원래 주주들이 주식인수인으로서 주식을 인수하고 가장납입의 형태로 주금을 납입한 이상 그들은 바로 회사의 주주이고, 그 후 그들이 회사가 청구한 주금 상당액을 납입하지 아니하였다고 하더라도 이는 회사 또는 대표이사에 대한 채무불이행에 불과할 뿐 그러한 사유만으로 주주로서의 지위를 상실하게 된다고는 할 수 없으며, 또한 주식인수인들이 회사가 정한 납입일까지 주금 상당액을 납입하지 아니한 채 그로부터 상당 기간이 지난 후 비로소 회사의 주주임을 주장하였다고 하여 신의성실의 원칙에 반한다고도 할 수 없다(대법원 1998. 12. 23. 선고 97다20649 판결).

(관련판례 2)

[1] 주식회사를 설립하면서 일시적인 차입금으로 주금납입의 외형을 갖추고 회사 설립절차를 마친 다음 바로 그 납입금을 인출하여 차입금을 변제하는 이른바 가장납입의 경우에도 주금납입의 효력을 부인할 수는 없다고 할 것이어서 주식인수인이나 주주의 주금납입의무도 종결되었다고 보아야 할 것이고, 한편 주식을 인수함에 있어 타인의 승낙을 얻어 그 명의로 출자하여 주식대금을 납입한 경우에는 실제로 주식을 인수하여 그 대금을 납입한 명의차용인만이 실질상의 주식인수인으로서 주주가 된다고 할 것이고 단순한 명의대여인은 주주가 될 수 없다.

[2] 주식회사의 자본충실의 요청상 주금을 납입하기 전에 명의대여자 및 명의차용자 모두에게 주금납입의 연대책임을 부과하는 규정인 「상법」 제332조제2항은 이미 주금납입의 효력이 발생한 주금의 가장납입의 경우에는 적용되지 않는다고 할 것이고, 또한 주금의 가장납입이 일시 차입금을 가지고 주주들의 주금을 체당납입한 것과 같이 볼 수 있어 주금납입이 종료된 후에도 주주는 회사에 대하여 체당납입한 주금을 상

환할 의무가 있다고 하여도 이러한 주금상환채무는 실질상 주주인 명의차용자가 부담하는 것일 뿐 단지 명의대여자로서 주식회사의 주주가 될 수 없는 자가 부담하는 채무라고는 할 수 없다(대법원 2004. 3. 26. 선고 2002다29138 판결).

(관련판례 3)

주식회사를 설립하면서 일시적인 차입금으로 주금납입의 외형을 갖추고 회사 설립절차를 마친 다음 바로 그 납입금을 인출하여 차입금을 변제하는 이른바 가장납입의 경우에도 주금납입의 효력을 부인할 수는 없다(대법원 1998. 12. 23. 선고 97다20649 판결).

(관련판례 4)

일시적인 차입금으로 단지 주금납입의 외형을 갖추고 회사설립이나 증자 후 곧바로 그 납입금을 인출하여 차입금을 변제하는 주금의 가장납입의 경우에도 금원의 이동에 따른 현실의 불입이 있는 것이고, 설령 그것이 실제로는 주금납입의 가장 수단으로 이용된 것이라고 할지라도 이는 그 납입을 하는 발기인 또는 이사들의 주관적 의도의 문제에 불과하므로, 이러한 내심적 사정에 의하여 회사의 설립이나 증자와 같은 집단적 절차의 일환을 이루는 주금납입의 효력이 좌우될 수 없다(대법원 1997. 5. 23. 선고 95다5790 판결).

2. 창립총회소집과 임원선임 등

2-1. 창립총회의 소집

2-1-1. 창립총회란?

"창립총회"란 모집설립의 경우에 회사설립을 위해 발기인이 소집하는 주식 인수인으로 구성된 설립 중 회사의 의사결정기관을 말합니다.

2-1-2. 창립총회의 소집방법

① 주금의 납입과 현물출자의 이행을 완료한 때에는 발기인은 지체 없이 창립총회를 소집하여야 합니다(상법 제308조제1항).

② 창립총회를 소집하려면 창립총회일 2주 전에 각 주식 인수인에게 서면으로 통지를 발송하거나 각 주식인수인의 동의를 받아 전자문서로 통지를 발송해야 합니다(상법 제308조제2항 및 제363조제1항).

2-1-3. 창립총회 소집통지서

① 창립총회 소집통지서에는 회의의 목적사항을 적어야 하며, 창립총회일과 소집장소, 시간, 총회에서 논의할 사항 등을 기재합니다(상법 제308조제2항 및 제363조제2항).

② 창립총회에서 회의할 사항을 소집통지서에 기재하도록 하지만, 정관 변경 또는 회사설립폐지 결의와 같은 사항은 소집통지서에 기재하지 않아도 창립총회에서 논의할 수도 있습니다(상법 제316조).

2-1-4. 창립총회의 소집장소

정관에 창립총회 소집장소에 대한 규정이 없으면, 발기인은 회사 본점 소재지 또는 인접한 장소에서 창립총회를 개최해야 합니다(상법 제308조제2항 및 제364조).

2-2. 창립총회에서의 의결권과 결의방법

2-2-1. 창립총에서의 의결권

창립총회에서 주식 인수인이 갖는 의결결원 1주마다 1개로 합니다(상법 제308조제2항 및 제369조제1항).

2-2-2. 의결권의 불통일 행사

① 주식 인수인이 2 이상의 의결권을 가지고 있는 때에는 이를 통일하지

않고 행사할 수 있습니다. 이 경우 주주총회일의 3일전에 회사에 대하여 서면 또는 전자문서로 그 뜻과 이유를 통지해야 합니다(상법 제308조제2항 및 제368조의2제1항).

② 다만, 주주가 주식의 신탁을 인수하였거나 그 밖에 타인을 위하여 주식을 가지고 있는 경우 외에는 회사는 주주의 의결권의 불통일행사를 거부할 수 있습니다(상법 제308조제2항 및 제368조의2제2항).

■ 창립총회에서 주식인수인이 가지는 의결권 수는 어떻게 계산하나요?

Q: 회사가 설립시 발행하는 주식을 인수한 甲은 창립총회에 참석하여 결의사항에 대해 투표하려고 합니다. 甲은 267주의 주식을 인수하였는데 창립총회에서 몇 개의 의결권을 가지게 되나요?

A: 주식을 인수한 사람은 1주 마다 1개의 의결권을 가지므로, 갑(甲)이 267주의 주식을 인수하였다면 267개의 의결권을 가집니다. 또한 甲의 의결권 일부는 찬성하는 의결권을 행사하고 일부는 반대하는 의결권을 행사하려면 미리 총회일 3일 전, 회사에 서면으로 그 뜻과 이유를 통지하여 의결권을 나누어 행사할 수 있습니다(상법 제308조제2항, 제368조의2제1항 및 제369조제1항).

(관련판례)

상법 제332조 제1항은 가설인(가설인)의 명의로 주식을 인수하거나 타인의 승낙 없이 그 명의로 주식을 인수한 자는 주식인수인으로서의 책임이 있다고 정하고, 제2항은 타인의 승낙을 얻어 그 명의로 주식을 인수한 자는 그 타인과 연대하여 납입할 책임이 있다고 정한다. 이처럼 상법은 가설인(이는 현실로는 존재하지 않고 외형만을 꾸며낸 사람을 가리킨다)이나 타인의 이름으로 주식을 인수할 수도 있다는 것을 전제로 납입책임을 부과하고 있지만, 누가 주주인지에 관해서는 규정을 두고 있지 않다.

타인의 명의로 주식을 인수한 경우에 누가 주주인지는 결국 주식인수를 한 당사자를 누구로 볼 것인지에 따라 결정하여야 한다. 발기설립의 경우에는 발기인 사이에, 자본의 증가를 위해 신주를 발행할 경우에는 주식인수의 청약자와 회사 사이에 신주를 인수하는 계약이 성립한다. 이때 누가 주식인수인이고 주주인지는 결국 신주인수계약의 당사자 확정 문제이므로, 원칙적으로 계약당사자를 확정하는 법리를 따르되, 주식인수계약의 특성을 고려하여야 한다.

발기인은 서면으로 주식을 인수하여야 한다(상법 제293조). 주식인수의 청약을 하고자 하는 자는 주식청약서 2통에 인수할 주식의 종류·수와 주소를 기재하고 기명날인하거나 서명하여야 한다(상법 제302조 제1항, 제425조). 이와 같이 상법에서 주식인수의 방식을 정하고 있는 이유는 회사가 다수의 주주와 관련된 법률관계를 형식적이고도 획일적인 기준으로 처리할 수 있도록 하여 이와 관련된 사무처리의 효율성과 법적 안정성을 도모하기 위한 것이다. 주식인수계약의 당사자를 확정할 때에도 이러한 특성을 충분히 반영하여야 한다.

타인 명의로 주식을 인수하는 경우에 주식인수계약의 당사자 확정 문제는 다음과 같이 두 경우로 나누어 살펴보아야 한다.

첫째, 가설인 명의로 또는 타인의 승낙 없이 그 명의로 주식을 인수하는 약정을 한 경우이다. 가설인은 주식인수계약의 당사자가 될 수 없다. 한편 타인의 명의로 주식을 인수하면서 그 승낙을 받지 않은 경우 명의자와 실제로 출자를 한 자(이하 '실제 출자자'라 한다) 중에서 누가 주식인수인인지 문제 되는데, 명의자는 원칙적으로 주식인수계약의 당사자가 될 수 없다. 자신의 명의로 주식을 인수하는 데 승낙하지 않은 자는 주식을 인수하려는 의사도 없고 이를 표시한 사실도 없기 때문이다. 따라서 실제 출자자가 가설인 명의나 타인의 승낙 없이 그 명의로 주식을 인수하기로 하는 약정을 하고 출자를 이행하였다면, 주식인수계약의 상대방(발기설립의 경우에는 다른 발기인, 그 밖의 경우에는 회사)의 의사에 명백히 반한다는 등의 특별한 사정이 없는 한, 주주의 지위를 취득한다고 보아야 한다.

둘째, 타인의 승낙을 얻어 그 명의로 주식을 인수하기로 약정한 경우이다. 이 경우에는 계약 내용에 따라 명의자 또는 실제 출자자가 주식인수인이 될 수 있으나, 원칙적으로는 명의자를 주식인수인으로 보아야 한다. 명의자와 실제 출자자가 실제 출자자를 주식인수인으로 하기로 약정한 경우에도 실제 출자자를 주식인수인이라고 할 수는 없다. 실제 출자자를 주식인수인으로 하기로 한 사실을 주식인수계약의 상대방인 회사 등이 알고 이를 승낙하는 등 특별한 사정이 없다면, 그 상대방은 명의자를 주식인수계약의 당사자로 이해하였다고 보는 것이 합리적이기 때문이다(대법원 2017. 12. 5. 선고 2016다265351 판결).

2-2-3. 의결권의 대리행사

주식인수인은 대리인으로 하여금 그 의결권을 행사하게 할 수 있습니다. 이 경우에는 그 대리인은 대리권을 증명하는 서면을 창립총회에 제출해야 합니다(상법 제308조제2항 및 제368조제2항).

2-2-4. 특별이해관계인의 의결권행사 금지

창립총회의 결의에 관하여 특별한 이해관계가 있는 주식인수인은 의결권을 행사하지 못합니다(상법 제308조제2항 및 제368조제3항).

2-2-5. 창립총회에서의 결의방법

① 창립총회의 결의는 출석한 주식인수인의 의결권의 3분의 2 이상이며 인수된 주식의 총수의 과반수에 해당하는 다수로 해야 합니다(상법 제309조).

② 회사가 종류주식을 발행한 경우에 창립총회에서 정관을 변경함으로써 어느 종류주식의 주식 인수인에게 손해를 미치게 될 때에는 창립총회 결의 외에도 종류주식인수인총회의 결의절차도 거쳐야 합니다. 이 때 종류주식인수인 총회의 결의는 출석한 주식 인수인의 의결권의 3분의 2 이상의 수와 그 종류의 발행주식 총수의 3분의 1 이상의 수로 합니다(상법 제308조제2항, 제435조제1항 및 제2항).

2-2-6. 창립총회 의사록 작성

창립총회에서는 의사록을 작성해야 하며, 의사의 경과요령과 그 결과를 기재하고 의장과 출석한 이사가 기명날인 또는 서명해야 합니다(상법 제308조제2항 및 제373조).

2-2-7. 창립총회 의사록의 공증

① 창립총회 의사록은 공증인의 인증을 받아야 합니다. 공증인은 창립총회의 결의절차와 내용이 진실에 부합하는가 여부를 확인합니다(공증인법 제66조의2제1항 및 제2항).

② 창립총회 의사록을 인증 받기 위해서는 의사록 2통을 공증인에게 제출하며, 그 인증수수료는 30,000원입니다(공증인법 제63조제1항, 제66조의2제5항 및 공증인 수수료 규칙 제21조제2항).

③ 창립총회 의사록은 회사설립 등기 시에 제출합니다(상업등기법 제24조제3항 및 상업등기규칙 제129조제9호).

2-3. 창립총회의 기능

창립총회에서 회사설립에 관한 모든 사항을 논의하거나 결정하지만, 「상법」에는 다음과 같은 사항을 창립총회에서 하도록 규정하고 있습니다.

구분	내용
창립에 관한 사항의 보고	발기인은 회사의 창립에 관한 사항을 서면으로 창립총회에 보고해야 합니다. 보고서에는 ① 주식인수와 납입에 관한 제반사항, ② 변태설립사항에 관한 실태를 명확히 기재해야 합니다(상법 제311조).
임원의 선임	창립총회에서는 이사와 감사를 선임합니다(상법 제312조). 창립총회에서 선임된 이사들은 이사회의 결의로 대표이사를 선정하여야 합니다(상법 제389조제1항 본문).

설립경과에 관한 조사·보고	창립총회에서는 변태설립사항에 대한 검사인의 조사·보고(상법 제310조제2항)와 설립경과 전반에 대한 이사 및 감사의 조사·보고(상법 제313조제1항) 등을 받습니다.
정관변경, 설립폐지의 결의	창립총회에서는 정관의 변경 또는 설립의 폐지를 결의할 수 있습니다. 이러한 결의는 소집통지서에 그 뜻의 기재가 없는 경우에도 이를 할 수 있습니다(상법 제316조).

2-4. 창립총회결의의 하자

2-4-1. 창립총회 결의취소 소송

창립총회의 소집절차 또는 결의방법이 법령 또는 정관에 위반하거나 현저하게 불공정한 때 또는 그 결의의 내용이 정관에 위반한 때에는 주주·이사 또는 감사는 결의한 날로부터 2개월 이내에 결의취소의 소(訴)를 제기할 수 있습니다(상법 제308조제2항 및 제376조제1항).

2-4-2. 소제기 사실의 공고

① 회사의 본점소재지 관할 지방법원에 결의취소의 소가 제기된 때에는, 회사는 지체 없이 소가 제기되었음을 공고합니다(상법 제308조제2항, 제376조제2항, 제186조 및 제187조).

② 발기인 등이 이 공고를 게을리 하거나 부정한 공고를 한 때에는 500만 원 이하의 과태료가 부과됩니다. 다만, 그 위반행위에 대하여 형을 부과할 때에는 과태료를 부과하지 않습니다(상법 제635조제1항제2호).

[서식 예] (창립총회)이사장선임결의 무효확인의 소

소   장

원   고   1. ○①○ (주민등록번호)
　　　　　　　 ○○시 ○○구 ○○로 ○○(우편번호 ○○○-○○○)
　　　　　　　 전화·휴대폰번호:
　　　　　　　 팩스번호, 전자우편(e-mail)주소:
　　　　　　2. ○②○ (주민등록번호)
　　　　　　　 ○○시 ○○구 ○○로 ○○(우편번호 ○○○-○○○)
　　　　　　　 전화·휴대폰번호:
　　　　　　　 팩스번호, 전자우편(e-mail)주소:
　　　　　　3. ○③○ (주민등록번호)
　　　　　　　 ○○시 ○○구 ○○로 ○○(우편번호 ○○○-○○○)
　　　　　　　 전화·휴대폰번호:
　　　　　　　 팩스번호, 전자우편(e-mail)주소:

피   고   1. ◇◇상가◇◇조합
　　　　　　　 ○○시 ○○구 ○○로 ○○(우편번호 ○○○-○○○)
　　　　　　　 이사장 ◆◆◆
　　　　　　　 전화·휴대폰번호:
　　　　　　　 팩스번호, 전자우편(e-mail)주소:
　　　　　　2. ◆◆◆ (주민등록번호)
　　　　　　　 ○○시 ○○구 ○○로 ○○(우편번호 ○○○-○○○)
　　　　　　　 전화·휴대폰번호:
　　　　　　　 팩스번호, 전자우편(e-mail)주소:

이사장선임결의무효확인의 소

청 구 취 지

---

1. 피고 ◇◇상가◇◇조합의 20○○. ○○. ○.자 대의원총회에서 피고 ◆◆◆를 위 피고조합의 이사장으로 선임한 결의는 무효임을 확인한다.
2. 소송비용은 피고들의 부담으로 한다.
라는 판결을 구합니다.

청 구 원 인

1. 원고들은 ◇◇상가◇◇조합 설립당시 피고조합 정관에 정해진 절차에 따라 피고조합에 가입한 조합원들이고, 피고조합은 20○○. ○. ○. 설립허가를 받아 20○○. ○. ○. 그 등기를 마친 법인입니다. 20○○. ○. ○.자로 피고조합의 창립총회에서 이사장으로 선임된 소외 ◉◉◉가 그 직무를 수행하고 20○○. ○. ○○. 퇴임하였습니다.
2. 그리하여 20○○. ○○. ○. 대의원 총회를 소집하여 피고 ◆◆◆를 이사장으로 선임 결의한 바 있습니다.
3. 그러나 피고조합의 정관 제55조에 파산선고를 받고 복권되지 아니하면 이사장이 될 수 없다는 조항이 있습니다. 그런데 20○○. ○○. ○. 이사장으로 선임 결의된 피고 ◆◆◆는 ○○지방법원에서 파산선고를 받고 아직까지 복권되지 아니한 자임에도 불구하고 그를 이사장으로 선임결의 하였습니다. 이것은 명백하게 정관의 규정에 위배하여 이사장으로 선임결의 한 것입니다.
4. 그러므로 이사장의 선임과 퇴임에 막대한 이해관계가 있는 조합원인 원고들은 이사장의 선임결의무효확인을 구할 이익이 있어 이 사건 청구에 이르렀습니다.

입 증 방 법

1. 갑 제1호증   법인등기사항증명서

1. 갑 제2호증   조합정관
1. 갑 제3호증   파산선고 심판서

첨 부 서 류

1. 위 입증방법   각 1통
1. 소장부본   2통
1. 송달료납부서   1통

20○○.   ○.   ○.
위 원고   1. ○①○ (서명 또는 날인)
          2. ○②○ (서명 또는 날인)
          3. ○③○ (서명 또는 날인)

○○지방법원 귀중

2-4-3. 결의취소판결의 효력

창립총회 결의취소판결은 제3자에게도 효력이 있지만, 판결확정 전에 생긴 회사와 주식인수인 및 제3자간의 권리·의무에는 결의취소판결이 영향을 미치지 않습니다(상법 제190조 및 제308조제2항).

■ 주식회사에서 대리인에 의한 의결권 행사는 어느 범위까지 가능한지요?

Q: 甲주식회사의 소액주주인 乙은 甲회사가 2016. 9. 9.자 주주총회에서 논의할 감자안건에 대해 의결권을 행사하기 위해 자신의 동생인 丙을 대리인 자격으로 총회에 출석시키기로 하였습니다. 이에 乙은 2016. 9. 5. 丙을 대리인으로 하는 위임장을 작성하여 팩스로 甲회사에 송부하였습니다. 그런데 甲회사는 정관에 위임장과 더불어 본인(주주)의 신분증 사본까지 첨부하도록 규정하고 있음을 이유로

위임장의 접수를 거부하였습니다. 이 경우 乙은 甲회사를 상대로 본인의 의결권 행사를 부당하게 제한한 상태에서 이루어진 감자결의가 결의방법상 하자가 있음을 이유로 하여 감자무효의 소를 제기할 수 있나요?

A: "주주는 대리인으로 하여금 그 의결권을 행사하게 할 수 있다. 이 경우에는 그 대리인은 대리권을 증명하는 서면을 총회에 제출해야 한다."고 규정한 상법 제368조 제2항은 주주의 의결권행사를 용이하게 하기 위하여 그 대리행사의 가능성을 강행법적으로 확인한 것으로서 정관이나 기타 합의로써 그 요건을 강화하거나 가중할 수 없는 것이라 할 것이고, 한편 대리권의 증명은 서면으로써만 할 수 있을 뿐, 그 서면의 양식이나 첨부서류에 관하여는 아무런 추가적인 요건을 규정하고 있지 않으므로, 특별한 사정이 없는 한 대리인은 주주총회에 확인된 위임장 원본의 제시만으로 그 대리권 수여사실을 일응 증명하였다고 할 것입니다 (대법원 2004. 4. 27. 선고 2003다29616 판결).

따라서 甲회사가 정관에 위임장과 더불어 본인(주주)의 신분증 사본까지 첨부하도록 규정하고 있음을 이유로 乙의 위임장의 접수를 거부한 것은 부당합니다.

그러나 상법 제368조 제2항의 규정은 대리권의 존부에 관한 법률관계를 명확히 하여 주주총회 결의의 성립을 원활하게 하기 위한 데 그 목적이 있다고 할 것이므로 대리권을 증명하는 서면은 위조나 변조 여부를 쉽게 식별할 수 있는 원본이어야 하고, 특별한 사정이 없는 한 사본은 그 서면에 해당하지 않는다고 할 것이고(대법원 1995. 2. 28. 선고 94다34579 판결), 팩스를 통하여 출력된 팩스본 위임장 역시 성질상 원본으로는 볼 수 없습니다.

결론적으로 乙이 위임장을 접수하면서 위임장 외에 乙본인의 신분증 사본을 첨부하지 않은 것은 무방하지만 위임장원본을 제출하지 않고 팩스를 통하여 사본을 제출하였기 때문에 대리권을 증명하는 서면을 주주총회에 제출하였다고 볼 수 없습니다.

　그래서 乙은 상법 제368조 제2항의 요건을 갖추지 못하였기 때문에 본인의 의결권 행사가 제한되었다는 이유로 감자무효의 소를 제기할 수는 없습니다.

(관련판례)

　갑 주식회사가 이사회를 개최하여 정기주주총회에서 실시할 임원선임 결의에 관한 사전투표 시기(시기)를 정관에서 정한 날보다 연장하고 사전투표에 참여하거나 주주총회에서 직접 의결권을 행사하는 주주들에게 골프장 예약권과 상품교환권을 제공하기로 결의한 다음 사전투표 등에 참여한 주주들에게 이를 제공하여 주주총회에서 종전 대표이사 을 등이 임원으로 선임되자, 대표이사 등 후보자로 등록하였다가 선임되지 못한 주주 병 등이 주주총회결의의 부존재 또는 취소사유가 존재한다고 주장하면서 을 등에 대한 직무집행정지가처분을 구한 사안에서, 위 주주총회결의는 정관을 위반하여 사전투표기간을 연장하고 사전투표기간에 전체 투표수의 약 67%에 해당하는 주주들의 의결권행사와 관련하여 사회통념상 허용되는 범위를 넘어서는 위법한 이익이 제공됨으로써 주주총회결의 취소사유에 해당하는 하자가 있으므로, 위 가처분신청은 을 등에 대한 직무집행정지가처분을 구할 피보전권리의 존재가 인정되는데도, 이와 달리 보아 가처분신청을 기각한 원심결정에는 주주총회결의 취소사유에 관한 법리오해의 위법이 있다(대법원 2014. 7. 11. 자 2013마2397 결정).

■ **의결권을 주주 아닌 자도 대리 행사할 수 있는지요?**

Q: 甲은 A주식회사의 기명주주입니다. 최근 甲은 주주 아닌 자신의 피용자 乙에게 대리권을 수여하면서 "향후 2년간 주주총회에서의 의결권행사권한을 乙에게 수여한다."는 내용의 서면을 乙에게 팩스로 보낸 다음 이 사실을 A회사에 통보하였습니다. 문제는 A회사의 정관에는 "당사의 주주총회에서 주주의 의결권을 대리행사할 수 있는 자

는 당사의 주주에 한정된다"라는 규정이 있다는 점입니다. 얼마 뒤면 주주총회가 있는데 乙은 적법하게 의결권을 대리 행사할 수 있나요?

A: 이 사안에서는 크게 2가지가 문제될 수 있습니다. 첫째로는 의결권을 행사할 수 있는 대리인의 자격을 주주 등 일정한 자에 한정하는 정관규정이 있는 경우 이러한 규정을 유효하다고 볼 수 있을 것인가에 관한 문제, 둘째로는 대리권의 포괄적 수권이 가능한지 문제가 바로 그것입니다. 1) 정관으로 대리인자격의 제한이 가능한지에 관하여 대법원은 대리인의 자격을 주주로 한정하는 취지의 정관 규정은 이를 무효라고 볼 수는 없지만 이러한 정관규정이 있다 하더라도 주주인 국가, 지방공공단체 또는 주식회사 등이 그 소속의 공무원, 직원 또는 피용자 등에게 의결권을 대리행사하도록 하는 때에는 특별한 사정이 없는 한 의결권 대리행사를 허용하여도 회사 이익이 침해되는 위험이 없으므로 이를 가리켜 정관 규정에 위반한 무효의 의결권 대리행사라고 할 수는 없다라는 입장을 취하고 있습니다(대판 2009. 4. 23. 2005다22701, 22718). 따라서 피용자 乙에게 대리권을 인정하더라도 정관규정에 반하지 않습니다. 2) 대리권의 포괄적 수권이 가능한지에 관하여 대법원은 비록 같은 총회에서의 상이한 의안에 관한 것이기는 하나, 주주는 그 의결권을 포괄적으로 위임할 수 있다고 판시한 바 있습니다(대판 1969. 7. 8. 69다688). 따라서 乙은 甲의 적법한 대리인으로서 얼마 뒤에 있을 주주총회에서 의결권을 대리행사 할 수 있을 것입니다.

(관련판례)

　주식회사 대표이사 갑이 을에게 교부하였던 주식에 대하여 갑 측과 경영권 분쟁중인 을 측의 의결권행사를 허용하는 가처분결정이 내려진 것을 알지 못한 채 이사회결의를 거쳐 임시주주총회를 소집하였다가 나중에 이를 알고 가처분결정에 대하여 이의절차로 불복할 시간을 벌기 위해 일단 임시주주총회 소집을 철회하기로 계획한 후 이사회를 소집하여 결국 임시주주총회 소집을 철회하기로 하는 내용의 이사회결의가 이루어진 사안에서, 임시주주총회 소집을 철회하기로 하는 이사회결의로 을 측의 의결권행사가 불가능하거나 현저히 곤란하게 된다고 볼 수 없으므로 위 이사회결의를 무효로 보기 어렵다(대법원 2011. 6. 24. 선고 2009다35033 판결).

3. 설립경과조사

3-1. 설립경과의 조사 및 보고

3-1-1. 이사·감사의 설립경과 조사·보고

이사와 감사는 취임후 지체 없이 회사의 설립에 관한 모든 사항이 법령 또는 정관의 규정에 위반되지 않는지의 여부를 조사하여 창립총회에 보고해야 합니다(상법 제313조제1항).

[서식 예] 이사·감사조사보고서

조 사 보 고 서

　　　년　　월　　일 창립총회에서 본인을 이사 및 감사로 선임하였으므로 상법 제313조 규정사항을 다음과 같이 조사 보고합니다.

　1. 설립시에 발행한 주식 총수에 대한 인수의 정확 여부
　　　본 회사가 발행할 주식의 총수는 __주이며, 설립 시에 발행한 주식의 총수는 __주(1주의 금액 금 __원)인데 그 인수 내역은 다음과 같음.

　　　　발기인이 인수한 주식 수
　　　　　주식 ___주
　　　　　년　월　일 인수 완료

주식청약인이 인수한 주식 수
주식 ___주
년 월 일 인수 완료

2. 인수주식에 대한 납입의 정확 여부
설립시에 발행한 주식 총수 중 주식청약인이 인수한 주식
_주에 대한 주금 ___원의 납입이 년 월 일 완료되었
는 바, 이를 그 납입을 맡은 ___은행___지점이 발행한 납
입금보관증명서로 명확히 확인함.

3. 현물출자의 이행의 정확여부나 검사인 보고서의 정확여부
등은 현물출자를 한 자가 없고 정관에 상법 제290조 소정
사항을 정하지 아니하여 검사인을 선임할 필요가 없었음.
그러므로 이에 대한 정확 여부를 조사할 여지가 없었음.

위와 같이 조사 보고합니다.

년   월   일

주식회사 (회사명)
(주소)

이사 : (성명)
이사 : (성명)
감사 : (성명)

※ 본 양식은 조사보고서에 기재하여야 할 가장 기본적인 내용
을 예시한 것이므로, 실제 작성시에 다른 사항들을 기재할
수 있습니다.

3-1-2. 이사·감사가 조사·보고에 참여할 수 없는 경우

① 이사와 감사중 발기인이었던 자·현물출자자 또는 회사성립 후 양수할 재산의 계약당사자인 자는 위의 조사·보고에 참가하지 못하며, 이사와 감사의 전원이 여기에 해당하는 때에는 이사는 공증인으로 하여금 위의 조사·보고를 하게 해야 합니다(상법 제298조제2항, 제3항 및 제313조제2항).

② 이사와 감사 또는 공증인의 조사보고에 관한 정보는 회사설립 등기 신청시 제공해야 합니다(상업등기법 제24조제3항 및 상업등기규칙 제129조제5호).

3-1-3. 부실한 조사·보고에 대한 제재

① 이사 또는 감사가 회사설립에 대한 사항을 조사·보고하면서 그 임무를 게을리하여 회사 또는 제3자에게 손해를 입힌 경우 그 손해를 배상할 책임이 있고, 발기인도 같은 책임을 질 때에는 그 이사, 감사와 발기인은 연대하여 손해를 배상할 책임이 있습니다(상법 제323조).

② 이사·감사 및 공증인이 조사한 사항을 창립총회에서 부실한 보고를 하거나 사실을 은폐한 때에는 500만원 이하의 과태료가 부과됩니다. 다만, 위반행위에 형을 받는 경우에는 과태료가 부과되지 않습니다(상법 제635조제1항제5호).

3-2. 변태설립사항에 대한 검사인의 조사·보고
3-2-1. 검사인의 선임

① 정관으로 변태설립사항을 정한 때에는 발기인은 이에 관한 조사를 하게 하기 위해 검사인의 선임을 법원에 청구해야 합니다(상법 제310조제1항).

② 검사인의 신청은 서면으로 하며, 그 신청서에는 신청의 사유, 검사의 목적, 신청 연월일, 법원의 표시를 기재하고, 이사가 기명날인하여 회

사 본점소재지를 관할하는 지방법원합의부에 제출합니다(비송사건절차법 제72조제1항 및 제73조).

※ 공증인 또는 감정인이 조사할 수 있는 예외적인 경우
- 변태설립사항 중 ① 발기인이 받을 특별이익과 이를 받을 자의 성명, ② 회사가 부담할 설립비용과 발기인이 받을 보수액에 관해서는 **공증인의 조사·보고**로, ③ 현물출자를 하는 자의 성명과 그 목적인 재산의 종류, 수량, 가격과 이에 대하여 부여할 주식의 종류와 수, ④ 회사성립 후에 양수할 것을 약정한 재산의 종류, 수량, 가격과 그 양도인의 성명과, 「상법」 제295조에 따른 현물출자의 이행에 관해서는 **공인된 감정인의 감정**으로 검사인의 조사에 갈음할 수 있습니다(상법 제298조제4항, 제299조의2 전단 및 제310조제3항).
- 이 경우 공증인 또는 감정인은 조사 또는 감정결과를 법원에 보고해야 합니다(상법 제298조제4항, 제299조의2후단 및 제310조제3항).

3-2-2. 검사인의 조사·보고

변태설립사항에 대해 조사한 검사인의 보고서는 이를 창립총회에 제출해야 합니다(상법 제310조제2항).

3-2-3. 부당한 변태설립사항에 대한 창립총회의 변경

① 창립총회에서는 변태설립사항이 부당하고 인정한 때에는 이를 변경할 수 있으며, 발기인에 대하여 손해배상청구를 할 수 있습니다(상법 제314조제1항 및 제315조).

② 이러한 변경에 불복하는 발기인은 그 주식의 인수를 취소할 수 있습니다. 이 경우에는 정관을 변경하여 설립에 관한 절차를 속행할 수 있습니다(상법 제300조제2항 및 제314조제2항).

③ 창립총회의 변경이 있은 후 2주내에 주식의 인수를 취소한 발기인이 없는 때에는 정관은 변경된 것으로 봅니다(상법 제300조제3항 및 제314조제2항).

3-3. 부실 조사·보고 등에 대한 처벌

3-3-1. 부실한 보고를 하거나 사실을 은폐한 경우

이사·감사·검사인 또는 공증인이 주식 또는 출자의 인수나 납입, 현물출자의 이행, 변태설립사항에 대해 창립총회에 부실한 보고를 하거나 사실을 은폐한 때에는 5년 이하의 징역 또는 1,500만원이하의 벌금에 처해집니다(상법 제625조제1호).

3-3-2. 조사·보고 직무에 대해 부정한 청탁을 받은 경우

① 이사·감사·검사인 또는 공증인이 회사설립 사항에 대한 조사·보고에 대한 직무에 대해 부정한 청탁을 받고 재산상의 이익을 수수, 요구 또는 약속한 때에는 5년 이하의 징역 또는 1,500만원이하의 벌금에 처해 집니다(상법 제630조제1항).

② 이 경우 이사, 감사, 검사인 또는 공증인이 수수한 이익은 몰수되며, 그 이익 전부 또는 일부를 몰수할 수 없는 때에는 그 가액을 추징합니다(상법 제633조).

③ 위의 이익을 약속, 공여(供與) 또는 공여의 의사를 표시한 사람도 5년 이하의 징역 또는 1,500만원이하의 벌금에 처해집니다(상법 제630조제2항).

3-3-3. 징역과 벌금의 병과

이사, 감사, 검사인 또는 공증인이 받을 징역과 벌금은 병과될 수 있습니다(상법 제632조).

3-3-4. 법인에 대한 벌칙 적용

이사·감사 또는 공증인이 법인인 때에는 그 행위를 한 법인의 이사, 감사 그 밖의 업무를 집행한 사원 또는 지배인이 벌칙을 부담합니다(상법 제637조).

제5장

설립등기와 법인신고 등은 어떻게 하나요?

제5장 설립등기와 법인신고 등은 어떻게 하나요?

제1절 인허가 및 세금납부

1. 사업의 인허가 확인 및 신청

1-1. 사업의 인허가 여부 확인하기

1-1-1. 인허가 여부 확인

① 주식회사를 설립하여 사업을 시작하려는 자는 대부분의 업종에서 특별한 규제나 제한 없이 사업을 영위할 수 있으나, 특정한 업종의 경우에는 관계법령에 따라 사업개시 전에 행정관청으로부터 허가를 받거나 행정관청에 등록 또는 신고를 마쳐야 사업을 수행할 수 있는 경우가 있습니다.

예를 들면, 폐기물처리업을 하려는 자가 「폐기물관리법」 제25조에 따라 환경부장관 또는 시·도지사의 허가를 받아야 사업을 수행할 수 있는 경우, 액화석유가스 충전사업영업소 사업을 하려는 자가 「액화석유가스의 안전관리 및 사업법」 제5조제1항에 따라 설치허가를 받아야 하는 경우 등입니다.

② 주식회사를 설립하여 영위하려는 업종에 대한 사업허가·등록·신고사항의 점검은 업종선정 과정과 함께 창업절차에 있어서 우선적으로 검토해야 할 사항입니다. 인허가 업종으로서 사업허가나 등록·신고 등을 하지 않고 사업을 하게 되면 불법이 되어 행정관청으로부터 사업장 폐쇄, 과태료, 벌금 등의 불이익 처분을 받게 될 뿐만 아니라, 세무서에 사업자등록을 신청할 때도 사업허가증이나 사업등록증 또는 신고필증을 첨부하지 않으면 사업자등록증을 받을 수 없기 때문입니다.

1-1-2. 인허가 사항 확인방법

① 사업의 인허가 여부에 대한 자세한 내용 및 절차는 기업지원플러스 G4B(www.g4b.go.kr) 홈페이지에서 확인할 수 있습니다.

② 해당 홈페이지의 <기업민원 → 기업민원행정안내/신청 → 주제별 민원찾기>에 들어간 다음 주제별 분류에서 사업인허가를 클릭한 후 상세분류에서 해당 업종을 찾아 클릭하면 인허가 업종인지 여부를 확인할 수 있습니다.

■ 화장품 제조회사를 설립하려는 경우도 허가를 받아야 하나요?

Q: 화장품을 제조하여 해외로 수출하기 위해 주식회사를 설립하려고 합니다. 주식회사를 설립하기 전에 화장품제조업 허가를 받아야 하나요?

A: 화장품제조업을 하려면 지방식품의약품안전청에 반드시 화장품제조업 신고를 해야 합니다. 화장품제조업을 하려면 법인인 경우 법인설립등기를 하여야 법인등기부등본 발급이 가능하며, 화장품제조업신고 민원을 완료한 후에는 신고증 사본을 첨부해야 법인설립신고 및 사업자등록신청이 가능합니다.

지방식품의약품안전청에 화장품제조업등록을 하려는 자는 다음의 서류를 제출하면 됩니다.

① 화장품 제조업 등록신청서

② 제조업자(법인의 경우에는 그 대표자를 말함)가 「정신건강증진 및 정신질환자 복지서비스 지원에 관한 법률」 제3조제1호에 따른 정신질환자가 아님을 증명하는 의사의 진단서 또는 전문의가 제조판매업자 또는 제조업자로서 적합하다고 인정하는 사람임을 증명하는 전문의의 진단서

③ 제조업자가 마약이나 그 밖의 유독물질의 중독자가 아님을 증명하는 의사의 진단서

④ 시설명세서

2. 등록면허세 및 지방교육세 납부

2-1. 등록세면허세 및 지방교육세의 납부

2-1-1. 등록면허세의 납부

① 주식회사 설립시 등록면허세는 등록에 대하여 「지방세법」 제27조의 과세표준에 다음의 세율을 적용하여 계산한 금액을 그 세액으로 합니다(지방세법 제28조제1항제6호 가목).

- 납입한 주식금액이나 출자금액 또는 현금 외의 출자가액의 1천분의 4(세액이 11만2천5백원 미만인 때에는 11만2천5백원)

- 주식회사의 지점 또는 분사무소를 설치할 경우에는 매 1건 당 40,200원을 납부합니다(지방세법 제28조제1항제6호마목).

2-1-2. 과밀억제권역에 따른 중과세

"과밀억제권역"이란 인구와 산업이 지나치게 집중되었거나 집중될 우려가 있어 이전하거나 정비할 필요가 있는 지역을 말합니다(수도권정비계획법 제6조제1항제1호).

※ 과밀억제권역의 범위

현재 과밀억제권역으로 지정된 지역의 범위는 다음과 같습니다(수도권정비계획법 제6조, 동법 시행령 제9조 및 별표 1)

- 서울특별시
- 인천광역시[강화군, 옹진군, 서구 대곡동·불로동·마전동·금곡동·오류동·왕길동·당하동·원당동, 인천경제자유구역(경제자유구역에서 해제된 지역을 포함) 및 남동 국가산업단지는 제외함]
- 경기도 중 의정부시, 구리시, 남양주시(호평동, 평내동, 금곡동, 일패동, 이패동, 삼패동, 가운동, 수석동, 지금동 및 도농동만 해당함), 하남시, 고양시, 수원시, 성남시, 안양시, 부천시, 광명시, 과천시, 의왕시, 군포시, 시흥시[반월특수지역(반월특수지역에서 해제된 지역을 포함함)은 제외함]

---

② 과밀억제권역에서 법인을 설립(설립 후 또는 휴면법인을 인수한 후 5년 이내에 자본 또는 출자액을 증가하는 경우를 포함함)하거나 지점이나 분사무소를 설치함에 따른 등기를 할 때에는 그 세율을 위의 등록면허세의 세율의 100분의 300으로 합니다(지방세법 제28조제2항 본문).

③ 다만, 과밀억제권역(「산업집적활성화 및 공장설립에 관한 법률」을 적용받는 산업단지를 제외함)에 설치가 불가피하다고 인정되는 업종으로서 「지방세법 시행령」 제26조제1항 각 호에서 정하는 업종에 대해서는 등록면허세 3배가 가산되지 않습니다(지방세법 제28조제2항 단서 및 동법 시행령 제44조).

2-1-3. 지방교육세의 납부

① 주식회사를 설립하여 등록면허세를 납부한 자는 지방교육세를 납부해야 합니다(지방세법 제150조제2호).

② 지방교육세는 등록면허세의 100분의 20에 해당하는 금액을 납부합니다(지방세법 제151조제1항).

③ 다만, 지방교육세는 지방교육투자재원의 조달을 위해 필요한 경우에는 해당 지방자치단체의 조례로 정하는 바에 따라 지방교육세의 표준세율의 100분의 50 범위에서 가감(加減)조정될 수도 있습니다(지방세법 제151조제2항).

2-1-4. 등록면허세 및 지방교육세 납부방법

등록면허세와 지방교육세를 납부하려면 관할구청 또는 시청세무과를 직접 방문하여 납부할 수 있으며, 인터넷을 이용하여 전자신고 및 전자납부를 하려는 경우에는 서울시의 경우에는 인터넷납부[이텍스(etax.seoul.go.kr)]를 지방에서는 위텍스(wetax.go.kr)를 이용하시면 됩니다.

제2절 주식회사의 설립등기 및 사업신고 등

1. 주식회사 설립등기

1-1. 설립등기와 회사성립 시기

회사는 본점소재지에서 설립등기를 함으로써 성립합니다(상법 제172조).

1-2. 등기신청인 및 등기신청 기간

1-2-1. 등기신청인

① 회사의 등기는 법률에 다른 규정이 없는 경우에는 그 대표자(대표이사)가 신청합니다(상업등기법 제23조).
② 등기신청인이 회사설립 등기를 등기기간 내에 하지 않은 때에는 500만원 이하의 과태료가 부과됩니다(상법 제635조제1항제1호).

1-2-2. 등기신청 기간

주식회사의 설립등기는 대표이사가 다음의 구분에 따른 기간에 신청해야 합니다(상법 제317조제1항).

구분		등기신청 기간
발기설립의 경우	정관에 변태설립사항이 없는 경우	이사·감사의 조사·보고가 종료한 날부터 2주 이내
	정관에 변태설립사항이 있는 경우	검사인의 조사절차 및 법원의 변경처분 절차가 종료한 날부터 2주 이내
모집설립의 경우		창립총회가 종결한 날 또는 창립총회에서 변태설립사항의 변경절차가 종료한 날부터 2주 이내

1-3. 등기신청 방법 및 절차

1-3-1. 등기신청 방법

① 등기는 다음 어느 하나에 해당하는 방법으로 신청합니다(상업등기법 제24조제1항 및 상업등기규칙 제64조1항 본문).

- 방문신청: 신청인 또는 그 대리인이 등기소에 출석하여 신청정보 및 첨부정보를 적은 서면을 제출하는 방법. 다만, 대리인이 변호사[법무법인, 법무법인(유한) 및 법무조합을 포함함]나 법무사[법무사법인 및 법무사법인(유한)을 포함함]인 경우에는 자격자대리인의 사무소 소재지를 관할하는 지방법원장이 허가하는 1명을 등기소에 출석하게 하여 그 서면을 제출할 수 있습니다.

- 인터넷신청: 「상업등기규칙」으로 정하는 바에 따라 전산정보처리조직을 이용하여 신청정보 및 첨부정보를 등기소에 보내는 방법(법원행정처장이 지정하는 등기유형으로 한정함)

※ 인터넷 등기소

대법원 인터넷등기소 사이트(www.iros.go.kr)에 접속하시면 등기신청서 및 첨부서류 양식 그리고 작성방식에 관해 설명되어 있으니 참고하시기 바랍니다.

1-3-2. 설립등기사항

설립등기 신청인은 설립등기신청서에 다음의 사항을 기재하여 등기해야 합니다(상법 제317조제2항).

① 목적, 상호, 회사가 발행할 주식의 총수, 액면주식을 발행하는 경우 1주의 금액, 본점소재지(지점을 둔 경우에는 그 지점 소재지도 기재), 회사가 공고를 하는 방법

② 자본금의 액

③ 발행주식의 총수, 그 종류와 각종 주식의 내용과 수

④ 주식의 양도에 대해 이사회의 승인을 받도록 정한 때에는 그 규정

⑤ 주식매수선택권을 부여하도록 정한 때에는 그 규정

⑥ 지점의 소재지

⑦ 회사의 존립기간 또는 해산사유를 정한 때에는 그 기간 또는 사유

⑧ 주주에게 배당할 이익으로 주식을 소각할 것을 정한 때에는 그 규정

⑨ 전환주식을 발행하는 경우에는 주식을 다른 종류의 주식으로 전환할
수 있다는 뜻, 전환의 조건, 전환으로 인하여 발행할 주식의 내용,
전환청구기간 또는 전환의 기간

⑩ 사내이사, 사외이사 그 밖에 상무에 종사하지 않는 이사, 감사 및 집
행임원의 성명과 주민등록번호

⑪ 회사를 대표할 이사 또는 집행임원의 성명·주민등록번호 및 주소

⑫ 둘 이상의 대표이사 또는 대표집행임원이 공동으로 회사를 대표할 것
을 정한 경우에는 그 규정

⑬ 명의개서(名義改書)대리인을 둔 때에는 그 상호 및 본점 소재지

⑭ 감사위원회를 설치한 때에는 감사위원회 위원의 성명 및 주민등록번호

1-3-3. 설립등기 신청시 제공해야 하는 정보

설립등기를 신청하는 경우에는 다음의 정보를 제공해야 합니다(상업등기
법 제24조제3항 및 상업등기규칙 제129조).

① 정관

② 주식의 인수를 증명하는 정보

③ 주식의 청약을 증명하는 정보

④ 발기인이 주식발행사항(주식의 종류와 수, 액면이상의 주식을 발행하
는 때에는 그 수와 금액)을 정한 때에는 이를 증명하는 정보

⑤ 「상법」 제298조 및 제313조에 따른 이사와 감사 또는 감사위원회 및
공증인의 조사보고에 관한 정보

⑥ 「상법」 제299조, 제299조의2 및 제310조에 따른 검사인이나 공증인
의 조사보고 또는 감정인의 감정에 관한 정보

⑦ 위의 검사인이나 공증인의 조사보고 또는 감정인의 감정결과에 관한

재판이 있은 때에는 그 재판이 있음을 증명하는 정보

⑧ 발기인이 이사와 감사 또는 감사위원회 위원의 선임을 증명하는 정보

⑨ 창립총회의사록

⑩ 이사, 대표이사, 집행임원, 대표집행임원, 감사 또는 감사위원회 위원의 취임승낙을 증명하는 정보

⑪ 명의개서대리인을 둔 때에는 명의개서대리인과의 계약을 증명하는 정보

⑫ 주금의 납입을 맡은 은행, 그 밖의 금융기관의 납입금보관에 관한 증명서. 다만, 자본금 총액이 10억 원 미만인 회사를 발기설립하는 경우에는 은행이나 그 밖의 금융기관의 잔고를 증명하는 정보로 대체할 수 있음

[서식 예] 주식회사설립등기(모집설립)

	주식회사설립등기신청				
접 수	년 월 일		처 리 인	등기관 확인	각종 통지
	제 호				

①등기의 목적	주식회사 설립
②등 기 의 사 유	정관을 작성하여 공증인의 인증을 받아 발기인이 회사 설립시에 발행하는 주식의 총수를 인수하지 아니하고 주주를 모집하여 주금납입을 완료한 후 20○○년 ○월 ○일 창립총회를 종결하였으므로 다음 사항의 등기를 구함
③본/지점 신청구분	1.본점신청 ☐ 2.지점신청 ☐ 3.본·지점 일괄신청 ☐
등 기 할 사 항	
④상 호	○○ 주식회사 (또는 주식회사 ○○)
⑤본 점	서울특별시 ○○구 ○○로 ○○
⑥공고방법	서울시내에서 발행하는 일간 ○○일보에 게재한다.
⑦1주의 금액	10,000원
⑧발 행 할 주식의 총수	20,000주
⑨발행주식 의 총수와 그 종류 및 각각의 수	발행주식의 총수 5,000주 보통주식 2,000주 제1종우선주식 3,000주
⑩자 본 금 의 총 액	50,000,000원

등 기 할 사 항	
⑪목 적	1. 주택건설업 1. 철근콘크리트 공사업 1. 토목공사업 1. 부동산 임대업 1. 위 각 호에 관련된 부대사업 일체
⑫이사 · 감사의 성 명 및 주민등록번호	사내이사 ○○○ (－) 사내이사 ○○○ (－) 사외이사 ○○○ (－) 기타비상무이사 ○○○ (－) 감 사 ○○○ (－)
⑬대표이사의 성명과 주소	대표이사 ○ ○ ○(－) 서울특별시 ○○구 ○○로 ○○
⑭종류주식의 내용	
⑮지 점	경기도 ○○시 ○○구 ○○로 ○○ (○○지점)
⑯존립기간 또는 해산사유	없음(정관에 규정이 되어 있으면 기재)
⑰기 타 (주식의 양도에 관 하여 이사회의 승인 을 얻도록 정한 때 에는 그 규정, 명의 개서대리인을 둔 때 에는 그 상호와 본 점소재지 등)	없음(정관에 규정이 되어 있으면 기재)

⑱신청등기소 및 등록면허세/수수료						
순번	신청등기소	구분	등록면허세 지방교육세	농어촌특별세	세액합계	등기신청수수료
			금 원 금 원	금 원	금 원	금 원
합 계						
등기신청수수료 납부번호						
⑲과 세 표 준 액	금					원

<table>
<tr><td colspan="2" align="center">⑳첨   부   서   면</td></tr>
</table>

⑳첨   부   서   면

1.정관(공증받은것)   통   1.공증인의 변태설립사항보고서   통
1.주식의 인수를 증명하는 서면   통   1.공인된 감정인의 감정서   통
1.주식청약서   통   1.검사인조사보고서등본   통
1.주식발행사항동의서   통   1.취임승낙서(인감증명서나 본인서명사
1.창립총회의사록(공증받은 것)   통   실확인서 또는 전자본인서명확인서의
1.이사회의사록(공증받은 것)   통   발급증 포함)   통
1.주금납입보관증명서   통   1.명의개서대리인과의 계약서   통
1.재산인도증   통   1.주민등록표등(초)본   통
1.이사·감사 또는 감사위원회의 조사보고서   1.인감신고서   통
                                 통   1.등록면허세영수필확인서   통
                                              1.등기신청수수료영수필확인서   통
                                              1.위임장(대리인이 신청할 경우) 통
                                              <기 타>

                                                    년   월   일
Ⓐ신청인   상   호
         본   점
대표이사 성   명   (인)   (전화 :   )
         주   소
대리인   성   명   (인)   (전화 :   )
         주   소
              지방법원   등기소 귀중

- 신청서 작성요령 -

1. 해당란이 부족할 때에는 별지를 이용합니다.
1. 해당 등기신청과 관계없는 사항에 대하여는 "해당없음"으로 기재하거나 삭제하고, 필요한 사항은 추가 기재합니다.
1. 「인감증명법」에 따른 인감증명서 제출과 함께 관련 서면에 인감을 날인하여야 하는 경우, 본인서명사실확인서를 제출하고 관련 서면에 서명을 하거나 전자본인서명확인서 발급증을 제출하고 관련 서면에 서명을 하면 인감증명서를 제출하고 관련 서면에 인감을 날인한 것으로 봅니다.

등기신청안내 - 주식회사설립등기신청 (모집설립)

□ 주식회사설립등기(모집설립)란

주식회사는 상행위 기타 영리를 목적으로 하여 설립한 사단법인 중 주주가 인수한 주식금액을 한도로 하여 회사에 책임을 지고 회사채권자에 대하여는 아무런 책임을 지지 않는 사원만으로 구성된 회사를 의미하며, 모집설립절차에 의하여 주식회사를 설립하는 경우에는 회사 설립시 발행하는 주식의 총수 중 발기인이 일부를 인수하고 나머지 부분은 주주를 모집하여 인수하도록 해야 합니다.

□ 관할등기소 및 등기의 신청

설립등기는 회사의 영업소 소재지를 관할하는 지방법원, 그 지원 또는 등기소를 관할등기소로 합니다. 모집설립에 의한 주식회사의 설립등기는 특별한 사유가 없는 한 창립총회가 종료한 날로부터 2주 이내에 신청하여야 하며, 회사의 대표자 또는 대리인이 등기소에 출석하여 신청하여야 합니다. 다만 변호사 또는 법무사가 아닌 사람은 신청서의 작성이나 그 서류의 제출 대행을 업(業)으로 할 수 없습니다.

□ 등기신청서 기재 요령

신청서는 원칙적으로 한글과 아라비아 숫자로 기재합니다(다만 상호와 외국인의 성명은 먼저 한글과 아라비아숫자로 기재한 후, 로마자·한자·아라비아숫자 및 일정한 부호를 사용하여 영문 표기나 한자 표기를 병기할 수 있습니다). 신청서의 기재사항 난이 부족할 경우 별지를 사용하고 신청서와 별지 각 장 사이에 간인을 하여야 합니다.

① 등기의 목적

"주식회사 설립(모집설립)"으로 기재합니다.

② 등기의 사유

등기를 신청하는 이유를 기재하는 항목으로, 일반적으로 "정관을 작성하여 공증인의 인증을 받아 발기인이 회사 설립시에 발행하는 주식의 총수를 인수하지 아니하고 주주를 모집하여 주금납입을 완료한 후 20○○년 ○월 ○일 창립총회를 종결하였으므로 다음 사항의 등기를 구함"으로 기재합니다.

③ 본/지점 신청 구분

본점에서의 등기신청, 지점에서의 등기신청, 또는 본점 및 지점에 관한 등기를 본점에서 일괄하여 신청하는지 여부를 표시하는 항목입니다. 회사설립과 동시에 지점을 설치(본점과 다른 관할)하여 본점관할 등기소에서 설립등기와 지점설치등기를 일괄하여 동시에 신청하는 경우 본·지점 일괄신청임을 표시하면 됩니다. 다만 지점에 지배인이 선임된 경우에는 지배인에 관한 등기는 이를 일괄하여 신청할 수 없고 지점관할 등기소에서 별도로 신청해야 합니다.

④ 상호

정관에 기재된 상호를 기재하며, 상호 중에는 법령에 특별한 규정이 없는 한 "주식회사"라는 문자를 반드시 사용하여야 합니다. 등기부상 로마자 등의 표기를 병기하고자 할 경우(대법원 등기예규 제1455호 참조)는 상호 오른쪽에 괄호를 사용하여 병기할 수 있으며, 병기되는 로마자 등의 표기는 반드시 정관에 기재되어 있어야 합니다.

(예 : 주식회사 에이비씨건설 (ABC Constructions Co., Ltd))

⑤ 본점

창립총회 또는 이사회에서 결의한 본점소재지를 기재하며, 정관에는 본점소재지를 최소행정구역을 표시함으로써 족하지만 신청서에는 그 소재 지번까지 정확히 기재하여야 합니다.

⑥ 공고방법

정관에 기재된 공고방법을 기재하며, 관보나 시사에 관한 사항을 게재하는 일간신문 이어야 합니다. 일간신문은 특정한 1개 또는 수

개의 신문을 기재하여야 하며 추상적, 선택적(A신문 또는 B신문)으로 기재하여서는 안 됩니다.

⑦ 1주의 금액

정관에 기재된 1주의 금액을 기재합니다(무액면주식으로 발행한 경우에는 '무액면주식'이라고 기재합니다). 1주의 금액은 100원 이상이어야 하며, 균일하여야 합니다.

⑧ 발행할 주식의 총수

회사가 발행할 수 있는 주식 수의 한도로서 정관에 기재된 발행할 주식의 총수를 기재합니다.

⑨ 발행주식의 총수와 그 종류 및 각각의 수

정관에 규정된 설립시에 발행할 주식의 수와 종류를 기재합니다. 종류주식을 발행한 경우에는 회사가 정관에 정한 종류주식의 명칭(예 : 제1종종류주식, 갑종류주식 등)을 기재하고, 그 내용은 종류주식의 내용란에 기재합니다.

⑩ 자본금총액

회사 설립시에 발행하는 주식총수의 액면총액이 자본금총액입니다. 무액면주식으로 발행한 경우에는 주식의 발행가액총액 중 자본금으로 계상하는 금액의 총액이 자본금총액입니다.

⑪ 목적

정관에 규정된 목적을 기재하며, 영업의 목적은 영리사업으로 영업내용을 구체적으로 명확히 기재하여야 합니다. "제조업", "도매업"등과 같이 포괄적이고 불분명하게 기재하여서는 안 됩니다.

⑫ 이사·감사의 성명 및 주민등록번호

사내이사·사외이사·기타비상무이사와 감사의 성명·주민등록번호를 기재하고 주민등록번호가 없는 재외국민 또는 외국인의 경우에는 주민등록번호 대신 생년월일을 기재하여야 합니다. 외국인의 성명은 국적과 원지음을 한글 등으로 기재한 후, 괄호를 사용하여 로마자 등의 표기를 병기할 수 있습니다(예 : 사내이사 미합중국인 존에프케네디(John. F. Kennedy)). 이사는 3명 이상이어야 하나, 소규모회사(자본금의 총액이 10억 원 미만인 회사, 이하 소규모회사라

함)에서는 1명 또는 2명으로 할 수 있으며, 감사를 선임하지 않을 수 있습니다.

⑬ 대표이사의 성명, 주민등록번호 및 주소

회사를 대표할 이사(집행임원 설치회사의 경우에는 집행임원)의 성명, 주민등록번호 및 주소를 기재합니다.

⑭ 종류주식의 내용

정관의 규정에 따라 이익의 배당, 잔여재산의 분배, 주주총회에서의 의결권의 행사, 상환 및 전환 등에 관하여 내용이 다른 종류주식을 발행한 경우 그 내용을 기재합니다.

⑮ 지점

창립총회 또는 이사회에서 지점 설치를 결의하였을 때 기재하며, 본점과 동일하게 소재 지번까지 기재하여야 합니다. 설립등기시 본·지점 일괄신청을 하지 않았을 경우, 설립등기 후 2주 이내에 지점소재지 관할등기소에서 지점설치등기신청을 하여야 합니다.

⑯ 존립기간 또는 해산사유

정관으로 회사의 존립기간이나 해산사유를 정하였을 때 기재하는 사항이며 정관의 상대적인 기재사항입니다.

⑰ 기타

상법 제317조 제2항 각호에 규정된 등기사항 중 위 ①~⑮의 기재사항 이외에 등기를 하고자 하는 사항에 대하여 기재를 하는 항목으로 정관에 주식의 양도에 관하여 이사회의 승인을 얻도록 정한 때, 주식매수선택권을 부여하도록 정한 때에는 그 규정, 명의개서대리인을 둔 때에는 그 상호와 본점소재지 등이 이에 해당됩니다.

⑱ 신청등기소 및 등록면허세·수수료

신청하는 등기소별로 기재하여야 하며, 등록면허세는 과세표준액의 4/1000, 지방교육세는 등록면허세의 20/100이며 대통령령으로 정하는 대도시 내에서 설립하는 경우에는 당해 세율의 3배의 등록면허세를 납부하여야 합니다. 설립과 동시에 지점을 설치하여 본·지점 동시 신청을 하는 경우 지점등기 신청과 관련된 별도의 등록면허세·수수료를 납부하여야 합니다. 여기서 대도시라 함은, 수도권정비계획법 시행령 제9조 별표1에 지정되어 있는 권역을 의미합니다. 등기신청수수료는 등기사항증명서 등 수수료규칙 제5조의3에서 정한 금액을 납부하여야 합니다.

⑲ 과세표준액

과세표준은 자본의 총액, 즉 회사 설립시 발행하는 주식의 총액입니다.

⑳ 첨부서면

등기신청서에 첨부하는 서면을 기재하여야 합니다.

Ⓐ 신청인 등

설립등기를 신청하는 법인의 상호와 본점, 대표이사의 성명과 주소를 기재하며, 위임받은 대리인이 신청할 경우 대리인의 성명과 주소를 기재합니다. 대표이사는 등기신청과 동시에 제출하는 법인 인감도장을 날인하여야 하며 대리인의 경우는 날인할 도장에 대한 제한은 없습니다.

▫ 등기신청서에 첨부할 서면

1. 정관

정관이란 회사의 조직과 활동에 관하여 규정한 근본규칙을 기재한 서면을 말하며, 발기인이 정관을 작성하고 기명날인 또는 서명하여 공증인의 인증을 받음으로써 효력이 생깁니다. 정관의 기재사항 중에는 그 기재가 없거나 위법인 때에는 정관은 무효가 되고 나아가 회사설립이 무효가 되는 절대적 기재사항, 정관의 효력에는 영향이 없으나 기재하지 않으면 그 사항이 회사와 주주에 대하여 효력이 생기지 않는 상대적 기재사항, 회사의 필요에 의하여 기재하는 임의적 기재사항이 있습니다.

가. 절대적 기재사항

▸목적 : 회사가 경영하려는 사업을 뜻하며 영리성이 있어야 합니다. 기재의 정도는 사회 통념상 무엇인지 알 수 있을 정도로 구체적이고 명확하게 기재하여야 하므로 "제조업", "도매업"등과 같이 포괄적이고 불분명하게 기재하여서는 안 됩니다.

▸상호 : 상호는 상인이 영업활동을 함에 있어 자기를 표시하는 명칭

으로, 상호에는 법령상 특별한 규정이 없는 한 반드시 "주식회사"라는 문자를 사용하여야 하며, 등기부상 상호 란에 로마자 등의 표기를 병기하고자 할 경우 한글로 상호를 기재한 후 괄호 안에 로마자 등의 표기를 함께 기재하여야 합니다. 또한 동일 특별시·광역시·시·군내에서는 동일한 영업을 위하여 다른 사람이 등기한 것과 동일한 상호는 등기할 수 없습니다.

▶회사가 발행할 주식의 총수 : 회사가 발행할 수 있는 주식의 한도로서 발행예정주식총수 또는 수권주식총수라 합니다.

▶1주의 금액 : 1주의 금액은 100원 이상이어야 하며 또한 균일하여야 합니다. 회사가 수종의 주식을 발행하는 경우에도 마찬가지입니다.

▶회사의 설립시에 발행하는 주식의 총수 : 회사가 발행할 주식의 총수 중 회사 설립시에 실제로 발행되어 인수되는 주식의 수를 의미하며 신청서 상에는 발행한 주식 총수로 기재됩니다.

▶본점소재지 : 본점소재지란 회사의 주된 영업소로 회사의 주소가 되기 때문에 한 장소만을 기재하여야 하며, 정관에는 최소행정구역을 표시하는 정도로 충분합니다.

▶회사가 공고를 하는 방법 : 회사의 공고는 관보 또는 시사에 관한 사항을 게재하는 일간신문에 게재하도록 규정하고 있으므로 월간지, 주간지, 지하철 역 등에서 불특정 다수인에게 무료로 배포되는 신문은 이에 해당하지 않습니다. 또한 2개 이상의 신문을 정할 수도 있으나 선택적(A신문 또는 B신문)으로 기재하여서는 안 됩니다.

▶발기인의 성명, 주민등록번호 및 주소 : 발기인이 누구인지 명확하게 하고 책임소재를 분명하게 하기 위한 것으로 발기인의 성명, 주소, 주민등록번호를 기재하여야 합니다.

나. 상대적 기재사항

정관의 상대적 기재사항은 상법 여러 곳에 산재해 있으며 절대적 기재사항과는 달리 정관에 반드시 기재할 필요는 없고 설사 기재가 없더라도 정관의 효력에는 영향이 없으나 기재하지 아니하면 효력이 발생하지 않는 것을 말합니다. 이에는 변태설립사항, 회사의 존립기간, 해산사유, 주식매수선택권의 부여, 주식양도제한규정 등이 이에 해당됩니다.

다. 임의적 기재사항

정관에 기재를 하지 않더라도 정관의 효력에는 영향이 없으나, 회사의 필요에 의하여 임의적으로 정관에 기재하는 항목을 말합니다. 이에는 이사·감사의 원수, 정기주주총회의 소집시기, 회사의 영업연도 등이 이에 해당됩니다.

라. 정관의 인증

정관은 발기인이 기명날인 또는 서명한 후 공증인의 인증을 받음으로써 효력이 생깁니다. 발기설립과 달리 자본금 총액이 10억 원 미만인 소규모 회사의 경우에도 공증인의 인증이 면제되지 않습니다.

2. 주식의 인수를 증명하는 서면

발기인은 회사 설립시 발행하는 주식 전부를 인수하여야 합니다. 인수의 방법은 반드시 서면으로 하여야 하며, 설립등기 신청시 이를 증명하는 서면으로 주식인수증명서면을 제출하여야 합니다. 실무상 상호, 인수할 주식의 종류와 수, 1주의 금액, 인수가액, 주금납입기관, 발기인 성명 주소를 기재하고, 기명날인 또는 서명하여 제출하고 있습니다.

3. 주식청약서

모집설립의 경우 발기인이 인수한 주식 이외의 주식에 대하여 인수할 자를 모집하여야 하는바, 주식 인수인이 되고자 하는 자는 발기인이 작성한 주식청약서(상법 제302조에 규정되어 있는 사항을 기재하여야 함)를 교부받아 주식의 종류와 수 및 주소를 기재하고 기명날인 또는 서명하여 청약을 하여야 하며, 이 청약서를 등기신청서에 첨부하여야 합니다.

4. 주식발행사항 동의서

정관으로 달리 정함이 없는 경우에는 회사 설립시 발행하는 주식의 종류와 수, 액면 이상의 주식을 발행하는 경우의 그 수와 금액, 무액면주식을 발행하는 경우의 주식의 발행가액과 주식의 발행가액 중 자본금으로 계상하는 금액에 관하여 발기인 전원의 동의로 이를 결정하여야 하며, 이를 증명하는 서면으로 발기인 전원이 기명날인 또는 서명한 주식발행사항 동의서를 제출하여야 합니다.

5. 창립총회의사록

창립총회는 설립중인 회사의 의결기관으로서 주주총회의 전신이라 할 수 있으며, 소집절차 소집장소 등 그 대부분이 주주총회에 관한 규정이 준용되고 있습니다. 출자의무 이행절차가 완료된 이후 발기인은 창립총회를 소집하여 창립에 관한 사항의 보고, 이사·감사의 선임, 설립경과 조사, 변태설립사항의 변경, 정관변경 등을 결의할 수 있습니다. 창립총회를 개최한 때에는 의사록을 작성하여야 하며 의사록에는 의사의 경과요령과 그 결과를 기재하고 의장과 출석한 이사가 기명날인 또는 서명하여야 합니다.

가. 사내이사·사외이사·기타비상무이사 및 감사의 선임

이사 및 감사를 선임하여야 하며 이사는 사내이사·사외이사·기타비상무이사를 명확하게 구분하여 선출하여야 합니다. 이사는 3명 이상이어야 하며, 사외이사·기타비상무이사는 필요에 따라 둘 수 있으나 사내이사는 반드시 1명 이상을 두어야 합니다. 다만 소규모회사에서는 이사의 수를 1명 또는 2명으로 할 수 있으며, 감사를 선임하지 않을 수 있습니다.

나. 의사록 공증

창립총회 의사록은 공증인의 인증을 받아야 합니다. 발기설립과 달리 자본금 총액이 10억 원 미만인 소규모 회사의 경우에도 공증인의 인증이 면제되지 않습니다.

6. 이사회의사록

이사회의 의사에 관하여는 의사록을 작성하여야 하고 의사록에는 의사의 경과요령과 그 결과를 기재하고 출석한 이사 및 감사가 기명날인 또는 서명하여야 합니다. 등기할 사항에 관하여 이사회의 결의를 필요로 하는 경우에는 등기신청서에 공증인의 인증을 받은 이사회의사록을 첨부하여야 합니다. 다만 소규모회사의 이사가 1명 또는 2명인 경우 이사회를 구성하지 않으며 이사회의 권한을 각 이사(정관에 따라 대표이사를 정한 경우에는 그 대표이사)와 주주총회에서 행사합니다(상법 제383조 제4항, 제5항, 제6항).

7. 주금납입보관증명서

주식을 인수한 발기인 및 주주는 지체 없이 그 인수가액을 지정된 금융기관에 납입하여야 하며, 발기인 또는 이사는 납입금을 보관하고 있는 금융기관에 보관금액에 관하여 증명서를 교부받아 제출하여야 합니다. 발기설립과 달리 자본금 총액이 10억 원 미만인 소규모 회사의 경우에도 잔고증명서로 대체할 수 없습니다.

8. 이사·감사의 조사보고서

이사와 감사는 회사 설립에 관한 사항이 법령 또는 정관의 규정에 위반되는지 여부를 조사하여 창립총회에 보고하여야 하며, 그 조사보고서를 제출하여야 합니다.

9. 변태설립사항에 관한 검사인의 조사보고서 또는 공증인의 조사보고서나 공인된 감정인의 감정서 등본

현물출자 등 변태설립사항이 있을 경우 검사인이 변태설립사항에 관하여 조사하여 창립총회에 보고한 조사보고서 또는 이에 대한 조사를 공증인이나 감정인이 하였을 때에는 공증인의 조사보고서나 감정인의 감정서를 법원에 보고한 후 법원으로부터 송부 받은 부본을 제출하여야 합니다.

10. 취임승낙서(인감증명서나 본인서명사실확인서 또는 전자본인서명확인서의 발급증 포함)

이사, 대표이사, 감사 등 회사의 임원은 취임함으로써 법적인 책임과 의무가 부과되므로, 취임자의 진정한 의사를 확인하기 위하여 취임자의 인감도장을 날인한 취임승낙서와 인감증명법에 의하여 신고한 인감증명서(발행일로부터 3개월 이내)나 본인서명사실확인서 또는 전자본인서명확인서의 발급증을 첨부하여야 합니다. 취임하는 자가 외국인인 경우에는 그 서면에 본국 관청에 신고한 인감을 날인하고 그 인감증명서를 첨부할 수 있으며, 본국에 인감증명제도가 없는 외국인의 경우에는 본인이 서명을 하였다는 본국 관청의 증명서면이나 공증인의 공증서면으로 대신할 수 있습니다.

11. 주민등록표 등(초)본

취임하는 이사 감사는 주민등록번호를 증명하는 서면으로, 회사를

대표할 이사는 주민등록번호 및 주소를 증명하는 서면으로 주민등록표 등(초)본을 제출하여야 합니다. 회사를 대표할 이사 이외의 임원은 주민등록증 사본, 자동차운전면허증 사본으로도 가능합니다.

12. 인감신고서

등기신청서에 기명날인할 사람(법인의 대표자 등)은 미리(설립등기 신청과 동시에) 그 인감을 등기소에 제출하여야 합니다. 인감제출을 위한 인감신고서에는 인감증명법에 의한 인감을 날인하고 발행일로부터 3월 이내의 인감증명서를 첨부하여야 합니다. 또한 인감신고서와 함께 인감대지도 함께 제출하여야 합니다(인감의 제출·관리 및 인감증명서 발급에 관한 업무처리지침).

13. 등록면허세영수필확인서

본점소재지 관할 시·군·구청장으로부터 등록면허세납부서(자본금의 4/1000에 해당하는 등록면허세와 그 등록면허세의 20/100에 해당하는 지방교육세)를 발부받아 납부한 후 등록면허세영수필확인서를 첨부하여야 합니다. 대통령령으로 정하는 대도시 내에서의 설립등기 시에는 당해 세율의 3배의 등록면허세를 납부하여야 합니다. 여기서 대도시라 함은 수도권정비계획법 시행령 제9조 별표1에 지정되어 있는 권역을 의미합니다.

14. 위임장

등기신청권자 이외의 대리인에 의하여 등기신청을 하는 때에는 그 권한을 증명하는 서면으로 위임장을 첨부하여야 합니다. 실무상 수임자, 위임자, 위임내용을 기재하고 등기소에 제출하는 인감을 날인합니다.

15. 기타

▶명의개서 대리인을 둔 때에는 명의개서 대리인과의 계약을 증명하는 서면

▶정관에 건설이자의 배당에 관한 규정이 있는 때에는 이에 관한 법원의 인가서 등본

▶관청의 허가서 : 관청의 허가(인가)를 필요로 하는 사항의 등기를 신청할 때에는 관청의 허가서(인가서) 또는 그 인증 있는 등본을

첨부하여야 합니다.

▶기간단축동의서 : 창립총회 소집에도 주주총회의 소집통지에 관한 규정을 준용하고 있으나 신속한 법인설립을 위하여 주식 인수인 전원이 동의를 하면 그 기간을 단축하여 소집할 수도 있는바, 이때는 주식인수인 전원이 기간단축에 동의하였음을 증명하는 서면을 첨부하여야 합니다.

▶번역문 : 등기신청 서류 중 외국어로 작성된 문서는 이를 번역하여 번역문을 첨부하여야 하며, 번역인의 자격에는 제한이 없으나 번역인의 성명 주소를 기재하고 기명날인 또는 서명하여야 합니다.

▶법인인감카드 발급 : 법인인감증명서는 법인인감카드 또는 전자증명서(HSM USB)로 발급받을 수 있으므로 등기 완료 후 법인인감도장을 지참하여 법인인감카드 또는 전자증명서(HSM USB)를 발급받으시기 바랍니다.

□ 등기신청서 편철순서

신청서, 등록면허세영수필확인서, 정관, 주식발행사항동의서, 주식청약서, 주식인수증, 주금납입보관증명서, 창립총회의사록, 조사보고서, 검사인의 조사보고서, 기간단축동의서, 이사회의사록, 취임승낙서, 인감증명서나 본인서명사실확인서 또는 전자본인서명확인서의 발급증, 주민등록표등(초)본,(취임승낙서, 인감증명서, 주민등록표등(초)본은 임원별로 편철), 인감신고서, 위임장 등의 순서로 편철하시면 업무처리에 편리합니다.

□ 기타

1. 등기신청과 관련된 정관, 의사록 등 각종 서식에 관하여는 대법원 인터넷등기소(자료센터), 법무부 홈페이지(법무지식), 중소기업청 홈페이지(자료마당), 사단법인 한국상장회사협의회 홈페이지(법률정보)를 참고하시면 많은 도움이 됩니다.

2. 이상은 법인설립등기(모집설립) 신청시 작성·제출하여야 하는 일반적인 서식과 그 내용에 대한 안내인바, 정관에 상대적 기재사항인 변태설립사항을 둔 경우, 감사위원회를 둔 경우 등 회사의 구체적인 사정에 따라 신청서 작성 및 첨부서면 등이 달라질 수 있습니다.

3. 특히 상법 제383조 제1항 단서의 규정에 의한 소규모회사(자본금 총액이 10억 원 미만인 주식회사)에서 이사를 1명 또는 2명으로 하는 경우, 동조 제6항에 의하여 정관에 따라 대표이사를 정한 경우 등 회사의 사정에 따라 등기방법 등이 달라질 수 있으니(등기예규 제1297호) 개별·구체적인 사항에 대하여는 등기과·소의 민원담당자 또는 변호사, 법무사 등 등기와 관련된 전문가에게 문의하시기 바랍니다.

1-4. 지점설치의 등기

1-4-1. 회사설립과 동시에 지점을 설치하는 경우

회사설립과 동시에 지점을 설치하는 경우에는 설립등기를 한 후 2주 내에 지점소재지에서 다음의 사항을 등기해야 합니다(상법 제181조제1항 본문, 제317조제3항 및 제4항).

① 목적, 상호, 사원의 성명·주민등록번호 및 주소, 본점의 소재지, 회사가 공고를 하는 방법

② 지점의 소재지(다른 지점의 소재지는 제외함)

③ 존립기간 그 밖의 해산사유를 정한 때에는 그 기간 또는 사유

④ 회사를 대표할 사원을 정한 경우에는 그 성명·주소 및 주민등록번호

⑤ 수인의 사원이 공동으로 회사를 대표할 것을 정한 때에는 그 규정

1-4-2. 회사성립 후에 지점을 설치하는 경우

회사의 성립 후에 지점을 설치하는 경우에는 본점소재지에서는 2주 내에 그 지점소재지와 설치연월일을 등기하고, 그 지점소재지에서는 3주 내에 다음의 사항을 등기해야 합니다(상법 제181조제2항 본문 및 제317조제4항).

① 목적, 상호, 사원의 성명·주민등록번호 및 주소, 본점의 소재지

② 지점의 소재지(다른 지점의 소재지는 제외함)

③ 회사의 존립기간 또는 해산사유를 정한 때에는 그 기간 또는 사유

④ 회사를 대표할 이사 또는 집행임원의 성명·주민등록번호 및 주소

⑤ 둘 이상의 대표이사 또는 대표집행임원이 공동으로 회사를 대표할 것을 정한 경우에는 그 규정

2. 법인설립신고 및 사업자등록 신청

2-1. 법인설립신고 및 사업자등록의 개념

① "법인설립신고 및 사업자등록"이란 납세의무를 지는 사업자에 관한 정보를 세무서의 대장에 수록하는 것을 말합니다.

② 법인설립신고 및 사업자등록은 단순히 사업사실을 알리는 행위이므로 세무서장에게 법인설립신고 및 사업자등록신청서를 제출하는 것으로 법인설립신고 및 사업자등록이 성립합니다.

2-2. 법인설립신고 및 사업자등록 절차

2-2-1. 영리법인 제출서류

법인은 사업장마다 해당 사업 개시일부터 20일 이내에 다음의 서류를 납세지(본점 또는 주사무소 소재지) 관할 세무서장에게 제출하여 법인설립신고 및 사업자등록을 해야 합니다(법인세법 제109조제1항, 제111조제1항·제2항, 동법 시행령 제152조제1항 및 제154조제1항).

① 법인설립신고 및 사업자등록신청서(법인세법 시행규칙 별지 제73호서식)

② 정관 1부

③ 임대차계약서 사본(사업장을 임차한 경우만 해당함) 1부

④ 「상가건물 임대차보호법」의 적용을 받는 상가건물의 일부를 임차한 경우에는 해당 부분의 도면 1부

⑤ 주주 또는 출자자명세서 1부

⑥ 사업허가·등록·신고필증 사본(해당 법인만 해당함) 또는 설립허가증사본(비영리법인만 해당함) 1부

⑦ 현물출자명세서(현물출자법인의 경우만 해당함) 1부

⑧ 자금출처소명서(2008년 7월부터 금지금 도·소매업 및 과세유흥장소에의 영업을 영위하려는 경우만 해당함) 1부
⑨ 본점 등의 등기에 관한 서류(외국법인만 해당함) 1부
⑩ 국내사업장의 사업영위내용을 입증할 수 있는 서류(외국법인만 해당하며, 담당 공무원 확인사항에 의하여 확인할 수 없는 경우만 해당함) 1부

2-1-2. 비영리 내국법인(본점) 제출서류

① 법인설립신고 및 사업자등록신청서
② (법인명의)임대차계약서 사본(사업장을 임차한 경우)
③ 사업허가·등록·신고필증 사본(해당법인)
 - 허가(등록, 신고) 전에 등록하는 경우 허가(등록)신청서 등사본 또는 사업계획서
④ 주무관청의 설립허가증 사본

2-1-3. 내국법인 국내지점 제출서류

① 법인설립신고 및 사업자등록신청서
② 등기부에 등재 되지 않은 지점법인은 지점설치 사실을 확인할 수 있는 이사회의사록 사본 (직매장 설치 등 경미한 사안으로 이사회 소집이 어려운 경우 대표이사 승인을 얻은 서류 사본)
③ (법인명의)임대차계약서 사본(사업장을 임차한 경우)
④ 사업허가·등록·신고필증 사본(해당 법인)
 - 허가(등록, 신고) 전에 등록하는 경우 허가(등록)신청서 등사본 또는 사업계획서
⑤ 자금출처 명세서(금지금 도·소매업, 액체·기체연료 도·소매업, 재생용 재료 수집 및 판매업, 과세유흥장소 영위자)

2-1-4. 외국법인 국내사업장 제출서류

① 법인설립신고 및 사업자등록신청서

② 외국기업 국내지사 설치신고서 사본

③ 국내사업장을 가지게 된 날의 대차대조표

④ 본점 등기에 관한 서류

⑤ 국내사업장의 사업영위내용을 입증할 수 있는 서류

⑥ 정관

⑦ 허가(등록, 신고)증 사본(해당 법인)

 - 허가(등록, 신고) 전에 등록하는 경우 허가(등록)신청서 등사본 또는
   사업계획서

⑧ (법인명의)임대차계약서 사본(사업장을 임차한 경우)

⑨ 자금출처 명세서 (금지금 도·소매업, 액체·기체연료 도·소매업, 재생
   용 재료 수집 및 판매업, 과세유흥장소 영위자)

[서식 예] 법인설립신고 및 사업자등록신청서

■ 법인세법 시행규칙 [별지 제73호서식] <개정 2015.3.13.>　　홈텍스(www.hometax.go.kr)에서도 신고할 수 있습니다. (앞쪽)

접수번호	[ ] 법인설립신고 및 사업자등록신청서 [ ] 국내사업장설치신고서(외국법인)	처리기간
		3일 (보정기간은 불산입)

귀 법인의 사업자등록신청서상의 내용은 사업내용을 정확하게 파악하여 근거과세의 실현 및 사업자등록 관리업무의 효율화를 위한 자료로 활용됩니다. 아래의 사항에 대하여 사실대로 작성하시기 바라며 신청서에 서명 또는 인감(직인)날인하시기 바랍니다

1. 인적사항

법 인 명(단체명)		승인법인고유번호 (폐업당시 사업자등록번호)	
대　　표　　자		주민등록번호	－
사업장(단체)소재지		층　　　　호	
전　화　번　호	(사업장)	(휴대전화)	

2. 법인현황

법인등록번호	－	자본금		천원	사업연도	

법 인 성 격 (해당란에 ○표)

내 국 법 인						외 국 법 인			지점(내국법인의 경우)		분할신설법인		
영리일반	영리외투	비영리	국가지방자치	법인으로 보는 단체		지점(국내사업장)	연락사무소	기타	여	부	본점사업자등록번호	분할전사업자등록번호	분할연월일
				승인법인	기타								

조합법인 해당 여부		사업자 단위 과세 여부		공 익 법 인					외국·외투법인	국 적	투자비율
여	부	여	부	해당여부	사업유형	주무부처명	출연자산여부				
				여　부			여　부				

3. 외국법인 내용 및 관리책임자 (외국법인에 한함)

외 국 법 인 내 용

본점	상 호	대 표 자	설 치 년 월 일	소 재 지

관 리 책 임 자

성 명 (상 호)	주민등록번호 (사업자등록번호)	주 소 (사업장소재지)	전 화 번 호

4. 사업장현황

사 업 의 종 류							사업(수익사업) 개 시 일
주업태	주 종 목	주업종코 드	부업태	부 종 목	부업종코드		
							년 월 일

사이버몰 명칭		사이버몰 도메인	

사업장 구분 및 면적	도면첨부	사업장을 빌려준 사람(임대인)				
자가	타가	여 부	성명(법인명)	사업자등록번호	주민(법인) 등록번호	전화번호
㎡	㎡					

임 대 차 계 약 기 간	(전세)보증금	월 세(부가세 포함)
20 . . . ~ 20 . . .	원	원

개 별 소 비 세				주 류 면 허		부가가치세 과세사업		인·허가 사업 여부			
제 조	판 매	장 소	유 흥	면허번호	면허신청	여	부	신 고	등록	인· 허가	기타
					여 부						

설립등기일 현재 기본 재무상황 등

자산 계	유동자산	고정자산	부채 계	유동부채	고정부채	종업원수
천원	천원	천원	천원	천원	천원	명

전자우편 주소		국세청이 제공하 는 국세정보 수신동의 여부	[　]동의함 [　]동의하지않음

210mm×297mm[백상지 80g/㎡ 또는 중질지 80g/㎡]

5. 사업자등록신청 및 사업시 유의사항(아래 사항을 반드시 읽고 확인하시기 바랍니다)

가. 사업자등록 상에 자신의 **명의를 빌려주는 경우** 해당 법인에게 부과되는 각종 세금과 과세자료에 대하여 소명 등을 하여야 하며, 부과된 세금의 체납시 **소유 재산의 압류·공매처분, 체납내역 금융회사 통보, 여권발급제한, 출국규제 등**의 불이익을 받을 수 있습니다.

나. 내국법인은 주주(사원)명부를 작성하여 비치하여야 합니다. 주주(사원)명부는 사업자등록신청 및 법인세 신고시 제출되어 지속적으로 관리되므로 사실대로 작성하여야 하며, 주주명의 대여시는 **양도소득세 또는 증여세**가 과세될 수 있습니다.

다. 사업자등록 후 정당한 사유 없이 **6개월이 경과할 때까지 사업을 개시하지 아니하거나 부가가치세 및 법인세를 신고하지 아니하거나 사업장을 무단 이전**하여 실지사업여부의 확인이 어려울 경우에는 사업자등록이 직권으로 말소될 수 있습니다.

라. **실물거래 없이 세금계산서 또는 계산서를 발급하거나 수취하는 경우** 「조세범처벌법」 제10조제3항 또는 제4항에 따라 해당 법인 및 대표자 또는 관련인은 3년 이하의 징역 또는 공급가액 및 그 부가가치세액의 3배 이하에 상당하는 벌금에 처하는 처벌을 받을 수 있습니다.

마. 신용카드 가맹 및 이용은 반드시 사업자 본인 명의로 하여야 하며 **사업상 결제목적 이외의 용도로 신용카드를 이용할 경우** 「여신전문금융업법」 제70조제2항에 따라 3년 이하의 징역 또는 2천만원 이하의 벌금에 처하는 처벌을 받을 수 있습니다.

신청인의 위임을 받아 대리인이 사업자등록신청을 하는 경우
아래 사항을 적어 주시기 바랍니다.

대리인 인적 사항	성 명		주민등록번호	
	주 소 지			
	전화 번호		신청인과의 관계	

신청 구분	[ ] 사업자등록만 신청 [ ] 사업자등록신청과 확정일자를 동시에 신청 [ ] 확정일자를 이미 받은 자로서 사업자등록신청 (확정일자 번호:)

신청서에 적은 내용과 실제 사업내용이 일치함을 확인하고, 「법인세법」 제109
조·제111조, 같은 법 시행령 제152조부터 제154조까지, 같은 법 시행규칙 제82
조제3항제11호 및 「상가건물 임대차보호법」 제5조제2항에 따라 법인설립 및
국내사업장설치 신고와 사업자등록 및 확정일자를 신청합니다.

년   월   일

신 청 인   (인)
위 대 리 인   (서명 또는 인)

세무서장 귀하

첨 부 서 류	1. 정관 1부(외국법인만 해당합니다) 2. 임대차계약서 사본(사업장을 임차한 경우만 해당합니다) 1부 3. 「상가건물 임대차보호법」의 적용을 받는 상가건물의 일부를 임차한 　경우에는 해당 부분의 도면 1부 4. 주주 또는 출자자명세서 1부 5. 사업허가·등록·신고필증 사본(해당 법인만 해당합니다) 또는 설립허가 　증사본(비영리법인만 해당합니다) 1부 6. 현물출자명세서(현물출자법인의 경우만 해당합니다) 1부 7. 자금출처명세서(금지금 도·소매업, 액체·기체연료 도·소매업, 재생용 　재료 수집 및 판매업, 과세유흥장소에서 영업을 하려는 경우에만 제출합 　니다) 1부 8. 본점 등의 등기에 관한 서류(외국법인만 해당합니다) 1부 9. 국내사업장의 사업영위내용을 입증할 수 있는 서류(외국법인만 해당하 　며, 담당 공무원 확인사항에 의하여 확인할 수 없는 경우만 해당합니다) 　1부 10.사업자단위과세 적용 신고자의 종된 사업장 명세서(법인사업자용)(사업 　자단위과세 적용을 신청한 경우만 해당합니다) 1부

작 성 방 법

사업장을 임차한 경우 「상가건물 임대차보호법」의 적용을 받기
위하여서는 사업장 소재지를 임대차계약서 및 건축물관리대장 등
공부상의 소재지와 일치되도록 구체적으로 적어야 합니다.
(작성 예) ○○동 ○○○○번지 ○○호 ○○상가(빌딩) ○○동 ○
○층 ○○○○호

2-2-2. 세무서장의 직권등록

사업자가 등록하지 않은 경우 관할 세무서장이 조사를 거쳐 직접 등록시킬 수 있습니다(법인세법 시행령 제154조제2항 및 부가가치세법 시행령 제11조제6항).

2-2-3. 미등록 시 불이익

사업자등록을 신청기한 내에 하지 않거나 사업자등록 없이 사업을 하는 경우에는 다음과 같은 불이익이 따릅니다.

① 사업자등록을 신청기한 내에 신청하지 않은 경우에는 사업개시일부터 등록을 신청한 날의 직전일까지의 공급가액의 합계액에 1%가 가산세로 부과됩니다(부가가치세법 제60조제1항제1호).

② 사업자 등록을 하지 않으면 등록 전의 매입세액은 공제를 받을 수 없습니다. 다만, 공급시기가 속하는 과세기간이 끝난 후 20일 이내에 등록을 신청한 경우 등록신청일부터 공급시기가 속하는 과세기간 기산일(부가가치세법 제5조제1항에 따른 과세기간의 기산일을 말함)까지 역산한 기간 이내의 매입세액은 공제받을 수 있습니다(동법 제39조제1항제8호).

2-2-4. 사업자등록증의 발급

사업자등록 신청을 받은 세무서장은 사업자의 인적사항과 그 밖에 필요한 사항을 기재한 사업자등록증을 신청일부터 3일(토요일, 공휴일 또는 근로자의 날은 제외함) 이내에 신청자에게 발급해야 합니다(부가가치세법 시행령 제11조제5항 본문).

제6장

주식회사의 기관과
운영은 어떻게 하나요?

제6장 주식회사의 기관과 운영은 어떻게 하나요?

주식회사는 법인으로 자연인과 마찬가지로 스스로 동산과 부동산을 소유할 수 있으며, 권리의무의 주체가 될 수 있습니다. 다만, 회사 자체가 신체를 가진 존재가 아니기 때문에 회사는 각종의 법률행위를 행할 수 있는 기관을 두고 있습니다.

1. 주주총회

주주총회란 주주들의 의사에 의하여 법률과 정관이 정한 사항을 결의하는 주식회사의 최고·상설의 합의체 기관입니다(상법 제361조). 즉 주주총회는 출자자인 전주주들을 구성원으로 하는 필요·상설기관입니다.

1-1. 주주총회의 권한

① 오늘날 주주총회는 점점 약화되고, 이사회 또는 이사가 중심되고 있는 추세입니다. 더구나 우리 상법은 이사회중심주의를 택하여 주주총회의 권한을 한정된 범위로 제한하고 있습니다.

② 주주총회는 법률 또는 정관에 정하는 사항에 한하여 결의할 수 있습니다(상법 제361조). 이러한 결의사항은 다른 기관에 위임하거나 승인을 얻을 수 없지만, 기본적 사항을 정한 연후에 세부적이고 구체적인 사항을 타 기관에 위임할 수 있습니다.

③ 또한 이사회나 대표이사의 권한에 속하는 사항도 정관에 규정하여 주주총회의 결의사항으로 할 수 있습니다.

1-1-1. 상법에서 정한 주주총회 권한

① 먼저, 회사의 조직과 영업의 기본적인 사항, 예컨대 정관변경, 회사합병, 회사해산, 회사계속, 영업양도, 자본감소, 유한회사로의 조직변경 등이 있습니다.

② 다음으로 이사 등 회사 임원들의 선임·해임의 권한이 있으며, 그 밖에 주주의 이해에 특별하게 중대한 미치는 사항, 예컨대 사후설립, 임원의 보수결정·책임면제·계산서류의 확인·이익처분의 결정·주식배당, 전환사채, 신주인수권부 사채의 발행, 청산인의 청산종결 승인, 주식 합병 등의 권한이 있습니다.

■ 주식을 이전치 않고 인수합병할 경우 손해배상을 해줄 의무가 있는지요?

Q: 甲회사는 乙회사에게 甲회사와 丙회사 간의 인수합병 업무를 위임하고 먼저 乙회사가 丙회사의 주식을 취득한 다음에 甲 회사에게 주식을 이전할 것을 약정하였습니다. 그 후 乙회사는 丙회사로부터 주식을 취득한 다음 甲회사에게 주식을 이전하지 않고 계약의 해지를 통고하였습니다. 甲과 乙사이에 별도로 위약에 대한 손해배상을 약정하지 않고 보수만 약정된 경우 乙회사는 甲회사에게 손해배상을 해 줄 의무가 있는지요?

A: 우선 甲의 乙과의 계약이 해제되었는지를 판단하려면 양자 간의 법률관계의 성격을 살펴야 합니다. 사안의 경우 甲과 乙의 계약은 乙이 甲의 丙 인수를 위한 사무를 처리하고 있는 것이므로 위임에 해당한다고 볼 것입니다. 그렇다면 위임은 언제든지 해지할 수 있으므로(민법 제689조 제1항), 乙이 특별히 상당 기간을 정한 이행 최고를 하거나 甲채무의 이행 불능 사실을 증명하지 않아도 乙의 통고만으로 계약은 해지되었습니다.
그리고 乙이 甲에게 위임계약의 해지에 따른 손해배상을 해줘야 하는지에 관해 대법원 2015. 12. 23. 선고 2012다71411 판결은 위임계약은 그것이 유상계약이든 무상계약이든 당사자 쌍방의 특별한 대인적 신뢰관계를 기초로 하는 것이며, 위임계약의 본질상 각 당사자는 언제든지 이를 해지할 수 있고 그로 말미암아 상대방이 손해를 입는 일이 있어도 그것을 배상할 의무를 부담하지 않는 것이 원칙이고, 다만 상대방이 불리한 시기에 해지한 때에는 그 해지가 부득이한 사유에 의한 것이 아닌 한 그로 인한 손해를 배상하여야 한다고 합니다(민법 제689조 제2항). 그리고 그 배상의 범위는 위임이 해지되었다는 사실로부터 생기는 손해가 아니라 적당한 시기에 해지되었더라면 입지 아니하였을 손해에 한한다고 하였습니다. 그렇다면 乙의 해지가 甲에게 불리한 시기에 해지한 것인지가 문제됩니다.

그런데 위 판례는 수임인이 위임받은 사무를 처리하던 중 사무처리를 완료하지 못한 상태에서 위임계약을 해지함으로써 위임인이 그 사무처리의 완료에 따른 성과를 이전받거나 이익을 얻지 못하게 되었다 하더라도, 별도로 특약을 하는 등 특별한 사정이 없는 한 위임계약에서는 시기 여하를 불문하고 사무처리 완료 이전에 계약이 해지되면 당연히 위임인이 그 사무처리의 완료에 따른 성과를 이전받거나 이익을 얻지 못하는 것으로 계약 당시에 예정되어 있으므로, 수임인이 사무처리를 완료하기 전에 위임계약을 해지한 것만으로 위임인에게 불리한 시기에 해지한 것이라고 볼 수는 없다고 하였습니다.

따라서 위 판례의 취지에 따르면 乙의 계약해지로 위임계약은 해지되었고 달리 그 해지가 甲이 불리한 시기한 해지한 것이라는 증명이 없는 한 乙은 甲이 주식을 취득하지 못함에 따라 발생한 손해를 배상해야 할 의무가 없습니다.

1-1-2. 정관에서 정한 주주총회 권한

① 주주총회의 권한은 정관에 정함으로써 확장시킬 수 있습니다. 즉 타 기관의 권한으로 하면서도 명문으로 주주총회의 권한으로 유보할 수 있음을 정한 사항에 대해서는 주주총회의 결의사항으로 할 수 있습니다. 다만, 유보규정이 없을 때에는 부정해야 할 것입니다.

② 그러한 유보규정이 있는 조항으로는 신주발행사항의 결정(상법 제416조), 대표이사의 선임(상법 제389조제1항), 준비금의 자본전입(상법 제461조), 전환사채의 발행사항 결정(상법 제513조제2항) 등이 있습니다.

③ 그 밖에 성질상 주주총회의 권한으로 할 수 없는 대표·집행행위 또는 감사·검사행위 등은 주주총회에서 행할 수 없습니다. 또한 총회의 소집결정 역시 주주총회에 유보할 수 없는 사항입니다.

1-2. 주주총회의 결의

① 주주총회의 결의는 상법 또는 정관에 다른 정함이 있는 경우를 제외하고는 출석한 주주의 의결권의 과반수와 발행주식총수의 4분의 1이상의 수로써 합니다(상법 제368조제1항). 결의권없는 주식은 발행주식의 총수에 산입하지 않습니다. 주주총회의 결의방법에는 보통결의와 특별결의 및 특수결의가 있습니다.

② 보통결의란 출석한 주주의 의결권의 과반수와 발행주식총수의 4분의 1이상의 수로 결의하는 방법입니다(상법 제368조제1항). 이 정족수는 이사선임의 결의를 제외하고는 정관으로 완화 또는 배제할 수 있습니다.

③ 특별결의란 특정사항에 대하여 출석한 주주의 의결권의 3분의 2이상의 수와 발행주식총수의 3분의 1이상의수로 결의하는 방법입니다(상법 제434조). 이 정족수는 정관으로 완화 또는 배제할 수 없습니다.

④ 특수결의란 총주주의 동의를 요하는 결의방법입니다(상법 제604조제1항). 이 때에는 의결권없는 주주도 포함됩니다.

■ **주주총회특별결의를 거쳐 회사의 분할의 경우 채권자는 어떤절차로 보호받을 수 있나요?**

Q: A전력공사는 발전사업부문을 별도 회사로 신설하는 방식으로 회사를 분할하기로 하고 주주총회특별결의를 거쳐 분할계획서를 작성한 후 2016. 2. 1. 'B발전주식회사'라는 신설회사로 분할하였습니다. 위 분할계획서에는 'A전력공사의 발전사업부문에 대한 기존의 권리?의무를 신설회사가 모두 승계한다'고 규정하였습니다. 이에 따라 A전력공사

산하 K화력발전소에 속하는 재산과 권리?의무는 B발전주식회사가 승계하였습니다. 한편, 수산물 위탁판매업을 영위하는 甲은 2013년부터 2015년까지의 기간 동안 위 K화력발전소에서 발전기를 가동함에 따라 위탁판매수수료가 5억 가량 감소하는 손해를 입었고, A전력공사는 2015. 12. 31. 甲에게 위탁판매수수료 감소분에 대해 손실보상을 해 주기로 했습니다. 그렇다면 A전력공사는 甲이 손실보상을 요구할 경우 위 분할계약서의 내용에 따라 甲에 대한 손실보상채무를 B발전주식회사가 승계하였다는 이유로 甲의 요구를 거절할 수 있나요?

A: 회사분할이라 함은 회사의 영업을 둘 이상으로 분리하고 분리된 영업재산을 자본으로 하여 회사를 신설하거나 다른 회사와 합병시키는 조직법적 행위를 말합니다(상법 제530조의2).

그리고 회사분할에 있어서는 분할로 인해 설립되는 회사(이하 '신설회사'라고 한다)는 분할 전의 회사 채무에 관하여, 분할되는 회사와 연대하여 변제할 책임이 있고(상법 제530조의9 제1항), 다만 주주총회의 특별결의로써 신설회사가 분할되는 회사의 채무 중에서 출자한 재산에 관한 채무만을 부담할 것을 정할 수 있고, 이 경우 분할되는 회사가 분할 후에 존속하는 때에는 신설회사가 부담하지 아니하는 채무만을 부담하며(상법 제530조의9 제2항), 이때에는 회사가 알고 있는 채권자에게 일정한 기간 내에 이의를 제출할 것을 최고하는 등의 채권자보호절차를 취하여야 하고(상법 제530조의9 제4항, 제527조의5), 한편 채권자가 이의기간 내에 이의를 제출하지 아니한 때에는 분할을 승인한 것으로 본다(상법 제530조의9 제4항, 제527조의5 제3항, 제232조 제2항)라고 규정하고 있습니다.

위와 같은 규정에 의하면 상법은 회사가 분할되고 분할되는 회사가 분할 후에도 존속하는 경우에, 특별한 사정이 없는 한 회사의 책임재산은 분할되는 회사와 신설회사의 소유로 분리되는 것이 일반적이므로 분할 전 회사의 채권자를 보호하기 위하여 분할되는 회사와 신설회사가 분할

전의 회사 채무에 관하여 연대책임을 지는 것을 원칙으로 하고, 이 경우에는 회사가 분할되더라도 채권자의 이익을 해할 우려가 없으므로 알고 있는 채권자에 대하여 따로 이를 최고할 필요가 없도록 한 반면에, 다만 만약 이러한 연대책임의 원칙을 엄격하게 고수한다면 회사분할제도의 활용을 가로막는 요소로 작용할 수 있으므로 연대책임의 원칙에 대한 예외를 인정하여 신설회사가 분할되는 회사의 채무 중에서 출자받은 재산에 관한 채무만을 부담할 것을 분할되는 회사의 주주총회의 특별결의로써 정할 수 있게 하면서, 그 경우에는 신설회사가 분할되는 회사의 채무 중에서 그 부분의 채무만을 부담하고, 분할되는 회사는 신설회사가 부담하지 아니하는 채무만을 부담하게 하여 채무관계가 분할채무관계로 바뀌도록 규정하고 있습니다.

그리고 이와 같이 분할되는 회사와 신설회사가 분할 전 회사의 채무에 대하여 연대책임을 지지 않는 경우에는 채무자의 책임재산에 변동이 생기게 되어 채권자의 이해관계에 중대한 영향을 미치므로 채권자의 보호를 위하여 분할되는 회사가 알고 있는 채권자에게 개별적으로 이를 최고하도록 규정하고 있는 것이고, 따라서 분할되는 회사와 신설회사의 채무관계가 분할채무관계로 바뀌는 것은 분할되는 회사가 자신이 알고 있는 채권자에게 개별적인 최고절차를 제대로 거쳤을 것을 요건으로 하는 것이라고 보아야 하며, 만약 그러한 개별적인 최고를 누락한 경우에는 그 채권자에 대하여 분할채무관계의 효력이 발생할 수 없고 원칙으로 돌아가 신설회사와 분할되는 회사가 연대하여 변제할 책임을 지게 됩니다(대법원 2004. 8. 30. 선고 2003다25973 판결).

그렇다면 甲은 분할되는 회사인 A전력공사가 회사분할사실을 개별적으로 최고하여야 하는 상법 제530조의9 제4항, 제527조의5 제1항 소정의 '알고 있는 채권자'에 해당됩니다. 따라서 A전력공사가 회사를 분할함에 있어 甲에 대한 개별적인 최고절차를 거치지 아니하였다면 A전력공사가 회사분할을 하면서 주주총회의 특별결의로써 甲에 대한 이 사건 손실보상채무를 A전력공사로부터 B발전주식회사로 이전하기로 정하였다고 하더라도 일반원칙으로 돌아가 상법 제530조의9 제1항에 기하여 A전력공사와 B발전주식회사는 연대하여 손실보상책임을 甲에게 부담하게 되므로 A전력공사는 甲의 요구를 거절할 수 없습니다.

(관련판례)

주주총회결의 부존재 확인의 소는 제소권자의 제한이 없으므로 결의의 부존재의 확인에 관하여 정당한 법률상 이익이 있는 자라면 누구나 소송으로써 그 확인을 구할 수 있으나(대법원 1980. 10. 27. 선고 79다2267 판결 등 참조), 확인의 소에 있어서 확인의 이익은 원고의 권리 또는 법률상의 지위에 현존하는 불안·위험이 있고 그 불안·위험을 제거함에는 확인판결을 받는 것이 가장 유효·적절한 수단일 때에만 인정된다(대법원 2011. 9. 8. 선고 2009다67115 판결 등 참조). 그리고 주식회사의 주주는 주식의 소유자로서 회사의 경영에 이해관계를 가지고 있다고 할 것이나, 회사의 재산관계에 대하여는 단순히 사실상, 경제상 또는 일반적, 추상적인 이해관계만을 가질 뿐, 구체적 또는 법률상의 이해관계를 가진다고는 할 수 없다(대법원 2001. 2. 28.자 2000마7839 결정 등 참조)(대법원 2016. 7. 22. 선고 2015다66397 판결).

■ **형식주주의 의결권행사의 경우 주주총회결의의 취소를 구할 수 있나요?**

Q: K건설주식회사는 발행주식 400,000주 중 甲이 200,000주, 乙이 200,000주를 각 소유하여 甲, 乙만이 실질주주이나 주주명부상에는 제3자들로부터 명의를 차용하여 甲, 乙외에도 10명의 형식주주가 기재되어 있습니다. 한편, K건설회사의 대표이사 乙은 2016. 3. 6. 주주총회를 소집함에 있어 형식주주에게만 소집통지를 하여 甲의 참여 없이 임원을 선임하는 결의를 하였습니다. 이 경우 甲은 K건설주식회사를 상대로 위 주주총회결의의 취소를 구할 수 있나요?

A: 주주명부에 기재된 주주와 실질적인 주식 소유자가 다른 경우엔 누구를 주주로 볼 것인지가 문제됩니다. 이에 대해 대법원 판례는 "단순한 명

의대여자는 주주가 될 수 없고, 실제로 주식을 인수하여 그 대금을 납입한 명의차용자만이 실질상의 주식인수인으로서 주주가 된다."고 하여 주주명부에 명의개서되어 있는 형식주주는 주주가 아니라는 입장입니다(대법원 1977.10.11. 선고 76다1448 판결). 따라서 위 회사는 주주가 아닌 형식주주에게 주주총회소집통지를 하고 의결권을 행사시킨 잘못이 있습니다. 그렇지만 회사가 주주명부에 명의 개서된 주주에게 통지나 최고를 하면 그가 비록 실질주주가 아니라도 회사는 면책되는 효력이 생깁니다. 이를 주주명부의 면책력이라 합니다(상법353조).

그러나 주주명부의 면책력이 절대적인 것은 아니어서, 주주명부상의 주주가 진정한 주주가 아니고 회사가 이를 쉽게 증명할 수 있는 경우엔 그 형식주주의 권리행사를 거절해야 하고 그를 주주로 취급한다고 면책되지 않습니다.

따라서 K건설주식회사가 주주명부상의 주주가 형식주주에 불과하다는 것을 알았거나 중대한 과실로 알지 못하였고 또한 이를 쉽게 증명하여 의결권 행사를 거절할 수 있었음에도 의결권을 행사하게 한 경우에는 그 의결권행사는 위법하므로 주주총회결의를 취소할 수 있습니다(대법원 1998. 9. 8. 선고 96다45818).

예를 들어 甲과 乙이 K건설주식회사가 발생한 총 주식을 50%씩 나누어 소유하기로 합의한 점, 乙은 K건설주식회사의 대표이사로 취임한 이후 형식주주에게 소집통지를 하여 주주총회를 개최한 전례가 없었고, 甲과 乙이 그때그때 합의한 내용으로 주주총회결의서를 작성하여 주주총회 개최에 갈음하였던 점 등의 사정이 있었다면 K건설주식회사로서는 이 사건에서 문제되는 주주총회의 소집통지서나 결의시에 주주명부상에 기재된 형식주주들에 대하여 그들이 진정한 주주가 아님을 쉽게 증명할 수 있었으므로 명의개서의 면책력을 주장하여 위 주주총회결의의 효력이 유효함을 주장할 수 없으므로 甲은 K건설주식회사를 상대로 위 주주총회결의의 취소를 구할 수 있습니다.

■ **형식주주의 의결권행사는 어떤 방법으로 해야 되나요?**

Q: A주식회사가 실질적으론 주주가 아니면서 주주명부에 주주로 명의
개서된 형식주주에게 주주총회 소집통지를 하고 의결권을 행사하도
록 하였습니다. 이 경우 A회사의 통지 및 주주총회 결의는 위법합
니까?

A: 이처럼 주주명부에 명의개서된 주주와 실질적인 주식의 소유자가 다른
경우엔 실질주주가 주주가 되고 형식주주는 주주가 아닙니다. 그러나
주주명부의 면책적 효력에 의해 회사가 형식주주라는 것을 알았거나 중
대한 과실로 알지 못한 경우가 아니라면 형식주주에게 통지하고 의결권
행사하도록 한 것은 적법하게 됩니다. 따라서 위 회사는 주주가 아닌
형식주주에게 주주총회소집통지를 하고 의결권을 행사시킨 잘못이 있습
니다. 그렇지만 회사가 주주명부에 명의개서된 주주에게 통지나 최고를
하면 그가 비록 실질주주가 아니라도 회사는 면책되는 효력이 생깁니
다. 이를 주주명부의 면책력이라 합니다(상법353조). 그러나 주주명부
의 면책력이 절대적인 것은 아니어서, 주주명부상의 주주가 진정한 주
주가 아니고 회사가 이를 쉽게 증명할 수 있는 경우엔 그 형식주주의
권리행사를 거절해야 하고 그를 주주로 취급한다고 면책되지 않습니다.
따라서 A주식회사가 주주명부상의 주주가 형식주주에 불과하다는 것을
알았거나 중대한 과실로 알지 못하였고 또한 이를 쉽게 증명하여 의결

권 행사를 거절할 수 있었음에도 의결권을 행사하게 한 경우에는 그 의결권행사는 위법하므로 주주총회결의를 취소할 수 있습니다(대법원 1998.9.8. 선고 96다45818).

■ 주식매수선택권의 행사 요건인 2년 이상 재직의 의미는 무엇인지요?

Q: 甲은 A 주식회사로부터 주식매수선택권을 부여받았으나, 甲의 귀책사유가 아닌 사유로 주식매수선택권의 부여를 결정한 주주총회결의일로부터 2년 이내에 비자발적으로 퇴임·퇴직한 경우라도 상법 제340조의4 제1항에 의해 주식매수선택권을 행사할 수 없는지요?

A: 상법 제340조의4 제1항에서 규정하고 있는 주식매수선택권의 행사요건과 관련하여 대법원은 "상법 제340조의4 제1항 과 구 증권거래법 (2007. 8. 3. 법률 제8635호 자본시장과 금융투자업에 관한 법률 부칙 제2조 로 폐지, 이하 '구 증권거래법'이라 한다) 및 그 내용을 이어받은 상법 제542조의3 제4항 이 주식매수선택권 행사요건에서 차별성을 유지하고 있는 점, 위 각 법령에서 '2년 이상 재임 또는 재직' 요건의 문언적인 차이가 뚜렷한 점, 비상장법인, 상장법인, 벤처기업은 주식매수선택권 부여 법인과 부여 대상, 부여 한도 등에서 차이가 있는 점, 주식매수선택권 제도는 임직원의 직무 충실로 야기된 기업가치 상승을 유인동기로 하여 직무에 충실하게 하고자 하는 제도인 점, 상법의 규정은 주주, 회사의 채권자 등 다수의 이해관계인에게 영향을 미치는 단체법적 특성을 가지는 점 등을 고려하면, 상법 제340조의4 제1항 에서 정하는 주식매수선택권 행사요건을 판단할 때에는 구 증권거래법 및 그 내용을 이어받은 상법 제542조의3 제4항 을 적용할 수 없고, 정관이나 주주총회의 특별결의를 통해서도 상법 제340조의4 제1항 의 요건을 완화하는 것은 허용되지 않는다고 해석하여야 한다. 따라서 본인의 귀책사유가 아닌 사유로 퇴임 또는 퇴직하게 되더라도 퇴임 또는 퇴직일

까지 상법 제340조의4 제1항 의 '2년 이상 재임 또는 재직' 요건을 충족하지 못한다면 위 조항에 따른 주식매수선택권을 행사할 수 없다." 고 판시(대법원 2010다85027 참조)하였습니다. 그러므로 甲은 자신의 귀책사유 없이 주식매수선택권의 부여를 결정한 주주총회결의일로부터 2년 이내에 비자발적으로 퇴임·퇴직한 경우라도 주식매수선택권을 행사할 수 없습니다.

(관련판례)

갑 주식회사 대표이사인 피고인이 주주총회 의사록을 허위로 작성하고 이를 근거로 피고인을 비롯한 임직원들과 주식매수선택권부여계약을 체결함으로써 갑 회사에 재산상 손해를 가하였다고 하며 특정경제범죄 가중처벌 등에 관한 법률 위반(배임)으로 기소된 사안에서, 상법과 정관에 위배되어 법률상 무효인 계약을 체결한 것만으로는 업무상배임죄 구성요건이 완성되거나 범행이 종료되었다고 볼 수 없고, 임직원들이 이후 계약에 기초하여 갑 회사에 주식매수선택권을 행사하고, 피고인이 이에 호응하여 주식의 실질가치에 미달하는 금액만을 받고 신주를 발행해 줌으로써 비로소 갑 회사에 현실적 손해가 발생하거나 그러한 실해 발생의 위험이 초래되었다고 볼 수 있으므로, 피고인에 대한 업무상배임죄는 피고인이 의도한 배임행위가 모두 실행된 때로서 최종적으로 주식매수선택권이 행사되고 그에 따라 신주가 발행된 시점에 종료되었다고 보아야 하는데도, 이와 달리 계약을 체결한 시점에 범행이 종료되었음을 전제로 공소시효가 완성되었다고 보아 면소를 선고한 원심판결에는 법리오해의 위법이 있다(대법원 2011. 11. 24. 선고 2010도11394 판결).

■ **이사회 결의 및 소집절차 없이 이루어진 주주총회 결의의 효력이 있는 지요?**

Q: A주식회사의 정관과 관련 법령에는 주주총회의 소집을 위해서는 이사회의 결의 및 소집절차가 있어야 함에도 이와 같은 절차 없이 주

주총회가 소집되었으나 주주 전원이 참석하여 만장일치로 주주총회 결의가 의결된 경우 해당 주주총회 결의의 효력이 있는지요?

A: 법령 및 정관상 요구되는 이사회 결의 및 소집절차 없이 이루어졌으나 주주 전원이 참석하여 만장일치로 주주총회 결의가 행해진 경우와 관련하여 대법원은 "주식회사의 임시주주총회가 법령 및 정관상 요구되는 이사회의 결의 및 소집절차 없이 이루어졌다 하더라도, 주주명부상의 주주 전원이 참석하여 총회를 개최하는 데 동의하고 아무런 이의 없이 만장일치로 결의가 이루어졌다면 그 결의는 특별한 사정이 없는 한 유효하다."고 판시(대법원 1996. 10. 11. 선고 96다24309 참조)하였는바, 사안의 경우 주주총회 소집 절차에 흠결이 있다 하더라도 주주전원이 참석하여 이루어진 주주총회 결의의 효력을 부정할 수 없다 할 것입니다.

(관련판례)

민법상 법인의 필수기관이 아닌 이사회는 이사가 사무집행권한에 의해 소집하는 것이므로, 과반수에 미치지 못하는 이사는 특별한 사정이 없는 한 민법 제58조 제2항에 반하여 이사회를 소집할 수 없다. 반면 과반수에 미치지 못하는 이사가 정관의 특별한 규정에 근거하여 이사회를 소집하거나 과반수의 이사가 민법 제58조 제2항에 근거하여 이사회를 소집하는 경우에는 법원의 허가를 받을 필요 없이 본래적 사무집행권에 기초하여 이사회를 소집할 수 있다. 법원은 민법상 법인의 이사회 소집을 허가할 법률상 근거가 없고, 다만 이사회 결의의 효력에 관하여 다툼이 발생하면 소집절차의 적법 여부를 판단할 수 있을 뿐이다(대법원 2017.12.1. 자 2017그661 결정).

[서식 예] 주주총회결의 취소청구의 소

소　　　장

원　　고　　○○○ (주민등록번호)
　　　　　　○○시 ○○구 ○○로 ○○(우편번호 ○○○-○○○)
　　　　　　전화·휴대폰번호:
　　　　　　팩스번호, 전자우편(e-mail)주소:

피　　고　　◇◇주식회사
　　　　　　○○시 ○○구 ○○로 ○○(우편번호 ○○○-○○○)
　　　　　　이사장 ◆◆◆
　　　　　　전화·휴대폰번호:
　　　　　　팩스번호, 전자우편(e-mail)주소:

주주총회결의취소청구의 소

청 구 취 지

1. 20○○. ○. ○.에 개최한 피고회사의 임시주주총회에 있어서
   "이사 ◎◎◎를 해임하고 ⦿⦿⦿를 이사에 선임한다."는 취지
   의 결의는 이를 취소한다.
2. 소송비용은 피고의 부담으로 한다.
라는 판결을 구합니다.

청 구 원 인

1. 원고는 피고회사의 주주입니다.
2. 피고회사는 20○○. ○. ○○.자로 각 주주에 대하여 일시,
   장소 및 임시주주총회를 개최할 취지의 통지를 발하였습니다.
3. 그리고 이 임시주주총회에서 "이사 ◎◎◎를 해임하고 ⦿⦿

◉를 이사에 선임한다."는 결의를 하였습니다. 그러나 주주
총회를 소집함에는 회일을 정하여 2주일 전에 각 주주에 대
하여 서면 또는 전자문서로 통지를 발송하여야 한다고 상법
제363조에 기재되어 있음에도 불구하고 임시주주총회의 소
집의 통지를 20○○. ○. ○. 발송한 것은 적법한 기간을 두
었다 할 수 없을 것입니다.
4. 따라서 원고는 주주총회결의취소청구의 법정기간인 2월내에
위와 같은 주주총회결의취소를 구하기 위하여 이 사건 소를
제기하기에 이르렀습니다.

입 증 방 법

    1. 갑 제1호증　　　　　　　법인등기사항증명서

첨 부 서 류

    1. 위 입증방법　　　　　　1통
    1. 소장부본　　　　　　　　1통
    1. 송달료납부서　　　　　　1통

20○○. ○. ○.
위 원고　　○○○　(서명 또는 날인)

○○지방법원　귀중

[서식 예] 주주총회결의 무효확인의 소

소　　장

원　　고　　1. ○①○ (주민등록번호)

　　　　　　　○○시 ○○구 ○○로 ○○(우편번호 ○○○-○○○)

　　　　　　　전화·휴대폰번호:

　　　　　　　팩스번호, 전자우편(e-mail)주소:

　　　　　　　2. ○②○ (주민등록번호)

　　　　　　　○○시 ○○구 ○○로 ○○(우편번호 ○○○-○○○)

　　　　　　　전화·휴대폰번호:

　　　　　　　팩스번호, 전자우편(e-mail)주소:

피　　고　　◇◇주식회사

　　　　　　　○○시 ○○구 ○○로 ○○(우편번호 ○○○-○○○)

　　　　　　　이사장 ◆◆◆

　　　　　　　전화·휴대폰번호:

　　　　　　　팩스번호, 전자우편(e-mail)주소:

주주총회결의무효확인의 소

청 구 취 지

1. 20○○. ○. ○. 개최한 피고회사 임시 주주총회에서 소외 ◆
◆◆를 이사로 선임한 결의는 무효임을 확인한다.

2. 소송비용은 피고의 부담으로 한다

라는 판결을 구합니다.

청 구 원 인

1. 원고들은 피고회사의 주주들입니다.

2. 20○○. ○. ○. 개최된 피고회사의 임시주주총회에서는 소외 ◉◉◉를 이사로 선임하는 주주총회 결의가 있었습니다.

3. 그러나 위 결의는 그 내용에 있어서 정관에 위배하고 있습니다. 즉, 피고회사의 정관은 이사의 수를 5명 이내로 정하고 있었으며, 위 결의 당시 피고회사에 이미 이사 5명이 있었으므로 위 결의에 의하여 다시 1명의 이사가 선임된다고 하면 이사의 수는 6명이 되어 정관 소정의 수를 초과하게 되는 것입니다.

4. 따라서 이 사건 임시주주총회에서의 소외 ◉◉◉를 이사로 선임하는 결의는 무효라 할 것이므로 원고는 청구취지와 같은 판결을 구하기 위하여 이 사건 청구에 이르렀습니다.

입 증 방 법

1. 갑 제1호증   정관
1. 갑 제2호증   법인등기사항증명서

첨 부 서 류

1. 위 입증방법   각 1통
1. 소장부본   1통
1. 송달료납부서   1통

20○○.   ○.   ○.

위 원고   1. ○①○   (서명 또는 날인)
         2. ○②○   (서명 또는 날인)

○○지방법원 귀중

[서식 예] 주주총회결의 부존재확인의 소

소   장

원   고   ○○○ (주민등록번호)
　　　　　　○○시 ○○구 ○○로 ○○(우편번호 ○○○-○○○)
　　　　　　전화·휴대폰번호:
　　　　　　팩스번호, 전자우편(e-mail)주소:

피   고   ◇◇주식회사
　　　　　　○○시 ○○구 ○○로 ○○(우편번호 ○○○-○○○)
　　　　　　이사장 ◆◆◆
　　　　　　전화·휴대폰번호:
　　　　　　팩스번호, 전자우편(e-mail)주소:

주주총회결의부존재확인의 소

청 구 취 지

1. 20○○. ○. ○. 개최한 피고회사 주주총회에서 "◉◉◉를 이사에 선임하고 ◎○○를 감사에 선임한 결의와 주식회사 상호를 ◇◇주식회사로 명칭을 변경한다."라는 결의는 존재하지 아니함을 확인한다.
2. 소송비용은 피고의 부담으로 한다
라는 판결을 구합니다.

청 구 원 인

1. 원고는 피고회사의 주주입니다.
2. 피고회사의 상업등기부에 의하면 20○○. ○. ○. 개최한 피고회사의 주주총회에 있어서 "◉◉◉를 이사에 선임하고 ◎◎○를 감사에 선임한 결의와 주식회사 상호를 ◇◇주식회

사로 명칭을 변경한다."라는 결의가 등기되어 있습니다.
3. 그러나 위와 같은 주주총회는 개최된 사실이 없습니다.
4. 따라서 원고는 "●●●를 이사에 선임하고 ◎◎◎를 감사에 선임한 결의와 주식회사 상호를 ◇◇주식회사로 명칭을 변경한다."라는 결의의 부존재확인을 구하기 위하여 이 사건 청구에 이르렀습니다.

입 증 방 법

1. 갑 제1호증   법인등기사항증명서

첨 부 서 류

1. 위 입증방법   1통
1. 소장부본   1통
1. 송달료납부서   1통

20○○. ○. ○.
위 원고   ○○○ (서명 또는 날인)

○○지방법원 귀중

1-3. 주주총회의 소집

1-3-1. 총회소집권자

① 주주총회의 소집은 원칙적으로 이사회가 결정하여(상법 제362조), 대표이사가 소집합니다(상법 제209조, 제389조제3항).

② 이사회는 주주총회의 일시와 장소 및 의제 등을 정한 뒤 업무집행권한을 가진 대표이사가 그 결정에 따라 주주총회를 소집합니다. 대표이사가 수인인 때에는 그 중 1인의 명의로 소집통지하면 됩니다. 이사회의 결정이 없는 대표이사만에 의한 소집은 결의취소의 사유가 됩니다.

③ 예외적으로 소수주주나 법원명령에 의해서도 임시주주총회가 소집될 수 있습니다. 임시주주총회를 소집할 수 있는 소수주주란 발행주식총수의 100분의 3이상을 가진 주주입니다(상법 제366조제1항).

④ 소수주주는 회의의 목적사항과 이유를 기재한 서면 또는 전자문서를 이사회에 제출하여 임시주주총회의 소집을 청구할 수 있습니다(상법 제366조제1항). 만약 이사회에서 지체없이 총회소집절차를 취하지 않을 때에는 법원의 허가를 얻어 총회를 소집할 수 있습니다(상법 제366조제2항). 이 경우 주주총회의 의장은 법원이 이해관계인의 청구나 직권으로 선임할 수 있습니다.

⑤ 소수주주의 청구 또는 소집에 의해서 개최된 총회에서는 회사의 업무와 재산상태를 조사하기 위하여 검사인을 선임할 수 있습니다(상법 제366조제3항).

⑥ 소수주주들은 회사의 업무집행의 부정행위감이나 중대한 법령·정관위반사실에 대한 의심이 있으면 법원에 검사인 선임을 청구할 수 있습니다(상법 제467조제1항). 법원이 선임한 검사인은 그 내용을 조사하여 법원에 보고하며(상법 제467조제2항), 그 보고에 기초하여 필요하다고 인정될 때에는 법원은 대표이사에게 주주총회의 소집명령을 행할 수 있습니다(상법 제467조제3항),

⑦ 이사와 감사는 지체 없이 검사인의 보고서의 정확성여부를 조사하여

이를 주주총회에 보고해야 합니다(상법 제467조제4항),

⑧ 회사가 해산하는 경우에는 청산인회의가 주주총회의 소집을 결정하여
   대표청산인이 소집합니다(상법 제542조제2항, 제362조).

주주총회 운영규정

제1장 총칙

제1조(목적) 이 규정은 ○○주식회사(이하 '회사'라고 한다)의 주주총회(이하 '총회'라고 한다)의 의사진행 절차와 방법을 정함으로써 그 의사의 원활한 운영을 도모하는 것을 목적으로 한다.

제2조(적용범위) 이 규정은 총회에 출석하는 주주, 그 대리인 및 그 밖의 모든 총회 출석자에게 적용한다.

제2장 회의장의 준비 등

제3조(회의장의 준비) 회사는 총회가 원활하게 개최될 수 있도록 회의장을 준비하고, 접수사무, 회의에 관한 모든 기록, 집게 기타의 사무 및 회의장의 경비 등을 충실하게 수행하여야 한다.

제4조(직원의 배치) 회사는 제3조에 의한 사무의 수행을 위하여 필요한 직원들을 회의장에 배치하여 의장, 이사, 주주들의 활동을 보조하고 그들에게 모든 편의를 제공하도록 하여야 한다.

제3장 주주 등의 참석

제5조(주주본인의 출석) 총회에 출석하려는 주주는 본인을 증명하는 신분증을 제시하거나 그 밖의 방법으로 그 자격을 증명하여야 한다.

제6조(주주의 대리인 출석) ① 총회에 출석하는 주주의 대리인은 대리권을 증명하는 서면(별지서식 제2호 주주총회 대리인 위임장)을 회사에 제출하여야 한다.

② 주주의 법정대리인이나 그 밖의 자격에 의하여 당연히 주주를 대리할 권한이 있는 사람은 그 자격을 증명하는 자료를 회사에 제출하여야 한다.

제7조(법인주주의 대표자 등의 출석) ① 법인 기타 단체의 대표자가 출석하는 경우에는 제6조 제2항에 따른다.

② 법인 기타 단체의 임·직원은 제6조 제1항에 따른다.

제8조(개회전후의 주주들의 출석) 주주(대리인을 포함한다. 이하같다)는 총회의 개최 전에 회의장에 입장하는 것을 원칙으로 한다. 그러나 개회후에도 총회가 진행되는 동안에는 회의장에 입장하여 의사집행에 참가할 수 있다.

제9조(이사 등의 출석) ① 이사와 감사는 부득이한 사정이 없는 한 총회에 출석하여야 한다.

② 검사인, 외부감사인은 법령에 의한 경우 이외에 의장이나 대표이사의 요청이 있은 경우에는 총회에 출석할 수 있다.

③ 법률고문, 공증인, 회사의 관계직권 기타의 사람은 의장이나 대표이사 요청이 있을 경우 총회에 참석할 수 있다.

제10조(방청) 다음의 사람은 회사의 허가를 얻어 회의장에 입장할 수 있다.

1. 신체장애자의 거동을 보좌하는 자
2. 외국인 주주의 통역인
3. 언론관계자
4. 그 밖에 방청을 희망하는 자

제11조(유해물의 소지금지) 누구라도 총회의 평온을 해칠 위험이 있는 물건을 소지하고 회의장에 입장하여서는 아니 된다.

제12조(입장자격 등의 조사) 회사는 회의장의 접수처 및 회의장에서 입장자격 및 제11조의 위반유무를 조사할 수 있다.

제4장 의장

제13조(의장이 되는 자) ① 총회의 의장은 정관 제○조에 정해진 자가 된다.

② 상법에 의하여 소수주주가 소집한 총회에서는 이를 소집한 주주 또는 그 대표자가 임시의장으로서 총회를 개회하고 즉시 그 총회에서 당일의 의장을 선출한다. 다만, 법령에 의하여 임시의장으로 선임된 자가 있는 경우에는 그 자가 임시의장이 된다.

제14조(의장의 질서유지권) 의장은 회의장의 질서를 유지하기 위하여 직원과 경비원에게 적절한 조치를 지시하고 나아가 경찰관에게 협조를 구하는 등 필요한 조치를 취할 수 있다.

제15조(퇴장명령) 의장은 다음의 사람에게 퇴장을 명할 수 있다.
1. 주주 또는 그 대리인이라고 하여 출석한 자가 실제로는 그 자격이 없는 것으로 밝혀진 때
2. 의장의 지시에 따르지 않는 자
3. 고의로 의사진행을 방해하기 위한 발언·행동을 하는 등 현저히 회의장의 질서를 문란하게 하는 자

제16조(의장에 대한 불신임) ① 주주는 아래의 사유가 있는 경우에 의장에 대한 불신임의 동의를 제기할 수 있다.
1. 의장이 심의할 또는 심의중인 의안에 대하여 특별한 이해관계를 가지고 있는 때
2. 의장의 의사진행이 법령, 정관 또는 이 규정에 어긋날 때
3. 의장의 의사진행이 심히 불공정한 때
② 의장은 당해 불신임동의의 심의에 대하여도 의장의 직무를 행할 수 있다.
③ 의장에 대한 불신임동의가 총회에서 가결된 때에는 정관 제○조에 의한 다음 순위의 사람이 의장이 된다.
④ 의장에 대한 불신임동의가 총회에서 부결된 때에는 그 이후에 생긴 사유에 의하지 아니하고는 다시 의장에 대한 불신임동의를 제기할 수 없다.

제5장 개회

제17조(개회의 선언) ① 예정된 개회시작이 되면 의장은 총회의 개회를 선언한다. 그러나 부득이한 사정이 있는 때에는 개회시각을 늦추어 그 사유가 해소되는 즉시 개회를 선언할 수 있다.
② 개회 시각보다 상당한 시간이 지나도 개회할 수 없는 경우 의장은 출석한 주주들에게 그 사유를 알리고 그 사유에 따라 총회의 불성립을 선언한다.

제18조(출석주식수 보고) 의장은 개회 선언 후 의사일정에 들어가기 전에

총회에 출석주주 및 그 주식수를 보고하여야 한다.

제6장 의사진행

제19조(의안상정의 순서) ① 의장은 정기주주총회 소집통지서(별지서식 제3호)에 기재된 수서에 따라 의안을 총회에 상정한다. 그러나 상당한 이유가 있는 때에는 의장은 그 이유를 말하고 그 순서를 바꾸어 상정할 수 있다.

② 의장은 효율적인 심의를 위하여 복수의 의안을 일괄하여 상정할 수도 있고, 1개의 의안을 분할하여 상정할 수도 있다.

제20조(의사 등의 보고, 설명) ① 의장은 총회의 보고사항과 의안에 관하여 담당이사 또는 감사에게 보고와 설명을 하도록 요청할 수 있다. 이경우 이사 감사는 자신이 이를 설명하거나 그 보조자로 하여금 이를 대신하게 할 수 있다.

② 의장은 주주제안을 한 주주의 청구가 있는 때에는 주주총회에서 당해의안을 설명할 기회를 주어야 한다.

제21조(발언의 허가) 주주는 의장에게 발언권을 요청하여 의장의 허가를 얻은 후에 발언하여야 한다.

제22조(발언권의 부여순서) ① 주주들에 대한 발언권 부여의 순서는 의장이 결정한다.

② 의장은 위의 순서를 결정함에 있어서 아래의 사항을 참작하여야 한다.

1. 발언권을 요청한 순서
2. 발언횟수(1회라도 발언한 자인지 여부)
3. 찬반 균형(직전 발언자와 같은 의견을 가진 자인지 반대의견을 가진 자인지 여부)

제23조(발언의 방법) ① 주주는 먼저 주주번호와 자기성명(또는 상호)를 밝히고 발언하여야 한다.

② 주주는 의제를 중심으로 하여 되도록 간결 명료하게 발언하여야 한다.

제24조(발언의 제한) 의장은 원활한 의사진행을 위하여 다음과 같이 주주들의 발언을 제한할 수 있다.

1. 1의제에 1회

2. 1회의 발언시간 5분 이내

제25조(발언의 금지 등) 의장은 다음과 같은 발언에 대하여는 그 금지 또는 최소를 명할 수 있다.

1. 중복된 발언

2. 의제와 관계없는 발언

3. 공서양속에 어긋나는 발언

4. 의장의 지시에 따르지 않는 발언

5. 그밖에 총회의 의사진행을 방해하는 발언

제26조(설명담당자의 지명) 주주로부터 특정이사 감사에 대하여 질문이 있을 때라도 의장은 당해 질문에 적절한 설명을 할 수 있는 자를 지명하여 응답하게 할 수 있다.

제27조(설명의 거절) 주주의 질문이 다음 사유에 해당하는 경우에는 설명을 거절할 수 있다.

1. 질문사항이 회의의 목적사항에 관한 것이 아닐 때

2. 설명을 함으로써 주주공동의 이익을 현저하게 해하는 경우

3. 설명을 하기 위해서는 조사를 필요로 하는 경우

4. 질문이 중복되는 경우

5. 그 외 정당한 사유가 있을 때

제28조(수정동의) ① 주주는 상정된 의안에 관하여 그 동일성을 해치지 않는 범위 내에서 수정동의를 제출할 수 있다.

② 수정동의가 성립한 때에는 의장은 총회의 이의 채택여부를 묻는다. 그러나 의장은 이 절차를 생략하고 바로 그 동의를 심의에 부칠 수 있다.

③ 의장은 수정안과 권안을 일괄하여 총회의 심의에 부칠 수 있다.

제29조(의사진행에 관한 동의) ① 주주는 의사진행과 관련하여 다음의 동의를 제출할 수 있다.

1. 총회의 연기, 속행

2. 검사인의 선임

3. 외부감사인의 출석 요구

4. 의장의 불신임

② 제1항의 동의가 제출된 경우 의장은 총회에 그 동의의 채택여부를 묻

는다.

③ 제1항에서 정한 이외의 의사진행에 관한 동의가 제출된 경우에 그 채택여부는 의장이 결정한다.

제30조(동의의 각하) 의장은 다음 각 호에 해당되는 동의는 채택하지 아니한다.

1. 당해 수정동의에 관한 의안이 심의에 들어가지 아니하였거나 심의를 종료한 경우
2. 이미 부결된 동의와 동일한 내용인 경우
3. 총회의 의사를 방해할 목적으로 제출된 경우
4. 부적법하거나 권리남용에 해당되는 경우
5. 그 이외에 합리적 이유가 없는 것이 명백한 경우

제31조(연기 또는 속행) ① 총회의 연기 또는 속행은 총회의 결의에 의하여야 한다.

② 제1항의 연기 또는 속행을 결의하는 경우에는 그 연회 또는 계속회의 일시, 장소를 정하여야 한다.

③ 연회 또는 계속회의 회일은 총회일로부터 2주간 이내이어야 한다.

④ 연기 또는 속행의 결의가 이루어진 때에는 의장은 그 뜻을 말하고 그 날의 총회의 산회를 선포한다.

제32조(휴식) 회장은 의사진행상 필요하다고 인정되는 경우에는 짧은 시간 동안 휴회를 선언할 수 있다.

제33조(질의, 토론의 종료) 의장은 의안에 대하여 충분한 질의와 토론이 이뤄졌다고 인정되는 때에는 질의와 토론을 종료하고 총회에 의안에 대한 가부를 물을 수 있다.

제34조(의사진행이 일반원칙) 의사진행에 관하여 이 규정에서 정하고 있지 아니한 사항은 의사진행의 일반원칙과 관례에 따른다.

제7장 표결

제35조(일괄표결) 의장은 복수의 의안에 대하여 일괄해서 표결에 부칠 수 있다.

제36조(표결의 순서) 의안에 대해 수정동의가 제출된 경우에는 먼저 수정동의에 대하여 가부를 묻는다. 복수의 수정동의가 제출된 경우에는 권안의 내용과 거리가 먼 것부터 순차로 가부를 묻는다. 그러나 일괄심의한 경우에는 권안을 수정동의보다 먼저 표결에 부칠 수 있다.

제37조(표결의 방법) 의안에 대한 가부를 묻는 방법은 기립, 거수, 투표, 기타의 방법 중에서 총회의 특별한 결의가 없는 한 의장이 정한다.

제27조의2(집중투표) ① 상법 제382조의2에 의하여 2인 이상의 이사의 선임을 목적으로 하는 총회에서 집중투표의 방법으로 이사를 선임하는 경우에는 의장은 결의에 앞서 집중투표의 방법에 의한 이사선임 청구가 있었다는 취지를 알려야 한다.

② 집중투표의 방법으로 이사를 선임하는 경우에는 투표의 최다수를 얻은 자부터 순차적으로 이사에 선임되는 것으로 한다.

제38조(의결정족수) ① 총회의 모든 결의는 법령 또는 정관에 특별한 규정이 있는 경우를 제외하고는 출석한 주주의 의결권의 과반수와 발행주식총수의 ○% 이상의 찬성에 의한다.

② 이때에 기권표, 무효표는 모두 출석한 주주의 의결권수에 포함한다.

제39조(표결결과의 선포) 의장은 의안에 대한 표결이 종료된 때에는 즉시 그 결과를 선언하여야 한다. 이 경우 의장은 그 의안의 결의에 필요한 찬성수를 충족한다는 것 또는 충족하고 있지 않다는 것을 선언하는 것으로 족하며, 찬부의 수를 선언하는 것을 필요로 하지 아니한다.

제8장 폐회

제40조(폐회선언) 의장은 의사일정을 모두 마친 다음 총회의 폐회를 선언한다.

제9장 의사록 등

제41조(의사록의 작성) ① 의장은 총회를 마친 뒤 지체없이 주주총회 의사록(별지서식 제5호)을 작성한다.

② 의장이 이를 지체할 때에는 대표이사가 이를 작성한다.

제42조(의사록 등의 비치 공시) ① 총회의 의사록은 작성된 직후부터 계속하여 회사의 본 지점에 비치하고 주주와 회사채권자들의 열람 등사에 응하여야 한다.

② 총회의 참석장 위임장 그 밖의 총회에 관한 서류는 총회의 종료시부터 ○년 간 회사에 보존하고 주주 또는 그 밖의 이해관계자의 요구가 있을 때에는 이들의 열람 동사에 응하여야 한다.

제10장 규정의 개정

제43조(규정의 개정) 이 규정의 개정은 총회의 결의에 의한다.

부칙

제1조(시행일) 이 규정은 20   년   월   일부터 시행한다.

(별지서식 제1호) 주주총회 안내문
(별지서식 제2호) 주주총회 참석장/위임장
(별지서식 제3호) 주주총회 소집통지서
(별지서식 제4호) 주주총회 의결권행사에 관한 안내문
(별지서식 제5호) 주주총회 의사록

1-3-2. 소집시기

① 주주총회의 소집에 관한 사항은 강행규정이기 때문에 반드시 매년 1회 일정한 시기에 정기주주총회가 개최되어야 합니다(상법 제365조제1항).

② 만약 연 2회이상 결산기를 정한 때에는 매기에 총회를 소집해야 합니다(상법 제365조제2항). 임시총회는 필요있는 경우에 수시로 소집합니다(상법 제365조제3항).

1-3-3. 소집장소

① 법률상 주주총회는 정관에 다른 규정이 없으면 본점소재지 또는 이에 인접한 곳에서 소집해야 합니다(상법 제364조).

② 이 규정은 주주의 출석을 방해하기 위해 원거리에서 주주총회를 개최하거나, 일반주주들이 출입하기 어려운 장소에서주주총회를 개최함을 방지하기 위한 것입니다.

③ 본점소재지 또는 이에 인접한 곳이란 회사의 본점과 동일한 생활권에 속한다고 생각되는 최소 행정단위 예컨대 시·군·구 등을 말합니다.

1-3-4. 소집절차

① 주주총회를 소집하기 위해서는 먼저 이사회의 결의가 필요합니다(상법 제362조).

② 이사회에서는 주주총회의 개최일·장소·의제 등을 결정하고, 이에 따라서 대표이사가 주주총회의 소집절차를 시작합니다.

③ 주주총회의 소집할 때에는 주주총회일의 2주전에 각 주주에게는 서면으로 통지를 발송하거나 각 주주의 동의를 받아 전자문서로 통지해야 합니다(상법 제363조제1항).

④ 다만, 그 통지가 주주명부상의 주주의 주소에 계속 3년간 도달하지 아니한 때에는 회사는 당해 주주에게 총회의 소집을 통지하지 아니

할 수 있습니다(상법 제363조제1항).

⑤ 또한 자본금 총액이 10억원 미만인 회사가 주주총회를 소집하는 경우에는 총회일의 10일전에 소집의 뜻과 회의 목적사항을 각 주주에게 서면으로 통지하거나 각 주주의 동의를 받아 전자문서로 통지를 발송해야 합니다(상법 제363조제3항).

⑥ 무의결권주주와 회사 자기주식 그리고 자회사가 취득한 모회사의 주식 또는 상호주식 등 의결권이 휴지되는 주식을 소유한 주주에게는 소집통지를 않아도 됩니다.

⑦ 소집통지서에는 회의에서 결의할 목적사항, 총회시기, 총회소집장소를 기재하여야 하며, 정관변경·자본감소·합병·영업양도와 같이 중요한 의안에는 그 기본내용도 기재해야 합니다(상법 제363조제1,2항, 제433조제2항, 제438조제2항, 제522조제2항). 공고의 경우 소집통지서에 기재한 내용과 동일한 사항을 공고해야 합니다.

⑧ 통지·소집기간은 정관규정에 따라 연장할 수 있지만, 단축할 수는 없습니다.

⑨ 통지방법은 서면통지가 강제되며, 각 주주의 동의를 받은 경우 전자문서로 통지할 수 있습니다. 구두나 전화통지 또는 종업원주주에 대한 구내 문서회람 내지 안내방송으로 서면통지를 대체할 수 없습니다.

1-3-5. 주주의 제안권

① 의결권 없는 주식을 제외한 발행주식총수의 100분의 3이상에 해당하는 주식을 가진 주주에게 주주총회일(정기주주총회의 경우 직전 연도의 정기주주총회일에 해당하는 그 해의 해당일)의 6주 전에 서면 또는 전자문서로 일정한 사항을 주주총회의 목적사항으로 할 것을 제안할 수 있습니다(상법 제363조의2 제1항).

② ①의 제안을 한 주주는 이사에게 주주총회일의 6주 전에 서면 또는 전자문서로 회의의 목적으로 할 사항에 추가하여 당해 주주가 제출하는 의안의 요령을 총회의 소집통지서에 기재할 것을 청구할 수 있

습니다(상법 제363조의2 제2항).

③ 이사는 주주제안이 있는 경우에는 이를 이사회에 보고하고, 이사회는 주주제안의 내용이 법령 또는 정관에 위반하는 경우와 그 밖에 대통령령으로 정하는 경우를 제외하고는 이를 주주총회의 목적사항으로 해야 합니다. 이 경우 주주제안자의 청구가 있는 때에는 주주총회에서 당해 의안을 설명할 기회를 주어야 합니다(상법 제363조의2 제3항).

■ 영업양도 반대 주주가 회사를 상대로 제가 매수청구권을 행사에 따른 지체책임을 물을 수 있나요?

Q: 저는 주식회사 A의 주주 甲입니다. 저는 회사의 경영에 관심이 많은 주주입니다. 그런데 최근들어 회사 A는 회사 B에게 영업을 양도하는 내용의 주주총회를 결의하였습니다. 저는 회사 A의 중요 부문을 양도해서는 안된다고 생각하여 서면으로 반대하는 의사를 통지하였고 주주총회에서 반대표를 던졌으나 주주총회에서 영업양도 결의가 통과되었습니다. 저는 주식회사 A의 경영을 신뢰하기가 어려워서 회사 A를 상대로 주식매수청구권을 행사하게 되었습니다. 그런데 회사 A는 사정이 어렵다는 이유로 매수가격 협상에도 응하지 않고 차일피일 미루고 있는 상황입니다. 이 경우 제가 나중에 법원을 통해 매수가격이 정해지면 회사를 상대로 제가 매수청구권을 행사에 따른 지체책임을 물을 수 있나요?

A: 상법 제374조의 2 제1항은 "제374조(영업양도 등)의 규정에 의한 결의사항에 반대하는 주주는 주주총회전에 회사에 대하여 서면으로 그 결의에 반대하는 의사를 통지한 경우에는 그 총회의 결의일부터 20일내에 주식의 종류와 수를 기재한 서면으로 회사에 대하여 자기가 소유하고 있는 주식의 매수를 청구할 수 있다.", 같은 조 제2항은 "회사는 제1항의 청구를 받은 날부터 2월 이내에 그 주식을 매수하여야 한다", 같은 조 제3항은 "제2항의 규정에 의한 주식의 매수가액은 주주와 회

사간의 협의에 의하여 결정한다.", 같은 조 제4항은 "제1항의 청구를 받은 날부터 30일 이내에 제3항의 규정에 의한 협의가 이루어지지 아니한 경우에는 회사 또는 주식의 매수를 청구한 주주는 법원에 대하여 매수가액의 결정을 청구할 수 있다."고 각 규정하고 있습니다. 상법 제374조의 2는 영업양도 등의 반대주주의 주식매수청구권의 요건, 절차 등을 자세히 규정하고 있습니다. 그런데 상법 규정에는 회사가 2개월이 지나도록 매수가격을 정하지 않을 경우 지체책임을 지는지에 관하여는 규정이 없습니다.

한편 대법원은 위와 유사한 사안에서 "영업양도에 반대하는 주주(이하 '반대주주'라 한다)의 주식매수청구권에 관하여 규율하고 있는 상법 제374조의2 제1항 내지 제4항 의 규정 취지에 비추어 보면, 반대주주의 주식매수 청구권은 이른바 형성권으로서 그 행사로 회사의 승낙 여부와 관계없이 주식에 관한 매매 계약이 성립하고, 상법 제374조의2 제2항의 '회사가 주식매수청구를 받은 날로부터 2월'은 주식매매대금 지급의무의 이행기를 정한 것이라고 해석된다. 그리고 이러한 법리는 위 2월 이내에 주식의 매수가액이 확정되지 아니하였다고 하더라도 다르지 아니하다."고 판시하면서 주식매수청구권 행사로부터 2개월이 지난 때를 매수대금 지급의 이행기로 보고, 그 다음날부터 회사는 주식매수청구권자에게 주식매수대금결정이 되기 전이라도 지체책임을 지게 된다고 하였습니다.

위 관련 판례에 비추어 볼 때 회사 A가 차일피일 주식매수청구에 응하지도 않고 매수가격도 정하지 않는 경우 주주 甲은 법원에 주식의 매수가격을 정해달라는 청구를 하여 정해지면 매수청구권 행사로부터 2개월이 지난 때부터 회사를 상대로 지체책임을 추궁할 수 있을 것으로 보입니다. 이때는 상법이 정한 연 6%의 지연손해금이 적용됩니다.

(관련판례)

상법 제466조 제1항에서 규정하고 있는 주주의 회계장부와 서류 등에 대한 열람·등사청구가 있는 경우 회사는 청구가 부당함을 증명하여 이를 거부할 수 있고, 주주의 열람·등사권 행사가 부당한 것인지는 행사에 이르게 된 경위, 행사의 목적, 악의성 유무 등 제반 사정을 종합적으로 고려하여 판단하여야 한다. 특히 주주의 이와 같은 열람·등사권 행사가 회사업무의 운영 또는 주주 공동의 이익을 해치거나 주주가 회사의 경쟁자로서 취득한 정보를 경업에 이용할 우려가 있거나, 또는 회사에 지나치게 불리한 시기를 택하여 행사하는 경우 등에는 정당한 목적을 결하여 부당한 것이라고 보아야 한다. 한편 주식매수청구권을 행사한 주주도 회사로부터 주식의 매매대금을 지급받지 아니하고 있는 동안에는 주주로서의 지위를 여전히 가지고 있으므로 특별한 사정이 없는 한 주주로서의 권리를 행사하기 위하여 필요한 경우에는 위와 같은 회계장부열람·등사권을 가진다. 주주가 주식의 매수가액을 결정하기 위한 경우뿐만 아니라 회사의 이사에 대하여 대표소송을 통한 책임추궁이나 유지청구, 해임청구를 하는 등 주주로서의 권리를 행사하기 위하여 필요하다고 인정되는 경우에는 특별한 사정이 없는 한 그 청구는 회사의 경영을 감독하여 회사와 주주의 이익을 보호하기 위한 것이므로, 주식매수청구권을 행사하였다는 사정만으로 청구가 정당한 목적을 결하여 부당한 것이라고 볼 수 없다(대법원 2018.2.28. 선고 2017다270916 판결).

1-3-6. 총회의 연기·속행

주주총회의 속행이나 연기의 경우(상법 제372조제1항), 다른 소집절차를 거치지 않아도 됩니다. 또한 1인 회사나 전원 출석총회에는 특별한 법정 소집 절차없이 결의할 수 있습니다.

1-4. 의결권

① 의결권이란 주주가 주주총회에 참석하여 그 결의에 참가할 수 있는 권리입니다. 주식회사는 자본다수결이 지배하는 회사로서 출자단위인 주식 1개당 하나의 의결권을 부여하고 있습니다(상법 제369조제1항).

② 정관 또는 주주총회의 의결로써도 이에 반하는 규정을 하지 못합니다. 다만, 법률로써 예외가 인정됩니다. 즉 자기주식(상법 제369조제

2항)·상호소유주식(상법 제369조제3항)·감사의 선임(상법 제409조) 등
입니다.

1-4-1. 의결정족수 및 의결권제한

주주총회의 결의에서 무의결권주식은 발행주식에 산입하지 않습니다(상법
제371조제1항). 그리고 특별이해관계인이 갖는 주식의 의결권수는 결의성
립에 출석한 주주의 의결권수에 산입하지 아니 합니다(상법 제371조제2
항).

1-4-2. 의결권행사

① 의결권은 주주만이 행사할 수 있는 권리로서 직접 자신이 행사하거나 대
   리인으로 하여금 행사하게 할 수 있습니다. 대리행사의 경우에는 대리
   권을 증명하는 서면을 총회에 제출해야 합니다(상법 제368조제2항).
② 기명주주가 의결권을 행사하려면 주주명부에 기재되어 있어야 합니다.
   따라서 주식양도를 받고 명의개서를 하지 않았다면 주주총회에서 의
   결권을 행사할 수 없습니다.
③ 총회의 결의에 관하여 특별한 이해관계가 있는 자는 의결권을 행사하
   지 못합니다.
④ 주주가 2이상의 의결권을 가지고 있는 때에는 이를 통일하지 아니하
   고 행사할 수 잇습니다. 이 경우 주주총회의 3일전에 회사에 대하여
   서면 또는 전자문서로 그 뜻과 이유를 통지해야 합니다(상법 제368
   조의2제1항).
⑤ 주주가 주식의 신탁을 인수하였거나 기타 타인을 위하여 주식을 가지
   고 있는 경우에는 회사는 주주의 의결권의 불통일행사를 거부할 수
   있습니다(상법 제368조의2제2항).
⑥ 주주는 정관이 정한 바에 따라 총회에 출석하지 아니하고 서면에 의
   해 의결권을 행사할 수 있습니다. 회사는 총회의 소집통지서에 주주
   가 서면에 의한 의결권을 행사하는데 필요한 서면과 참고자료를 첨

부해야 합니다(상법 제368조의3).

⑦ 회사는 이사회의 결의로서 주주가 총회에 출석하지 아니하고 전자적 방법으로 의결권을 행사할 수 있음을 정할 수 있습니다. 또 회사는 소집통지를 할 때에는 주주가 전자적 방법에 따른 의결권 행사를 할 수 있다는 내용을 기재해야 하며, 이에 필요한 양식과 참고자료를 주주에게 전자적 방법으로 제공해야 합니다(상법 제368조의4).

⑧ 의결권행사와 관련하여 회사의 이익공여는 금지됩니다(상법 제467조의2). 또한 회사가 의결권을 침해한 때에는 의결취소원인이 되며(상법 제376조), 이에 대해 이사는 책임을 지게 됩니다(상법 제401조).

⑨ 의결권행사에 있어 부정청탁에 따른 불법행위에 의한 손해배상을 부담합니다(민법 제750조).

■ 대주주 1인에 의한 주주총회 효력은 어떻게 되는지요?

Q: 저는 甲회사의 소수주주로 있습니다. 甲회사의 주주 乙은 주식의 98%를 소유하고 있지만 저는 乙과는 아무런 인적 관련이 없고 다만 공동투자의 형태로 甲회사의 나머지 일부 주식을 소유하고 있습니다. 그런데 乙은 본인이 대주주임을 내세워 주주총회의 소집 및 통지절차를 거치지 않고 주주총회결의가 있었던 것처럼 주주총회 의사록을 작성하였습니다. 이 경우 주주총회결의 효력은 어떻게 되는지요?

A: 주주총회 절차와 관련하여 「상법」제368조 제1항은 "총회의 결의는 이 법 또는 정관에 다른 정함이 있는 경우를 제외하고는 출석한 주주의 의결권의 과반수와 발행주식 총수의 4분의 1 이상의 수로써 하여야 한다."라고 규정하고 있고, 같은 법 제373조 제1항 및 제2항은 "총회의 의사에는 의사록을 작성하여야 하고, 의사록에는 의사의 경과요령과 그 결과를 기재하고 의장과 출석한 이사가 기명날인 또는 서명하여야 한다."라고 규정하고 있습니다.

또한, 같은 법 제380조에서는 총회의 결의의 내용이 법령에 위반될 때에는 결의무효의 확인을, 총회의 소집절차 또는 결의방법에 총회결의가 존재한다고 볼 수 없을 정도의 중대한 하자가 있는 때에는 결의부존재의 확인을 구할 수 있도록 하고 있습니다.

한편, 주주총회와 관련하여 판례는 "주식회사에 있어서 총 주식을 한 사람이 소유한 이른바 1인 회사의 경우 그 주주가 유일한 주주로서 주주총회에 출석하면 전원 총회로서 성립하고 그 주주의 의사대로 결의가 될 것임이 명백하므로 따로 총회소집절차가 필요 없으며, 실제로 총회를 개최한 사실이 없었다 하더라도 그 1인 주주에 의하여 의결이 있었던 것으로 주주총회 의사록이 작성되었다면 특별한 사정이 없는 한 그 내용의 결의가 있었던 것으로 볼 수 있고, 이 점은 한 사람이 다른 사람의 명의를 빌려 주주로 등재하였으나 총 주식을 실질적으로 그 한 사람이 모두 소유한 경우에도 마찬가지라고 할 수 있다."라고 하였으나 (대법원 2004. 12. 10. 선고 2004다25123 판결),

위 사안과 관련된 판례에서는 "주식의 소유가 실질적으로 분산되어 있는 경우에는 상법상의 원칙으로 돌아가 실제의 소집절차와 결의절차를 거치지 아니한 채 주주총회의 결의가 있었던 것처럼 주주총회 의사록을 허위로 작성한 것이라면 설사 1인이 총 주식의 대다수를 가지고 있고 그 지배주주에 의하여 의결이 있었던 것으로 주주총회 의사록이 작성되어 있다 하더라도 도저히 그 결의가 존재한다고 볼 수 없을 정도로 중대한 하자가 있는 때에 해당하여 그 주주총회의 결의는 부존재하다고 보아야 한다."라고 하였습니다(대법원 2007. 2. 22. 선고 2005다73020 판결).

따라서 사안의 경우와 같이 乙이 甲회사의 주식의 대부분인 98%를 소유하고 있다고 하더라고 나머지 주식은 乙과는 별개의 타인들이 실질적으로 소유하고 있는 경우 대주주 乙이 다른 소수주주에게 주주총회 소집 및 통지절차를 거치지 않고 주주총회 결의가 있었던 것처럼 주주총회 의사록을 작성하였다면 귀하와 다른 주주들은 그에 대한 주주총회 부존재확인의 소를 구할 수 있을 것으로 보입니다.

■ **회사의 중요사업부분 양도와 상법상 1인회사의 주주총회 운영은 어떻게 하면 되나요?**

Q: A주식회사의 사실상 유일한 주주인 甲은 A회사의 가장 중요한 사업부분인 금융사업부분을 B회사에 양도하기 위해 주주총회소집절차를 거치지 않고, 'A회사는 B회사에 금융사업부분을 양도한다.'는 내용의 주주총회의사록을 임의로 작성하였습니다. A회사의 이사 乙은 주주총회결의부존재확인의 소를 제기하여 승소할 수 있는지요?

A: 주주총회의 특별결의가 있어야 하는 상법 제374조 제1항 제1호 소정의 '영업의 전부 또는 중요한 일부의 양도'라 함은 일정한 영업목적을 위하여 조직되고 유기적 일체로 기능하는 재산의 전부 또는 중요한 일부를 총체적으로 양도하는 것을 의미하는 것으로서, 이에는 양수 회사에 의한 양도 회사의 영업적 활동의 전부 또는 중요한 일부분의 승계가 수반되어야 하는 것이므로 단순한 영업용 재산의 양도는 이에 해당하지 않습니다. 나아가 주식회사가 사업목적으로 삼는 영업 중 일부를 양도하는 경우 상법 제374조 제1항 제1호 소정의 '영업의 중요한 일부의 양도'에 해당하는지는 양도대상영업의 자산, 매출액, 수익 등이 전체 영업에서 차지하는 비중, 일부 영업의 양도가 장차 회사의 영업규모, 수익성 등에 미치는 영향 등을 종합적으로 고려하여 판단하여야 합니다(대법원 2014. 10. 15. 선고 2013다38633 판결).

A회사가 금융사업부분을 B회사에 양도하는 행위는 상법 제374조 제1항 제1호 소정의 '영업의 전부 또는 중요한 일부의 양도'에 해당하므로 상법 제434조, 제433조 제1항에 따라 주주총회 특별결의를 거쳐 출석한 주주의 의결권의 3분의 2이상의 수와 발행주식 총수의 3분의 1이상의 동의를 얻어야 합니다.

그러나 A회사는 주주총회를 소집하기 위한 이사회결의(상법 제362조)를 비롯한 어떠한 절차도 없이 주주총회의사록만을 작성하였으므로 주주총회결의에 절차상의 하자가 존재합니다.

그리고 그 하자의 정도는 '총회의 소집절차 또는 결의방법에 총회결의가 존재한다고 볼 수 없을 정도의 중대한 하자'가 있다고 볼 수 있으므로 상법 제380조에 기한 총회결의부존재사유가 될 수 있습니다.

한편, A회사의 중요한 사업부분인 금융사업부분을 B회사로 양도하는 것은 회사의 중요한 영업의 일부를 폐지한 것과 같은 결과를 초래할 수 있을 정도로 중대한 사안이므로 A회사의 이사인 乙은 총회결의부존재확인을 구할 정당한 법률상 이익이 있어 원고적격이 인정됩니다.

다만 주식회사에 있어서 회사가 설립된 이후 총 주식을 한 사람이 소유하게 된 이른바 1인회사의 경우에는 그 주주가 유일한 주주로서 주주총회에 출석하면 전원 총회로서 성립하고 그 주주의 의사대로 결의가 될 것임이 명백하므로 따로 총회소집절차가 필요 없고, 실제로 총회를 개최한 사실이 없었다 하더라도 그 1인 주주에 의하여 의결이 있었던 것으로 주주총회의사록이 작성되었다면 특별한 사정이 없는 한 그 내용의 결의가 있었던 것으로 볼 수 있고, 이는 실질적으로 1인회사인 주식회사의 주주총회의 경우도 마찬가지이며, 그 주주총회의사록이 작성되지 아니한 경우라도 증거에 의하여 주주총회 결의가 있었던 것으로 볼 수 있습니다(대법원 2004. 12. 10. 선고 2004다25123 판결).

따라서 乙은 A회사를 상대로 총회결의부존재확인의소를 제기할 수는 있으나 그 결의가 1인주주인 甲의 의사에 합치하는 이상 총회결의의 하자가 치유된다고 볼 수 있기 때문에 승소하는 것은 곤란할 것입니다.

■ 합병비율의 불공정으로 인한 합병무효의 소를 제기하여 승소할 수 있나요?

Q: A회사는 계열회사인 B회사의 W은행에 대한 차용금채무를 보증하고 있었습니다. 그러나 B회사가 사업부진으로 채무를 변제하지 못하게 되자 W은행은 A회사에게 B회사를 흡수합병 할 것을 종용하였고, 결국 A회사는 주주총회 결의를 통해 B회사를 흡수합병 하였습니다. 한편, A회사의 주주 乙은 A회사와 B회사의 합병당시 주식가치가 17:1임에도 불구하고 합병비율은 1:1로 정해져 본인의 주식가치가 1/3이상 감소되었습니다. 乙은 자신의 주식가치를 회복하기 위해 A회사를 상대로 합병무효의 소를 제기하여 승소할 수 있나요?

A: 합병비율이란, 흡수합병의 경우에는 존속회사(A회사)가 소멸회사(B회사)의 주주에게 신주를 발행함에 있어 그 배정의 기준이 되는 소멸회사의 주식과 존속회사의 주식의 교환비율을 말하며, 신설합병의 경우에는 신설회사의 주식과 소멸회사의 주식간의 교환비율을 뜻합니다. 이러한 합병비율이 불공정하게 결정되어 합병의 공정성이 침해되는 경우 이를 합병무효의 소로써 다툴 수 있을 것인지가 문제됩니다.

흡수합병의 경우 합병비율 즉 존속회사가 합병당시 발행하는 신주를 소멸하는 회사의 주주에게 배정, 교부함에 있어서 적용할 비율을 정하는 것이 합병계약의 가장 중요한 내용이 된다 할 것인데, 합병비율은 합병당사회사의 재산 상태와 그에 따른 주식의 객관적 가치에 비추어 공정하게 정함이 원칙이라 할 것이고, 만일 그 비율이 합병당사회사의 일방에게 불리하게 정해진 경우에는 그 회사의 주주가 합병 전 회사 재산에 대하여 가지고 있던 지분비율을 합병 후에 유지할 수 없게 됨으로써 실질적으로 주식의 일부를 상실케하는 결과를 초래하는 만큼 현저하게 불공정한 합병비율을 정한 합병계약은 사법관계를 지배하는 신의성실의 원칙이나 공평의 원칙에 반하여 무효라고 할 것입니다.

위 인정사실에 의하면 합병당시 순자산액을 기준으로 할 때 A회사와 B회사의 발행주식 1주의 가치가 무려 17:1이나 됨에도 불구하고 합병 비율은 1:1로 정해졌다는 것이니 그렇다면 기업자체나 주식의 가치가 대차대조표상의 자산상태나 영업실적에 의하여 엄밀하게 측정할 수 있는 성질의 것이 못 되고 장래의 사업전망이나 경기변동 등 불확실한 요인에 의하여 영향을 받게 된다는 점을 감안한다 하더라도 달리 위와 같은 합병비율을 수긍할 만한 아무런 합리적 이유도 찾아 볼 수 없는 이 사건에 있어 위 합병비율은 현저하게 불공정하다고 할 수 밖에 없고, 따라서 피고회사와 소멸회사 사이에 체결된 이 사건 합병계약은 그 내용으로 된 합병비율이 현저하게 부당하여 무효라 할 것입니다(인천지방법원 1986. 8. 29. 선고 85가합1526 판결).

설사 A회사의 주주총회에서 참석주주의 만장일치로 흡수합병을 승인하였고, 乙 또한 위 주주총회에 참석하여 아무런 조건 없이 그 결의에 찬동하였더라도 당초부터 무효인 합병계약이 합병당사회사 주주총회의 승인을 받았다 하여 유효로 전환될 리는 없는 것이고, 또한 乙이 위 주주총회에 참석하여 합병결의에 찬동하였다 하더라도 그와 같은 사유만으로 곧 합병의 무효를 구함이 신의성실의 원칙이나 금반언의 원칙에 반하여 부당하다고 할 수는 없으므로 乙은 A회사를 상대로 상법 제529조에 기하여 합병무효의 소를 제기하여 승소할 수 있습니다.

(관련판례)

흡수합병 시 존속회사가 발행하는 합병신주를 소멸회사의 주주에게 배정·교부함에 있어서 적용할 합병비율을 정하는 것은 합병계약의 가장 중요한 내용이고, 만일 합병비율이 합병할 각 회사의 일방에게 불리하게 정해진 경우에는 그 회사의 주주가 합병 전 회사의 재산에 대하여 가지고 있던 지분비율을 합병 후에 유지할 수 없게 됨으로써 실질적으로 주식의 일부를 상실하게 되는 결과를 초래하므로, 비상장법인 간 흡수합병의 경우 소멸회사의 주주인 회사의 이사로서는 합병비율이 합병할 각 회사의 재산 상태와 그에 따른 주식의 실제적 가치에 비추어 공정하게 정하여졌는지를 판단하여 회사가 합병에 동의할 것인지를 결정하여야 한다.

다만 비상장법인 간 합병의 경우 합병비율의 산정방법에 관하여는 법령에 아무런 규정이 없을 뿐만 아니라 합병비율은 자산가치 이외에 시장가치, 수익가치, 상대가치 등의 다양한 요소를 고려하여 결정되어야 하는 만큼 엄밀한 객관적 정확성에 기하여 유일한 수치로 확정할 수 없는 것이므로, 소멸회사의 주주인 회사의 이사가 합병의 목적과 필요성, 합병 당사자인 비상장법인 간의 관계, 합병 당시 각 비상장법인의 상황, 업종의 특성 및 보편적으로 인정되는 평가방법에 의하여 주가를 평가한 결과 등 합병에 있어서 적정한 합병비율을 도출하기 위한 합당한 정보를 가지고 합병비율의 적정성을 판단하여 합병에 동의할 것인지를 결정하였고, 합병비율이 객관적으로 현저히 불합리하지 아니할 정도로 상당성이 있다면, 이사는 선량한 관리자의 주의의무를 다한 것이다(대법원 2015. 7. 23. 선고 2013다62278 판결).

■ 명의개서를 부당하게 거절당한 주주총회결의 부존재확인의 소를 제기할 수 있나요?

Q: 甲은 M주식회사의 대주주이자 실질적 경영자이고, 乙은 甲으로부터 사기피해를 입은 자입니다. 乙은 2016. 10. 5. 甲으로부터 피해변제 명목으로 甲소유의 M회사 주식 50,000주를 양도받아 M회사의 주주가 되었습니다. 위와 같이 주식을 양도받은 乙은 M회사에 대하여 명의개서를 청구하였으나 거절당하였습니다. 한편, M회사는 현재 회사설립등기 후 6개월이 경과하였음에도 주권을 발행하지 않았습니다. 그 후 2016. 12. 9. M회사는 전체 발행주식 10,000주의 70%에 해당하는 주주들에게 소집통지를 하지 아니한 채 일부 주주들만으로 임시주주총회를 개최하여 주식을 증자하기로 결의하였습니다. 乙은 위 주주총회결의 부존재확인의 소를 제기할 수 있나요?

A: 주주명부란 주주 및 주권에 관한 사항을 명백히 하기 위하여 상법의 규정에 의하여 작성되는 장부를 말하며, 주식이 양도된 경우 양수인의 성

명과 주소를 주주명부에 기재하는 것을 명의개서라고 합니다.

한편, 주권발행 전에 한 주식의 양도는 회사에 대하여 효력이 없는데 예외적으로 회사성립 후 또는 신주의 납입기일 후 6월이 경과한 때에는 그러하지 아니 합니다(상법 제335조).

따라서 주권발행 전에 한 주식의 양도도 회사성립 후 또는 신주의 납입기일 후 6월이 경과한 때에는 회사에 대하여 효력이 있는 것으로서, 이 경우 주식의 양도는 지명채권의 양도에 관한 일반원칙에 따라 당사자의 의사표시만으로 효력이 발생하는 것이고, 상법 제337조 제1항에 규정된 주주명부상의 명의개서는 주식을 취득한 자가 회사에 대한 관계에서 주주의 권리를 행사하기 위한 대항요건에 지나지 않고, 회사 이외의 제3자에 대한 관계에서의 대항요건은 아니므로, 회사성립 후 또는 신주의 납입기일 후 6월이 경과하도록 회사가 주권을 발행하지 아니한 경우 그 주식을 취득한 자는 특별한 사정이 없는 한 상대방의 협력을 받을 필요 없이 단독으로 자신이 주식을 취득한 사실을 증명함으로써 회사에 대하여 그 명의개서를 청구할 수 있는 것이고, 이 경우에 명의개서의 청구에 소정 서류의 제출을 요한다고 하는 정관의 규정이 있다 하더라도, 이는 주식의 취득이 적법하게 이루어진 것임을 회사로 하여금 간이 명료하게 알 수 있게 하는 방법을 정한 것에 불과하여 주식을 취득한 자가 그 취득사실을 증명한 이상 회사는 위와 같은 서류가 갖추어지지 아니하였다는 이유로 명의개서를 거부할 수는 없습니다(대법원 1995. 3. 24. 선고 94다47728 판결).

그러나 주식을 양도받은 주식양수인들이 명의개서를 청구하였는데도 위 주식양도에 입회하여 그 양도를 승낙하였고 더구나 그 후 주식양수인들의 주주로서의 지위를 인정한 바 있는 회사의 대표이사가 정당한 사유 없이 그 명의개서를 거절한 것이라면 회사는 그 명의개서가 없음을 이유로 그 양도의 효력과 주식양수인의 주주로서의 지위를 부인할 수 없습니다(대법원 1993. 7. 13. 선고 92다40952 판결).

위와 같이 명의개서를 부당하게 거절당한 을이 취할 수 있는 일반적인 구제수단으로는 ① M회사를 상대로 한 명의개서청구소송 제기(민법 제

389조 제2항 전단), ② 임시주주의 지위를 정하는 가처분을 신청(민사
집행법 제300조 제2항), ③ 명의개서를 부당거절 한 이사(상법 제401
조) 및 회사(민법 제756조)에 대한 손해배상청구, ④ 이사의 과태료
책임 추궁(상법 제635조 제1항 제7호)을 상정할 수 있습니다.

그리고 명의개서가 부당하게 거절 된 이상 그 양수인을 명의개서를 필한
주주와 동일한 지위에 있는 것으로 취급하고 그에 따라 양수인이 명의개
서를 하지 않고도 회사에 대하여 주주권을 행사할 수 있다는 것이 판례의
태도이므로 乙은 명의개서가 되어 있지 않는 상태이더라도 총회결의 취소
의 소(상법 제376조) 또는 총회결의 무효 및 부존재확인의 소(상법 제
380)를 제기할 수 있는 원고적격이 인정되므로 M회사의 2016. 12. 9.
자 주주총회결의에 대한 부존재확인의 소를 제기할 수 있습니다.

(관련판례)

주주총회에서 감사를 선임하려면 우선 '출석한 주주의 의결권의 과반
수'라는 의결정족수를 충족하여야 하고, 나아가 의결정족수가 '발행주
식총수의 4분의 1 이상의 수'이어야 하는데, 상법 제371조는 제1항에
서 '발행주식총수에 산입하지 않는 주식'에 대하여 정하면서 상법 제
409조 제2항의 의결권 없는 주식(이하 '3% 초과 주식'이라 한다)은
이에 포함시키지 않고 있고, 제2항에서 '출석한 주주의 의결권 수에
산입하지 않는 주식'에 대하여 정하면서는 3% 초과 주식을 이에 포함
시키고 있다.

그런데 만약 3% 초과 주식이 상법 제368조 제1항에서 말하는 '발행
주식총수'에 산입된다고 보게 되면, 어느 한 주주가 발행주식총수의
78%를 초과하여 소유하는 경우와 같이 3% 초과 주식의 수가 발행주
식총수의 75%를 넘는 경우에는 상법 제368조 제1항에서 말하는 '발
행주식총수의 4분의 1 이상의 수'라는 요건을 충족시키는 것이 원천적
으로 불가능하게 되는데, 이러한 결과는 감사를 주식회사의 필요적 상
설기관으로 규정하고 있는 상법의 기본 입장과 모순된다. 따라서 감사
의 선임에서 3% 초과 주식은 상법 제371조의 규정에도 불구하고 상
법 제368조 제1항에서 말하는 '발행주식총수'에 산입되지 않는다. 그

리고 이는 자본금 총액이 10억 원 미만이어서 감사를 반드시 선임하지 않아도 되는 주식회사라고 하여 달리 볼 것도 아니다(대법원 2016. 8. 17. 선고 2016다222996 판결).

■ **양도방법에 따르지 아니하고 양수한 주식양수인이 주주로서 결의한 한 경우 주주총회 결의의 효력이 있는지요?**

Q: 주식회사의 기명주식을 상법 제336조에서 정한 양도방법에 따르지 아니하고 양수한 주식양수인이 주주로서 결의한 한 경우 주주총회 결의의 효력이 있는지요?

A: 현행 상법상 주식의 양도는 양도의 합의 외에 주권의 교부를 요하고(상법 제336조 제1항), 이로써 족하도록 되어 있으며, 위 규정은 강행규정으로 정관으로 달리 정하지 못한다고 보는 것이 대법원의 판시 취지(대법원 2002. 3. 29. 2002카합1 참조)이므로, 기명주식을 상법 제336조에서 정한 양도방법에 따르지 아니한 주식양도는 효력이 없다 할 것입니다. 그러므로 기명주식의 양도방법에 의하여 양도받지 아니한 주식양수인은 회사에 대하여 주식양도의 효력이 있다고 주장할 수 없어서 동 회사의 주주가 될 수 없으므로 동인들에 의한 주주총회 결의는 존재한다고 볼 수 없다 할 것인데, 대법원 역시 같은 취지의 판시(대법원 1980. 1. 15. 선고 79다71 참조)를 하고 있습니다.

(관련판례)
지배주식의 양도와 함께 경영권이 주식양도인으로부터 주식양수인에게 이전하는 경우 그와 같은 경영권의 이전은 지배주식의 양도에 따르는 부수적인 효과에 불과하다(대법원 2014. 10. 27. 선고 2013다29424 판결).

■ 신분증을 첨부하지 않은 의결권의 대리행사 및 감자무효의 소를 제기할 수 있나요?

Q: 최근 자본경손상태에 빠져 경영위기를 맞은 A주식회사의 이사회는 10대 1의 비율로 주식을 병합하는 방식으로 자본금을 감소하기로 결정하고, 이를 승인하기 위해 총회를 소집하였습니다. 그러나 A회사의 소액주주들은 대체로 감자에 반발하는 분위기였고 A회사 주식의 0.4%에 해당하는 주식을 보유한 甲 역시 감자 결의에 반대하는 입장이었습니다. 甲은 총회결의에서 감자에 반대하는 자신의 뜻을 피력하기 위하여 乙을 자신의 대리인으로 삼고 그 사실을 기재한 위임장을 A회사에게 우편으로 보냈습니다. 그런데 당시 A회사의 정관에는 "당사의 총회에서 주주의 대리인이 의결권을 행사하기 위해서는 주주 본인의 신분증을 첨부하여야 한다"는 규정이 있었으나 甲은 이를 첨부하지 않았고, A회사의 대표이사는 주주 본인의 신분증이 첨부되지 않았다는 이유로 乙의 대리행사를 인정하지 않았습니다. 결국 감자결의는 발행주식 총수의 70%에 해당하는 주식을 보유한 기관투자가들의 찬성으로 통과되었습니다. 甲은 乙의 대리행사를 불허한 것을 이유로 감자무효의 소를 제기할 수 있나요?

A: 먼저 A회사가 신분증 미첨부를 이유로 乙의 대리행사를 불허한 것이 적법한지가 문제됩니다. 만약 위법하다면 감자절차에 하자가 있었던 것이 되므로 상법 제445조에 따라 감자무효의 소를 제기할 수 있습니다. 이에 대하여 대법원은 의결권을 대리행사할 때 위임장만의 제출을 요구하고 있는 상법 제368조 제3항을 인용하면서 "제368조 제3항은 의결권의 행사를 최대한 용이하게 하기위한 강행법적 규정으로서 정관이나 기타 합의로 그 요건을 강화, 가중할 수 없고 한편 대리권의 증명은 서면으로만 하면 되는 것이지 그 서면의 양식이나 첨부서류에 관하여는 아무런 추가적인 요건을 규정하고 있지 않으므로, 특별한 사정이 없는 한 대리인은 총회에 확인된 위임장 원본의 제시만으로 그 대리권을 일응 증명하

였다고 할 것"이라고 판시하였습니다(대판 2004. 4. 27. 2003다 29616). 이러한 판례의 태도에 따를 때 A회사가 위임장과 더불어 주주 본인의 신분증까지 첨부하도록 규정한 정관을 내세워 乙의 대리행사를 불허한 것은 위법하므로 이 사건 감자절차에는 하자가 존재합니다. 다만 발행주식 총수의 70%를 보유한 기관투자가들이 감자결의에 찬성하였다는 사정이 감자무효의 소에 미칠 수 있는 영향에 관하여 대법원은 감자무효의 소의 재량기각 규정(상법 제446조)과 관련하여 "법원이 재량기각을 하기 위해서는 원칙적으로 하자가 보완되어야 할 것이나, 1) 그 하자가 추후 보완될 수 없는 성질의 하자로서, 2) 자본금 감소결의의 효력에 아무런 영향을 미치지 않는 경우 즉, 어떤 주주의 위임장 접수를 거부한 것이 부당하긴 하지만 그 위임된 주식을 모두 반대의 표로 계산하더라도 어차피 감자결의의 정족수가 충족되는 경우에는, 하자가 보완되지 않았더라도 회사의 현황 등 제반사정만을 참작하여 청구를 기각할 수 있다"고 판시한 바 있습니다(대판 2004. 4. 27. 2003다29616). 따라서 이 사건의 경우에도 발행주식 총수의 70%를 보유한 주주들이 찬성한 이상 甲이 제기한 감자무효의 소는 재량기각될 여지가 있습니다.

(관련판례)

주주의 의결권을 적법하게 위임받은 수임인은 특별한 사정이 없는 한 주주총회에 참석하여 의결권을 행사할 수 있으므로(대법원 1993. 2. 26. 선고 92다48727 판결 등 참조), 의결권을 적법하게 위임받은 대리인이 주주총회에 출석한 것은 그 의결권의 범위 내에서는 주주의 수권에 따른 것으로서 주주가 직접 출석하여 의결권을 행사하는 것과 마찬가지로 볼 수 있고, 주주로부터 의결권 행사를 위임받은 대리인은 특별한 사정이 없는 한 그 의결권 행사의 취지에 따라 제3자에게 그 의결권의 대리행사를 재위임할 수 있다(대법원 2009. 4. 23. 선고 2005다22701, 22718 판결 참조)(대법원 2014. 1. 23. 선고 2013다56839 판결).

1-5. 종류주주총회

① 회사가 수종의 주식을 발행할 때에 정관을 변경함으로써 어느 종류의 주주에게 손해를 미치게 될 때에는 주주총회결의 외에 그 종류의 주주총회의 결의가 있어야 합니다(상법 제435조제1항).

② 수적으로 우세한 종류의 주주들이 주주총회에서 특정주주들의 권리에 변경을 가하는 결의를 관철시킨다면 특정주주들의 권리가 침해받을 수 있습니다.

③ 이러한 위험 때문에 법률로서 주주총회의 특별결의사항 가운데 특정 종류의 이해와 관계된 사항에 대해서는 주주총회 이외에 그 종류의 주주들만의 결의를 요구하고 있습니다. 이러한 결의를 위해 소집되는 회합을 종류주주총회라고 합니다.

④ 그러나 종류주주총회는 특정결의의 효력발생을 위한 부가적 요건일 뿐 그 자체가 주주총회는 아니며 회사의 기관도 아닙니다.

⑤ 종류주주총회의 결의가 필요한 경우는 다음의 세가지 경우입니다.

  1. 정관을 변경함으로써 어느 주주의 주주에게 손해를 미치게 될 때입니다(상법 제435조제1항).

  2. 회사가 종류주식을 발행하는 때에는 정관에 다른 정함이 없는 경우에도 주식의 종류에 따라 신주인수, 주식의 병합·분할·소각 또는 회사의 합병·분할로 인한 주식의 배정 등으로 특정한 정함을 둘 때에 그로 인하여 어느 종류의 주주에게 손해를 미치게 될 때입니다(상법 제436조, 제344조제3항).

  3. 주식의 종류에 따라 특수하게 정하는 경우와 회사의 분할 또는 분할합병, 주식교환, 주식이전 및 회사의 합병으로 어느 종류의 주주에게 손해를 미치게 될 경우입니다(상법 제436조).

⑥ 종류주주총회의 결의는 출석한 주주의 의결권의 3분의 2이상의 수와 그 종류의 발행주식의 총수의 3분의 1이상의 수로써 해야 합니다(상법 제435조제2항).

■ 합병반대주주의 주식매수청구권은 어떻게 행사해야 하는지요?

Q: 저는 A회사의 주주입니다. A회사의 이사회에서 B회사와의 합병을 결의 하였는데 저는 합병비율에 불만이 있어 반대하려고 합니다. 아예 이 회사의 주식을 처분하고 싶어서 주식매수청구를 하려고 합니다. 어떻게 행사해야 하는지를 알려주십시오.

A: 합병 등을 승인하는 주주총회 전에 반대의 서면통지를 하고 총회의 승인 결의일로부터 20일 이내에 서면으로 매수청구를 하면 됩니다. 주식매수청구권의 행사절차는 양도제한부주식의 매수청구시(상법 제335조의6)를 제외하고는 상법과 증권거래법이 모두 동일합니다. 즉 합병등을 승인하는 주주총회 전에 반대의 서면통지를 하고 총회의 승인 결의일로부터 20일 이내에 서면으로 매수청구를 하면 됩니다.

한편 금융산업의구조개선에관한법률이 규정하는 주식매수청구권의 행사절차는 이보다 간단해서 회사가 일간지에 공고한 바에 따라 10일 이내에 서면으로 매수청구만 하면 됩니다. (금융산업의구조개선에관한법률 제12조 제7항). 반대의 통지는 서면으로 하여야 하며 합병 승인 주주총회 전에 도달하여야 하므로 상법과 증권거래법에서는 합병당사회사가 합병 승인 주주총회의 소집 통지와 공고를 하는 때에는 주식매수청구권의 내용 및 행사방법을 명시토록 하고 있습니다.(상법 제530조제2항, 제530조의11 제2항,제374조 제2항, 증권거래법 제191조 제5항) 반대통지를 한 주주는 당해 회사행위에 대한 주주총회의 승인결의일부터 20일 이내에 자기가 소유하고 있는 주식을 매수하도록 회사에 서면청구하여야 합니다.(상법 제522조의3,제530조의11 제2항, 자본시장과금융투자업에관한법률 제191조 제1항) 다만 간이합병의 경우에는 간이합병의 통지 또는 공고일로부터 2주가 경과한 날로부터 20일 이내로 (상법 제522조의3 제2항, 자본시장과금융투자업에관한법률 제191조 제1항), 금융산업의구조개선에관한법률이 적용되는 경우에는 주식매수청구권행사에 관한 일간지 공고일로부터 10일 이내로 각기 매수청구기간이 단축되어 있습니다. (금융산업의구조개선에관한법률 제5조 제8항, 제12조 제7항). 매수청구를 할 수 있는 자는 기준일 또는 주주명부폐쇄 초일 현재 주주명부에 주주로 기재된 자나 상속인 등 그의 포괄승계인에 해당합니다. 또한 매수가격결정절차는 자본시장과금융투자업에관한 법률상에는 동법 제191조에 의하여 당사자간의 협의→대통령령이 정하는 방법으로 산정된 시장가격→금융감독위원회의 조정가격의 기본구조를 갖는데, 여기서 금융감독위원회의 조정가격에 강제력이 없어 궁극적으로 법원에 의하여 결정될 것이므로 결국 4단계의 절차를 거치도록 되어있고, 금융산업의구조개선에관한법률 제12조 제8항 및 상법 제374조의2에 의하면 당사자간의 협의 →회계전문가 산정가격 →법원의 결정가격의 3단계로 되어 있습니다.

(관련판례)

갑 주식회사의 주주인 을이 갑 회사의 회계장부 및 서류의 열람·등사를 청구하는 소를 제기하였는데, 소송 계속 중 갑 회사가 병 주식회사에 공장용지와 공장 건물을 양도하는 과정에서 을이 반대주주의 주식매수청구권을 행사하였고, 주식매수가액의 협의가 이루어지지 않자 을이 법원에 주식매수가액 산정결정 신청을 하여 재판이 계속 중이고, 그 후 을이 갑 회사의 이사들을 상대로 주주대표소송을 제기하고, 갑 회사를 상대로 사해행위취소소송을 제기하여 각 소송이 계속 중인 사안에서, 을이 주식매수청구권을 행사한 후 주식에 대한 매매대금을 지급받지 아니한 이상 주주의 지위에 있고, 주식매수가액의 산정에 필요한 갑 회사의 회계장부 및 서류를 열람·등사할 필요가 있다고 본 원심의 판단이 정당하다고 하는 한편, 을은 주주로서 이사의 책임을 추궁하기 위하여 주주대표소송을 제기하였으므로 갑 회사의 재무제표에 나타난 재무상태 악화의 경위를 확인하여 주주대표소송을 수행하는 데 필요한 범위에서 갑 회사에 회계장부의 열람·등사를 청구할 권리가 있고, 을이 주식매수청구권을 행사하였고 주주대표소송을 제기하기 이전에 갑 회사를 상대로 다수의 소송을 제기한 적이 있다는 등의 사정만으로 위와 같은 청구가 부당하다고 볼 수는 없으며, 다만 사해행위취소소송은 을이 갑 회사에 대한 금전 채권자의 지위에서 제기한 것이지 주주의 지위에서 제기한 것으로 보기 어려우므로 을이 사해행위취소소송을 제기한 것을 내세워 회계장부열람·등사청구를 하는 것은 부당하다(대법원 2018. 2. 28. 선고 2017다270916 판결).

■ 상법에서 금지하는 자기주식 취득에 해당하기 위한 요건은 무엇인지요?

Q: 甲 주식회사 이사 등이 乙 주식회사를 설립한 후 甲회사 최대 주주로부터 乙회사 명의로 甲회사 주식을 인수하였는데, 甲회사가 乙회사에 선급금을 지급하고, 乙회사가 주식 인수대금으로 사용할 자금을 대출받을 때 대출원리금 채무를 연대보증하는 방법으로 乙회사로 하여금 주식 인수대금을 마련할 수 있도록 각종 금융지원을 한 경우 상법 제341조에서 금지하는 자기주식 취득에 해당하는지요?

A: 상법 제341조에서 정한 경우 외에는 자기의 계산으로 자기의 주식을 취득하지 못하게 하는 이유와 관련하여 대법원은 "상법 제341조 는, 회사는 같은 조 각 호에서 정한 경우 외에는 자기의 계산으로 자기의 주식을 취득하지 못한다고 규정하고 있다. 이 규정은 회사가 자기 계산으로 자기의 주식을 취득할 수 있다면 회사의 자본적 기초를 위태롭게 할 우려가 있어 상법 기타의 법률에서 규정하는 예외사유가 없는 한 원칙적으로 이를 금지하기 위한 것으로서, 회사가 직접 자기 주식을 취득하지 아니하고 제3자 명의로 회사 주식을 취득하였을 때 그것이 위 조항에서 금지하는 자기주식의 취득에 해당한다고 보기 위해서는, 주식취득을 위한 자금이 회사의 출연에 의한 것이고 주식취득에 따른 손익이 회사에 귀속되는 경우이어야 한다."고 판시(대법원 2011. 4. 28. 선고 2009다23610 참조)하여 상법 제341조에서 금지하는 자기주식 취득에 해당하기 위해서는 주식취득을 위한 자금이 회사의 출연에 의한 것이고 주식취득에 따른 손익이 회사에 귀속되는 경우여야 한다고 요건을 제시하였습니다. 그런데 사안의 경우 乙회사의 주식인수자금이 甲회사로부터 나왔다는 사실만을 인정할 수 있을 뿐 乙회사가 甲회사의 주식을 인수

하는 것에 따른 손익을 甲회사에게 귀속시키기로 하는 명시적 또는 묵시적 약정이 있었다고 볼만한 사정을 찾기는 어렵습니다. 대법원 역시 유사한 사안에서 자기주식 취득이 금지되는 경우에 해당도지 않는다고 판시(대법원 2011. 4. 28. 선고 2009다23610 참조) 하였습니다.

2. 이사

① 이사는 이사회의 구성원으로써 회사의 업무집행에 관한 의사를 결정하고 감독할 권한을 가진 자입니다.

② 이사와 회사의 관계는 위임입니다(상법 제382조제2항).

③ 사외이사는 해당 회사의 상무에 종사하지 아니하는 이사로서 다음 각 호의 어느 하나에 해당하지 아니하는 자를 말합니다. 사외이사가 다음 각 호의 어느 하나에 해당하는 경우에는 그 직을 상실합니다 (상법 제382조제2항).

  1. 회사의 상무에 종사하는 이사·집행임원 및 피용자 또는 최근 2년 이내에 회사의 상무에 종사한 이사·감사·집행임원 및 피용자

  2. 최대주주가 자연인인 경우 본인과 그 배우자 및 직계 존속·비속

  3. 최대주주가 법인인 경우 그 법인의 이사·감사·집행임원 및 피용자

  4. 이사·감사·집행임원의 배우자 및 직계 존속·비속

  5. 회사의 모회사 또는 자회사의 이사 · 감사·집행임원 및 피용자

  6. 회사와 거래관계 등 중요한 이해관계에 있는 법인의 이사·감사·집행임원 및 피용자

  7. 회사의 이사·집행임원 및 피용자가 이사·집행임원으로 있는 다른 회사의 이사·감사·집행임원 및 피용자

④ 이사가 보유한 주식수, 즉 자격주를 정관에 정한 때에 다른 규정이 없는 한 이사는 주권을 감사에게 공탁해야 합니다(상법 제387조).

⑤ 이사는 법령과 정관의 규정에 따라 회사를 위하여 그 직무를 충실하

게 수행해야 합니다(상법 제382조의3).

⑥ 이사는 재임중 뿐만 아니라 퇴임 후에도 직무상 알게 된 회사의 영업상 비밀을 누설하여서는 안 됩니다(상법 제382조의4).

■ **자신의 지위를 이용하여 소수주주의 반대에도 불구하고 주주총회결의를 통과시키려고 하는데 이를 저지할 방법이 없을까요?**

Q: 저는 A 주식회사의 소수 주주입니다. 이 회사에는 곧 퇴직을 앞둔 甲대표이사가 있는데요. 이 사람이 대표로 있는 동안 특별한 실적도 없고, 영업이익이 증가하지 않았음에도 불구하고 기존 이사들과 짜고 회사에서 최대한 많은 보수를 받기 위해 지나치게 많은 보수기준을 마련한 다음에 자신의 지위를 이용하여 저와 같은 소수주주의 반대에도 불구하고 주주총회결의를 통과시키려고 하는데 이를 저지할 방법이 없을까요?

A: 상법이 정관 또는 주주총회의 결의로 이사의 보수를 정하도록 한 것은 이사들의 고용계약과 관련하여 사익 도모의 폐해를 방지함으로써 회사와 주주 및 회사채권자의 이익을 보호하기 위한 것이므로, 비록 보수와 직무의 상관관계가 상법에 명시되어 있지 않더라도 이사가 회사에 대하여 제공하는 직무와 지급받는 보수 사이에는 합리적 비례관계가 유지되어야 하며, 회사의 채무 상황이나 영업실적에 비추어 합리적인 수준을 벗어나서 현저히 균형성을 잃을 정도로 과다하여서는 안 됩니다.

이와 관련하여 판례는 회사에 대한 경영권 상실 등으로 퇴직을 앞둔 이사가 회사에서 최대한 많은 보수를 받기 위하여 그에 동조하는 다른 이사와 함께 이사의 직무내용, 회사의 재무상황이나 영업실적 등에 비추어 지나치게 과다하여 합리적 수준을 현저히 벗어나는 보수 지급 기준을 마련하고 지위를 이용하여 주주총회에 영향력을 행사함으로써 소수주주의 반대에 불구하고 이에 관한 주주총회결의가 성립되도록 하였다면, 이는 회사를 위하여 직무를 충실하게 수행하여야 하는 상법 제

382조의3에서 정한 의무를 위반하여 회사재산의 부당한 유출을 야기함으로써 회사와 주주의 이익을 침해하는 것으로서 회사에 대한 배임행위에 해당하므로, 주주총회결의를 거쳤다 하더라도 그러한 위법행위가 유효하다 할 수는 없다고 판시한바 있습니다.(대법원 2016.01.28. 선고 2014다11888 판결 참조)

따라서 甲을 비롯한 이사들의 행위는 이사의 충실의무에 위반하는 배임행위로서 비록 이사의 퇴직금 등 보수에 관련한 사안에 대해서 주주총회를 통과하였다고 하더라도 무효이며 보수청구권을 행사가 허용되지 않는다고 할 것입니다. 또한 분쟁의 종국적인 해결을 위해서 선생님께서는 주주총회결의 무효 확인의 소를 청구하여 위 보수 규정과 관련한 결의의 효력을 다투실 수 있을 것이라 판단됩니다.

(관련판례)

상법 제467조의2 제1항에서 정한 '주주의 권리'란 법률과 정관에 따라 주주로서 행사할 수 있는 모든 권리를 의미하고, 주주총회에서의 의결권, 대표소송 제기권, 주주총회결의에 관한 각종 소권 등과 같은 공익권뿐만 아니라 이익배당청구권, 잔여재산분배청구권, 신주인수권 등과 같은 자익권도 포함하지만, 회사에 대한 계약상의 특수한 권리는 포함되지 아니한다. 그리고 '주주의 권리행사와 관련하여'란 주주의 권리행사에 영향을 미치기 위한 것을 의미한다(대법원 2017. 1. 12. 선고 2015다68355, 68362 판결).

■ 회사의 분식회계에 가담한 임직원을 상대로 한 손해배상청구는 신의칙에 반하지 않는지요?

Q: A 주식회사의 임직원인 甲은 대주주 겸 대표이사인 乙의 지시를 받아 A 주식회사의 회계자료를 거짓으로 작성하였고, 그로 인해 A주식회사는 배당가능이익이 없음에도 있는 것으로 재무제표가 분식되어 주주에 대한 배당이 이루어졌습니다. 그런데 A 주식회사가 대주

주 겸 대표이사의 지시로 분식회계에 가담한 甲을 상대로 손해배상을 청구하는 것은 신의칙에 반하지 않는지요?

A: 분식회계로 인해 A 주식회사의 신용평가 등급이 상향되는 등의 외형상 이익이 A 주식회사에 발생하였다 하더라도, 배당가능이익이 없음에도 거짓된 재무제표를 작성하여 이를 기초로 주주에 대한 배당이 실시되고 법인세의 납부가 이루어졌기 때문에 그와 같은 배당 등이 이사회결의 및 주주총회의결 등의 절차를 거쳤다 하더라도 A 주식회사에 손해가 발생하였다고 보는 것이 대법원의 태도(대법원 2007. 11. 30. 선고 2006다19603 참조)입니다. 그리고 대법원은 같은 판시(대법원 2007. 11. 30. 선고 2006다19603 참조)에서 "회사와 회사의 대주주 겸 대표이사는 서로 별개의 법인격을 갖고 있을 뿐만 아니라, 회사의 대주주 겸 대표이사의 지시가 위법한 경우 회사의 임직원이 반드시 그 지시를 따라야 할 법률상 의무가 있다고 볼 수 없으므로, 회사의 임직원이 대주주 겸 대표이사의 지시에 따라 위법한 분식회계 등에 고의·과실로 가담하는 행위를 함으로써 회사에 손해를 입힌 경우 회사의 그 임직원에 대한 손해배상청구가 신의칙에 반하는 것이라고 할 수 없고, 이는 위와 같은 위법한 분식회계로 인하여 회사의 신용등급이 상향 평가되어 회사가 영업활동이나 금융거래의 과정에서 유형·무형의 경제적 이익을 얻은 사정이 있다고 하여 달리 볼 것은 아니다."라고 선고하였습니다. 따라서 甲을 대주주 겸 대표이사인 乙의 불법적이고 부당한 지시에 따라 분식회계에 가담하였다 하더라도 A 주식회사가 甲을 상대로 손해배상을 청구하는 것은 신의칙에 반한다고 할 수 없습니다.

(관련판례)

일반적으로 분식회계 내지 부실공시 사실이 밝혀진 이후 그로 인한 충격이 가라앉고 그와 같은 허위정보로 인하여 부양된 부분이 모두 제거되어 일단 정상적인 주가가 형성되면 그와 같은 정상주가 형성일 이후의 주가변동은 달리 특별한 사정이 없는 한 분식회계 내지 부실공시와 인과 관계가 없다고 할 것이므로, 그 정상주가 형성일 이후에 해당 주식을 매도하였거나 변론종결일까지 계속 보유 중인 사실이 확인되는 경우 자본시장법 제162조 제3항이 정하는 손해액 중 정상주가와 실제 처분가격 (또는 변론종결일의 시장가격)과의 차액 부분에 대하여는 자본시장법 제162조 제4항의 인과관계 부존재의 증명이 있다고 보아야 할 것이고, 이 경우 손해액은 계산상 매수가격에서 정상주가 형성일의 주가를 공제한 금액이 될 것이다(대법원 2007. 10. 25. 선고 2006다16758, 16765 판결 등 참조)(대법원 2016. 10. 27. 선고 2015다218099 판결).

2-1. 이사의 자격

① 이사의 자격에 대하여 법률에는 아무런 제한이 없습니다. 의사능력만 있다면 행위능력이 없어도 이사가 될 수 있습니다. 다만, 정관으로 이사의 자격을 제한하는 것은 상관이 없습니다. 보통 회사에서 주주로 제한하곤 합니다. 법인이 이사가 될 수 있는지에 대해 부정설과 긍정설이 대립합니다.

② 파산자는 이사가 될 수 없습니다(민법 제390조). 또한 당해 회사의 감사는 동회사 및 자회사의 이사를 겸할 수 없으며(상법 제411조), 지배인 기타 상업사용인도 영업주의 허락이없으면 다른 회사의 이사가 될 수 없습니다(상법 제17조제1항).

③ 대리상이나 무한책임사원도 각각 본인이나 다른 사원의 허락이 없다면 동종영업을 목적으로 하는 회사의 이사가 될 수 없습니다(상법 제89조, 제198조제1항, 제269조).

■ 1인 회사에서 이사를 주주총회 소집없이 해임한 경우 결의부존재확인의 소로써 이를 다툴 수 있는지요?

Q: 甲은 A주식회사의 주식을 100% 소유하고 있는 자로써 A회사를 자신의 개인기업처럼 운영하고 있습니다. 乙은 이러한 A회사의 이사인데 평소 甲과 경영상의 문제로 자주 충돌하다가 최근 甲에 의하여 해임되었

습니다. 문제는 甲이 제대로 된 주주총회도 소집하지 않고 주주총회의 사록만 작성한 채 乙을 해임하였다는 것입니다. 이 경우 乙은 결의부존 재확인의 소로 해임에 관하여 다툴 수 있을까요?

A: 상법 제385조 제1항에 규정되어 있듯이 주식회사의 이사를 해임하기 위해서는 주주총회의 특별결의를 거쳐야 하는 것이 원칙이고, 이를 위해서는 주주총회소집의 절차적 요건을 갖춰 적법한 주주총회가 소집되어야 합니다. 그런데 사안의 경우 甲이 제대로 된 주주총회소집에 관한 어떠한 절차도 거친바 없으므로 총회의 결의가 존재한다고 볼 수 없을 정도의 중대한 하자가 있어 상법 제380조 후단의 '결의부존재사유'에는 해당됩니다. 다만 A회사는 甲의 1인회사인바 해임결의가 1인주주 甲의 의사에 합치하는 이상 그 결의의 하자가 치유되는 것이 아닌지가 문제됩니다. 이에 대하여 판례는 전혀 총회가 소집된 사실이 없는 경우에도 1인주주에 의해 의사록이 작성되었다면 특별한 사정이 없는 한 그 내용의 결의가 있었던 것으로 볼 수 있다하여 하자의 치유를 긍정하는 입장입니다(대판 1976. 4. 13. 74다1755). 따라서 사안의 경우 1인 주주 甲의 의사와 합치하는 이상 총회의 하자는 치유되었다고 보아야하므로 乙이 이사해임결의의 하자를 다툰다고 하더라도 이로써 이사의 지위를 회복할 수는 없을 것으로 판단됩니다.

(관련판례)

이른바 1인 회사에 있어서도 행위의 주체와 그 본인은 분명히 별개의 인격이며 1인 회사의 주주가 회사 자금을 불법영득의 의사로 사용하였다면 횡령죄가 성립하고, 불법영득의 의사로써 업무상 보관중인 회사의 금전을 횡령하여 범죄가 성립한 이상 회사에 대하여 별도의 가수금채권을 가지고 있다는 사정만으로 금전을 사용할 당시 이미 성립한 업무상횡령죄에 무슨 영향이 있는 것은 아니다(대법원 2006. 6. 16. 선고 2004도7585 판결 등 참조)(대법원 2007. 6. 1. 선고 2005도5772 판결).

2-2. 이사의 원수와 임기

① 이사의 수는 3명이상이어야 합니다. 다만, 자본금 총액이 10억원 미만인 회사는 1명 또는 2명으로 할 수 있습니다(상법 제383조제1항). 이사의 수의 상한선은 제한이 없습니다.

② 이사의 임기는 3년을 넘지 못합니다(상법 제383조제2항). 그러나 정관으로 그 임기 중의 최종결산기에 관한 주주총회의 종결에 이르기까지 연장할 수 있습니다(상법 제383조제3항). 예컨대 결산일이 12월 31일이고 주주총회가 2월 28일에 개최될 때에 그 사이를 말합니다.

③ 또한 이사는 재선·3선 등도 가능하지만 연임의 경우 신임기의 개시시마다 선임등기를 해야 합니다.

2-3. 이사의 선임

① 이사는 주주총회에서 선임합니다. 이사의 선임을 위한 주주총회의 소집통지서에는 누구를 이사로 선임하는 것이라는 의제를 기재합니다.

② 회사 설립시에 이사는 발기설립의 경우에 발기인이 그 의결권의 과반수로 호선합니다(상법 제296조제1항). 이 때에 인수주식 1주에 1개의 의결권을 가집니다.

③ 모집설립의 경우 창립총회에 출석한 주식인수인의 의결권의 3분의 2 이상이며 인수된 주식총수의 과반수에 해당하는 다수로 선임합니다(상법 제309조, 제312조).

④ 회사성립 후에는 주주총회에서 이사를 선임합니다(상법 제382조제1항).

⑤ 이사선임은 주주총회의 고유권한임으로 정관이나 주주총회결의로도 다른 기관, 즉 이사회·대표이사·사장 등에 위임하지 못합니다. 누적투표제는 인정되지 않습니다.

⑥ 2인 이상의 이사의 선임을 목적으로 하는 총회의 소집이 있는 때에는 의결권없는 주식을 제외한 발행주식총수의 100분의 3 이상에 해당하는 주식을 가진 주주는 정관에서 달리 정하는 경우를 제외하고는 회

사에 대하여 집중투표의 방법으로 이사를 선임할 것을 청구할 수 있습니다. 이 청구는 주주총회일의 7일 전까지 서면 또는 전자문서로 해야 합니다. 또 의장은 의결에 앞서 그러한 청구가 있다는 취지를 알려야 합니다(상법 제382조의2).

⑦ 이 청구가 있는 경우에 이사의 선임결의에 관하여 각 주주는 1주마다 선임할 이사의 수와 동일한 수의 의결권을 가지며, 그 의결권은 이사 후보자 1인 또는 수인에게 집중하여 투표하는 방법으로 행사할 수 있습니다. 이 투표의 방법으로 이사를 선임하는 경우에는 투표의 최다수를 얻은 자부터 순차적으로 이사에 선임되는 것으로 합니다.

⑧ 이 청구에 대한 서면은 총회가 종결될 때까지 이를 본점에 비치하고 주주로 하여금 영업시간 내에 열람할 수 있게 해야 합니다.

■ 다수파 주주에 의한 이사회에 소수주주인이 자신의 이익을 대변할 수 있는 후보를 이사회에 진입시킬 수 있는 방법이 있나요?

Q: M주식회사는 의결권 있는 주식을 총 100주 발행하였고, 甲은 51주, 乙은 49주를 각 보유하고 있는 상황입니다. M회사는 2016. 7. 28. 주주총회를 개최하여 정관에 의해 3인의 이사를 선임하려고 합니다. 甲이 지지하는 후보는 A, B, C이고, 乙이 지지하는 후보는 D, E, F입니다. 소수주주인 乙이 자신의 이익을 대변할 수 있는 후보를 이사회에 진입시킬 수 있는 방법이 있나요?

A: 상법상 주주총회에서 이사를 선임하는 방법으로는 단순투표제와 집중투표제가 있습니다. 단순투표제는 각 주주가 보유하는 주식의 수만큼 의결권을 가지고 선임을 원하는 이사후보에게 행사하는 것을 말합니다. 단순투표제에 의하여 이사를 선임하는 경우에는 항상 다수파가 이사선임과정을 지배하게 되어 소수파 주주는 자신의 이익을 대변할 이사를 선임하기가 어렵습니다. 그러나 집중투표제를 도입하는 경우 소수주주들도 자신의 이익을 대표할 이사를 선임할 가능성이 높아집니다.

여기서 집중투표제라 함은 각 주주가 1주마다 선임할 이사의 수에 해당하는 의결권을 갖는 것을 말합니다. 따라서 각 주주의 의결권의 수는 자신의 보유주식의 수에 선임할 이사의 수를 곱한 것으로 됩니다. 주주는 이 의결권을 어느 한 이사후보 또는 2인 이상의 이사후보에게 집중하여 투표할 수 있습니다.

이처럼 집중투표를 통해 특정한 이사후보에 대하여 표를 몰아줌으로써 소수파 주주는 자신을 대표할 이사를 선임하여 다수파 주주에 의한 이사회 장악을 견제할 수 있습니다.

단순투표제에 따라 51주를 보유한 甲은 후보 A, B, C 에게, 49주를 보유한 乙은 D, E, F 후보에게 각 투표한다면 甲의 지지를 얻은 후보 3명이 이사로 선임될 수밖에 없습니다.

그러나 집중투표제에 의할 경우 각 주주는 자신이 보유하는 주식의 수에 선임할 이사의 수를 곱한 만큼의 의결권을 갖기 때문에 甲은 153개(51주 * 3인)의 의결권을, 乙은 147개(49주 * 3인)의 의결권을 갖게 됩니다.

만약에 甲이 자기의 의결권을 후보 A와 B에게 각 77개 및 76개씩 나누어 행사하는 반면, 乙은 후보 D에 대하여 의결권의 전부 또는 적어도 76개 이상을 투표한다면 乙은 최소한 후보 D를 이사로 선임할 수 있습니다.

또한 甲이 후보 A, B, C를 이사로 선임하기 위해 위 3후보에 대하여 각 51개의 의결권을 행사하고, 乙이 후보 D와 E에 대하여 각 77개 및 60개의 의결권을 투표한다면 乙은 다득표순에 따라 2인의 이사를 선임할 수도 있습니다.

집중투표의 방식으로 이사를 선임하기 위해서는 乙이 의결권 없는 주식을 제외한 발행주식총수의 100분의 3 이상에 해당하는 주식을 가진 주주여야 하고, 주주총회일의 7일 전까지 서면 또는 전자문서로 회사에 대하여 집중투표의 방법으로 이사를 선임할 것을 청구하여야 합니다(상법 제382조의2). 그리고 이러한 청구가 있는 한 M회사는 주주총회에서 집중투표를 배제하는 결의를 할 수 없습니다.

(관련판례)

민법상 법인의 필수기관이 아닌 이사회는 이사가 사무집행권한에 의해 소집하는 것이므로, 과반수에 미치지 못하는 이사는 특별한 사정이 없는 한 민법 제58조 제2항에 반하여 이사회를 소집할 수 없다. 반면 과반수에 미치지 못하는 이사가 정관의 특별한 규정에 근거하여 이사회를 소집하거나 과반수의 이사가 민법 제58조 제2항에 근거하여 이사회를 소집하는 경우에는 법원의 허가를 받을 필요 없이 본래적 사무집행권에 기초하여 이사회를 소집할 수 있다. 법원은 민법상 법인의 이사회 소집을 허가할 법률상 근거가 없고, 다만 이사회 결의의 효력에 관하여 다툼이 발생하면 소집절차의 적법 여부를 판단할 수 있을 뿐이다(대법원 2017.12.1. 자 2017그661 결정).

2-4. 이사의 해임

① 이사는 언제든지 주주총회의 결의로 이를 해임할 수 있습니다. 그러나 이사의 임기를 정한 경우에 정당한 이유없이 그 임기만료 전에 이를 해임한 때에는 그 이사는 회사에 대하여 해임으로 인한 손해의 배상을 청구할 수 있습니다(상법 제385조제1항).

② 이사가 그 직무에 관하여 부정행위 또는 법령이나 정관에 위반한 중대한 사실이 있음에도 불구하고 주주총회에서 그 해임을 부결한 때에는 발행주식의 총수의 100분의 3 이상에 해당하는 주식을 가진 주주는 총회의 결의가 있은 날부터 1월내에 그 이사의 해임을 법원에 청구할 수 있습니다(상법 제385조제2항).

③ 그 밖에 이사의 종임사유는 임기만료, 사임(상법 제385조)입니다. 회사 해산·파산(상법 제517조제1호, 제227조제5호), 이사의 사망, 금치산선고 그 밖에 정관 소정의 자격상실 등도 종임사유가 됩니다.

■ 사임 이사의 사임등기를 할 수 있는 방법은 무엇인가요?

Q: A 주식회사의 등기 이사인 甲은 대표이사에게 사임의 의사를 표시하였으나, A 주식회사는 甲의 사임등기를 하지 않고 있습니다. 甲이 사임등기를 할 수 있는 방법은 무엇인가요?

A: 주식회사와 이사의 관계는 위임에 관한 규정이 준용되므로 상법 제382조 제2항과 민법 제689조 제1항의 따라 이사는 언제든지 사임할 수 있고, 사임의 의사표시가 대표이사에게 도달하면 그 사임의 효과가 발생합니다(대법원 1998. 4. 28. 선고 98다8615 참조) 다만 상법 제386조 제1항에는 "법률 또는 정관에 정한 이사의 원수를 결한 경우에는 임기의 만료 또는 사임으로 인하여 퇴임한 이사는 새로 선임된 이사가 취임할 때까지 이사의 권리의무가 있다" 규정하고 있으므로 이사가 사임한 결과 법률 또는 정관에 정한 이사의 원수를 결한 경우에는 사임한 이사는 새로 선임된 이사가 취임할 때까지 이사의 권리의무를 부담하여야 합니다. 그런데 이사가 사임하여도 법률 또는 정관에 정한 이사의 원수를 결하지 아니한 경우에는 사임한 이사를 회사를 상대로 이사변경등기절차의 이행을 구하는 소를 제기하여 승소판결을 받은 후 승소한 이사가 회사를 대위하여 이사변경등기를 신청하면 됩니다(서울동부지방법원 2010. 8. 25. 선고 2010가합10069 참조). 따라서 甲은 A 주식회사를 상대로 이사변경등기절차의 이행을 구하는 소를 제기한 후 승소판결이 나면 회사를 대위하여 이사변경등기를 신청하면 족할 것입니다.

(관련판례)

이사사임등기가 경료되지 않은 줄로 오인하여 이사 사임 후 발생한 회사의 제3자에 대한 채무에 대하여 재임중에 체결한 근보증계약상의 책임을 면할 수 없을 것으로 판단하고 위 제3자와 근저당권설정계약을 체결하였으나, 후에 이사사임등기가 신등기용지에 이기하는 과정에서 누락된 사실을 발견하고 착오를 이유로 위 근저당권설정의 의사표시를 취소하고 그 등기의 말소를 청구한 사안에서, 위 근저당권설정계약을 체결함에 있어 이사사임등기가 경료되었는지 여부의 점에 관하여는 착오가 있었다고 할 것이지만 위와 같은 착오는 위 근저당권설정계약의 중요부분에 관한 착오에 해당한다고 볼 수 없으므로 위와 같은 착오를 이유로 근저당권설정계약을 취소할 수는 없다(대법원 1995. 4. 7. 선고 94다736 판결).

■ 주식회사 이사의 제3자에 대한 책임 중 제3자에 공공단체나 지방자치단체도 포함되나요?

Q: 주식회사 이사의 제3자에 대한 책임 중 제3자에 공공단체나 지방자치단체도 포함되나요?

A: 공공단체가 제3자에 포함될 수 있는지 여부에 대하여 대법원은 "상법 제401조는 이사의 제3자에 대한 손해배상책임을 규정한 것으로써 공법관계에 속하는 서울특별시 급수조례 제27조의 규정에 의한 급수사용료의 회사임원에 대한 부과처분에 대한 근거규정이 될 수 없다"라고 판시하여 제3자의 범위에 공법관계인 국가와 지방자치단체는 포함되지 않는다고 보고 있습니다(대법원 1983. 7. 12. 선고, 82누537판례).

■ 총주주의 동의로 이사의 회사에 대한 책임을 면제할 수 있는지요?

Q: 저는 甲주식회사의 주주인데, 甲주식회사의 전 대표이사 乙은 재직기간 중 그의 개인적인 용도에 사용할 목적으로 甲회사명의의 수표를 발행하고, 제3자가 발행한 약속어음에 甲회사명의의 배서를 해주어 甲회사가 그 지급책임을 부담·이행하여 손해를 입었습니다. 그러나 甲주식회사에서는 총주주의 동의로 乙의 위와 같은 행위로 손해를 입게 된 금액을 특별손실로 처리하기로 결의했습니다. 그렇게 되면 甲회사의 손실이 너무 커서 파산지경에 처해지게 되므로 비록 위와 같이 특별손실처리를 하였지만, 甲회사가 다시 乙에 대해 손해배상을 청구할 수는 없는지요?

A: 「상법」 제399조 제1항은 "이사가 고의 또는 과실로 법령 또는 정관에 위반한 행위를 하거나 그 임무를 게을리한 경우에는 그 이사는 회사에 대하여 연대하여 손해를 배상할 책임이 있다."라고 규정하고 있습니다.

그리고 주식회사의 대표이사의 대표권남용에 따른 불법행위에 대하여 위 같은 법 제399조의 손해배상청구권 이외에 불법행위를 이유로 한 손해배상청구권도 행사할 수 있는지에 관하여 판례는 "주식회사의 대표이사가 그의 개인적인 용도에 사용할 목적으로 회사명의의 수표를 발행하거나 타인이 발행한 약속어음에 회사명의의 배서를 해주어 회사가 그 지급책임을 부담·이행하여 손해를 입은 경우에는 당해 주식회사는 대표이사의 위와 같은 행위가 상법 제398조 소정의 이사와 회사간의 이해 상반 하는 거래행위에 해당한다 하여 이사회의 승인여부에 불구하고 상법 제399조 소정의 손해배상청구권을 행사할 수 있음은 물론이고, 대표권의 남용에 따른 불법행위를 이유로 한 손해배상청구권도 행사할 수 있다."라고 하였습니다(대법원 1989. 1. 31. 선고 87누760 판결).

따라서 위 사안에서도 甲회사는 乙에 대하여 채무불이행으로 인한 손해배상청구권과 불법행위로 인한 손해배상청구권을 아울러 취득하여 그 중 어느 쪽의 손해배상청구권이라도 선택적으로 행사할 수 있었습니다(대법원 1983. 3. 22. 선고 82다카1533 전원합의체 판결, 1989. 4. 11. 선고 88다카11428 판결).

그런데 같은 법 제400조에서는 같은 법 제399조의 규정에 의한 이사의 책임은 총주주의 동의로 면제할 수 있다고 규정하고 있고, 「민법」제506조는 "채권자가 채무자에게 채무를 면제하는 의사를 표시한 때에는 채권은 소멸한다. 그러나 면제로써 정당한 이익을 가진 제3자에게 대항하지 못한다."라고 규정하고 있습니다.

따라서 甲회사의 주주들이 乙의 행위로 인한 손해를 특별손실로 처리키로 결의한 바가 있으므로 그로써 乙의 책임이 전부 면책된 것인지 문제되는데, 이에 관하여 판례(대법원 1989. 1. 31. 선고 87누760 판결)는 "총주주의 동의를 얻어 대표이사의 행위로 손해를 입게 된 금액을 특별손실로 처리하기로 결의하였다면 그것은 바로 상법 제400조 소정의 이사의 책임소멸의 원인이 되는 면제에 해당되는 것이나, 이로써 법적으로 소멸되는 손해배상청구권은 상법 제399조 소정의 권리에 국한되는 것이지 불법행위로 인한 손해배상청구권까지 소멸되는 것으로는 볼 수 없고, 그 이유는 상법 제399조 소정의 손해배상청구권과 불법행위로 인한 손해배상청구권은 그 각 권리의 발생요건과 근거가 다를 뿐만 아니라 그 소멸원인의 하나인 채권자의 포기, 따라서 채무의 면제에 있어서도 전자는 상법 제400조의 방법과 효력에 의하는 반면에, 후자는 민법 제506조의 방법과 효력에 의하도록 되어 있기 때문이다."라고 하면서 "총주주의 동의를 얻어 대표이사의 손해배상책임을 면제시킨 당해 주식회사의 의사는 불법행위로 인한 청구권까지 포함시켰을 것으로 보는 것이 당연하다 하겠으나 불법행위로 인한 손해배상청구권의 포기는 그 의사표시가 채무자에게 도달되거나 채무자가 알 수 있는 상태에 있었어야만 그 효력이 발생하고 그 이전에는 면제의 의사표시를 자유로 철회할 수 있는 것이며, 이와 같이 청구권의 포기 따라서 채무의 면제 의사표시가 적법하게 철회된 경우에는 청구권의 법적 소멸 상태는 없는 것이므로, 주식회사가 대표이사에 대한 채권에 관하여 임시주주총회에서 일시 특별손실처리하는 결의를 하고 이에 따라 장부상에도 일시 특별손실비용으로 처리한 일이 있었다고 하여도 이는 단지 회사의 내부적인 의사결정과정에 지나지 아니한 것으로서 회사가 위와 같은 채권포기의 의사를 확정적으로 외부에 표시하기 이전에 바로 특별손실비용으로 처리한 것을 철회하고 주식회사의 자산계정에 유보시켜 두게 된 사실이 있다면 그 잘못을 발견하고 이를 바로 시정하였다고 볼 수 있어 주식회사가 대표이사에 대한 위 채권을 포기하였다고 볼 수 없다."라고 하였습니다.

따라서 위 사안에서 甲회사의 주주들이 위와 같은 손해금액을 특별손실로 처리키로 결의하기만 하고 甲회사에서 퇴직한 乙에게 별도로 채무면제의 의사표시를 하지 않고 철회하였다면, 甲회사의 乙에 대한 손해배상청구권 중 총주주의 동의로 특별손실처리키로 한 것은 채무불이행으로 인한 손해배상에 한정되고, 불법행위로 인한 손해배상채권은 甲회사에 남아 있다고 보아야 할 것입니다.

한편 회사에 대한 책임의 감면에 대하여 상법 제400조(2012. 4. 15. 시행)는 "①제399조에 따른 이사의 책임은 주주 전원의 동의로 면제할 수 있다. ②회사는 정관으로 정하는 바에 따라 제399조에 따른 이사의 책임을 이사가 그 행위를 한 날 이전 최근 1년간의 보수액(상여금과 주식매수선택권의 행사로 인한 이익 등을 포함한다)의 6배(사외이사의 경우는 3배)를 초과하는 금액에 대하여 면제할 수 있다. 다만, 이사가 고의 또는 중대한 과실로 손해를 발생시킨 경우와 제397조 제397조의 2 및 제398조에 해당하는 경우에는 그러하지 아니하다."라고 규정하고 있습니다.

■ 직무집행정지가처분을 신청하려면 누구를 상대방으로 지정하여야 할까요?

Q: 주식회사 X의 주주인 甲은 X의 대표이사인 乙의 전횡을 막기 위해 乙의 퇴출이 시급하다 판단하고 乙에 대한 해임소송을 제기함과 동시에 乙에 대한 직무집행정지가처분을 신청하기로 마음먹었습니다. 이 경우 甲은 소송사건과 가처분사건에서 누구를 상대방으로 지정하여야 할까요?

A: 상법 제385조 제2항은 이사해임소송에 관하여, 일정한 요건을 구비한 주주가 원고가 된다고 규정하고 있으나 누구를 피고로 해야 하는지는 규정하지 않아 다툼이 있습니다. 실무적으로는 이사와 회사를 공동피고로 한 사례(서울중앙지방법원 2004. 6. 11. 선고 2003가합78668 판결),와 이사만을 피고로 한 사례(서울중앙지방법원 2006. 8. 17. 선고 2006가합21304 판결)가 모두 발견되는바, 안전을 위해선 이사와 회사를 모두 피고로 지정해야 할 것입니다. 그런데 이사직무집행정지가처분 사건의 경우 대법원은 이사만이 피신청인 자격이 있음을 명백히 하고

있습니다.(대법원 1997. 7. 25. 선고 96다15916 판결)

결국 사안에서 甲은 이사해임소송의 피고로 X회사와 乙을, 이사직무집행정지 가처분 사건의 피신청인을 乙로 지정해야 할 것입니다.

(관련판례)

갑 주식회사가 이사회를 개최하여 정기주주총회에서 실시할 임원선임결의에 관한 사전투표 시기(시기)를 정관에서 정한 날보다 연장하고 사전투표에 참여하거나 주주총회에서 직접 의결권을 행사하는 주주들에게 골프장 예약권과 상품교환권을 제공하기로 결의한 다음 사전투표 등에 참여한 주주들에게 이를 제공하여 주주총회에서 종전 대표이사 을 등이 임원으로 선임되자, 대표이사 등 후보자로 등록하였다가 선임되지 못한 주주 병 등이 주주총회결의의 부존재 또는 취소사유가 존재한다고 주장하면서 을 등에 대한 직무집행정지가처분을 구한 사안에서, 위 주주총회결의는 정관을 위반하여 사전투표기간을 연장하고 사전투표기간에 전체 투표수의 약 67%에 해당하는 주주들의 의결권행사와 관련하여 사회통념상 허용되는 범위를 넘어서는 위법한 이익이 제공됨으로써 주주총회결의 취소사유에 해당하는 하자가 있으므로, 위 가처분신청은 을 등에 대한 직무집행정지가처분을 구할 피보전권리의 존재가 인정되는데도, 이와 달리 보아 가처분신청을 기각한 원심결정에는 주주총회결의 취소사유에 관한 법리오해의 위법이 있다(대법원 2014. 7. 11. 자 2013마2397 결정).

■ **1인 주주 회사에서 절차 없이 이사를 해임한 경우에 공정증서원본불실기재죄가 성립되는지요?**

Q: 甲은 A 주식회사의 주식 100%를 소유하고 있는 1인 주주입니다. A 주식회사는 乙을 이사로 선임하였는데, 어느 날 갑자기 甲은 乙의 의사도 묻지 않고 일방적으로 乙을 해임하고 A 주식회사의 법인등기부에 乙을 해임하였다는 내용을 등재하게 하였습니다. 甲이 공정증서원본불실기재죄 및 동행사죄로 처벌될 수 있는가요?

A: 형법 제228조 제1항은 "공무원에 대하여 허위신고를 하여 공정증서원본

본 또는 이와 동일한 전자기록등 특수매체기록에 부실의 사실을 기재 또는 기록하게 한 자는 5년 이하의 징역 또는 1천만 원 이하의 벌금에 처한다."고 규정하고 있습니다.

이와 관련하여 대법원은 "1인 주주 회사에 있어서는 그 1인주주의 의사가 바로 주주총회 및 이사회의 결의로서 1인 주주는 타인을 이사 등으로 선임하였다 하더라도 언제든지 해임할 수 있으므로, 1인주주인 피고인이 특정인과의 합의가 없이 주주총회의 소집 등 상법 소정의 형식적인 절차도 거치지 않고 특정인을 이사의 지위에서 해임하였다는 내용을 법인등기부에 기재하게 하였다고 하더라도 공정증서원본에 부실의 사항을 기재케 한 것이라고 할 수는 없다."고 판시한 바 있습니다(대법원 1996. 6. 11. 선고 95도2817 판결 참조).

상법 제제385조 제1항, 제434조에 의하면, 이사는 언제든지 주주총회의 결의로 해임할 수 있고, 해임의 의결정족수는 출석한 주주 의결권의 3분의 2 이상의 수와 발행주식총수의 3분의 1 이상입니다. 1인 주주 회사에 있어서는 1인주주의 의사가 곧 주주총회 및 이사회의 결의이므로, 이와 같은 절차를 거치지 않은 채 법인등기부에 乙을 해임하였다는 내용을 등재하게 하였다고 하더라도 甲에게 공정증서원본불실기재죄 및 동행사죄는 성립하지 않습니다.

[서식 예] 주식회사 이사해임의 소

소   장

원 고   ○○○ (주민등록번호)
         ○○시 ○○구 ○○길 ○○(우편번호 ○○○-○○○)
         전화·휴대폰번호:
         팩스번호, 전자우편(e-mail)주소:
피 고   ◇◇◇ (주민등록번호)
         ○○시 ○○구 ○○길 ○○(우편번호 ○○○-○○○)
         전화·휴대폰번호:
         팩스번호, 전자우편(e-mail)주소:

주식회사 이사해임의 소

청 구 취 지

1. 피고를 주식회사 ◆◆의 이사 겸 대표이사의 직에서 해임한다.
2. 소송비용은 피고의 부담으로 한다.
라는 판결을 구합니다.

청 구 원 인

1. 원고는 소외 주식회사 ◆◆의 총주식 10,000주 중 400주를
   보유하고 있는 주주입니다.
2. 소외 주식회사 ◆◆의 이사 겸 대표이사인 피고는 그 직에
   있음을 이용하여 금200,000,000원의 공금을 횡령하고 현재
   업무상 횡령죄로 지명수배 중에 있습니다.
3. 원고는 이에 위 회사의 정관 제10조에 의해, 대표이사 해임
   과 새로운 대표이사 선임을 위해 임시주주총회 소집을 청구

하여 20○○. ○. ○. 임시주주총회가 위 회사에서 개최되었습니다.

4. 그러나, 위 주주총회에서 대주주인 피고의 가족들에 의해 대표이사 해임결의가 부결되었습니다.

5. 따라서 원고는 대표이사 겸 이사인 피고의 해임을 구하고자 이 사건 청구에 이른 것입니다.

입 증 방 법

1. 갑 제1호증   법인등기사항증명서
1. 갑 제2호증   주주명부
1. 갑 제3호증   고소사건처분통지
1. 갑 제4호증   임시주주총회소집통지서
1. 갑 제5호증   임시주주총회결의내용

첨 부 서 류

1. 위 입증방법   각 1통
1. 소장부본   1통
1. 송달료납부서   1통

20○○. ○. ○.

위 원고   ○○○   (서명 또는 날인)

○○지방법원 귀중

(관련판례 1)

상법 제385조 제2항 소정의 주주의 이사해임청구소송은 이사가 직무집행에 관한 부정행위 기타 위 법조에서 정한 사유가 있음에도 불구하고 주주총회에서 해임을 부결하여 여전히 그 지위에 머무르게 하는 것

은 부당하므로 소수주주권자에게 법원에 대하여 해임청구를 인정하는 것이기 때문에 그 소송의 목적은 현재 이사의 지위에 있는 자의 지위를 그 잔여임기 동안 박탈하는 것 자체에 있는 것이므로 해임되어야할 자가 현재 이사의 지위에 있는 경우에만 소의 이익을 갖는다(서울지법 서부지원 1998. 6. 12. 선고 97가합11348 판결).

(관련판례 2)

회사의 이사가 회사와 동종영업을 목적으로 하는 다른 회사를 설립하고 다른 회사의 이사 겸 대표이사가 되어 영업준비작업을 하여 오다가 영업활동을 개시하기 전에 다른 회사의 이사 및 대표이사직을 사임하였다고 하더라도 이는 상법 제397조 제1항 소정의 경업금지의무를 위반한 행위로서 특별한 다른 사정이 없는 한 이사의 해임에 관한 상법 제385조 제2항 소정의 「법령에 위반한 중대한 사실」이 있는 경우에 해당한다(대법원 1993. 4. 9. 선고 92다53583 판결).

3. 이사회

① 이사회는 회사의 업무집행에 관한 의사를 결정하고 그 결정에 따른 회사의 업무집행에 대하여 감독하기 위하여 이사로 구성된 회사의 필요·상설의 회의체기관입니다(상법 제393조).

② 이사회는 이사전원으로 구성되며, 이사 이외의 자가 구성원이 될 수 없습니다. 이사회는 회의체기관으로서 의사결정에 그치며 구체적인 업무집행은 대표이사가 행합니다.

3-1. 이사회의 결의방법

① 이사회의 결의는 이사과반수의 출석과 출석이사의 과반수로 합니다. 그러나 정관으로 그 비율을 높게 정할 수 있습니다(상법 제391조제1항).

② 정관에서 달리 정하는 경우를 제외하고 이사회는 이사의 전부 또는 일부가 직접 회의에 출석하지 아니하고 모든 이사가 음성을 동시에

송수신하는 원격통신수단에 의하여 결의에 참가하는 것을 허용할 수 있습니다. 이 경우 당해 이사는 이사회에 직접 출석한 것으로 봅니다 (상법 제391조제2항).

③ 서면결의나 개별적인 이사의 동의에 의한 결정은 이사전원의 동의가 있었을지라도 이사회 결의로서는 효력이 없습니다.

■ **이사가 담보나 이자 약정 없이 돈을 대여하는 경우 이사회의 승인이 필요한가요?**

Q: 저는 주식회사 A의 이사 甲입니다. 최근에 회사 사정이 어려워져서 은행에 대출을 하여 보았으나 회사에 제대로 된 담보가 없어서 대출이 되지 않고 있는 상황입니다. 저는 그동안 몸담고 있는 회사가 어려움에 처한 것이 안타까워서 제 돈을 회사에 빌려주려고 합니다. 그런데 최근에 다른 이사 乙이 이사는 이사회 승인 없이는 회사와 돈 거래를 할 수 없다고 합니다. 제가 아무런 담보 없이 이자 없이 회사를 살리기 위해서 돈을 빌려주는 것인데 이것도 이사회 승인을 거쳐야 가능한 것인가요?

A: 상법 제398조는 "이사는 이사회의 승인이 있는 때에 한하여 자기 또는 제3자의 계산으로 회사와 거래를 할 수 있다. 이 경우에는 민법 제124조의 규정을 적용하지 아니한다."고 규정하고 있습니다. 이는 회사와 이사의 거래를 자유롭게 허용할 경우 회사의 이익에 반하는 거래행위가 이루어질 것을 우려하여 규정된 조문입니다.

최근에 대법원은 ". 상법 제398조 에서 이사와 회사 사이의 거래에 관하여 이사회의 승인을 얻도록 규정하고 있는 취지는, 이사가 그 지위를 이용하여 회사와 거래를 함으로써 자기 또는 제3자의 이익을 도모하고 회사 나아가 주주에게 불측의 손해를 입히는 것을 방지하고자 함에 있으므로, 회사와 이사 사이에 이해가 충돌될 염려가 있는 이사의 회사에 대한 금전대여행위는 상법 제398조 소정의 이사의 자기거래행위에 해당하여 이사회의 승인을 거쳐야 하고, 다만 이사가 회사에 대하여 담보 약정이나 이자 약정 없이 금전을 대여하는 행위와 같이 성질상 회사와 이사 사이의 이해충돌로 인하여 회사에 불이익이 생길 염려가 없는 경우에는 이사회의 승인을 거칠 필요가 없다(대법원 2010. 1. 14. 선고 2009다55808 판결)."고 판시하고 있습니다.

따라서 위 판례에 따르면 위와 같이 이사가 담보 약정이나 이자 약정 없이 돈을 대여하는 경우에는 이사회의 승인 없이도 가능합니다.

■ 정관 또는 이사회의 결의로 양도가능성을 정하지 않은 경우 신주인수권의 양도는 가능한지요?

Q: A주식회사의 이사회는 5월 1일 주주배정방식으로 신주발행을 결의하면서 6월 1일을 신주배정기준일로 정하였으나, 주주가 가지는 신주인수권을 타인에게 양도할 수 있는지에 대해서는 정관에도 규정이 없고 이사회결의로도 정한 바가 없었으며, 신주인수권증서 또한 발행되지 않았습니다. A회사의 주식을 보유하고 있던 기명주주 한명이 6월 15일 자기의 신주인수권을 제3자인 甲에게 양도하기로 하는 계약을 체결하였고 이에 대하여 A회사의 대표이사의 승낙도 얻었습니다. 甲이 청약기간 내에 신주의 청약을 한 경우 A회사는 甲에게 신주를 배정할 의무가 있는 건가요?

A: 상법 제416조 5호는 정관에 특별한 규정이 없는 이상 주주의 신주인수권을 양도할 수 있는지 여부는 이사회가 결정한다고 규정하고 있습니다. 문제는 사안과 같이 정관 또는 이사회결의로 양도가능성을 정하지 않은 경우에 주주가 신주인수권을 양도하였다면 이러한 양도를 회사에 대하여도 효력이 있다고 인정할 수 있는지 여부입니다. 이에 대하여 대법원은 1) 신주인수권의 양도성을 제한할 필요성은 주로 회사측의 신주발행사무의 편의에서 비롯된 것이라는 점, 2) 상법이 주권발행 전 주식의 양도는 회사에 대하여 효력이 없다고 엄격하게 규정한(상법 제335

조 제3항) 반면 신주인수권의 양도에 대하여는 정관이나 이사회의 결의를 통하여 자유롭게 결정할 수 있도록 규정하고 있는 점, 3) 주권발행 전의 주식의 양도가 지명채권양도의 일반원칙에 따르는 것과 마찬가지로 신주인수권증서가 발행되지 아니한 신주인수권의 양도 또한 주권발행 전의 주식양도에 준하여 지명채권양도의 일반원칙에 따른다고 보아야 한다는 점 등을 근거로 신주인수권의 양도에 관한 정함이 없는 경우에도 회사가 양도를 승낙한 때에는 회사에 대하여 효력이 있다고 판시하였습니다(대판 1995. 5. 23. 94다36421). 이러한 판례에 따를 때 A회사의 대표이사가 신주인수권의 양도를 승낙한 이상 A회사는 甲에게 신주를 배정할 의무가 있습니다.

(관련판례)

신주인수권만의 양도가 가능한 분리형 신주인수권부사채를 발행한 발행회사가 신주인수권의 발행조건으로 주식의 시가하락 시 신주인수권의 행사가액을 하향조정하는 이른바 '리픽싱(refixing) 조항'을 둔 경우, 주식의 시가하락에 따른 신주인수권 행사가액의 조정사유가 발생하였음에도 발행회사가 그 조정을 거절하고 있다면, 신주인수권자는 발행회사를 상대로 조정사유 발생시점을 기준으로 신주인수권 행사가액 조정절차의 이행을 구하는 소를 제기할 수 있고, 신주인수권자가 소송과정에서 리픽싱 조항에 따른 새로운 조정사유의 발생으로 다시 조정될 신주인수권 행사가액의 적용을 받겠다는 분명한 의사표시를 하는 등의 특별한 사정이 없는 한 위와 같은 이행의 소에 대하여 과거의 법률관계라는 이유로 권리보호의 이익을 부정할 수는 없다.

그리고 위와 같은 발행조건의 리픽싱 조항에서 신주인수권의 행사를 예정하고 있지 아니하고 신주인수권자가 소로써 신주인수권 행사가액의 조정을 적극적으로 요구하는 경우와 발행회사가 자발적으로 행사가액을 조정하는 경우를 달리 볼 이유가 없는 점, 주식의 시가하락이 있는 경우 리픽싱 조항에 따른 신주인수권 행사가액의 조정이 선행되어야만 신주인수권자로서는 신주인수권의 행사 또는 양도 등 자신의 권리행사 여부를 결정할 수 있는 점, 반면 위와 같은 이행의 소에 신주인수권의 행사가 전제되어야 한다면 이는 본래 신주인수권의 행사기간 내에서 신주인수권의 행사 여부를 자유로이 결정할 수 있는 신주인수권자에 대하여 신주인수권의 행사를 강요하는 결과가 되어 불합리한 점 등을 종합하면, 신주인수권 행사가액 조정절차의 이행을 구하는 소는 신주인수권의 행사 여부와 관계없이 허용된다고 보아야 한다(대법원 2014. 9. 4. 선고 2013다40858 판결).

■ 의사정족수를 충족하지 못한 이사회 결의에 따른 대표행위의 효력은 어디까지 입니까?

Q: A주식회사의 정관에는 "당사가 타인의 채무를 연대보증함에 있어서는 이사회의 결의를 거쳐야 한다"는 규정이 존재합니다. A회사의 대표이사 甲은 회사를 대표하여 乙의 B회사에 대한 채무를 보증할 목적으로 이사회의 결의를 거친 후 B회사와 연대보증계약을 체결하였습니다. 문제가 있다면 A회사에는 대표이사 甲을 포함하여 총 6명의 이사가 존재하는데 위 이사회결의는 재적이사 6명 중 이사회 의장인 甲을 포함한 3인이 출석하여 이들 전원의 찬성으로 이루어진 결의라는 점입니다. 甲은 이러한 이사회결의 내용을 A회사의 보증결의서에 기재하여 B회사에 전달하였습니다. 훗날 B회사가 A회사에게 보증채무의 이행을 청구한다면 A회사는 이사회결의의 하자를 이유로 그 이행을 거절할 수 있나요?

A: 이사회 결의는 이사 과반수의 출석(의사정족수)와 출석이사의 과반수의 찬성(의결정족수)를 갖춰야 합니다(상법 제391조 제1항). A회사에는 총 6인의 이사가 있으므로 의사정족수를 충족하기 위해서는 그 과반수 즉, 최소한 4인 이상의 이사가 출석하여야 하는데, 사안의 경우에는 6인 중 3인만이 출석하여 이사회 결의로서 의사정족수를 충족하지 못하였습니다. 이처럼 의사정족수를 갖추지 못한 경우 그 효력에 관하여 대법원은 이사회의 결의요건에 관한 상법규정은 강행규정이므로 이 요건을 갖추지 못한 이사회결의는 효력이 없으며, 재적이사 6인 중 이사회

의장을 포함한 3인이 출석하였다면 설령 회사정관에 가부동수인 경우에 이사회 의장이 결정권을 갖는다고 규정이 있더라도 이는 의사정족수를 충족하지 못한 결의로서 무효라고 판시하였는바(대판 1995. 4. 11. 94다33903) 판례는 의사정족수를 충족하지 못한 이사회결의는 무효임과 동시에 이사회 의장의 결정권(소위 캐스팅 보트) 또한 인정하지 않는 입장으로 볼 수 있습니다. 따라서 사안에서 甲이 회사를 대표하여 B회사와 체결한 연대보증계약은 이사회결의라는 요건을 갖추지 못한 소위 전단적 대표행위로서 그 효력이 문제됩니다. 전단적 대표행위의 효력에 관하여 판례는 이사회 결의사항은 회사의 내부적 의사결정에 불과하므로 거래 상대방이 그와 같은 이사회결의가 없었음을 알았거나 알수 있었을 경우가 아니라면 거래행위는 유효하다고 판시하였습니다(대판 1996. 1. 26. 94다42754). 판례에 따를 경우 사안에서 B회사는 A회사의 이사회결의의 내용이 담긴 보증결의서를 받아 보았으므로 결의요건의 흠결사실을 알았거나 또는 알지 못했다고 하더라도 최소한 중대한 과실은 있었다고 봄이 타당합니다. 따라서 이 사실이 증명되는 이상 A회사는 연대보증인으로서의 책임을 지지 않는다고 할 것입니다.

[서식 예] 이사회결의 무효확인의 소

소 　 　 장

원　　고　　○○○ (주민등록번호)
　　　　　　　○○시 ○○구 ○○로 ○○(우편번호 ○○○-○○○)
　　　　　　　전화·휴대폰번호:
　　　　　　　팩스번호, 전자우편(e-mail)주소:
피　　고　　재단법인 ◇◇재단
　　　　　　　○○시 ○○구 ○○로 ○○(우편번호 ○○○-○○○)
　　　　　　　이사장 ◆◆◆
　　　　　　　전화·휴대폰번호:
　　　　　　　팩스번호, 전자우편(e-mail)주소:

이사회결의무효확인의 소

청 구 취 지

1. 피고법인이 20○○. ○. ○. 이사회에서 피고법인의 이사 김 ◉◉를 해임하고 이◉◉를 이사로 선임한 결의는 무효임을 확인한다.
2. 소송비용은 피고의 부담으로 한다.
라는 판결을 구합니다.

청 구 원 인

1. 피고법인은 20○○. ○. ○. 10:00 ○○시 ○○구 ○○로 ○ ○ 소재 피고법인에서 이사회를 소집하여 피고법인의 이사 김◉◉를 해임하고 이◉◉를 이사로 선임한다는 취지의 결의를 하였습니다.
2. 그러나 피고법인의 정관 제30조의 규정에 의하면 이사회를 소집하고자 할 때에는 회의 7일 전에 서면으로 회의일시,

목적, 안건 등을 이사 및 감사에게 통지하여야 한다고 되어 있는데, 이 사건 이사회는 위와 같은 통지절차를 전혀 이행하지 않고 개최되었습니다.

3. 따라서 이 사건 이사회는 그 소집절차가 정관의 규정에 위배되어 그 결의가 무효라 할 것이므로 원고는 청구취지와 같은 판결을 구하기 위하여 이 사건 청구에 이르렀습니다.

입 증 방 법

1. 갑 제1호증   법인등기사항증명서
1. 갑 제2호증   정관

첨 부 서 류

1. 위 입증방법   각 1통
1. 소장부본   1통
1. 송달료납부서   1통

20○○. ○. ○.

위 원고 ○○○ (서명 또는 날인)

○○지방법원 귀중

관할법원	소(訴)는 피고의 보통재판적(普通裁判籍)이 있는 곳의 법원의 관할에 속하고, 법인, 그 밖의 사단 또는 재단의 보통재판적은 이들의 주된 사무소 또는 영업소가 있는 곳에 따라 정하고, 사무소와 영업소가 없는 경우에는 주된 업무담당자의 주소에 따라 정함. 한편, 외국법인, 그 밖의 사단 또는 재단에 적용하는 경우 보통재판적은 대한민국에 있는 이들의 사무소·영업소 또는 업무담당자의 주소에 따라 정함.
제출부수	소장원본 1부 및 피고 수만큼의 부본 제출
비 용	소장에는 소송목적의 값에 따라 민사소송등인지법 제2조 제1항 각 호에 따른 금액 상당의 인지를 붙여야 함. 다만, 대법원 규칙이 정하는 바에 의하여 인지의 첩부에 갈음하여 당해 인지액 상당의 금액을 현금이나 신용카드·직불카드 등으로 납부하게 할 수 있는바, 현행 규정으로는 인지첩부액이 1만원 이상일 경우에는 현금으로 납부하여야 하고 또한 인지액 상당의 금액을 현금으로 납부할 수 있는 경우 이를 수납은행 또는 인지납부대행기관의 인터넷 홈페이지에서 인지납부대행기관을 통하여 신용카드 등으로도 납부할 수 있음(민사소송등인지규칙 제27조 제1항 및 제28조의 2 제1항).
불복절차 및 기 간	·항소(민사소송법 제390조) ·판결서가 송달된 날부터 2주 이내(민사소송법 제396조 제1항)

(관련판례 1)

　　민법상 법인의 이사회의 결의에 하자가 있는 경우에 관하여 법률에 별도의 규정이 없으므로 그 결의에 무효사유가 있는 경우에는 이해관계인은 언제든지 또 어떤 방법에 의하든지 그 무효를 주장할 수 있다고 할 것이지만, 이와 같은 무효주장의 방법으로서 이사회 결의무효확인소송이 제기되어 승소확정판결이 난 경우, 그 판결의 효력은 위 소송의 당사자 사이에서만 발생하는 것이지 대세적 효력이 있다고 볼 수는 없다(대법원 2000. 1. 28. 선고 98다26187 판결).

(관련판례 2)

　민법상의 법인이나 법인이 아닌 사단 또는 재단의 대표자를 선출한 결의의 무효 또는 부존재확인을 구하는 소송에서 그 단체를 대표할 자는 의연히 무효 또는 부존재확인청구의 대상이 된 결의에 의해 선출된 대표자이나, 그 대표자에 대해 직무집행정지 및 직무대행자선임가처분이 된 경우에는, 그 가처분에 특별한 정함이 없는 한 그 대표자는 그 본안소송에서 그 단체를 대표할 권한을 포함한 일체의 직무집행에서 배제되고 직무대행자로 선임된 자가 대표자의 직무를 대행하게 되므로, 그 본안소송에서 그 단체를 대표할 자도 직무집행을 정지당한 대표자가 아니라 대표자 직무대행자로 보아야 한다(대법원 1995. 12. 12. 선고 95다31348 판결).

[서식 예] 이사회결의 부존재확인의 소

소   장

원   고   ○○○ (주민등록번호)
            ○○시 ○○구 ○○로 ○○(우편번호 ○○○-○○○)
            전화·휴대폰번호:
            팩스번호, 전자우편(e-mail)주소:

피   고   재단법인 ◇◇재단
            ○○시 ○○구 ○○로 ○○(우편번호 ○○○-○○○)
            이사장 ◈◈◈
            전화·휴대폰번호:
            팩스번호, 전자우편(e-mail)주소:

이사회결의부존재확인의 소

청 구 취 지

1. 피고법인이 20○○. ○. ○. 이사회에서 피고법인의 이사로
   김◉◉, 이◉◉를 각 선임한 결의는 존재하지 아니함을 확인
   한다.
2. 소송비용은 피고의 부담으로 한다.
라는 판결을 구합니다.

청 구 원 인

1. 피고법인은 20○○. ○. ○. 10:00 ○○시 ○○구 ○○로 ○
   ○ 소재 피고법인에서 이사회를 소집하여 청구취지 제1항과
   같은 결의를 하였습니다.
2. 그러나 피고법인의 정관 제25조의 규정에 의하면 이사회는

대표이사가 소집하도록 되어 있는데, 원고는 피고회사의 대표이사로서 청구취지 기재 이사회를 소집한 사실이 전혀 없습니다.

3. 적법한 소집권자에 의해 소집되지 않은 이사회는 성립되지 아니하는 것이고 당해 이사회의 결의는 존재하지 아니한다고 할 것이므로, 원고는 청구취지와 같은 판결을 구하기 위하여 이 사건 청구에 이르렀습니다.

입 증 방 법

1. 갑 제1호증   법인등기사항증명서
1. 갑 제2호증   정관

첨 부 서 류

1. 위 입증방법   각 1통
1. 소장부본   1통
1. 송달료납부서   1통

20○○. ○. ○.

위 원고 ○○○ (서명 또는 날인)

○○지방법원 귀중

3-2. 이사회의 권한

3-2-1. 업무집행에 관한 의사결정

① 이사회는 업무집행에 관한 의사를 결정합니다(상법 제393조제1항). 이사회의 고유한 권한은 구체적으로 주주총회의 소집(상법 제362조), 지배인의 선임·해임(상법 제393조제1항), 지점의 설치·이전·폐지(상법 제393조제1항), 이사에 대한 경업의 승인(상법 제397조), 이사의 자기거래승인(상법 제398조), 재무제표와 영업보고서의 승인(상법 제447조, 제447조의2), 사채발행(상법 제469조) 등이 있습니다.

② 그리고 이사회에서 주주총회의 권한으로 전환할 수 있는 권한은 구체적으로 대표이사의 선임(상법 제389조제1항), 신주발행(상법 제416조), 전환사채발행(상법 제513조제2항), 신주인수권부 사채발행(상법 제516조의2제2항)이 있습니다.

■ 이사회 승인이나 다른 주주들의 동의 없이 대표이사가 다른 회사의 연대보증을 서게 하는 등 회사에 재산상 손해발생의 위험을 초래한 경우 업무상배임죄에 해당하는지요?

Q: 甲 주식회사의 대표이사인 乙은 자신과 딸인 丙이 발행주식 전부를 소유하고 있는 丁 주식회사 및 戊 주식회사를 운영하면서, 구상금채권의 확보방안을 마련하는 등 별다른 조치를 취하지 않은 채 甲 회사로 하여금 丁 회사가 건물 신축 과정에서 받은 대출금 등 채무를 연대보증하게 하고 신축될 건물을 미리 임차하여 임대차보증금을 선지급하도록 하거나, 戊 회사의 대출금 채무를 연대보증하게 하였습니다. 이후 丁 회사 및 戊 회사는 대출금 등 채무를 모두 변제하였고, 丁 회사의 신축 건물을 甲 회사가 실제로 임차하여 甲 회사에게는 아무런 손해가 발생하지 않았으므로, 乙에게는 아무런 죄가 성립되지 않는 것 아닌지요?

A: 업무상배임죄에서 재산상의 손해를 가한 때라 함은 총체적으로 보아 본인

의 재산 상태에 손해를 가하는 경우를 말하고, 현실적인 손해를 가한 경우뿐만 아니라 재산상 손해발생의 위험을 초래한 경우도 포함됩니다. 그리고 이러한 재산상 손해의 유무에 관한 판단은 법률적 판단에 의하지 아니하고 경제적 관점에서 실질적으로 판단되어야 하고, 일단 손해의 위험을 발생시킨 이상 나중에 피해가 회복되었다고 하여도 배임죄의 성립에 영향을 주는 것은 아닙니다(대법원 2006. 11. 9. 선고 2004도7027 판결, 대법원 2009. 5. 29. 선고 2007도4949 전원합의체 판결).

관련 판례를 보면, 대법원은 乙이 甲 회사로 하여금 丁 회사 및 戊 회사를 위하여 수차례에 걸쳐 대출금 등 채무를 연대보증하게 하면서도 어떠한 대가나 이익을 제공받지 아니하였고, 甲 회사가 연대보증채무를 이행할 경우 구상금채권의 확보방안도 마련하지 아니한 점, 乙이 甲 회사의 이사회 승인을 받거나 다른 주주들의 동의를 받지 아니한 점 등을 종합하면, 乙의 행위는 甲 회사에 대한 임무위배행위로서 甲 회사에 재산상 손해발생의 위험을 초래하였고, 乙에게 배임의 고의도 인정되며, 이후 丁 회사 및 戊 회사가 대출금 등 채무를 모두 변제하였거나 건물이 완성된 후 甲 회사가 이를 실제로 임차하였다는 등의 사정은 범죄성립 이후의 사후적인 사정에 불과하다고 하였습니다(대법원 2015. 11. 26. 선고 2014도17180). 그러므로 위와 같은 대법원 판례의 입장에 의한다면, 乙에게는 업무상 배임죄가 성립될 수 있을 것으로 생각됩니다.

3-2-2. 업무집행의 감독

① 이사회는 이사회에서 결정한 업무집행을 감독합니다(상법 제393조제2항). 현실적으로 일상의 업무는 대표이사가 수행하기 때문에 감독권의 주된 대상은 대표이사의 행위가 됩니다. 다만, 이사회의 결의로 대내적인 업무집행이 이사들 사이에 분담되어 있다면 각 이사가 담당한 업무집행도 감독의 대상이 됩니다.

② 업무집행의 감독권을 행사하기 위해서 이사회를 소집해야 합니다. 이사

회에서 이사의 보고를 듣고 질문하는 것은 물론 필요한 서류의 제출도 합니다. 또한 당해 업무집행이 법령·정관 또는 이사회의 결의에 위반되었는지 혹은 합목적인 방법과 능률에 따랐는가도 고려해야 합니다.

③ 이사가 감독권행사에 참여하여 대표이사의 청취하고 그 대표이사에 질문하는 것 등은 이사의 개별적인 자격에서 이루어지지만, 대표이사에게 일정한 행위의 중지·시정 등을 지시하는 능동적인 행위는 이사회의 결의를 필요로 합니다.

■ **자기주식취득금지의 예외규정으로 주식의 반환을 청구할 수 있을까요?**

Q: A회사의 대리점을 경영하던 甲이 물품대금을 변제하지 못하자 甲이 소유하고 있던 A회사의 주식을 대물변제로 취득하였습니다. 甲의 다른 채권자인 乙은 A회사가 자기주식을 취득한 것은 상법 제341조 위반으로 무효라며 甲을 대위하여 A회사에 대하여 그 주식의 반환을 청구할 수 있을까요?

A: 관련된 상법 조문은 이와 같습니다.

> 상법 제341조의2 (특정목적에 의한 자기주식의 취득) 회사는 다음 각 호의 어느 하나에 해당하는 경우에는 제341조에도 불구하고 자기의 주식을 취득할 수 있다.
> 2. 회사의 권리를 실행함에 있어 그 목적을 달성하기 위하여 필요한 경우

이 사안에서 A회사가 자기주식을 취득할 수 있는지 여부는 자기주식의 취득이 "회사의 권리를 실행함에 있어 그 목적을 달성하기 위하여 필요한 경우"에 해당하는지 여부에 달려 있습니다. 甲이 소유하고 있는 유일한 재산이 A회사의 주식이라면 그 주식을 대물변제로 취득하는 것은 허용됩니다. 다만 여기서 甲에게 다른 재산이 없다는 것에 대한 입증책임은 A회사에게 있다고 보아야 할 것입니다(대법원 1977. 3. 8. 선고 76다1292 판결 참조).

갑이 을에게서 병 주식회사 주식을 매수한 후 을에게 명의신탁하였는데, 병 회사 주식이 제3자에게 매도된 후 갑이 명의신탁을 해지한 사안에서, 주식은 주주가 출자자로서 회사에 대하여 가지는 지분으로서 동일 회사의 동일 종류 주식 상호 간에는 개성이 중요하지 아니한 점, 을이 갑에게 교부한 주식보관증에 을이 보관하는 주권이 특정되어 있지 아니한 점을 고려하여 보면, 을의 갑에 대한 주식반환의무는 특정물채무가 아니라 종류채무에 해당하므로, 을 보유 주식이 제3자에게 매도되어 을이 이를 보유하고 있지 않다는 사정만으로는 을의 주식반환의무가 이행불능이 되었다고 할 수 없는데도, 이와 달리 본 원심판결에 법리오해의 잘못이 있다(대법원 2015. 2. 26. 선고 2014다37040 판결).

3-3. 이사회의 소집

① 이사회는 각 이사가 소집합니다. 그러나 이사회의 결의로 소집할 이사를 정한 때에는 그러하지 아니합니다. 이 단서의 규정에 의하여 소집권자로 지정되지 않은 다른 이사는 소집권자인 이사에게 이사회 소집을 요구할 수 있습니다. 소집권자인 이사가 정당한 이유없이 이사회 소집을 거절하는 경우에는 다른 이사가 이사회를 소집할 수 있습니다(상법 제390조제1항).

② 이사회를 소집함에는 회일을 정하고 그 1주간 전에 각 이사와 감사에 대하여 통지를 발송해야 합니다(상법 제390조제2항 본문). 다만, 이 기간은 정관으로 단축할 수 있습니다(동조 제2항단서). 퇴임이사도 신이사가 취임할 때까지는 이사로서의 권리의무가 있으므로 그에게도 통지해야 합니다.

③ 이사 전원과 감사전원이 동의하면 특별한 소집절차없이 언제든지 회의를 할 수 있습니다(상법 제390조제3항). 이 때 사전에 동의를 얻어 소집통지없이 회의할 수 있습니다, 속행·연기되는 이사회에도 소집절차를 생략할 수 있습니다(상법 제372조, 제392조).

④ 주주총회의 소집절차와 달리 소집통지는 반드시 서면일 필요는 없으

며 구두나 전화통지도 가능합니다. 그리고 회의를 하는 목적사항 이른바 의사일정을 알릴 필요도 없습니다. 그러나 정관 또는 이사회규칙에 의사일정을 기재한 서면으로 할 것을 정한 때에는 이를 위반하여 소집한 이사회는 무효입니다.

⑤ 이사회가 성립되려면 전체 이사의 과반수가 참석하여야 하며, 결의는 출석 이사의 과반수로 합니다(상법 제391조제1항 본문). 정관으로 이러한 요건을 엄격하게 할 수 있지만 경감할 수는 없습니다(동조 단서).

⑥ 이사회의 결의에 대하여 특별한 이해관계가 있는 이사는 의결권을 행사하지 못합니다(상법 제368조제3항).

⑦ 이사회의 의사에 관하여 의사록을 작성해야 합니다(상법 제391조의3 제1항). 이 의사록은 본점에 비치해야 합니다(상법 396조제1항).

⑧ 의사록에는 의사의 안건, 경과요령, 그 결과, 반대하는 자와 그 반대이유를 기재하고 출석한 이사 및 감사가 기명날인 또는 서명해야 합니다(상법 제396조제2항).

⑨ 주주는 영업시간 내에 이사회의사록의 열람 또는 등사를 청구할 수 있습니다. 회사는 이 청구에 대하여 이유를 붙여 이를 거절할 수 있습니다. 이 경우 주주는 법원의 허가를 얻어 이사회의사록을 열람 또는 등사할 수 있습니다(상법 제396조제3항).

⑩ 의사록에 기재할 사항을 기재하지 않거나 부실기재한 이사는 500만원 이하의 과태료에 처합니다(상법 제635조제1항). 열람이나 등사를 거부한 이사도 과태료에 처합니다(상법 제635조제1항제4호).

■ **적대적 인수를 시도하는 주주의 열람·등사 청구가 가능한지요?**

Q: A주식회사의 주주인 甲은 A주식회사가 그 주된 사업 목적과 무관하게 파생상품거래를 하면서 손실을 감수하고 있으므로 이 거래에 참여한 이사들의 책임 유무를 확인하기 위하여 필요하다고 하면서 관련 이사회 의사록의 열람·등사를 청구하고 있습니다. 甲은 최근 A

주식회사의 주식을 대량으로 매집하는 등 적대적 인수를 시도하려는 것으로 보이는데, 이런 경우에도 甲의 이사회 의사록 열람·등사 청구가 정당한 것인가요?

A: 주주의 회사의 이사회 의사록과 회계장부에 대한 열람·등사 청구권은 상법 제391조의3 제3항 및 상법 제466조 제1항에 규정되어 있습니다. 구체적으로 상법 제391조의3 제3항은 "주주는 영업시간 내에 이사회 의사록의 열람 또는 등사를 청구할 수 있다."고 정하고 있고, 제4항은 "회사는 제3항의 청구에 대하여 이유를 붙여 거절할 수 있다. 이 경우 주주는 법원의 허가를 얻어 이사회 의사록을 열람 또는 등사할 수 있다."고 규정하고 있습니다. 또한 제466조 제1항은 "발행주식의 총수의 100분의 3 이상에 해당하는 주식을 가진 주주는 이유를 붙인 서면으로 회계의 장부와 서류의 열람 또는 등사를 청구할 수 있다."고 정하고 있고, 제2항은 "회사는 주주의 청구가 부당함을 증명하지 아니하면 이를 거부하지 못한다."고 규정하고 있습니다.

즉 주주가 이사회 의사록 또는 회계 장부와 서류 등에 대한 열람·등사 청구를 하는 경우, 회사는 그 청구가 부당함을 증명하여 이를 거부할 수 있는데, 주주의 열람·등사권 행사가 부당한 것인지 판단하는 기준에 관하여 대법원은 "행사에 이르게 된 경위, 행사의 목적, 악의성 유무 등 제반 사정을 종합적으로 고려하여 판단하여야 하고, 특히 주주의 이와 같은 열람·등사권 행사가 회사업무의 운영 또는 주주 공동의 이익을 해치거나 주주가 회사에 지나치게 불리한 시기를 택하여 행사하는 경우 등에는 정당한 목적을 결하여 부당한 것이라고 보아야 한다."고 판시한 바 있습니다(대법원 2004. 12. 24.자 2003마1575 결정). 적대적 인수를 시도하려는 것으로 보이는 경우 정당한 목적을 결하여 부당한 경우에 해당하는지가 문제될 수 있는데, 판례는 적대적 인수·합병을 시도하는 주주의 열람·등사청구라고 하더라도 목적이 단순한 압박이 아니라 회사의 경영을 감독하여 회사와 주주의 이익을 보호하기 위한 것이라면 허용되어야 한다고 하면서, 주주가 회사의 이사에 대하여 대표소송을 통한 책임추궁을 하는 등 주주로서의 권리를 행사하기 위하여 이사회 의사록의 열람·등사가 필요하다고 인정되는 경우에는 특별한 사정이 없는 한 이러한 청구는 회사의 경영을 감독하여 회사의 주주의 이익을 보호하기 위한 것이므로 적대적 인수·합병을 시도하고 있다는 사정만으로 부당한 것이라고 볼 수 없고 주주가 취득한 정보를 경업에 이용할 우려가 있거나 회사에 지나치게 불리한 시기를 택하여 행사하는 등의 경우가 아니라면 허용되어야 한다고 보고 있습니다(대법원 2014. 7. 21.자 2013마657 결정).

이러한 판례에 비추어 보면 파생상품거래로 인한 손실이 막대하여 甲 주주가 이사를 상대로 대표소송 등 주주로서의 권리를 행사하기 위하여 이사회 의사록의 열람·등사가 필요한 것이라고 인정될 수 있다면 비록 甲이 적대적 인수를 시도하려는 것처럼 보인다고 하더라도 의사록 열람·등사 청구는 정당한 것입니다.

(관련판례)

상법 제466조 제1항에서 규정하고 있는 주주의 회계장부와 서류 등에 대한 열람·등사청구가 있는 경우 회사는 청구가 부당함을 증명하여 이를 거부할 수 있고, 주주의 열람·등사권 행사가 부당한 것인지는 행사에 이르게 된 경위, 행사의 목적, 악의성 유무 등 제반 사정을 종합적으로 고려하여 판단하여야 한다. 특히 주주의 이와 같은 열람·등사권 행사가 회사업무의 운영 또는 주주 공동의 이익을 해치거나 주주가 회사의 경쟁자로서 취득한 정보를 경업에 이용할 우려가 있거나, 또는 회사에 지나치게 불리한 시기를 택하여 행사하는 경우 등에는 정당한 목적을 결하여 부당한 것이라고 보아야 한다. 한편 주식매수청구권을 행사한 주주도 회사로부터 주식의 매매대금을 지급받지 아니하고 있는 동안에는 주주로서의 지위를 여전히 가지고 있으므로 특별한 사정이 없는 한 주주로서의 권리를 행사하기 위하여 필요한 경우에는 위와 같은 회계장부열람·등사권을 가진다. 주주가 주식의 매수가액을 결정하기 위한 경우뿐만 아니라 회사의 이사에 대하여 대표소송을 통한 책임추궁이나 유지청구, 해임청구를 하는 등 주주로서의 권리를 행사하기 위하여 필요하다고 인정되는 경우에는 특별한 사정이 없는 한 그 청구는 회사의 경영을 감독하여 회사와 주주의 이익을 보호하기 위한 것이므로, 주식매수청구권을 행사하였다는 사정만으로 청구가 정당한 목적을 결하여 부당한 것이라고 볼 수 없다(대법원 2018.2.28. 선고 2017다270916 판결).

■ **적대적 인수합병 계획회사의 이사회 회의록 열람 등사청구를 저지할 방법이 없을까요?**

Q: 甲법인은 乙주식회사의 의 주주이자 乙의 주력사업부분을 적대적으로 인수합병하려는 회사입니다. 이러한 상황에서 甲은 乙의 이사회에서 자금력도 없으면서 무리하게 사업을 추진하였다는 구실로 이사회 의사록을 열람, 등사를 신청하고 있는데 이를 저지할 방법이 없을까요?

A: 법원은 상법 제391조의3 제3항, 제466조 제1항에서 규정하고 있는 주주의 이사회 의사록 또는 회계 장부와 서류 등에 대한 열람·등사 청구가 있는 경우, 회사는 청구가 부당함을 증명하여 이를 거부할 수 있는데, 주주의 열람·등사권 행사가 부당한 것인지는 행사에 이르게 된 경위, 행사의 목적, 악의성 유무 등 제반 사정을 종합적으로 고려하여 판단하여야 하고, 특히 주주의 이와 같은 열람·등사권 행사가 회사업무의 운영 또는 주주 공동의 이익을 해치거나 주주가 회사의 경쟁자로서 취득한 정보를 경업에 이용할 우려가 있거나, 또는 회사에 지나치게 불리한 시기를 택하여 행사하는 경우 등에는 정당한 목적을 결하여 부당한 것이라고 보아야 한다(대법원 2004. 12. 24. 자 2003마1575 결정 참조)고 판시를 하고 있습니다. 따라서 이러한 판단기준에 부합하는지 여부가 문제되며 특히 적대적 인수를 시도하는 주주의 열람·등사 청구는 항상'정당한 목적을 결하여 부당'한 경우에 해당하는지와 관련해서 대법원은 이를 원칙적으로 부정하고, '회사의 경영을 감독하여

회사와 주주의 이익을 보호하기 위한 것'인지 여부가 중요하다고 보고 있습니다. 적대적 인수·합병을 시도하는 주주의 열람·등사청구라고 하더라도 목적이 단순한 압박이 아니라 회사의 경영을 감독하여 회사와 주주의 이익을 보호하기 위한 것이라면 허용되어야 하는데, 주주가 회사의 이사에 대하여 대표소송을 통한 책임추궁이나 유지청구, 해임청구를 하는 등 주주로서의 권리를 행사하기 위하여 이사회 의사록의 열람·등사가 필요하다고 인정되는 경우에는 특별한 사정이 없는 한 그 청구는 회사의 경영을 감독하여 회사와 주주의 이익을 보호하기 위한 것이므로, 이를 청구하는 주주가 적대적 인수·합병을 시도하고 있다는 사정만으로 청구가 정당한 목적을 결하여 부당한 것이라고 볼 수 없고, 주주가 회사의 경쟁자로서 취득한 정보를 경업에 이용할 우려가 있거나 회사에 지나치게 불리한시기를 택하여 행사하는 등의 경우가 아닌 한 허용되어야 한다(2014. 7. 21. 자 2013마657 결정 참조)고 보고 있습니다. 특히 법원은 무리한 사업시행으로 인한 회사의 손해가 공시되었다고 하더라도 그 사업시행 및 관련 계약의 체결에 관한 이사회 결의에 찬성한 이사가 누구인지 알려면 이사회 의사록을 열람해야 한다는 점을 들어 열람·등사의 필요성을 인정하고 있고, 뿐만 아니라 열람·등사청구의 대상인 이사회 의사 록이 해당 회사의 주력사업부분과 직접 관련된 부분이 아니라면 신청인이 그 이사회 의사록으로 취득한 정보를 경업에 이용할 우려가 있다고 볼 수 없다고 판시하고 있습니다. (2014. 7. 21.자 2013마657 결정 참조)

관련된 쟁점으로, 이사회 결의 등을 위해 그 이사회에 제출된 관련 서류라도 그것이 이사회 의사록에 첨부되지 않았다면 이는 이사회 의사록 열람·등사청구의 대상에 해당하지 않는다고 할 것이나, 이사회 의사록에서 '별첨', '별지' 또는'첨부'등의 용어를 사용하면서 그 내용을 인용하고 있는 첨부 자료는 해당 이사회 의사록의 일부를 구성하는 것으로서 이사회 의사록 열람·등사청구의 대상에 해당합니다.

■ 주주대표소송의 주주가 집행채권자가 될 수는 없는 건가요?

Q: 저는 주식회사의 대주주중 한 사람으로 대표이사인 甲이 회사의 재산인 담보권을 상실하게 하였다는 이유로 대표소송을 제기하였고, 승소판결을 받아 그 판결이 확정되었습니다. 이에 이 판결을 집행권원으로 하여 甲의 제3채무자에 대한 대여금채권에 관하여 채권압류 및 전부명령을 신청하였고 이는 인용되었습니다. 그러자 甲은 제가 위 확정판결의 당사자가 아니라는 이유로, 집행당사자적격이 없는 채권자에게 부여될 채권압류 및 전부명령은 취소되어야 한다고 주장하며 항고하였는데. 주주대표소송의 주주가 집행채권자가 될 수는 없는 건가요?

A: 상법 제403조상의 주주대표소송은 주주가 회사를 대표하여 이사 등의 회사에 대한 민사적 책임을 지게 하는 장치입니다. 이는 응당 회사가 직접 나서서 이사의 책임을 추궁해야 하지만, 대부분의 회사의 업무수행 및 사업 활동은 이사를 구성원으로 하는 이사회에서 이루어지고 있고, 결국 회사가 스스로 나서지 않을 수 있는 우려가 있기 때문에 주주들로 하여금 회사를 대표하여 소송을 제기 및 수행할 수 있게 한 것이죠. 이와 같이 주주대표소송의 원고는 주주이고 회사는 당사자가 아니 지만, 그 승소판결의 경제적 효과는 회사에 직접 귀속되어야 하므로, 현실적으로 판결 주문은 '피고는 회사에게 ~ 이행하라'라는 형태가 되고 원고는 주문에 나타나지 않아 이러한 문제가 발생하게 되는데요. 이에 대하여 법원은 주주대표소송의 주주와 같이 다른 사람을 위하여 원고가 된 사람이 받은 확정판결의 집행력은 확정판결의 당사자인 원고가 된 사람과 다른 사람 모두에게 미치므로, 주주대표 소송의 주주는 집행채권자가 될 수 있다"고 판시하였습니다. (대법원 2014. 2. 19. 2013마2316결정) 이는 회사가 스스로 나서지 않는 경우에 주주들의 제소권한을 인정한 법의 취지를 살리기 위한 것으로서 결국 대표소송에서 확정판결을 받은 선생님은 이를 집행권원으로 하여 이 사건 채권압류 및 전부명령 신청

을 할 수 있는 집행채권자 적격이 있으므로 선생님은 이사의 제3채무자에 대한 채권에 대해서 압류 및 전부명령을 신청할 수 있습니다.

(관련판례)

집행관이 집행채권자 갑 조합 소유 아파트에서 유치권을 주장하는 피고인을 상대로 부동산인도집행을 실시하자, 피고인이 이에 불만을 갖고 아파트 출입문과 잠금 장치를 훼손하며 강제로 개방하고 아파트에 들어갔다고 하여 재물손괴 및 건조물침입으로 기소된 사안에서, 피고인이 아파트에 들어갈 당시에는 이미 갑 조합이 집행관으로부터 아파트를 인도받은 후 출입문의 잠금 장치를 교체하는 등으로 그 점유가 확립된 상태여서 점유권 침해의 현장성 내지 추적가능성이 있다고 보기 어려워 점유를 실력에 의하여 탈환한 피고인의 행위가 민법상 자력구제에 해당하지 않는다고 보아 유죄를 인정한 원심판단을 수긍한 사례(대법원 2017. 9. 7. 선고 2017도9999 판결).

4. 대표이사

① 대표이사는 회사를 대표하고 업무를 집행할 권한을 가진 이사로서 필요·상설기관입니다(상법 제389조제1항).

② 대표이사는 대표권을 가지는 이상 그 명칭에 상관없습니다. 즉 반드시 대표이사라는 명칭을 사용할 필요도 없습니다.

4-1. 대표이사 선임

① 대표이사는 이사회의 결의로 선임되지만 정관으로 주주총회에서 보통결의로 선정하도록 할 수 있습니다(상법 제389조제1항단서). 또한 자격제한도 없지만 정관으로 제한하여도 상관없습니다.

② 대표이사의 수에는 제한이 없기 때문에 1인 또는 수인을 선정하기도 합니다. 따라서 공동대표이사를 선정하여 대표권을 제한하기도 합니다.

③ 법률이나 정관에서 정한 대표이사의 수가 결원된 경우 필요하다고 인

정할 때에는 법원은 이사·감사 기타 이해관계인의 청구에 의하여 일시 대표이사의 직무를 대행할 자를 선임할 수 있습니다(상법 제386조제2항, 제389조제3항). 이 경우에는 본점 소재지에서 그 등기를 해야 합니다.

4-2. 대표이사의 종임

① 대표이사는 임기만료·사임·해임 등에 의하여 종임하게 됩니다. 즉 대표이사는 사임할 수 있지만, 회사가 불리한 시기에 사임함으로써 회사에 손해를 발생시키면 배상해야 합니다(민법 제689조제2항).

② 주주총회는 언제든지 대표이사를 해임할 수 있다고 봅니다. 다만, 이때에 대표이사자격을 박탈하면 보통결의로도 족하지만, 이사자격까지 박탈하려면 특별결의를 거쳐야 합니다(상법 제385조제1항, 제434조).

③ 대표이사가 선임, 해임 시에는 그 성명, 주민등록번호 및 주소를 등기해야 합니다(상법 제317조제2항제9호). 등기하지 아니하면 회사는 그 종임으로 선의의 제3자에게 대항할 수 없습니다(상법 제37조).

■ **주주총회에서 해임된 대표이사가 그 등기 전 어음 발행 시 회사의 책임은 어디까지 인지요?**

Q: 저는 甲 주식회사로부터 물품대금조로 어음을 받았다가 그 만기가 되어 어음금을 청구하였습니다 그러나 지급이 거절되어 알아보니 어음발행 당시의 대표이사는 단순히 해임등기를 하지 않았을 뿐 이미 주주총회에서 해임된 상태에서 어음을 발행하였기 때문에 회사는 책임을 질 수 없다고 합니다. 甲 주식회사의 주장이 맞는지요?

A: 주식회사는 이사회의 결의로 회사를 대표할 이사를 선정하거나 정관으로 주주총회에서 이를 선정할 것을 정할 수 있고, 대표이사는 회사의 영업에 관하여 재판상 또는 재판 외의 모든 행위를 할 권한이 있으며, 이사 및 그의 권한에 대한 사항은 등기사항이고 또한 이사는 언제든지 주주

총회의 결의로 해임할 수 있으며, 모든 등기사항은 등기하지 아니하면 선의의 제3자에게 대항하지 못한다고 규정하고 있습니다(상법 제389조, 제209조, 제385조, 제317조, 제37조, 제180조).

그러므로 대표이사가 해임되면 이미 그 때부터 대표이사의 자격과 권한이 모두 상실되는 것이므로 회사를 위하여 어음을 발행할 수 없으나, 위 규정에서 보듯이 대표이사의 해임은 등기하도록 되어 있고 등기를 하지 않으면 대표이사가 해임되었다는 사실을 가지고 선의의 제3자에게 대항할 수 없는 것입니다(대법원 1964. 6. 23. 선고 64다129 판결).

따라서 해임등기를 하기 전에 대표이사가 어음을 발행하였을 경우 회사는 그 사실을 모르고 어음을 취득한 제3자에 대하여 그 책임을 회피하지 못한다 할 것이므로 회사가 어음발행인으로서의 의무를 지고 어음금을 지급하여야 할 것입니다. 마찬가지로 대표이사가 어음배서를 하였다면 회사가 어음배서인으로서의 책임을 지게 됩니다.

그러므로 甲 주식회사의 주장은 옳지 않은 것으로 보입니다.

반면에 어음취득자인 제3자가 이미 대표이사의 해임사실을 알고 있었다면 그는 악의의 제3이기 때문에 회사가 어음상의 책임을 부담하지 않습니다. 물론 이 경우 이사의 해임사실을 알고 있었다는 입증책임은 회사측이 부담하게 되어 있으므로, 귀하의 경우 대표이사가 이미 해임되었다는 사실을 알지 못하였다면 선의의 제3자로서 회사를 상대로 한 어음금청구권을 행사할 수 있을 것입니다.

4-3. 대표이사의 권한

① 대표이사는 회사의 업무를 집행할 권한을 가집니다. 상법에서 정한 직무로는 정관, 주주총회 및 이사회의 의사록, 주주명부와 사채원부 등을 비치(상법 제396조), 주식청약서와 사채원주의 작성(상법 제420조, 제474조), 주권과 채권에의 기명날인 또는 서명(상법 제356조, 제478조제2항), 재무제표, 영업보고서의 작성, 비치 및 제출(상법 제

447조 이하) 등이 있습니다.

② 또 회사의 영업에 관하여 재판상 또는 재판외의 모든 행위를 할 권한이 있습니다(상법 제209조제1항, 제389조제3항). 영업에 관한 행위란 일반적으로 영업의 목적인 행위와 영업을 위한 행위임을 불문하고 계속·반복적으로 행하여지는 영업에 관련된 모든 행위를 말합니다. 다만, 이 대표권한에 대한 제한은 선의의 제3자에게는 대항할 수 없습니다(상법 제209조제2항, 제389조제3항).

■ 양도인이 주식양도사실을 다투면서 그 대표이사가 명의개서청구를 거절한 경우 이를 다툴 수는 없는지요?

Q: A회사의 대주주로부터 주식 30,000주를 양수하였는데, 그 때 A회사의 대표이사가 입회하여 그 양도를 승낙하였습니다. 그런데 이후에 양도인이 주식양도사실을 다투면서 그 대표이사가 명의개서청구를 거절하고 있습니다. 이를 다툴 수는 없는지요?

A: 이러한 경우 주식양수인은 회사를 상대로 하여 명의개서청구의 소를 제기할 수 있고, 이로 인하여 손해가 발생하였으면 그 배상도 청구할 수 있습니다. 필요한 때에는 주주지위확인의 가처분도 구할 수 있고 명의개서를 거부한 이사 등은 벌칙의 제재를 받습니다(상법 제635조 제1항 제7호). 그리고 판례에 의하면 명의개서없이 회사에 대하여 주주권을 행사하는 것이 긍정됩니다. 주권의 점유자는 이를 적법한 소지인으로 추정되므로 (상법 제336조 제2항) 주권의 점유자는 실질적인 주주임을 증명하지 않아도 명의개서를 청구할 수 있습니다. 회사로서는 주주명부의 폐쇄기간이라거나 주식양수인이 실질적인 무권리자라는 것을 알고 이를 쉽게 입증할 수 있는 경우 등의 정당한 사유가 있는 것이 아니라면 명의개서청구를 거부할 수 없습니다. 명의개서를 부당하게 거부한 경우에는 간접적인 구제수단들도 있을 수 있으나 대법원은 이러한 경우, 즉 명의개서없이 회사에 대하여 주주권을 행사하는 것이 긍정될 수

있는가에 대하여 "주식을 양도받은 주식양수인들이 명의개서를 청구하였는데도 위 주식양도에 입회하여 그 양도를 승낙하였고 더구나 그 후 주식양수인들의 주주로서의 지위를 인정한 바 있는 회사의 대표이사가 정당한 사유없이 그 명의개서를 거절한 것이라면 회사는 그 명의개서가 없음을 이유로 그 양도의 효력과 주식양수인의 주주로서의 지위를 부인할 수 없다"고 하여(대법원 1993.9.13. 선고 92다40952 판결) 이를 긍정하고 있습니다.

■ 주식소각대금을 청구할 수 있는 시기가 언제인지와 주주의 청구에 대하여 주식회사의 대응방안은 무엇인지요?

Q: 주식회사의 주식의 임의소각이 결정된 후 주주가 주식회사를 상대로 주식소각대금을 청구할 수 있는 시기가 언제인지와 주주의 청구에 대하여 주식회사의 대응방안은 무엇인지요?

A: 주식 임의소각과 관련하여 대법원은 "주식의 강제소각의 경우와 달리, 회사가 특정 주식의 소각에 관하여 주주의 동의를 얻고 그 주식을 자기 주식으로서 취득하여 소각하는 이른바 주식의 임의소각에 있어서는, 회사가 그 주식을 취득하고 상법 소정의 자본감소의 절차뿐만 아니라 상법 제342조 가 정한 주식실효 절차까지 마친 때에 소각의 효력이 생기는 것이다(대법원 1992. 4. 14. 선고 90다카22698 판결 등 참조). 그런데 임의소각의 경우 그 소각의 효력이 위와 같이 상법 제342조 의 주식실효 절차가 마쳐진 때에 발생한다 하더라도, 주주가 주식소각대금채권을 취득하는 시점은 임의소각의 효력발생시점과 동일한 것은 아니며, 적어도 임의소각에 관한 주주의 동의가 있고 상법 소정의 자본감소의 절차가 마쳐진 때에는 주식소각대금채권이 발생하고, 다만 그때까지 주주로부터 회사에 주권이 교부되지 않은 경우에는 회사는 주주의 주식소각대금청구에 대하여 주권의 교부를 동시이행항변 사유로 주장할 수 있을 뿐이라고 봄이 상당하다."고 판시(대법원 2008. 7. 10. 선고

2005다24981 참조)하였습니다. 그러므로 주주는 임의소각에 관한 주주의 동의가 있고 상법 소정의 자본감소 절차가 마쳐진 때 주식소각대금채권을 취득하게 됩니다. 다만 주주가 소각되는 주권을 교부하지 않은 채 주식소각대금을 청구하는 경우 회사는 주권의 교부를 동시이행항변 사유로 주장할 수 있습니다.

(관련판례)

주식 임의소각의 경우 그 소각의 효력이 상법 제342조의 주식실효 절차까지 마쳐진 때에 발생한다 하더라도, 주주가 주식소각대금채권을 취득하는 시점은 임의소각의 효력발생시점과 동일한 것은 아니며, 적어도 임의소각에 관한 주주의 동의가 있고 상법 소정의 자본감소의 절차가 마쳐진 때에는 주식소각대금채권이 발생하고, 다만 그때까지 주주로부터 회사에 주권이 교부되지 않은 경우에는 회사는 주주의 주식소각대금청구에 대하여 주권의 교부를 동시이행항변 사유로 주장할 수 있을 뿐이다(대법원 2008. 7. 10. 선고 2005다24981 판결).

■ **대표이사가 배서한 수표의 효력은 어디까지 인지요?**

Q: 저는 甲으로부터 배서인란에 「대박공업 이사 홍길동」 이라는 명판과 인장만 있는 어음을 수령하였습니다. 그런데 나중에 알아보니 「대박공업」의 정식 명칭은 「대박공업 주식회사」 였으며, 홍길동은 대박공업 주식회사의 대표이사였습니다. 이러한 배서는 「대박공업 주식회사」가 한 것으로서 효력이 있는지요?

A: 배서인이나 피배서인은 거래사회에서 그 본인이 누구인지 알 수 있는 정도로 기재하면 됩니다. 법원 역시 "그 약속어음배서에 있어서 피배서인으로서 원고 은행을 경남 은행이라고만 쓰고 주식회사 경남 은행이라고 배서하지 않았으므로 피배서인 경남 은행이라는 난에다가 주식회사를 보충해야함에도 이것을 완성하지 않고 청구한 것은 백지어음에 보충을 안 한 미완성약속어음에 의한 청구이므로 원고 청구를 배척하였어야

할 것임에도 불구하고 원심은 이를 간과하고 원고 승소 판결을 하였음은 부당하다고 주장하나 거래사회에서 그 본인이 누구인가를 식별할 수 있는 정도의 피배서인을 기재하면 족한 것으로 본건의 경우에 있어서 주식회사 경남은행이라는 정식명칭 중 주식회사를 생략하여 단지 경남은행이라고 썼다하여 약속어음으로서의 미비점은 없다"고 판시하고 있습니다(대법원 1973. 7. 10. 선고 72다2551 판결). 따라서 「대박공업 주식회사」를 「대박공업」이라고 기재하였다고 하여 어음상 하자가 있다고는 할 수 없습니다.

한편 판례는 배서인란에 "연합실업주식회사 이사 김용식" 이라는 명판과 인장만 날인되어 있고 대표이사 표시나 대표이사의 기명날인이 없는 어음의 효력과 관련하여, "회사나 기타 법인이 어음행위를 하려면 대표기관이 그 법인을 위하여 하는 것임을 표시하고 자기성명을 기재하여야 하는 것은 대표기관 자신이 직접 어음행위를 하는 경우이고 대리인이 어음행위를 하려면 어음상에 대리관계를 표시하여야 하는바, 그 표시방법에 대하여 특별한 규정이 없으므로 어음상에 대리인 자신을 위한 어음행위가 아니고 본인을 위하여 어음행위를 한다는 취지를 인식할 수 있을 정도의 표시가 있으면 대리관계의 표시로 보아야 할 것인바, 본건에 있어 "연합실업주식회사 이사 김용식"이라는 표시는 동 회사의 대리관계의 표시로써 적법한 표시로 인정하여야 할 것이다"라고 판시한 바 있습니다(대법원 1973.12.26, 선고, 73다1436, 판결). 따라서 「대박공업 이사 홍길동」이라는 표시는 동 회사의 대리관계를 표시한 것으로 유효하다 할 것입니다.

결국 배서인란에 「대박공업 이사 홍길동」이라는 명판과 인장이 있을 경우 이는 「대박공업 주식회사」의 배서로서 적법 유효하다고 보아야 할 것입니다.

■ 회사에 대한 채권으로 대표이사 개인재산을 강제집행할 수 있는지요?

Q: 저는 甲에게 사업자금 5,000만원을 빌려주면서 교부받은 차용증에는 乙주식회사 대표이사 甲이 차용하는 것으로 기재하였습니다. 그 후 甲이 돈을 갚지 않아 확인해보니 乙회사는 甲이 설립한 소규모의 회사로서 등기부상 이름만 남아 있을 뿐 직원도 없고 그 회사명의의 재산은 아무 것도 없었습니다. 그러나 甲은 개인명의의 재산을 많이 갖고 있는데, 제가 甲을 상대로 위 대여금을 청구하여 甲의 개인재산에 강제집행을 할 수 있는지요?

A: 법률상 권리의무의 주체로는 자연인과 법인이 있습니다. 주식회사는 1인 이상이 자본을 주식의 형태로 출자하여 설립한 법인으로서(상법 제288조), 그 본질상 그 회사를 구성하는 자연인과는 별개의 법인격체를 이루며, 회사의 재산은 주주나 이사의 개인재산과는 완전히 분리되고 회사의 채무에 대하여는 회사명의의 재산으로만 책임을 지게 됩니다.

즉,「상법」제331조는 "주주의 책임은 그가 가진 주식의 인수가액을 한도로 한다."라고 규정하고 있습니다. 다만, 상법 제331조의 주주유한책임의 원칙은 주주의 의사에 반하여 주식의 인수가액을 초과하는 새로운 부담을 시킬 수 없다는 취지에 불과하고, 주주들의 동의 아래 회사채무를 주주들이 부담하는 것까지 금지하는 취지는 아니므로(대법원 1989. 9. 12. 선고 89다카 890 판결, 1983. 12. 13. 선고 82도735 판결), 주주나 이사가 개인적으로 회사채무를 부담키로 한 경우에는 그들에게 청구가 가능합니다.

그러므로 귀하의 경우에는 차용증서상 '乙주식회사'에 돈을 빌려준 것으로 되어 있어 乙회사를 상대로 재판을 하고 판결을 받아 乙회사명의의 재산에 대하여만 강제집행을 할 수 있을 뿐이며, 乙회사의 주주나 대표이사 甲 개인을 상대로는 청구할 수는 없을 것으로 보입니다. 다만, 甲이 乙회사의 재산을 빼돌려 개인적인 용도에 사용하였다면 형사적으로는 甲을 횡령죄로 고발할 수 있고, 민사적으로는 채권자취소권의 행사도 검토해볼 수 있을 것입니다.

그런데 주식회사라고 하지만 현실적으로는 개인기업이나 마찬가지인 가족회사나 실질적으로 1인 회사인 경우가 많이 있습니다. 그와 같은 소규모의 회사의 경우 회사재산과 경영주 개인의 재산이 혼동될 우려가 있으며, 회사가 파산하는 경우에는 주주 개인의 재산으로는 책임을 지지 않기 때문에 채권회수가 어려워지는 경우가 많이 있습니다. 이러한 경우 그 회사의 법인격을 부인할 수 있을 것인지에 관하여 판례는 "회사가 외형상으로는 법인의 형식을 갖추고 있으나 이는 법인의 형태를 빌리고 있는 것에 지나지 아니하고 그 실질에 있어서는 완전히 그 법인격의 배후에 있는 타인의 개인기업에 불과하거나 그것이 배후자에 대한 법률적용을 회피하기 위한 수단으로 함부로 쓰여지는 경우에는, 비록 외견상으로는 회사의 행위라 할지라도 회사와 그 배후자가 별개의 인격체임을 내세워 회사에게만 그로 인한 법적 효과가 귀속됨을 주장하면서 배후자의 책임을 부정하는 것은 신의성실의 원칙에 위반되는 법인격의 남용으로서 심히 정의와 형평에 반하여 허용될 수 없고, 따라서 회사는 물론 그 배후인 타인에 대하여도 회사의 행위에 관한 책임을 물을 수 있다고 보아야 한다."라고 하였습니다(대법원 2001. 1. 19. 선고 97다21604 판결, 2004. 11. 12. 선고 2002다66892 판결).

그러나 1인 회사의 존재도 인정하고 있으며(대법원 2004. 12. 10. 선고 2004다25123 판결), 법인격 부인은 불가피한 경우에 제한적으로 적용하고 있으므로, 위 사안에서 귀하가 甲에게 위 대여금을 지급 받기 위해서는 위 회사가 '명목상의 회사{형해화(形骸化)된 회사}'에 불과하다는 사실을 입증할 수 있어야 할 것입니다.

참고로 우리가 어떤 개인에게 돈을 빌려줄 때에는 그 사람의 신용과 자력을 보고 돈을 빌려주는 것과 마찬가지로 법인에게 돈을 빌려줄 경우에는 그 회사의 신용과 자력이 튼튼한지 또 그 회사가 앞으로 지속되고 성장할 수 있는지 여부를 확인하고, 만약 그것이 불확실하다면 물적 담보를 설정한다든지 주주 또는 이사 개인으로 하여금 연대보증을 서게 하고 돈을 빌려주는 것이 안전할 것입니다.

■ 주식회사에 대한 승소판결로써 대표이사 개인 재산에 대한 강제집행이 가능한지요?

Q: 저는 甲 주식회사를 상대로 대여금 청구소송을 제기하여 승소하였고 그 판결이 확정되었습니다. 현재 甲 주식회사는 아무런 재산이 없는 바, 甲 주식회사의 대표이사 乙의 개인 재산에 대한 강제집행이 가능한지요?

A: 민사소송법 제218조 제1항은 "확정판결은 당사자, 변론을 종결한 뒤의 승계인(변론 없이 한 판결의 경우에는 판결을 선고한 뒤의 승계인) 또는 그를 위하여 청구의 목적물을 소지한 사람에 대하여 효력이 미친다."고 규정하고 있습니다. 그런데 甲 주식회사라는 법인과 乙이라는 개인은 법적으로 다른 사람이므로 甲 주식회사에 대한 승소판결을 근거로 乙의 재산에 대해 강제집행을 할 수는 없습니다. 만약 乙의 재산에 대해서도 강제집행하고자 한다면 乙에 대한 승소판결 등 집행권원이 별도로 필요합니다.
   따라서 현재로서는 乙의 개인 재산에 대한 강제집행은 불가능할 것으로 판단됩니다.

■ 재무구조의 개선 등의 목적 없이 대표이사 등이 자신의 경영권을 주주로부터 방어하기 위하여 제3자에게 한 신주발행의 효력은 어디까지 인지요?

Q: 저는 주식회사 A의 주주 甲입니다. 저는 주식회사 A의 주식을 24% 가지고 있었습니다. 그런데 주식회사 A의 대표이사 乙 등은 회사 경영을 독단적으로 하려고 하여 저는 저와 제가 믿을 수 있는 丙을 이사 및 감사로 선임하는 안건을 상정해달라고 요청하였고, 주식회사 A의 경영상태를 파악하기 위해 회계장부 등의 열람, 등사를 요청하였으나 거절당하여 법원을 통해 회계장부 등의 열람, 등사 가처분을 신청하여 인용받은 바 있습니다. 한편 주식회사 A의 정관에

는 긴급한 자금 조달을 위하여 국내 외 금융기관에게 신주를 발행하거나 기술도입의 필요상 제휴회사에게 신주를 발행하는 경우에는 주주 아닌 제3자에게 신주인수가 가능하도록 하고 있습니다. 그런데 대표이사 乙은 이러한 사유 없이 이사회를 개최하여 발행주식의 30%를 주주 아닌 제3자 丁에게 배정하여 제 주식은 18%로 줄어들고, 丁은 23%의 최대주주가 되었습니다. 그후에도 대표이사 乙은 저에게 우호적인 이사 戊, 감사 己를 해임하려고 하였으나 제가 미리 의결권행사금지가처분을 하여 부결된 바 있습니다. 경영권 방어를 목적으로 한 대표이사 乙 등이 丁에게 한 신주발행은 유효한 것인가요?

A: 상법 제418조 제1항은 "주주는 그가 가진 주식 수에 따라서 신주의 배정을 받을 권리가 있다", 같은 조 제2항은 "회사는 제1항의 규정에 불구하고 정관에 정하는 바에 따라 주주 외의 자에게 신주를 배정할 수 있다. 다만, 이 경우에는 신기술의 도입, 재무구조의 개선 등 회사의 경영상 목적을 달성하기 위하여 필요한 경우에 한한다."고 각 규정하고 있습니다. 따라서 신주발행은 원칙적으로 주주에게 주식비율에 맞게 이루어져야 하고 예외적으로 제3자에게 신주발행을 하는 경우에는 신기술 도입, 재무구조의 개선 등의 목적이 있어야만 가능합니다.

한편 같은 법 제429조는 "신주발행의 무효는 주주·이사 또는 감사에 한하여 신주를 발행한 날로부터 6월내에 소만으로 이를 주장할 수 있다."고 규정하고 있습니다. 이 규정은 신주발행으로 인하여 새롭게 형성된 이해관계를 보호하기 위해 제소기간에 제한을 둔 규정입니다.

한편 위 질문하신 사례와 유사한 사안에서 대법원은 "상법 제418조 제1항, 제2항 의 규정은 주식회사가 신주를 발행하면서 주주 아닌 제3자에게 신주를 배정할 경우 기존 주주에게 보유 주식의 가치 하락이나 회사에 대한 지배권 상실 등 불이익을 끼칠 우려가 있다는 점을 감안하여, 신주를 발행할 경우 원칙적으로 기존 주주에게 이를 배정하고 제3자에 대한 신주배정은 정관이 정한 바에 따라서만 가능하도록 하면서, 그 사유도 신기술의 도입이나 재무구조 개선 등 기업 경영의 필요상 부득이한 예외적인 경우로 제한함으로써 기존 주주의 신주인수권에 대한 보호를 강화하고자 하는 데 그 취지가 있다. 따라서 주식회사가 신주를 발행함에 있어 신기술의 도입, 재무구조의 개선 등 회사의 경영상 목적을 달성하기 위하여 필요한 범위 안에서 정관이 정한 사유가 없는데도, 회사의 경영권 분쟁이 현실화된 상황에서 경영진의 경영권이나 지배권 방어라는 목적을 달성하기 위하여 제3자에게 신주를 배정하는 것은 상법 제418조 제2항 을 위반하여 주주의 신주인수권을 침해하는 것이다."고 판시한 바 있습니다(대법원 2009. 1. 30. 선고 2008다50776 판결).

또한 같은 판례에서 대법원은 "신주 발행을 사후에 무효로 하는 경우, 거래의 안전과 법적 안정성을 해할 우려가 큰 점을 고려할 때 신주발행 무효의 소에서 그 무효원인은 가급적 엄격하게 해석하여야 할 것이나, 신주 발행에 법령이나 정관의 위반이 있고 그것이 주식회사의 본질 또는 회사법의 기본원칙에 반하거나 기존 주주들의 이익과 회사의 경영권 내지 지배권에 중대한 영향을 미치는 경우로서 주식의 관련된 거래의 안전, 주주 기타 이해관계인의 이익 등을 고려하더라도 도저히 묵과할 수 없는 정도라고 평가되는 경우에는 그 신주의 발행을 무효라고 보지 않을 수 없다."고 판시한 바 있습니다(대법원 2009. 1. 30. 선고 2008다50776 판결).

따라서 신기술의 도입, 재무구조의 개선 등의 목적 없이 대표이사 乙 등이 자신의 경영권을 주주 甲으로부터 방어하기 위하여 제3자 丁에게 한 신주발행은 甲을 비롯한 기존 주주의 이익에 반하고 회사의 경영권에 중대한 영향을 미치는 경우로서 거래의 안전 등을 고려하여도 제3자 丁에게 한 신주 발행은 무효로 보아야 할 것으로 보입니다.

■ 미등기된 대표이사의 직무대행자선임에 대한 가처분의 효력은 어디까지 유효합니까?

Q: 저는 甲 주식회사의 대표이사였으나 저와 사이가 좋지 않은 이사가 (A) 임의로 저를 이사직에서 해임하고 자신을 이사로, B를 대표이사로 선임하는 등의 내용으로 주주총회 의사록을 작성한 후 그와 같은 등기를 마치자 제가 직후에 등기부상의 이사들을 상대로 직무집행 정지 및 직무대행자선임 가처분신청을 하여 그 신청이 인용되어서 A와 대표이사 B의 직무가 정지되고 제가 다시 대표이사직무대행자로 선임이 되었습니다. 그런데 위 가처분 신청 후 위 인용결정이 나기 전인 그 사이에 갑자기 B의 대표이사 사임등기와 A의 대표이사 취임등기가 마쳐졌고, 이 때문에 이 사건 가처분결정내용과 등기현황이 불일치하게 되어 이 사건 가처분결정에 대한 등기가 불가능하게 되었습니다. 따라서 제가 직무대행자로 선임되었음에도 등기부상으로는 이러한 점이 나타나지 않았는데, 이러한 상황에서 乙 회사가 저희회사(甲)을 상대로 소를 제기하면서 직무대행자가 본인임을 알고 있음에도 등기부상에 기재되지 않았다는 이유로 신임 대표이사인 A를 대표자로 하여 소장을 송달하고 이에 변론기일 통지서가 날아들었으나 A는 이를 받고도 제대로 대응하지 않고 출석하지 않아결국 패소판결을 받고 말았습니다. 지금 항소심까지 끝난 사건인데요. 이러한 판결에 대해 불복할 수 있는 방법이 없을까요?

A: 이 사건의 쟁점은 결국 대표이사 직무대행자 선임 가처분이 등기되지 않은 상태에서, 직무집행이 정지된 등기부상 대표이사에게 소송서류가 송달되고 변론이 종결된 경우에 그 판결의 효력이 어떠한가의 문제인데요. 이에 대하여 대법원은 "주식회사 이사의 직무집행을 정지하고 직무대행자를 선임하는 가처분은 성질상 당사자 사이뿐만 아니라 제3자에 대한 관계에서도 효력이 미치므로 가처분에 반하여 이루어진 행위는 제3자에 대한 관계에서도 무효이므로 가처분에 의하여 선임된 이사직무대

행자의 권한은 법원의 취소결정이 있기까지 유효하게 존속한다"는 입장을 재차 확인하였습니다. (대법원 1991. 12. 24. 선고 91다4355 판결, 대법원 2014. 3. 27. 선고 2013다39551 판결 참조) 통상의 경우와 달리 사안처럼 신대표이사가 가처분 결정 이전에 취임하여 구대표이사에 대한 직무집행정지가처분 등의 등기가 불가능했던 점에 관하여는, "등기할 사항인 직무집행정지 및 직무대행자선임 가처분은 상법 제37조 제1항에 의하여 이를 등기하지 아니하면 위 가처분으로 선의의 제3자에게 대항하지 못하지만 악의의 제3자에게는 대항할 수 있고, 주식회사의 대표이사 및 이사에 대한 직무집행을 정지하고 그 직무대행자를 선임하는 법원의 가처분 결정은 그 결정 이전에 직무집행이 정지된 주식회사 대표이사의 퇴임등기와 직무집행이 정지된 이사가 대표이사로 취임하는 등기가 경료 되었다고 할지라도 직무집행이 정지된 이사에 대하여는 여전히 그 효력이 있으므로 그 가처분 결정에 의하여 선임된 대표이사 및 이사 직무대행자의 권한은 유효하게 존속하고, 반면에 그 가처분 결정 이전에 직무집행이 정지된 이사가 대표이사로 선임되었다고 할지라도 그 선임결의의 적법 여부에 관계없이 대표이사로서의 권한을 가지지 못한다고 할 것이다"라고 보았습니다.

따라서 비록 귀하의 사건의 경우에 가처분결정에 관한 등기가 마쳐지지는 아니하였지만, 이 사건 가처분결정에 의하여 회사를 대표할 적법한 권한이 있는 자는 대표이사로 선임된 귀하라고 할 것이고 원고 측도 이러한 사정을 알면서도 등기부상 대표자인 A에게 소송 서류 등을 보내어 귀하의 귀책사유 없이 변론기일에 출석하지 못하여 공격방어방법을 제출할 기회를 박탈당하고 사실심 변론이 종결되었다면 귀하의 회사는 당사자로서 절차상 부여된 권리를 침해된 것이므로 "당사자가 대리인에 의하여 적법하게 대리되지 않았던 경우와 마찬가지로 보아 절대적 상고사유인 민사소송법제424조 제1항 제4호31의 규정을 유추 적용할 수 있다고 할 것이므로 불복하여 원심판결을 파기 받으실 수 있을 것으로 보입니다.

■ 공동대표이사가 선임되어 있는 회사의 1인 대표와 주차장관리 및 건물 경비의 연장계약을 한 경우의 효력은 어떻게 되는지요?

Q: 저는 주차장관리 및 건물경비를 하는 업체 A를 운영하는 甲입니다. 저는 주식회사 B 업체로부터 X건물의 주차장관리 및 건물경비를 맡아 해왔습니다. 9개월 전쯤에 위 주식회사 B의 대표이사 乙과 위 계약을 연장하였습니다. 그런데 최근에서야 위 주식회사 B가 공동대표이사로 乙과 丙이 있다는 사실을 알게 되었습니다. 그런데 최초 계약기간이 만료된 후에도 계약 만료된 사실을 알고도 계속 관리를 해달라는 것을 이행하는 통고서를 발송해 왔습니다. 이 경우 저는 계속해서 X건물의 주차장관리 및 건물경비를 해도 되는지, 위 계약은 어떻게 될 것인지 궁금합니다.

A: 상법 제389조는 수인의 대표이사가 공동으로 회사를 대표할 것을 정할 수 있다고 규정하고 있습니다. 공동대표이사가 선임된 경우에 공동대표이사 1인의 행위는 회사에 대해서 원칙적으로 효력이 없습니다.

　한편 민법 제130조는 "대리권없는 자가 타인의 대리인으로 한 계약은 본인이 이를 추인하지 아니하면 본인에 대하여 효력이 없다", 같은 법 제139조는 "무효인 법률행위는 추인하여도 그 효력이 생기지 아니한다. 그러나 당사자가 그 무효임을 알고 추인한 때에는 새로운 법률행위로 본다"고 각 규정하고 있습니다. 이러한 민법 규정은 상법에도 준용되므로 대표이사가 한 행위가 효력이 없더라도 나중에 회사가 이를 알고도 그 효력을 인정하는 행위를 한 경우에는 무효행위가 '추인'되어 효력이 생기게 됩니다.

　대법원은 "무권대표행위나 무효행위의 추인은 무권대표행위 등이 있음을 알고 그 행위의 효과를 자기에게 귀속시키도록 하는 단독행위로서 그 의사표시의 방법에 관하여 일정한 방식이 요구되는 것이 아니므로 명시적이든 묵시적이든 묻지 않는다 할 것이지만, 묵시적 추인을 인정하기 위해서는 본인이 그 행위로 처하게 된 법적 지위를 충분히 이해하고 그럼에도 진의에 기하여 그 행위의 결과가 자기에게 귀속된다는 것을 승인한 것으로 볼 만한 사정이 있어야할 것이므로 이를 판단함에 있어서는 관계되는 여러 사정을 종합적으로 검토하여 신중하게 하여야 할 것이다."고 판시한 바 있습니다(대법원 2009.9.24.선고 2009다37831판결 등).

위와 유사한 사안에서 대법원은 "종전 계약이 만료된 후 7개월이 지난 시점에 회사가 주차장관리업무에 최선을 다해달라는 통고를 보낸 점, 연장한 계약의 내용이 종전과 동일한 점, 위 통고서를 발송할 당시 공동대표이사가 계약 연장된 것을 알고 있었던 사실, 나중에 회사의 대표이사가 연장계약이 무효라고 할 때까지 아무런 조치를 하지 않은 사실 등을 종합하여 공동대표이사 1인이 체결한 계약을 묵시적으로 추인하였다(대법원 2010. 12. 23. 선고 2009다37718 판결)"고 판시한 바 있습니다.

위 관련 판례를 고려할 때 구체적인 사정은 따져보아야 하나 주차장관리 업체 사장 甲과 주식회사 B사이의 계약은 공동대표이사 1인 乙에 의해 체결되어 원칙적으로 효력이 없지만 나중에 회사가 이를 알고서도 계약의 이행을 구하는 등으로 추인하여 계약은 추인되어 효력을 갖게 될 것으로 보입니다. 따라서 위 계약에 따라 주차장관리 및 건물경비업무를 계속하셔도 될 것으로 보입니다.

■ 대표이사라는 표시가 날인 안에만 있는 경우 유효한 대표관계의 표시로 볼 수 있는지요?

Q: 제가 甲 주식회사에게 물건을 납품하고 그 대금으로 동회사의 대표이사 A로부터 甲 주식회사가 발행한 약속어음을 교부받았습니다. 그런데 돌아와서 약속어음을 자세히 살펴보니 "甲 주식회사 대표이사 A A"가 아니라 "甲 주식회사 A 대표이사 A"라는 식으로 대표관계의 기재가 없이 A의 인영 안에만 작은 글씨로 대표이사라는 문구가 있는 사실을 발견하였습니다. 유효한 대표관계가 표시로 보아 甲 주식회사에게 어음상의 권리를 행사할 수 있을까요?

A: 어음행위의 대리·대표로서 효력을 발생하기 위한 형식적 요건은 (1) 본인의 표시(甲 주식회사), (2) 대리나 대표관계의 표시(대표이사), (3) 대리인의 기명날인 또는 서명(A A) 입니다. 따라서 원칙적으로 법인의 대표기관이 어음행위를 하는 경우 "甲 주식회사 대표이사 A A"이라는 3가지 요소가 모두 표시되어야 할 것이며 "甲 주식회사 A A"라고만 표시된 경우 대표관계의 표시가 전혀 없기 때문에 본인에게 어음상 책임을 부정한 판례가 있습니다(대법원 1959. 8. 27. 선고 4291민상287 판결).

다만, 대리나 대표관계의 표시는 본인을 위한 어음행위로 인식될 수 있을 정도의 기재가 있으면 됩니다. 대리 또는 대표라는 것을 직접 표시하는 기재 외에 이러한 관계를 알 수 있는 표시가 있는 경우는 유효한 대리 또는 대표관계라고 볼 것입니다. 같은 취지에서 판례도 사안과 같이 "甲 주식회사 A 대표이사 A"라는 식으로 대표자격의 표시가 A의 날인 안에 들어가 있는 경우는 유효한 대표자격의 표시로서 甲 주식회사는 어음상의 책임이 있다고 판시하였습니다(대법원 1969. 9. 23. 선고 69다930 판결).

■ **직무집행이 정지된 이사가 대표이사로 취임하는 등기가 마쳐진 경우, 직무대행자나 이사 중에 누가 대표이사 권한을 가지는지요?**

Q: 주식회사의 대표이사와 이사에 대한 직무집행을 정지하고 직무대행자를 선임하는 가처분결정이 내려지기 전에 직무집행이 정지된 대표이사의 퇴임등기와 직무집행이 정지된 이사가 대표이사로 취임하는 등기가 마쳐진 경우, 직무대행자나 이사 중에 누가 대표이사 권한을 가지는 가요?

A: 주식회사의 대표이사 및 이사에 대한 직무집행을 정지하고 직무대행자를 선임하는 법원의 가처분결정은 그 결정 이전에 직무집행이 정지된 주식회사대표이사의 퇴임등기와 직무집행이 정지된 이사가 대표이사로 취임하는 등기가 경료되었다고 할지라도 직무집행이 정지된 이사에 대하여

는 여전히 효력이 있으므로 가처분결정에 의하여 선임된 대표이사 및 이사 직무대행자의 권한은 유효하게 존속하고, 반면에 가처분결정 이전에 직무집행이 정지된 이사가 대표이사로 선임되었다고 할지라도 그 선임결의의 적법 여부에 관계없이 대표이사로서의 권한을 가지지 못합니다. (대법원 2014. 3. 27. 선고 2013다39551 판결)

따라서 이미 직무집행이 정지된 이사가 대표이사로 취임하는 등기가 경료되었다 하더라도 법원의 가처분 결정에 따른 직무대행자가 대표이사로서 권한을 가지게 될 것이다 할 것입니다.

■ 주식회사에 귀속된 불법 수수료에 해당하는 금품을 주식회사의 대표이사로부터 몰수·추징할 수 있는지요?

Q: 甲주식회사의 대표이사인 피고인은 금융기관에 청탁하여 乙주식회사가 대출을 받을 수 있도록 알선행위를 하고 그 대가로 용역대금 명목의 수수료를 甲회사 계좌를 통해 송금받아 특정경제범죄 가중처벌 등에 관한 법률 위반(알선수재)죄가 인정되었습니다. 위 수수료에 대한 권리는 甲회사에 귀속되었고 피고인은 개인적으로 실제 사용한 금품이 없습니다. 이 경우에도 위 수수료로 받은 금품을 피고인으로부터 몰수·추징할 수 있는지요?

A: 「특정경제범죄 가중처벌 등에 관한 법률」제7조는 "금융기관의 임·직원의 직무에 속한 사항의 알선에 관하여 금품 기타 이익을 수수·요구 또는 약속한 자 또는 제3자에게 이를 공여하게 하거나 공여하게 할 것을 요구 또는 약속한 자는 5년 이하의 징역 또는 5천만원 이하의 벌금에 처한다."고 규정하고 있으며 같은 법 제10조는 "①제4조제1항 내지 제3항의 경우 범인이 도피시키거나 도피시키려고 한 재산은 이를 몰수한다. ②제5조·제6조·제7조 및 제9조제1항·제3항의 경우 범인 또는 정을 아는 제3자가 받은 금품 기타 이익은 이를 몰수한다. ③제1항 또는 제2항의 경우 몰수할 수 없는 때에는 그 가액을 추징한다."고 규정하고

있습니다.

이와 관련하여 주식회사의 경우 행위는 대표이사가 하였지만 불법 수수료가 회사에 귀속되었을 경우 위 수수료는 현재 회사가 보유하고 있으므로 당연히 회사에게만 위 수수료에 해당하는 금품을 몰수·추징할 수 있을 것이라 생각할 수 있습니다. 그러나 대법원은 "甲주식회사 대표이사인 피고인이 금융기관에 청탁하여 乙주식회사가 대출을 받을 수 있도록 알선행위를 하고 그 대가로 용역대금 명목의 수수료를 甲회사 계좌를 통해 송금받아 특정경제범죄 가중처벌 등에 관한 법률 위반(알선수재)죄가 인정된사안에서, 피고인이 甲회사의 대표이사로서 같은 법 제7조에 해당하는 행위를 하고당해 행위로 인한 대가로 수수료를 받았다면, 수수료에 대한 권리가 甲회사에 귀속된다 하더라도 행위자인 피고인으로부터 수수료로 받은 금품을 몰수 또는 그 가액을 추징할 수 있으므로, 피고인이 개인적으로 실제 사용한 금품이 없더라도 마찬가지"라고 판시하여 행위자인 대표이사에게 수수료로 받은 금품을 몰수 또는 그 가액을 추징할 수 있다고 보았습니다.

따라서 위 사안에서 수수료로 받은 금품을 피고인으로부터 몰수·추징할 수 있습니다.

5. 감사

① 감사는 회사의 업무감사와 회사감사를 직무로 하는 주식회사의 필요적 상설기관입니다.

② 감사의 자격에는 제한이 없습니다. 다만, 정관으로 감사자격을 제한할 수도 있습니다. 또한 이사회와 달리 법인감사를 부정할 필요가 없습니다. 다만, 감사는 회사 및 자회사의 이사나 지배인 기타 사용인의 직무를 겸하지 못합니다(상법 제411조).

③ 감사의 원수에도 제한이 없습니다. 따라서 1인이라도 무방합니다.

④ 감사의 임기는 취임 후 3년 내의 최종의 결산기에 관한 정기총회의 종결시까지로 합니다(상법 제410조).

5-1. 감사의 책임

① 감사가 그 임무를 해태한 때에는 그 감사는 회사에 대하여 연대하여 손해를 배상할 책임이 있습니다.

② 감사가 악의 또는 중대한 과실로 인하여 그 임무를 해태한 때에는 그 감사는 제삼자에 대하여 연대하여 손해를 배상할 책임이 있습니다.

③ 감사가 회사 또는 제삼자에 대하여 손해를 배상할 책임이 있는 경우에 이사도 그 책임이 있는 때에는 그 감사와 이사는 연대하여 배상할 책임이 있습니다.

5-2. 감사의 선임

① 회사설립시에 감사는 발기설립의 경우 발기인이 주식인수인으로서 갖는 의결권의 과반수로 선임됩니다(상법 제296조제1항). 모집설립의 경우 창립총회에서 출석 주식인수인의 의결권의 3분의 2이상과 인수된 주식총수의 과반수에 해당하는 다수로서 선임됩니다(상법 제309조, 제312조).

② 회사설립후의 감사는 주주총회에서 보통결의로 선임됩니다(상법 제

409조제1항). 다만, 의결권없는 주주를 제외한 발행주식총수에 100분의 3을 초과하는 수의주식을 가진 주주는 그 초과하는 주식에 관하여 의결권을 행사하지 못합니다(상법 제409조제1항). 회사는 정관으로 이 비율보다 낮은 비율을 정할 수 있습니다.

③ 자본금의 총액이 10억원 미만인 회사의 경우에는 감사를 선임하지 아니할 수 있습니다(상법 제409조제4항). 감사를 선임하지 아니한 회사가 이사에 대하여 또는 이사가 그 회사에 대하여 소를 제기하는 경우에 회사, 이사 또는 이해관계인은 법원에 회사를 대표할 자를 선임하여 줄 것을 신청해야 합니다(상법 제409조제5항).

5-3. 감사의 종임

① 감사는 임기만료와 그 밖에 위임에 관한 종료사유, 즉 사망·파산 등으로 종임합니다. 다만, 이사와 달리 회사해산으로 그 자격을 잃지는 않습니다. 주주와 마찬가지로 주주총회의 결의로 언제든지 해임됩니다(상법 제385조제1항, 제415조). 또한 소수주주권이 있는 주주는 감사의 해임청구권을 가집니다(상법 제385조제1,2항, 제415조).

② 감사 인원에 결손이 생긴 경우에는 퇴임감사는 신임감사가 취임할 때까지 계속 직무를 수행해야 합니다(상법 제386조제1항, 제415조). 또한 해임 등으로 퇴임한 감사가 신임감사의 취임까지 계속 직무수행에 부적당할 경우에 감사 직무대행자를 선임할 수 있습니다(상법 제386조제2항, 제415조).

5-4. 감사의 직무와 권한

감사의 주된 직무는 업무감사와 회계감사이며, 부수적 권한으로 조사·보고·권고·조언·시정 등에 대한 권한을 가집니다.

5-4-1. 업무감사권

① 감사는 업무감사권을 가집니다. 감사는 언제든지 이사 및 지배인 기

타 사용인에 대하여 영업보고를 요구하거나 회사의 업무와 재산상태를 요구할 수 있습니다(상법 제412조).

② 이사나 사용인은 회사비밀이라는 이유를 들어 감사의 조사권행사를 거부하거나 방해할 수 없습니다. 이 청구에 따르지 아니한 이사 등은 과태료에 처해지며(상법 제635조제1항제3호), 이로 인하여 회사에 손해가 발생하면 손해배상책임을 져야 합니다.

③ 감사가 회사의 업무·재산상태를 조사할 수 없을 때에는 그 뜻과 이유를 감사보고서에 기재해야 합니다(상법 제447조의4 제3항). 또한 감사는 이 조사결과를 이사회에 출석하여 의견을 진술하거나(상법 제391조의2제1항), 이사회에 보고하고(상법 제391조의2제2항), 주주총회에서 의견으로 진술합니다(상법 제413조).

5-4-2. 회계감사권

① 감사는 회계감사권을 가집니다. 감사는 정기적인 결산감사를 위하여 이사로부터 대차대조표·손익계산서·이익잉여금처분계산서 또는 결산금처리계산서 등의 재무제표와 영업보고서를 제출받아 감사를 실시합니다(상법 제447조의4, 제447조, 제447조의2).

② 감사는 이 서류를 받은 날로부터 4주일 이내에 감사보고서를 이사에게 제출한 후(상법 제447조의4). 주주총회에서 법령 또는 정관에 위반하거나 현저하게 부당한 사항에 대하여 그 의견을 진술해야 합니다(상법 제413조).

5-4-3. 감사보고서 기재사항

감사보고서에는 다음 각 호의 사항을 적어야 합니다(상법 제447조의4제2항).

1. 감사방법의 개요
2. 회계장부에 기재될 사항이 기재되지 아니하거나 부실기재된 경우 또는 대차대조표나 손익계산서의 기재 내용이 회계장부와 맞지 아니하

는 경우에는 그 뜻

3. 대차대조표 및 손익계산서가 법령과 정관에 따라 회사의 재무상태와 경영성과를 적정하게 표시하고 있는 경우에는 그 뜻

4. 대차대조표 또는 손익계산서가 법령이나 정관을 위반하여 회사의 재무상태와 경영성과를 적정하게 표시하지 아니하는 경우에는 그 뜻과 이유

5. 대차대조표 또는 손익계산서의 작성에 관한 회계방침의 변경이 타당한지 여부와 그 이유

6. 영업보고서가 법령과 정관에 따라 회사의 상황을 적정하게 표시하고 있는지 여부

7. 이익잉여금의 처분 또는 결손금의 처리가 법령 또는 정관에 맞는지 여부

8. 이익잉여금의 처분 또는 결손금의 처리가 회사의 재무상태나 그 밖의 사정에 비추어 현저하게 부당한 경우에는 그 뜻

9. 제447조의 부속명세서에 기재할 사항이 기재되지 아니하거나 부실기재된 경우 또는 회계장부·대차대조표·손익계산서나 영업보고서의 기재 내용과 맞지 아니하게 기재된 경우에는 그 뜻

10. 이사의 직무수행에 관하여 부정한 행위 또는 법령이나 정관의 규정을 위반하는 중대한 사실이 있는 경우에는 그 사실

5-4-4. 총회소집청구권

감사는 회의의 목적사항과 소집의 이유를 기재한 서면을 이사회에 제출하여 임시총회의 소집을 청구할 수 있습니다(상법 제412조의3).

5-4-5. 자회사에 대한 영업보고요구권과 조사권

① 모회사의 감사는 그 직무를 수행하기 위하여 필요한 때에는 자회사에 대하여 영업의 보고를 요구할 수 있습니다.

② 모회사의 감사는 ①의 경우에 자회사가 지체없이 보고를 하지 아니할 때 또는 그 보고의 내용을 확인할 필요가 있는 때에는 자회사의 업무와 재산상태를 조사할 수 있습니다.

③ 자회사는 정당한 이유가 없는 한 보고 또는 조사를 거부하지 못합니다(상법 제412조의4).

5-4-6. 그 밖의 권한

감사는 그 밖에 ① 감사의 해임에 관한 의견진술권(상법 제409조의2), ② 이사로부터 보고를 받을 권리(상법 제412조의2), ③ 이사회 소집 청구권(상법 제412조의4) 등이 있습니다.

■ **이사가 회사를 상대로 제소한 사건에 대표이사가 소송을 한 경우 소송 행위가 유효한 것인가요?**

Q: 저는 주식회사 A의 감사 甲입니다. 저는 최근에 주식회사 A의 이사 乙이 회사를 상대로 보수지급을 청구하는 소송을 하였고, 이 소송에서 회사의 대표이사 丙이 출석하여 소송을 진행하고 있는 사실을 알게 되었습니다. 제 생각으로는 대표이사 丙이 같은 회사 이사라고 소송을 불성실하게 하고 있다는 의심이 듭니다. 저는 회사의 이익을 위해서는 제가 소송을 수행하여야 한다는 생각이 드는데 위 대표이사가 이제까지 한 소송행위가 유효한 것인가요?

A: 상법 제394조는 "회사가 이사에 대하여 또는 이사가 회사에 대하여 소를 제기하는 경우에 감사는 그 소에 관하여 회사를 대표한다."고 규정하고 있습니다. 따라서 이사가 회사를 상대로 소송을 하는 경우에 정당한 대표권자는 감사가 회사를 대표할 권한을 갖게 됩니다.

이사가 회사를 상대로 한 소송에서 대표이사가 소송을 수행한 경우에 관하여 대법원은 " 법인이 당사자인 사건에 있어서 그 법인의 대표자에게 적법한 대표권이 있는지 여부는 소송 요건에 관한 것으로서 법원의 직권조사사항이므로, 법원으로서는 그 판단의 기초 자료인 사실과 증거를 직권으로 탐지할 의무까지는 없다 하더라도, 이미 제출된 자료들에 의하여 그 대표권의 적법성에 의심이 갈 만한 사정이 엿보인다면, 상대방이 이를 구체적으로 지적하여 다투지 않더라도, 이에 관하여 심리 · 조사할 의무가 있다(대법원 1997. 10. 10. 선고 96다40578 판결 , 대법원 2005. 5. 27. 선고 2004다62887 판결 등). 주식회사의 이사가 회사에 대하여 소를 제기함에 있어서 상법 제394조 에 의하여 그 소에 관하여 회사를 대표할 권한이 있는 감사를 대표자로 표시하지 아니하고 대표이사를 회사의 대표자로 표시한 소장을 법원에 제출하고, 법원도 이 점을 간과하여 회사의 대표이사에게 소장의 부본을 송달한 채, 회사의 대표이사로부터 소송대리권을 위임받은 변호사들에 의하여 소송이 수행되었다면, 그 소송에 관하여는 회사를 대표할 권한이 대표이사에게 없기 때문에, 소장이 회사에게 적법 · 유효하게 송달되었다고 볼 수 없음은 물론 회사의 대표이사가 회사를 대표하여 한 소송행위나 이사가 회사의 대표이사에 대하여 한 소송행위는 모두 무효가 된다"(대법원 1990. 5. 11. 선고 89다카15199 판결) 고 판시한 바 있습니다.

따라서 이사 乙이 회사 A를 상대로 소송을 제기하였는데 대표이사 丙이 법정에 출석하여 소송을 수행한 경우에는 대표이사 丙의 소송행위 및 상대방 乙의 소송행위는 모두 무효가 되므로 다시 정당한 대표자 감사 甲으로 대표자를 변경하여 소송을 수행하여야 합니다. 따라서 기존에 대표이사가 한 소송행위는 무효가 됩니다.

■ 제권판결로 재발행된 주권을 주식회사 상대로 행사할 수 있을까요?

Q: 저는 A주식회사의 주식을 가지고 있는 B에게 대출을 해주면서 그 담보로서 양도담보의 형식으로 위 주권을 교부받아 양수받은 사람입니다. 그런데 B가 저가 모르는 사이에 주권의 교부 없이 C라는 자에게 재차 양도를 하였고 C가 저의 주권을 무효로 하는 제권판결을 선고하여 취소가 되었고 A회사의 이사회는 B의 C에 대한 양도를 승인함과 아울러 이 사건 제권판결에 기하여 C가 주권의 재발행을 청구하자 A주식회사 주식을 표창하는 주권을 재발행을 해주었습니다.

이에 저는 위 제권판결에 대한 불복의 소를 제기하여 제권판결을 취소하고 C의 제권판결신청을 각하한다는 내용의 판결을 받았는데 그렇다면 제가 A 주식회사를 상대로 주권을 행사할 수 있을까요?

A: 상법 제360조 제1항은 "주권은 공시최고의 절차에 의하여 이를 무효로 할 수 있다."라고 정하고, 같은 조 제2항은"주권을 상실한 자는 제권판결을 얻지 아니하면 회사에 대하여 주권의 재발행을 청구하지 못한다."라고 정하고 있습니다. 이는 주권은 주식을 표창하는 유가증권이므로 기존의 주권을 무효로 하지 아니하고는 동일한 주식을 표창하는 다른 주권을 발행할 수 없다는 의미로서, 위 규정에 반하여 제권판결 없이 재발행된 주권은 효력이 없다고 본 것입니다. 이를 전제로 하여 사안과 같은 주식의 이중양도의 경우 제2양수인이 제권판결 후 재발행된 주권을 교부 받고, 위 제권판결이 나중에 취소된 경우 재발행된 주권의 취득자를 보호할 것인지와 관련하여 판례는 증권이나 증서의 무효를 선고한 제권판결의 효력은 공시최고 신청인에게 그 증권 또는 증서를 소지하고 있는 것과 동일한 지위를 회복시키는 것에 그치고 공시최고 신청인이 실질적인 권리자임을 확정하는 것은 아니다. 따라서 증권이나 증서의 정당한 권리자는 제권판결이 있더라도 실질적 권리를 상실하지 아니하고, 다만 제권판결로 인하여 그 증권 또는 증서가 무효로 되었으므로 그 증권 또는 증서에 따른 권리를 행사할 수 없게 될 뿐이다. 그리고 민사소송법 제490조 , 제491조에 따라 제권판결에 대한 불복의 소가 제기되어 제권판결을 취소하는 판결이 확정되면 제권판결은 소급하여 효력을 잃고 정당한 권리자가 소지하고 있던 증권 또는 증서도 소급하여 그 효력을 회복하게 된다고 판시를 하였습니다.(대법원 2013. 12. 12. 선고 2011다112247, 112254 판결 참조) 따라서 사안과 같은 경우처럼 만약 제권판결이 취소된 경우에도 그 취소 전에 제권판결에 기초하여 재발행된 주권이 여전히 유효하여 그에 대한 선의취득이 성립할 수 있다면, 선생님과 같은 정당한 권리자는 권리를 상실하거나 행사할 수 없게 되므로 이는 실제 주권을 분실한 적이

없을 뿐 아니라 부정한 방법으로 이루어진 제권판결에 대하여 적극적으로 불복의 소를 제기하여 이를 취소시킨 정당한 권리자에게 가혹한 결과이고, 정당한 권리자를 보호하기 위하여 무권리자가 거짓 또는 부정한 방법으로 제권판결을 받은 때에는 제권판결에 대한 불복의 소를 통하여 제권판결이 취소될 수 있도록 한 민사소송법의 입법 취지에도 반하게 됩니다.

따라서 선생님의 경우는 적법하게 제권판결을 취소하는 확정판결을 받음으로써 제2양수인에게 대항할 수 있으며, 회사를 상대로 주식양도를 승인할 것을 요구하거나 승인 거부 시에는 상법 제335조의7, 제335조의6에 따라 주식매수청구권 등의 권리를 행사할 수 있을 것입니다.

(관련판례)

상법 제360조 제1항은 "주권은 공시최고의 절차에 의하여 이를 무효로 할 수 있다"라고 정하고, 같은 조 제2항은 "주권을 상실한 자는 제권판결을 얻지 아니하면 회사에 대하여 주권의 재발행을 청구하지 못한다"라고 정하고 있다. 이는 주권은 주식을 표창하는 유가증권이므로 기존의 주권을 무효로 하지 아니하고는 동일한 주식을 표창하는 다른 주권을 발행할 수 없다는 의미로서, 위 규정에 반하여 제권판결 없이 재발행된 주권은 무효라고 할 것이다. 한편 증권이나 증서의 무효를 선고한 제권판결의 효력은 공시최고 신청인에게 그 증권 또는 증서를 소지하고 있는 것과 동일한 지위를 회복시키는 것에 그치고 공시최고 신청인이 실질적인 권리자임을 확정하는 것은 아니다. 따라서 증권이나 증서의 정당한 권리자는 제권판결이 있더라도 실질적 권리를 상실하지 아니하고, 다만 제권판결로 인하여 그 증권 또는 증서가 무효로 되었으므로 그 증권 또는 증서에 따른 권리를 행사할 수 없게 될 뿐이다. 그리고 민사소송법 제490조, 제491조에 따라 제권판결에 대한 불복의 소가 제기되어 제권판결을 취소하는 판결이 확정되면 제권판결은 소급하여 효력을 잃고 정당한 권리자가 소지하고 있던 증권 또는 증서도 소급하여 그 효력을 회복하게 된다. 그런데 위와 같이 제권판결이 취소된 경우에도 그 취소 전에 제권판결에 기초하여 재발행된 주권이 여전히 유효하여 그에 대한 선의취득이 성립할 수 있다면, 그로 인하여 정당한 권리자는 권리를 상실하거나 행사할 수 없게 된다. 이는 실제 주권을 분실한 적이 없을 뿐 아니라 부정한 방법으로 이루어진 제권판결에 대하여 적극적으로 불복의 소를 제기하여 이를 취소시킨 정당한 권리자에게 가혹한 결과이고, 정당한 권리자를 보호하기 위하여 무권리자가 거짓 또는 부정한 방법으로 제권판결을 받은 때에는 제권판결에 대한 불복의 소를 통하여 제권판결이 취소될 수 있도록 한 민사소송법의 입법 취지에도 반한다. 또한 민사소송법이나 상법은 제권판결을 취소하는 판결의 효력을 제한하는 규정을 두고 있지도 아니하다. 따라서 기존 주권을 무효로 하는 제권판결에 기하여 주권이 재발행되었다고 하더라도 제권판결에 대한 불복의 소가 제기되어 제권판결을 취소하는 판결이 선고·확정되면, 재발행된 주권은 소급하여 무효로 되고, 그 소지인이 그 후 이를 선의취득할 수 없다고 할 것이다 (대법원 2013.12.12. 선고 2011다112247,112254 판결).

■ 주식 양수 후 명의개서를 하지 않은 경우 무상신주를 압류할 수 있을까요?

Q: 甲은 A회사의 주식을 乙에게 양도하였습니다. 이후 A회사는 준비금을 자본금에 전입하면서 무상신주를 발행하였는데 기준일까지 乙이 명의개서를 하지 않아서 주주명부에는 아직 甲이 주주로 되어 있습니다. 甲의 채권자인 丙은 이 무상신주를 압류할 수 있을까요?

A: 가능합니다. 판례는 "상법 제461조에 의하여 주식회사가 이사회의 결의로 준비금을 자본에 전입하여 주식을 발행할 경우에는 회사에 대한 관계에서는 이사회의 결의로 정한 일정한 날에 주주명부에 주주로 기재된 자만이 신주의 주주가 된다고 할 것이므로 甲이 丙 주식회사의 기명주식을 실질적으로 취득하였으나 丙 주식회사의 이사회가 신주를 발행하면서 정한 기준일 현재 甲이 기명주주의 명의개서를 하지 아니하여 乙이 그 주주로 기재되어 있었다면 丙 주식회사에 대한 관계에서는 신주의 주주는 乙이라 할 것이다."라고 판시한바 있습니다(대법원 1988. 6. 14. 선고 87다카2599 판결 참조). 따라서 甲의 채권자가 신주를 압류하더라도 이는 유효하다 할 것입니다.

■ 명의개서미필주주의 회사의 임의적 권리인정은 가능한지요?

Q: A회사의 주식 12,000주 상당을 갑에게 양도하였는데 8년간 명의개서를 하지 않고 있었습니다. 그런데 A회사가 주주명부상의 주주가 아닌 갑에게 신주인수권을 부여하였는데 그 신주인수권은 저에게 귀속되어야 하는 것 아닌가요?

A: 명의개서미필주주는 회사에 대하여 스스로 주주권을 주장할 순 없지만 회사측에서 임의로 명의개서미필주주를 주주로 인정하는 것은 무방하므로 신주인수권을 갑에게 부여한 것은 적법합니다. 상법 제337조 제1항에 의하면 「기명주식의 이전은 취득자의 성명과 주소를 주주명부에 기재하지 아니하면 회사에 대항하지 못한다」고 되어 있는데 그 의미에 대하여 대법원은 "상법 제337조 제1항의 규정은 주주권이전의 효력요건을 정한 것이 아니고 회사에 대한 관계에서 누가 주주로 인정되느냐 하는 주주의 자격을 정한 것으로서 기명주식의 취득자가 주주명부상의 주주명의를 개서하지 아니하면 스스로 회사에 대하여 주주권을 주장할 수 없다는 의미이고, 명의개서를 하지 아니한 실질상의 주주를 회사측에서 주주로 인정하는 것은 무방하다고 할 것이다"(대법원 1989.10.24. 선고 89다카14714 판결)라고 판시하고 있습니다. 따라서 갑이 회사에 대하여 주주권을 행사할 순 없지만 회사측이 임의로 갑을 주주로 인정하여 신주인수권을 부여하는 것은 적법합니다.

[서식 예] 주식인도청구의 소(명의신탁해지)

소 장

원　고　　○○○ (주민등록번호)
　　　　　　○○시 ○○구 ○○로 ○○(우편번호 ○○○-○○○)
　　　　　　전화·휴대폰번호:
　　　　　　팩스번호, 전자우편(e-mail)주소:
피　고　　◇◇◇ (주민등록번호)
　　　　　　○○시 ○○구 ○○로 ○○(우편번호 ○○○-○○○)
　　　　　　전화·휴대폰번호:
　　　　　　팩스번호, 전자우편(e-mail)주소:

주식인도청구의 소

청 구 취 지

1. 피고는 원고에게 별지 목록 기재 주식을 인도하라.
2. 소송비용은 피고의 부담으로 한다.
3. 위 제1항은 가집행 할 수 있다.
라는 판결을 구합니다.

청 구 원 인

1. 원고는 20○○. ○. ○. 소외 ◆◆주식회사의 별지 목록 기
   재 주식을 금 ○○○원에 취득하면서 편의상 피고에게 명의
   를 신탁하였고, 피고는 별지 목록 기재 주식을 보관하고 있
   습니다.
2. 원고는 20○○. ○○. ○○. 피고에게 명의신탁한 별지 목록
   기재 주식에 대하여 명의신탁을 해지하고 별지 목록 기재

주식을 원고에게 인도할 것을 요구하였으나, 피고는 이에 응하지 않고 있습니다.

3. 따라서 원고는 피고로부터 명의신탁해지를 원인으로 별지 목록 기재 주식을 인도 받기 위하여 이 사건 청구에 이른 것입니다.

입 증 방 법

1. 갑 제1호증   주식보관증
1. 갑 제2호증   통고서

첨 부 서 류

1. 위 입증방법   각 2통
1. 소장부본   1통
1. 송달료납부서   1통

20○○. ○. ○.
위 원고   ○○○ (서명 또는 날인)

○○지방법원 귀중

[별지]

목   록

발행회사 : ○○주식회사
주식의 종류 : 기명식 보통주식
1주당 액면가액 : 10,000원
주식수 : 25,500주
주권번호 : 000001 ~ 000051(오백주권 51장). 끝.

부록 : 관련법령

– 상법(초록) –

상법(초)

[시행 2018.11.1.] [법률 제14969호, 2017.10.31., 일부개정]

제4장 주식회사
제1절 설립

제288조(발기인) 주식회사를 설립함에는 발기인이 정관을 작성하여야 한다.
[전문개정 2001.7.24.]

제289조(정관의 작성, 절대적 기재사항) ①발기인은 정관을 작성하여 다음의 사항을 적고 각 발기인이 기명날인 또는 서명하여야 한다. <개정 1984.4.10., 1995.12.29., 2001.7.24., 2011.4.14.>

　1. 목적

　2. 상호

　3. 회사가 발행할 주식의 총수

　4. 액면주식을 발행하는 경우 1주의 금액

　5. 회사의 설립 시에 발행하는 주식의 총수

　6. 본점의 소재지

　7. 회사가 공고를 하는 방법

　8. 발기인의 성명·주민등록번호 및 주소

　9. 삭제 <1984.4.10.>

② 삭제 <2011.4.14.>

③ 회사의 공고는 관보 또는 시사에 관한 사항을 게재하는 일간신문에 하여야 한다. 다만, 회사는 그 공고를 정관으로 정하는 바에 따라 전자적 방법으로 할 수 있다. <개정 2009.5.28.>

④ 회사는 제3항에 따라 전자적 방법으로 공고할 경우 대통령령으로 정하는 기간까지 계속 공고하고, 재무제표를 전자적 방법으로 공고할 경우에는 제450조에서 정한 기간까지 계속 공고하여야 한다. 다만, 공고기간 이후에도 누구나 그 내용을 열람할 수 있도록 하여야 한다. <신설 2009.5.28.>

⑤ 회사가 전자적 방법으로 공고를 할 경우에는 게시 기간과 게시 내용에 대하여 증명하여야 한다. <신설 2009.5.28.>

⑥ 회사의 전자적 방법으로 하는 공고에 관하여 필요한 사항은 대통령령으로 정한다. <신설 2009.5.28.>

제290조(변태설립사항) 다음의 사항은 정관에 기재함으로써 그 효력이 있다.
1. 발기인이 받을 특별이익과 이를 받을 자의 성명
2. 현물출자를 하는 자의 성명과 그 목적인 재산의 종류, 수량, 가격과 이에 대하여 부여할 주식의 종류와 수
3. 회사성립후에 양수할 것을 약정한 재산의 종류, 수량, 가격과 그 양도인의 성명
4. 회사가 부담할 설립비용과 발기인이 받을 보수액

제291조(설립 당시의 주식발행사항의 결정) 회사설립 시에 발행하는 주식에 관하여 다음의 사항은 정관으로 달리 정하지 아니하면 발기인 전원의 동의로 이를 정한다.
1. 주식의 종류와 수
2. 액면주식의 경우에 액면 이상의 주식을 발행할 때에는 그 수와 금액
3. 무액면주식을 발행하는 경우에는 주식의 발행가액과 주식의 발행가액 중 자본금으로 계상하는 금액

[전문개정 2011.4.14.]

제292조(정관의 효력발생) 정관은 공증인의 인증을 받음으로써 효력이 생긴다. 다만, 자본금 총액이 10억원 미만인 회사를 제295조제1항에 따라 발기설립(發起設立)하는 경우에는 제289조제1항에 따라 각 발기인이 정관에 기명날인 또는 서명함으로써 효력이 생긴다.

[전문개정 2009.5.28.]

제293조(발기인의 주식인수) 각 발기인은 서면에 의하여 주식을 인수하여야 한다.

제294조 삭제 <1995.12.29.>

제295조(발기설립의 경우의 납입과 현물출자의 이행) ① 발기인이 회사의 설립 시에 발행하는 주식의 총수를 인수한 때에는 지체없이 각 주식에 대하여 그 인수가액의 전액을 납입하여야 한다. 이 경우 발기인은 납입을 맡을 은행 기타 금융기관과 납입장소를 지정하여야 한다. <개정 1995.12.29.>
② 현물출자를 하는 발기인은 납입기일에 지체없이 출자의 목적인 재산을 인도하고 등기, 등록 기타 권리의 설정 또는 이전을 요할 경우에는 이에

관한 서류를 완비하여 교부하여야 한다.

제296조(발기설립의 경우의 임원선임) ① 전조의 규정에 의한 납입과 현물출자의 이행이 완료된 때에는 발기인은 지체없이 의결권의 과반수로 이사와 감사를 선임하여야 한다.

② 발기인의 의결권은 그 인수주식의 1주에 대하여 1개로 한다.

제297조(발기인의 의사록작성) 발기인은 의사록을 작성하여 의사의 경과와 그 결과를 기재하고 기명날인 또는 서명하여야 한다. <개정 1995.12.29.>

제298조(이사·감사의 조사·보고와 검사인의 선임청구) ① 이사와 감사는 취임후 지체없이 회사의 설립에 관한 모든 사항이 법령 또는 정관의 규정에 위반되지 아니하는지의 여부를 조사하여 발기인에게 보고하여야 한다.

② 이사와 감사중 발기인이었던 자·현물출자자 또는 회사성립후 양수할 재산의 계약당사자인 자는 제1항의 조사·보고에 참가하지 못한다.

③ 이사와 감사의 전원이 제2항에 해당하는 때에는 이사는 공증인으로 하여금 제1항의 조사·보고를 하게 하여야 한다.

④ 정관으로 제290조 각호의 사항을 정한 때에는 이사는 이에 관한 조사를 하게 하기 위하여 검사인의 선임을 법원에 청구하여야 한다. 다만, 제299조의2의 경우에는 그러하지 아니하다.

[전문개정 1995.12.29.]

제299조(검사인의 조사, 보고) ① 검사인은 제290조 각 호의 사항과 제295조에 따른 현물출자의 이행을 조사하여 법원에 보고하여야 한다.

② 제1항은 다음 각 호의 어느 하나에 해당할 경우에는 적용하지 아니한다.

　1. 제290조제2호 및 제3호의 재산총액이 자본금의 5분의 1을 초과하지 아니하고 대통령령으로 정한 금액을 초과하지 아니하는 경우

　2. 제290조제2호 또는 제3호의 재산이 거래소에서 시세가 있는 유가증권인 경우로서 정관에 적힌 가격이 대통령령으로 정한 방법으로 산정된 시세를 초과하지 아니하는 경우

　3. 그 밖에 제1호 및 제2호에 준하는 경우로서 대통령령으로 정하는 경우

③ 검사인은 제1항의 조사보고서를 작성한 후 지체 없이 그 등본을 각 발기인에게 교부하여야 한다.

④ 검사인의 조사보고서에 사실과 다른 사항이 있는 경우에는 발기인은

이에 대한 설명서를 법원에 제출할 수 있다.

[전문개정 2011.4.14.]

제299조의2(현물출자 등의 증명) 제290조제1호 및 제4호에 기재한 사항에 관하여는 공증인의 조사·보고로, 제290조제2호 및 제3호의 규정에 의한 사항과 제295조의 규정에 의한 현물출자의 이행에 관하여는 공인된 감정인의 감정으로 제299조제1항의 규정에 의한 검사인의 조사에 갈음할 수 있다. 이 경우 공증인 또는 감정인은 조사 또는 감정결과를 법원에 보고하여야 한다. <개정 1998.12.28.>

[본조신설 1995.12.29.]

제300조(법원의 변경처분) ① 법원은 검사인 또는 공증인의 조사보고서 또는 감정인의 감정결과와 발기인의 설명서를 심사하여 제290조의 규정에 의한 사항을 부당하다고 인정한 때에는 이를 변경하여 각 발기인에게 통고할 수 있다. <개정 1998.12.28.>

② 제1항의 변경에 불복하는 발기인은 그 주식의 인수를 취소할 수 있다. 이 경우에는 정관을 변경하여 설립에 관한 절차를 속행할 수 있다. <개정 1998.12.28.>

③ 법원의 통고가 있은 후 2주내에 주식의 인수를 취소한 발기인이 없는 때에는 정관은 통고에 따라서 변경된 것으로 본다. <개정 1998.12.28.>

제301조(모집설립의 경우의 주식모집) 발기인이 회사의 설립시에 발행하는 주식의 총수를 인수하지 아니하는 때에는 주주를 모집하여야 한다.

제302조(주식인수의 청약, 주식청약서의 기재사항) ① 주식인수의 청약을 하고자 하는 자는 주식청약서 2통에 인수할 주식의 종류 및 수와 주소를 기재하고 기명날인 또는 서명하여야 한다. <개정 1995.12.29.>

② 주식청약서는 발기인이 작성하고 다음의 사항을 적어야 한다. <개정 1962.12.12., 1984.4.10., 1995.12.29., 2011.4.14.>

　1. 정관의 인증년월일과 공증인의 성명

　2. 제289조제1항과 제290조에 게기한 사항

　3. 회사의 존립기간 또는 해산사유를 정한 때에는 그 규정

　4. 각 발기인이 인수한 주식의 종류와 수

　5. 제291조에 게기한 사항

　5의2. 주식의 양도에 관하여 이사회의 승인을 얻도록 정한 때에는 그

규정

6. 삭제 <2011.4.14.>

7. 주주에게 배당할 이익으로 주식을 소각할 것을 정한 때에는 그 규정

8. 일정한 시기까지 창립총회를 종결하지 아니한 때에는 주식의 인수를 취소할 수 있다는 뜻

9. 납입을 맡을 은행 기타 금융기관과 납입장소

10. 명의개서대리인을 둔 때에는 그 성명·주소 및 영업소

③ 민법 제107조제1항 단서의 규정은 주식인수의 청약에는 적용하지 아니한다.

제303조(주식인수인의 의무) 주식인수를 청약한 자는 발기인이 배정한 주식의 수에 따라서 인수가액을 납입할 의무를 부담한다.

제304조(주식인수인 등에 대한 통지, 최고) ① 주식인수인 또는 주식청약인에 대한 통지나 최고는 주식인수증 또는 주식청약서에 기재한 주소 또는 그 자로부터 회사에 통지한 주소로 하면 된다.

② 전항의 통지 또는 최고는 보통 그 도달할 시기에 도달한 것으로 본다.

제305조(주식에 대한 납입) ① 회사설립시에 발행하는 주식의 총수가 인수된 때에는 발기인은 지체없이 주식인수인에 대하여 각 주식에 대한 인수가액의 전액을 납입시켜야 한다.

② 전항의 납입은 주식청약서에 기재한 납입장소에서 하여야 한다.

③ 제295조제2항의 규정은 제1항의 경우에 준용한다.

제306조(납입금의 보관자 등의 변경) 납입금의 보관자 또는 납입장소를 변경할 때에는 법원의 허가를 얻어야 한다.

제307조(주식인수인의 실권절차) ① 주식인수인이 제305조의 규정에 의한 납입을 하지 아니한 때에는 발기인은 일정한 기일을 정하여 그 기일내에 납입을 하지 아니하면 그 권리를 잃는다는 뜻을 기일의 2주간전에 그 주식인수인에게 통지하여야 한다.

② 전항의 통지를 받은 주식인수인이 그 기일내에 납입의 이행을 하지 아니한 때에는 그 권리를 잃는다. 이 경우에는 발기인은 다시 그 주식에 대한 주주를 모집할 수 있다.

③ 전2항의 규정은 그 주식인수인에 대한 손해배상의 청구에 영향을 미치지 아니한다.

제308조(창립총회) ① 제305조의 규정에 의한 납입과 현물출자의 이행을 완료한 때에는 발기인은 지체없이 창립총회를 소집하여야 한다.

② 제363조제1항·제2항, 제364조, 제368조제2항·제3항, 제368조의2, 제369조제1항, 제371조제2항, 제372조, 제373조, 제376조 내지 제381조와 제435조의 규정은 창립총회에 준용한다. <개정 1984.4.10., 2014.5.20.>

제309조(창립총회의 결의) 창립총회의 결의는 출석한 주식인수인의 의결권의 3분의 2 이상이며 인수된 주식의 총수의 과반수에 해당하는 다수로 하여야 한다.

제310조(변태설립의 경우의 조사) ① 정관으로 제290조에 게기한 사항을 정한 때에는 발기인은 이에 관한 조사를 하게 하기 위하여 검사인의 선임을 법원에 청구하여야 한다.

② 전항의 검사인의 보고서는 이를 창립총회에 제출하여야 한다.

③ 제298조제4항 단서 및 제299조의2의 규정은 제1항의 조사에 관하여 이를 준용한다. <신설 1995.12.29.>

제311조(발기인의 보고) ① 발기인은 회사의 창립에 관한 사항을 서면에 의하여 창립총회에 보고하여야 한다.

② 전항의 보고서에는 다음의 사항을 명확히 기재하여야 한다.

 1. 주식인수와 납입에 관한 제반상황

 2. 제290조에 게기한 사항에 관한 실태

제312조(임원의 선임) 창립총회에서는 이사와 감사를 선임하여야 한다.

제313조(이사, 감사의 조사, 보고) ① 이사와 감사는 취임후 지체없이 회사의 설립에 관한 모든 사항이 법령 또는 정관의 규정에 위반되지 아니하는지의 여부를 조사하여 창립총회에 보고하여야 한다. <개정 1962.12.12., 1995.12.29.>

② 제298조제2항 및 제3항의 규정은 제1항의 조사와 보고에 관하여 이를 준용한다. <개정 1995.12.29.>

③ 삭제 <1995.12.29.>

제314조(변태설립사항의 변경) ① 창립총회에서는 제290조에 게기한 사항이 부당하다고 인정한 때에는 이를 변경할 수 있다.

② 제300조제2항과 제3항의 규정은 전항의 경우에 준용한다.

제315조(발기인에 대한 손해배상청구) 전조의 규정은 발기인에 대한 손해배상의 청구에 영향을 미치지 아니한다.

제316조(정관변경, 설립폐지의 결의) ① 창립총회에서는 정관의 변경 또는 설립의 폐지를 결의할 수 있다.

② 전항의 결의는 소집통지서에 그 뜻의 기재가 없는 경우에도 이를 할 수 있다.

제317조(설립의 등기) ① 주식회사의 설립등기는 발기인이 회사설립시에 발행한 주식의 총수를 인수한 경우에는 제299조와 제300조의 규정에 의한 절차가 종료한 날로부터, 발기인이 주주를 모집한 경우에는 창립총회가 종결한 날 또는 제314조의 규정에 의한 절차가 종료한 날로부터 2주간 내에 이를 하여야 한다.

② 제1항의 설립등기에 있어서는 다음의 사항을 등기하여야 한다. <개정 1962.12.12., 1984.4.10., 1995.12.29., 1999.12.31., 2009.1.30., 2011.4.14.>

1. 제289조제1항제1호 내지 제4호, 제6호와 제7호에 게기한 사항

2. 자본금의 액

3. 발행주식의 총수, 그 종류와 각종주식의 내용과 수

3의2. 주식의 양도에 관하여 이사회의 승인을 얻도록 정한 때에는 그 규정

3의3. 주식매수선택권을 부여하도록 정한 때에는 그 규정

3의4. 지점의 소재지

4. 회사의 존립기간 또는 해산사유를 정한 때에는 그 기간 또는 사유

5. 삭제 <2011.4.14.>

6. 주주에게 배당할 이익으로 주식을 소각할 것을 정한 때에는 그 규정

7. 전환주식을 발행하는 경우에는 제347조에 게기한 사항

8. 사내이사, 사외이사, 그 밖에 상무에 종사하지 아니하는 이사, 감사 및 집행임원의 성명과 주민등록번호

9. 회사를 대표할 이사 또는 집행임원의 성명·주민등록번호 및 주소

10. 둘 이상의 대표이사 또는 대표집행임원이 공동으로 회사를 대표할 것을 정한 경우에는 그 규정

11. 명의개서대리인을 둔 때에는 그 상호 및 본점소재지

12. 감사위원회를 설치한 때에는 감사위원회 위원의 성명 및 주민등록번호

③ 주식회사의 지점 설치 및 이전 시 지점소재지 또는 신지점소재지에서

등기를 할 때에는 제289조제1항제1호 · 제2호 · 제6호 및 제7호와 이 조 제2항제4호 · 제9호 및 제10호에 따른 사항을 등기하여야 한다. <개정 2011.4.14.>

④ 제181조 내지 제183조의 규정은 주식회사의 등기에 준용한다.

제318조(납입금 보관자의 증명과 책임) ① 납입금을 보관한 은행이나 그 밖의 금융기관은 발기인 또는 이사의 청구를 받으면 그 보관금액에 관하여 증명서를 발급하여야 한다.

② 제1항의 은행이나 그 밖의 금융기관은 증명한 보관금액에 대하여는 납입이 부실하거나 그 금액의 반환에 제한이 있다는 것을 이유로 회사에 대항하지 못한다.

③ 자본금 총액이 10억원 미만인 회사를 제295조제1항에 따라 발기설립 하는 경우에는 제1항의 증명서를 은행이나 그 밖의 금융기관의 잔고증명 서로 대체할 수 있다.

[전문개정 2009.5.28.]

제319조(권리주의 양도) 주식의 인수로 인한 권리의 양도는 회사에 대하여 효력이 없다.

제320조(주식인수의 무효 주장, 취소의 제한) ① 회사성립후에는 주식을 인 수한 자는 주식청약서의 요건의 흠결을 이유로 하여 그 인수의 무효를 주장하거나 사기, 강박 또는 착오를 이유로 하여 그 인수를 취소하지 못한다.

② 창립총회에 출석하여 그 권리를 행사한 자는 회사의 성립전에도 전항 과 같다.

제321조(발기인의 인수, 납입담보책임) ① 회사설립시에 발행한 주식으로서 회사성립후에 아직 인수되지 아니한 주식이 있거나 주식인수의 청약이 취 소된 때에는 발기인이 이를 공동으로 인수한 것으로 본다.

② 회사성립후 제295조제1항 또는 제305조제1항의 규정에 의한 납입을 완 료하지 아니한 주식이 있는 때에는 발기인은 연대하여 그 납입을 하여야 한다.

③ 제315조의 규정은 전2항의 경우에 준용한다.

제322조(발기인의 손해배상책임) ① 발기인이 회사의 설립에 관하여 그 임무 를 해태한 때에는 그 발기인은 회사에 대하여 연대하여 손해를 배상할

책임이 있다.

② 발기인이 악의 또는 중대한 과실로 인하여 그 임무를 해태한 때에는 그 발기인은 제삼자에 대하여도 연대하여 손해를 배상할 책임이 있다.

제323조(발기인, 임원의 연대책임) 이사 또는 감사가 제313조제1항의 규정에 의한 임무를 해태하여 회사 또는 제삼자에 대하여 손해를 배상할 책임을 지는 경우에 발기인도 책임을 질때에는 그 이사, 감사와 발기인은 연대하여 손해를 배상할 책임이 있다.

제324조(발기인의 책임면제, 주주의 대표소송) 제400조와 제403조 내지 제406조의 규정은 발기인에 준용한다.

제325조(검사인의 손해배상책임) 법원이 선임한 검사인이 악의 또는 중대한 과실로 인하여 그 임무를 해태한 때에는 회사 또는 제삼자에 대하여 손해를 배상할 책임이 있다.

제326조(회사불성립의 경우의 발기인의 책임) ① 회사가 성립하지 못한 경우에는 발기인은 그 설립에 관한 행위에 대하여 연대하여 책임을 진다.

② 전항의 경우에 회사의 설립에 관하여 지급한 비용은 발기인이 부담한다.

제327조(유사발기인의 책임) 주식청약서 기타 주식모집에 관한 서면에 성명과 회사의 설립에 찬조하는 뜻을 기재할 것을 승낙한 자는 발기인과 동일한 책임이 있다.

제328조(설립무효의 소) ① 회사설립의 무효는 주주·이사 또는 감사에 한하여 회사성립의 날로부터 2년내에 소만으로 이를 주장할 수 있다. <개정 1984.4.10.>

② 제186조 내지 제193조의 규정은 제1항의 소에 준용한다. <개정 1984.4.10.>

제2절 주식
제1관 주식과 주권 <신설 2001.7.24.>

제329조(자본금의 구성) ① 회사는 정관으로 정한 경우에는 주식의 전부를 무액면주식으로 발행할 수 있다. 다만, 무액면주식을 발행하는 경우에는 액면주식을 발행할 수 없다.

② 액면주식의 금액은 균일하여야 한다.

③ 액면주식 1주의 금액은 100원 이상으로 하여야 한다.

④ 회사는 정관으로 정하는 바에 따라 발행된 액면주식을 무액면주식으로 전환하거나 무액면주식을 액면주식으로 전환할 수 있다.

⑤ 제4항의 경우에는 제440조, 제441조 본문 및 제442조를 준용한다.

[전문개정 2011.4.14.]

제329조의2(주식의 분할) ①회사는 제434조의 규정에 의한 주주총회의 결의로 주식을 분할할 수 있다.

② 제1항의 경우에 분할 후의 액면주식 1주의 금액은 제329조제3항에 따른 금액 미만으로 하지 못한다. <개정 2011.4.14.>

③ 제440조부터 제443조까지의 규정은 제1항의 규정에 의한 주식분할의 경우에 이를 준용한다. <개정 2014.5.20.>

[본조신설 1998.12.28.]

제330조(액면미달발행의 제한) 주식은 액면미달의 가액으로 발행하지 못한다. 그러나 제417조의 경우에는 그러하지 아니하다.

제331조(주주의 책임) 주주의 책임은 그가 가진 주식의 인수가액을 한도로 한다.

제332조(가설인, 타인의 명의에 의한 인수인의 책임) ① 가설인의 명의로 주식을 인수하거나 타인의 승락없이 그 명의로 주식을 인수한 자는 주식인수인으로서의 책임이 있다.

② 타인의 승락을 얻어 그 명의로 주식을 인수한 자는 그 타인과 연대하여 납입할 책임이 있다.

제333조(주식의 공유) ① 수인이 공동으로 주식을 인수한 자는 연대하여 납입할 책임이 있다.

② 주식이 수인의 공유에 속하는 때에는 공유자는 주주의 권리를 행사할 자 1인을 정하여야 한다.

③ 주주의 권리를 행사할 자가 없는 때에는 공유자에 대한 통지나 최고는 그 1인에 대하여 하면 된다.

제334조 삭제 <2011.4.14.>

제335조(주식의 양도성) ① 주식은 타인에게 양도할 수 있다. 다만, 회사는 정관으로 정하는 바에 따라 그 발행하는 주식의 양도에 관하여 이사회의 승인을 받도록 할 수 있다. <개정 2011.4.14.>

② 제1항 단서의 규정에 위반하여 이사회의 승인을 얻지 아니한 주식의 양도는 회사에 대하여 효력이 없다. <신설 1995.12.29.>

③ 주권발행전에 한 주식의 양도는 회사에 대하여 효력이 없다. 그러나 회사성립후 또는 신주의 납입기일후 6월이 경과한 때에는 그러하지 아니하다. <개정 1984.4.10.>

제335조의2(양도승인의 청구) ① 주식의 양도에 관하여 이사회의 승인을 얻어야 하는 경우에는 주식을 양도하고자 하는 주주는 회사에 대하여 양도의 상대방 및 양도하고자 하는 주식의 종류와 수를 기재한 서면으로 양도의 승인을 청구할 수 있다.

② 회사는 제1항의 청구가 있는 날부터 1월 이내에 주주에게 그 승인여부를 서면으로 통지하여야 한다.

③ 회사가 제2항의 기간내에 주주에게 거부의 통지를 하지 아니한 때에는 주식의 양도에 관하여 이사회의 승인이 있는 것으로 본다.

④ 제2항의 양도승인거부의 통지를 받은 주주는 통지를 받은 날부터 20일내에 회사에 대하여 양도의 상대방의 지정 또는 그 주식의 매수를 청구할 수 있다.

[본조신설 1995.12.29.]

제335조의3(양도상대방의 지정청구) ① 주주가 양도의 상대방을 지정하여 줄 것을 청구한 경우에는 이사회는 이를 지정하고, 그 청구가 있은 날부터 2주간내에 주주 및 지정된 상대방에게 서면으로 이를 통지하여야 한다.

② 제1항의 기간내에 주주에게 상대방지정의 통지를 하지 아니한 때에는 주식의 양도에 관하여 이사회의 승인이 있는 것으로 본다.

[본조신설 1995.12.29.]

제335조의4(지정된 자의 매도청구권) ① 제335조의3제1항의 규정에 의하여 상대방으로 지정된 자는 지정통지를 받은 날부터 10일 이내에 지정청구를 한 주주에 대하여 서면으로 그 주식을 자기에게 매도할 것을 청구할 수 있다.

② 제335조의3제2항의 규정은 주식의 양도상대방으로 지정된 자가 제1항의 기간내에 매도의 청구를 하지 아니한 때에 이를 준용한다.

[본조신설 1995.12.29.]

[제목개정 2001.7.24.]

제335조의5(매도가액의 결정) ① 제335조의4의 경우에 그 주식의 매도가액은 주주와 매도청구인간의 협의로 이를 결정한다. <개정 2001.7.24.>

② 제374조의2제4항 및 제5항의 규정은 제335조의4제1항의 규정에 의한 청구를 받은 날부터 30일 이내에 제1항의 규정에 의한 협의가 이루어지지 아니하는 경우에 이를 준용한다. <개정 2001.7.24.>

[본조신설 1995.12.29.]

[제목개정 2001.7.24.]

제335조의6(주식의 매수청구) 제374조의2제2항 내지 제5항의 규정은 제335조의2제4항의 규정에 의하여 주주가 회사에 대하여 주식의 매수를 청구한 경우에 이를 준용한다. <개정 2001.7.24.>

[본조신설 1995.12.29.]

제335조의7(주식의 양수인에 의한 승인청구) ① 주식의 양도에 관하여 이사회의 승인을 얻어야 하는 경우에 주식을 취득한 자는 회사에 대하여 그 주식의 종류와 수를 기재한 서면으로 그 취득의 승인을 청구할 수 있다.

② 제335조의2제2항 내지 제4항, 제335조의3 내지 제335조의6의 규정은 제1항의 경우에 이를 준용한다.

[본조신설 1995.12.29.]

제336조(주식의 양도방법) ① 주식의 양도에 있어서는 주권을 교부하여야 한다.

② 주권의 점유자는 이를 적법한 소지인으로 추정한다.

[전문개정 1984.4.10.]

제337조(주식의 이전의 대항요건) ① 주식의 이전은 취득자의 성명과 주소를 주주명부에 기재하지 아니하면 회사에 대항하지 못한다. <개정 2014.5.20.>

② 회사는 정관이 정하는 바에 의하여 명의개서대리인을 둘 수 있다. 이 경우 명의개서대리인이 취득자의 성명과 주소를 주주명부의 복본에 기재한 때에는 제1항의 명의개서가 있는 것으로 본다. <신설 1984.4.10.>

[제목개정 2014.5.20.]

제338조(주식의 입질) ① 주식을 질권의 목적으로 하는 때에는 주권을 질권자에게 교부하여야 한다. <개정 2014.5.20.>

② 질권자는 계속하여 주권을 점유하지 아니하면 그 질권으로써 제삼자에게 대항하지 못한다.

[제목개정 2014.5.20.]

제339조(질권의 물상대위) 주식의 소각, 병합, 분할 또는 전환이 있는 때에는 이로 인하여 종전의 주주가 받을 금전이나 주식에 대하여도 종전의 주식을 목적으로한 질권을 행사할 수 있다. <개정 1998.12.28.>

제340조(주식의 등록질) ① 주식을 질권(質權)의 목적으로 한 경우에 회사가 질권설정자의 청구에 따라 그 성명과 주소를 주주명부에 덧붙여 쓰고 그 성명을 주권(株券)에 적은 경우에는 질권자는 회사로부터 이익배당, 잔여재산의 분배 또는 제339조에 따른 금전의 지급을 받아 다른 채권자에 우선하여 자기채권의 변제에 충당할 수 있다. <개정 2011.4.14., 2014.5.20.>

② 민법 제353조제3항의 규정은 전항의 경우에 준용한다.

③ 제1항의 질권자는 회사에 대하여 전조의 주식에 대한 주권의 교부를 청구할 수 있다.

[제목개정 2014.5.20.]

제340조의2(주식매수선택권) ① 회사는 정관으로 정하는 바에 따라 제434조의 주주총회의 결의로 회사의 설립·경영 및 기술혁신 등에 기여하거나 기여할 수 있는 회사의 이사, 집행임원, 감사 또는 피용자(被用者)에게 미리 정한 가액(이하 "주식매수선택권의 행사가액"이라 한다)으로 신주를 인수하거나 자기의 주식을 매수할 수 있는 권리(이하 "주식매수선택권"이라 한다)를 부여할 수 있다. 다만, 주식매수선택권의 행사가액이 주식의 실질가액보다 낮은 경우에 회사는 그 차액을 금전으로 지급하거나 그 차액에 상당하는 자기의 주식을 양도할 수 있다. 이 경우 주식의 실질가액은 주식매수선택권의 행사일을 기준으로 평가한다.

② 다음 각 호의 어느 하나에 해당하는 자에게는 제1항의 주식매수선택권을 부여할 수 없다.

  1. 의결권 없는 주식을 제외한 발행주식총수의 100분의 10 이상의 주식을 가진 주주

  2. 이사·집행임원·감사의 선임과 해임 등 회사의 주요 경영사항에 대하여 사실상 영향력을 행사하는 자

  3. 제1호와 제2호에 규정된 자의 배우자와 직계존비속

③ 제1항에 따라 발행할 신주 또는 양도할 자기의 주식은 회사의 발행주식총수의 100분의 10을 초과할 수 없다.

④ 제1항의 주식매수선택권의 행사가액은 다음 각 호의 가액 이상이어야 한다.

1. 신주를 발행하는 경우에는 주식매수선택권의 부여일을 기준으로 한 주식의 실질가액과 주식의 권면액(券面額) 중 높은 금액. 다만, 무액면주식을 발행한 경우에는 자본으로 계상되는 금액 중 1주에 해당하는 금액을 권면액으로 본다.

2. 자기의 주식을 양도하는 경우에는 주식매수선택권의 부여일을 기준으로 한 주식의 실질가액

[전문개정 2011.4.14.]

제340조의3(주식매수선택권의 부여) ① 제340조의2제1항의 주식매수선택권에 관한 정관의 규정에는 다음 각호의 사항을 기재하여야 한다.

1. 일정한 경우 주식매수선택권을 부여할 수 있다는 뜻
2. 주식매수선택권의 행사로 발행하거나 양도할 주식의 종류와 수
3. 주식매수선택권을 부여받을 자의 자격요건
4. 주식매수선택권의 행사기간
5. 일정한 경우 이사회결의로 주식매수선택권의 부여를 취소할 수 있다는 뜻

② 제340조의2제1항의 주식매수선택권에 관한 주주총회의 결의에 있어서는 다음 각호의 사항을 정하여야 한다.

1. 주식매수선택권을 부여받을 자의 성명
2. 주식매수선택권의 부여방법
3. 주식매수선택권의 행사가액과 그 조정에 관한 사항
4. 주식매수선택권의 행사기간
5. 주식매수선택권을 부여받을 자 각각에 대하여 주식매수선택권의 행사로 발행하거나 양도할 주식의 종류와 수

③ 회사는 제2항의 주주총회결의에 의하여 주식매수선택권을 부여받은 자와 계약을 체결하고 상당한 기간내에 그에 관한 계약서를 작성하여야 한다.

④ 회사는 제3항의 계약서를 주식매수선택권의 행사기간이 종료할 때까지 본점에 비치하고 주주로 하여금 영업시간내에 이를 열람할 수 있도록 하여야 한다.

[본조신설 1999.12.31.]

제340조의4(주식매수선택권의 행사) ① 제340조의2제1항의 주식매수선택권은 제340조의3제2항 각호의 사항을 정하는 주주총회결의일부터 2년 이상 재임 또는 재직하여야 이를 행사할 수 있다.

② 제340조의2제1항의 주식매수선택권은 이를 양도할 수 없다. 다만, 동조제2항의 규정에 의하여 주식매수선택권을 행사할 수 있는 자가 사망한 경우에는 그 상속인이 이를 행사할 수 있다.

[본조신설 1999.12.31.]

제340조의5(준용규정) 제350조제2항, 제350조제3항 후단, 제351조, 제516조의9제1항 · 제3항 · 제4항 및 제516조의10 전단은 주식매수선택권의 행사로 신주를 발행하는 경우에 이를 준용한다. <개정 2011.4.14.>

[본조신설 1999.12.31.]

제341조(자기주식의 취득) ① 회사는 다음의 방법에 따라 자기의 명의와 계산으로 자기의 주식을 취득할 수 있다. 다만, 그 취득가액의 총액은 직전 결산기의 대차대조표상의 순자산액에서 제462조제1항 각 호의 금액을 뺀 금액을 초과하지 못한다.

　1. 거래소에서 시세(時勢)가 있는 주식의 경우에는 거래소에서 취득하는 방법

　2. 제345조제1항의 주식의 상환에 관한 종류주식의 경우 외에 각 주주가 가진 주식 수에 따라 균등한 조건으로 취득하는 것으로서 대통령령으로 정하는 방법

② 제1항에 따라 자기주식을 취득하려는 회사는 미리 주주총회의 결의로 다음 각 호의 사항을 결정하여야 한다. 다만, 이사회의 결의로 이익배당을 할 수 있다고 정관으로 정하고 있는 경우에는 이사회의 결의로써 주주총회의 결의를 갈음할 수 있다.

　1. 취득할 수 있는 주식의 종류 및 수

　2. 취득가액의 총액의 한도

　3. 1년을 초과하지 아니하는 범위에서 자기주식을 취득할 수 있는 기간

③ 회사는 해당 영업연도의 결산기에 대차대조표상의 순자산액이 제462조제1항 각 호의 금액의 합계액에 미치지 못할 우려가 있는 경우에는 제1항에 따른 주식의 취득을 하여서는 아니 된다.

④ 해당 영업연도의 결산기에 대차대조표상의 순자산액이 제462조제1항 각

호의 금액의 합계액에 미치지 못함에도 불구하고 회사가 제1항에 따라 주식을 취득한 경우 이사는 회사에 대하여 연대하여 그 미치지 못한 금액을 배상할 책임이 있다. 다만, 이사가 제3항의 우려가 없다고 판단하는 때에 주의를 게을리하지 아니하였음을 증명한 경우에는 그러하지 아니하다.

[전문개정 2011.4.14.]

제341조의2(특정목적에 의한 자기주식의 취득) 회사는 다음 각 호의 어느 하나에 해당하는 경우에는 제341조에도 불구하고 자기의 주식을 취득할 수 있다.

1. 회사의 합병 또는 다른 회사의 영업전부의 양수로 인한 경우
2. 회사의 권리를 실행함에 있어 그 목적을 달성하기 위하여 필요한 경우
3. 단주(端株)의 처리를 위하여 필요한 경우
4. 주주가 주식매수청구권을 행사한 경우

[전문개정 2011.4.14.]

제341조의3(자기주식의 질취) 회사는 발행주식총수의 20분의 1을 초과하여 자기의 주식을 질권의 목적으로 받지 못한다. 다만, 제341조의2제1호 및 제2호의 경우에는 그 한도를 초과하여 질권의 목적으로 할 수 있다.

[전문개정 2011.4.14.]

제342조(자기주식의 처분) 회사가 보유하는 자기의 주식을 처분하는 경우에 다음 각 호의 사항으로서 정관에 규정이 없는 것은 이사회가 결정한다.

1. 처분할 주식의 종류와 수
2. 처분할 주식의 처분가액과 납입기일
3. 주식을 처분할 상대방 및 처분방법

[전문개정 2011.4.14.]

제342조의2(자회사에 의한 모회사주식의 취득) ① 다른 회사의 발행주식의 총수의 100분의 50을 초과하는 주식을 가진 회사(이하 "母會社"라 한다)의 주식은 다음의 경우를 제외하고는 그 다른 회사(이하 "子會社"라 한다)가 이를 취득할 수 없다. <개정 2001.7.24.>

1. 주식의 포괄적 교환, 주식의 포괄적 이전, 회사의 합병 또는 다른 회사의 영업전부의 양수로 인한 때
2. 회사의 권리를 실행함에 있어 그 목적을 달성하기 위하여 필요한 때

② 제1항 각호의 경우 자회사는 그 주식을 취득한 날로부터 6월 이내에

모회사의 주식을 처분하여야 한다.

③ 다른 회사의 발행주식의 총수의 100분의 50을 초과하는 주식을 모회사 및 자회사 또는 자회사가 가지고 있는 경우 그 다른 회사는 이 법의 적용에 있어 그 모회사의 자회사로 본다. <개정 2001.7.24.>

[본조신설 1984.4.10.]

제342조의3(다른 회사의 주식취득) 회사가 다른 회사의 발행주식총수의 10분의 1을 초과하여 취득한 때에는 그 다른 회사에 대하여 지체없이 이를 통지하여야 한다.

[본조신설 1995.12.29.]

제343조(주식의 소각) ① 주식은 자본금 감소에 관한 규정에 따라서만 소각(消却)할 수 있다. 다만, 이사회의 결의에 의하여 회사가 보유하는 자기주식을 소각하는 경우에는 그러하지 아니하다.

② 자본금감소에 관한 규정에 따라 주식을 소각하는 경우에는 제440조 및 제441조를 준용한다.

[전문개정 2011.4.14.]

제343조의2 삭제 <2011.4.14.>

제344조(종류주식) ① 회사는 이익의 배당, 잔여재산의 분배, 주주총회에서의 의결권의 행사, 상환 및 전환 등에 관하여 내용이 다른 종류의 주식(이하 "종류주식"이라 한다)을 발행할 수 있다.

② 제1항의 경우에는 정관으로 각 종류주식의 내용과 수를 정하여야 한다.

③ 회사가 종류주식을 발행하는 때에는 정관에 다른 정함이 없는 경우에도 주식의 종류에 따라 신주의 인수, 주식의 병합·분할·소각 또는 회사의 합병·분할로 인한 주식의 배정에 관하여 특수하게 정할 수 있다.

④ 종류주식 주주의 종류주주총회의 결의에 관하여는 제435조제2항을 준용한다.

[전문개정 2011.4.14.]

제344조의2(이익배당, 잔여재산분배에 관한 종류주식) ① 회사가 이익의 배당에 관하여 내용이 다른 종류주식을 발행하는 경우에는 정관에 그 종류주식의 주주에게 교부하는 배당재산의 종류, 배당재산의 가액의 결정 방법, 이익을 배당하는 조건 등 이익배당에 관한 내용을 정하여야 한다.

② 회사가 잔여재산의 분배에 관하여 내용이 다른 종류주식을 발행하는 경우에는 정관에 잔여재산의 종류, 잔여재산의 가액의 결정방법, 그 밖에 잔여재산분배에 관한 내용을 정하여야 한다.

[본조신설 2011.4.14.]

제344조의3(의결권의 배제·제한에 관한 종류주식) ① 회사가 의결권이 없는 종류주식이나 의결권이 제한되는 종류주식을 발행하는 경우에는 정관에 의결권을 행사할 수 없는 사항과, 의결권행사 또는 부활의 조건을 정한 경우에는 그 조건 등을 정하여야 한다.

② 제1항에 따른 종류주식의 총수는 발행주식총수의 4분의 1을 초과하지 못한다. 이 경우 의결권이 없거나 제한되는 종류주식이 발행주식총수의 4분의 1을 초과하여 발행된 경우에는 회사는 지체 없이 그 제한을 초과하지 아니하도록 하기 위하여 필요한 조치를 하여야 한다.

[본조신설 2011.4.14.]

제345조(주식의 상환에 관한 종류주식) ① 회사는 정관으로 정하는 바에 따라 회사의 이익으로써 소각할 수 있는 종류주식을 발행할 수 있다. 이 경우 회사는 정관에 상환가액, 상환기간, 상환의 방법과 상환할 주식의 수를 정하여야 한다.

② 제1항의 경우 회사는 상환대상인 주식의 취득일부터 2주 전에 그 사실을 그 주식의 주주 및 주주명부에 적힌 권리자에게 따로 통지하여야 한다. 다만, 통지는 공고로 갈음할 수 있다.

③ 회사는 정관으로 정하는 바에 따라 주주가 회사에 대하여 상환을 청구할 수 있는 종류주식을 발행할 수 있다. 이 경우 회사는 정관에 주주가 회사에 대하여 상환을 청구할 수 있다는 뜻, 상환가액, 상환청구기간, 상환의 방법을 정하여야 한다.

④ 제1항 및 제3항의 경우 회사는 주식의 취득의 대가로 현금 외에 유가증권(다른 종류주식은 제외한다)이나 그 밖의 자산을 교부할 수 있다. 다만, 이 경우에는 그 자산의 장부가액이 제462조에 따른 배당가능이익을 초과하여서는 아니 된다.

⑤ 제1항과 제3항에서 규정한 주식은 종류주식(상환과 전환에 관한 것은 제외한다)에 한정하여 발행할 수 있다.

[전문개정 2011.4.14.]

제346조(주식의 전환에 관한 종류주식) ① 회사가 종류주식을 발행하는 경우에는 정관으로 정하는 바에 따라 주주는 인수한 주식을 다른 종류주식으로 전환할 것을 청구할 수 있다. 이 경우 전환의 조건, 전환의 청구 기간, 전환으로 인하여 발행할 주식의 수와 내용을 정하여야 한다.

② 회사가 종류주식을 발행하는 경우에는 정관에 일정한 사유가 발생할 때 회사가 주주의 인수 주식을 다른 종류주식으로 전환할 수 있음을 정할 수 있다. 이 경우 회사는 전환의 사유, 전환의 조건, 전환의 기간, 전환으로 인하여 발행할 주식의 수와 내용을 정하여야 한다.

③ 제2항의 경우에 이사회는 다음 각 호의 사항을 그 주식의 주주 및 주주명부에 적힌 권리자에게 따로 통지하여야 한다. 다만, 통지는 공고로 갈음할 수 있다.

 1. 전환할 주식
 2. 2주 이상의 일정한 기간 내에 그 주권을 회사에 제출하여야 한다는 뜻
 3. 그 기간 내에 주권을 제출하지 아니할 때에는 그 주권이 무효로 된다는 뜻

④ 제344조제2항에 따른 종류주식의 수 중 새로 발행할 주식의 수는 전환청구기간 또는 전환의 기간 내에는 그 발행을 유보(留保)하여야 한다.
[전문개정 2011.4.14.]

제347조(전환주식발행의 절차) 제346조의 경우에는 주식청약서 또는 신주인수권증서에 다음의 사항을 적어야 한다. <개정 1984.4.10., 2011.4.14.>
 1. 주식을 다른 종류의 주식으로 전환할 수 있다는 뜻
 2. 전환의 조건
 3. 전환으로 인하여 발행할 주식의 내용
 4. 전환청구기간 또는 전환의 기간

제348조(전환으로 인하여 발행하는 주식의 발행가액) 전환으로 인하여 신주식을 발행하는 경우에는 전환전의 주식의 발행가액을 신주식의 발행가액으로 한다.

제349조(전환의 청구) ① 주식의 전환을 청구하는 자는 청구서 2통에 주권을 첨부하여 회사에 제출하여야 한다.

② 제1항의 청구서에는 전환하고자 하는 주식의 종류, 수와 청구년월일을

기재하고 기명날인 또는 서명하여야 한다. <개정 1995.12.29.>

③ 삭제 <1995.12.29.>

제350조(전환의 효력발생) ① 주식의 전환은 주주가 전환을 청구한 경우에는 그 청구한 때에, 회사가 전환을 한 경우에는 제346조제3항제2호의 기간이 끝난 때에 그 효력이 발생한다. <개정 2011.4.14.>

② 제354조제1항의 기간 중에 전환된 주식의 주주는 그 기간 중의 총회의 결의에 관하여는 의결권을 행사할 수 없다.

③ 전환에 의하여 발행된 주식의 이익배당에 관하여는 주주가 전환을 청구한 때 또는 제346조제3항제2호의 기간이 끝난 때가 속하는 영업연도 말에 전환된 것으로 본다. 이 경우 신주에 대한 이익배당에 관하여는 정관으로 정하는 바에 따라 그 청구를 한 때 또는 제346조제3항제2호의 기간이 끝난 때가 속하는 영업연도의 직전 영업연도 말에 전환된 것으로 할 수 있다. <개정 2011.4.14.>

[전문개정 1995.12.29.]

제351조(전환의 등기) 주식의 전환으로 인한 변경등기는 전환을 청구한 날 또는 제346조제3항제2호의 기간이 끝난 날이 속하는 달의 마지막 날부터 2주 내에 본점소재지에서 하여야 한다.

[전문개정 2011.4.14.]

제352조(주주명부의 기재사항) ① 주식을 발행한 때에는 주주명부에 다음의 사항을 기재하여야 한다. <개정 1984.4.10., 2014.5.20.>

1. 주주의 성명과 주소

2. 각 주주가 가진 주식의 종류와 그 수

2의2. 각 주주가 가진 주식의 주권을 발행한 때에는 그 주권의 번호

3. 각주식의 취득년월일

② 제1항의 경우에 전환주식을 발행한 때에는 제347조에 게기한 사항도 주주명부에 기재하여야 한다. <개정 1984.4.10., 2014.5.20.>

제352조의2(전자주주명부) ① 회사는 정관으로 정하는 바에 따라 전자문서로 주주명부(이하 "전자주주명부"라 한다)를 작성할 수 있다.

② 전자주주명부에는 제352조제1항의 기재사항 외에 전자우편주소를 적어야 한다.

③ 전자주주명부의 비치·공시 및 열람의 방법에 관하여 필요한 사항은 대

통령령으로 정한다.

[본조신설 2009.5.28.]

제353조(주주명부의 효력) ① 주주 또는 질권자에 대한 회사의 통지 또는
최고는 주주명부에 기재한 주소 또는 그 자로부터 회사에 통지한 주소
로 하면 된다.

② 제304조제2항의 규정은 전항의 통지 또는 최고에 준용한다.

제354조(주주명부의 폐쇄, 기준일) ① 회사는 의결권을 행사하거나 배당을
받을 자 기타 주주 또는 질권자로서 권리를 행사할 자를 정하기 위하여
일정한 기간을 정하여 주주명부의 기재변경을 정지하거나 일정한 날에
주주명부에 기재된 주주 또는 질권자를 그 권리를 행사할 주주 또는 질
권자로 볼 수 있다. <개정 1984.4.10.>

② 제1항의 기간은 3월을 초과하지 못한다. <개정 1984.4.10.>

③ 제1항의 날은 주주 또는 질권자로서 권리를 행사할 날에 앞선 3월내
의 날로 정하여야 한다. <개정 1984.4.10.>

④ 회사가 제1항의 기간 또는 날을 정한 때에는 그 기간 또는 날의 2주
간전에 이를 공고하여야 한다. 그러나 정관으로 그 기간 또는 날을 지정
한 때에는 그러하지 아니하다.

제355조(주권발행의 시기) ① 회사는 성립후 또는 신주의 납입기일후 지체없
이 주권을 발행하여야 한다.

② 주권은 회사의 성립후 또는 신주의 납입기일후가 아니면 발행하지 못
한다.

③ 전항의 규정에 위반하여 발행한 주권은 무효로 한다. 그러나 발행한
자에 대한 손해배상의 청구에 영향을 미치지 아니한다.

제356조(주권의 기재사항) 주권에는 다음의 사항과 번호를 기재하고 대표이
사가 기명날인 또는 서명하여야 한다. <개정 1995.12.29., 2011.4.14.>

1. 회사의 상호
2. 회사의 성립년월일
3. 회사가 발행할 주식의 총수
4. 액면주식을 발행하는 경우 1주의 금액
5. 회사의 성립후 발행된 주식에 관하여는 그 발행 연월일
6. 종류주식이 있는 경우에는 그 주식의 종류와 내용

6의2. 주식의 양도에 관하여 이사회의 승인을 얻도록 정한 때에는 그 규정

7. 삭제 <2011.4.14.>

8. 삭제 <2011.4.14.>

제356조의2(주식의 전자등록) ① 회사는 주권을 발행하는 대신 정관으로 정하는 바에 따라 전자등록기관(유가증권 등의 전자등록 업무를 취급하는 것으로 지정된 기관을 말한다. 이하 같다)의 전자등록부에 주식을 등록할 수 있다.

② 전자등록부에 등록된 주식의 양도나 입질(入質)은 전자등록부에 등록하여야 효력이 발생한다.

③ 전자등록부에 주식을 등록한 자는 그 등록된 주식에 대한 권리를 적법하게 보유한 것으로 추정하며, 이러한 전자등록부를 선의(善意)로, 그리고 중대한 과실 없이 신뢰하고 제2항의 등록에 따라 권리를 취득한 자는 그 권리를 적법하게 취득한다.

④ 전자등록의 절차·방법 및 효과, 전자등록기관의 지정·감독 등 주식의 전자등록 등에 관하여 필요한 사항은 대통령령으로 정한다.

[본조신설 2011.4.14.]

제356조의2(주식의 전자등록) ① 회사는 주권을 발행하는 대신 정관으로 정하는 바에 따라 전자등록기관(유가증권 등의 전자등록 업무를 취급하는 기관을 말한다. 이하 같다)의 전자등록부에 주식을 등록할 수 있다. <개정 2016.3.22.>

② 전자등록부에 등록된 주식의 양도나 입질(入質)은 전자등록부에 등록하여야 효력이 발생한다.

③ 전자등록부에 주식을 등록한 자는 그 등록된 주식에 대한 권리를 적법하게 보유한 것으로 추정하며, 이러한 전자등록부를 선의(善意)로, 그리고 중대한 과실 없이 신뢰하고 제2항의 등록에 따라 권리를 취득한 자는 그 권리를 적법하게 취득한다.

④ 전자등록의 절차·방법 및 효과, 전자등록기관에 대한 감독, 그 밖에 주식의 전자등록 등에 필요한 사항은 따로 법률로 정한다. <개정 2016.3.22.>

[본조신설 2011.4.14.]

[시행일 미지정] 제356조의2

제357조 삭제 <2014.5.20.>

제358조 삭제 <2014.5.20.>

제358조의2(주권의 불소지) ① 주주는 정관에 다른 정함이 있는 경우를 제외하고는 그 주식에 대하여 주권의 소지를 하지 아니하겠다는 뜻을 회사에 신고할 수 있다. <개정 2014.5.20.>

② 제1항의 신고가 있는 때에는 회사는 지체없이 주권을 발행하지 아니한다는 뜻을 주주명부와 그 복본에 기재하고, 그 사실을 주주에게 통지하여야 한다. 이 경우 회사는 그 주권을 발행할 수 없다.

③ 제1항의 경우 이미 발행된 주권이 있는 때에는 이를 회사에 제출하여야 하며, 회사는 제출된 주권을 무효로 하거나 명의개서대리인에게 임치하여야 한다.

④ 제1항 내지 제3항의 규정에 불구하고 주주는 언제든지 회사에 대하여 주권의 발행 또는 반환을 청구할 수 있다.

[전문개정 1995.12.29.]

제359조(주권의 선의취득) 수표법 제21조의 규정은 주권에 관하여 이를 준용한다.

[전문개정 1984.4.10.]

제360조(주권의 제권판결, 재발행) ① 주권은 공시최고의 절차에 의하여 이를 무효로 할 수 있다.

② 주권을 상실한 자는 제권판결을 얻지 아니하면 회사에 대하여 주권의 재발행을 청구하지 못한다.

제2관 주식의 포괄적 교환 <신설 2001.7.24.>

제360조의2(주식의 포괄적 교환에 의한 완전모회사의 설립) ① 회사는 이 관의 규정에 의한 주식의 포괄적 교환에 의하여 다른 회사의 발행주식의 총수를 소유하는 회사(이하 "완전모회사"라 한다)가 될 수 있다. 이 경우 그 다른 회사를 "완전자회사"라 한다.

② 주식의 포괄적 교환(이하 이 관에서 "주식교환"이라 한다)에 의하여 완전자회사가 되는 회사의 주주가 가지는 그 회사의 주식은 주식을 교환하는 날에 주식교환에 의하여 완전모회사가 되는 회사에 이전하고, 그

완전자회사가 되는 회사의 주주는 그 완전모회사가 되는 회사가 주식교
환을 위하여 발행하는 신주의 배정을 받거나 그 회사 자기주식의 이전을
받음으로써 그 회사의 주주가 된다. <개정 2015.12.1.>
[본조신설 2001.7.24.]

제360조의3(주식교환계약서의 작성과 주주총회의 승인 및 주식교환대가가 모
   회사 주식인 경우의 특칙) ① 주식교환을 하고자 하는 회사는 주식교환
   계약서를 작성하여 주주총회의 승인을 얻어야 한다.
② 제1항의 승인결의는 제434조의 규정에 의하여야 한다.
③ 주식교환계약서에는 다음 각호의 사항을 적어야 한다. <개정 2011.4.14.,
   2015.12.1.>
   1. 완전모회사가 되는 회사가 주식교환으로 인하여 정관을 변경하는 경
      우에는 그 규정
   2. 완전모회사가 되는 회사가 주식교환을 위하여 신주를 발행하거나 자
      기주식을 이전하는 경우에는 발행하는 신주 또는 이전하는 자기주식
      의 총수·종류, 종류별 주식의 수 및 완전자회사가 되는 회사의 주주
      에 대한 신주의 배정 또는 자기주식의 이전에 관한 사항
   3. 완전모회사가 되는 회사의 자본금 또는 준비금이 증가하는 경우에는
      증가할 자본금 또는 준비금에 관한 사항
   4. 완전자회사가 되는 회사의 주주에게 제2호에도 불구하고 그 대가의
      전부 또는 일부로서 금전이나 그 밖의 재산을 제공하는 경우에는 그
      내용 및 배정에 관한 사항
   5. 각 회사가 제1항의 결의를 할 주주총회의 기일
   6. 주식교환을 할 날
   7. 각 회사가 주식교환을 할 날까지 이익배당을 할 때에는 그 한도액
   8. 삭제 <2015.12.1.>
   9. 완전모회사가 되는 회사에 취임할 이사와 감사 또는 감사위원회의
      위원을 정한 때에는 그 성명 및 주민등록번호
④ 회사는 제363조의 규정에 의한 통지에 다음 각호의 사항을 기재하여
   야 한다. <개정 2014.5.20.>
   1. 주식교환계약서의 주요내용
   2. 제360조의5제1항의 규정에 의한 주식매수청구권의 내용 및 행사방법

3. 일방회사의 정관에 주식의 양도에 관하여 이사회의 승인을 요한다는
뜻의 규정이 있고 다른 회사의 정관에 그 규정이 없는 경우 그 뜻

⑤ 주식교환으로 인하여 주식교환에 관련되는 각 회사의 주주의 부담이 가
중되는 경우에는 제1항 및 제436조의 결의 외에 그 주주 전원의 동의가
있어야 한다. <신설 2011.4.14.>

⑥ 제342조의2제1항에도 불구하고 제3항제4호에 따라 완전자회사가 되는
회사의 주주에게 제공하는 재산이 완전모회사가 되는 회사의 모회사 주
식을 포함하는 경우에는 완전모회사가 되는 회사는 그 지급을 위하여 그
모회사의 주식을 취득할 수 있다. <신설 2015.12.1.>

⑦ 완전모회사가 되는 회사는 제6항에 따라 취득한 그 회사의 모회사 주식
을 주식교환 후에도 계속 보유하고 있는 경우 주식교환의 효력이 발생하
는 날부터 6개월 이내에 그 주식을 처분하여야 한다. <신설 2015.12.1.>

[본조신설 2001.7.24.]

[제목개정 2015.12.1.]

제360조의4(주식교환계약서 등의 공시) ① 이사는 제360조의3제1항의 주주
총회의 회일의 2주전부터 주식교환의 날 이후 6월이 경과하는 날까지 다
음 각호의 서류를 본점에 비치하여야 한다. <개정 2015.12.1.>

1. 주식교환계약서

2. 완전모회사가 되는 회사가 주식교환을 위하여 신주를 발행하거나 자
기주식을 이전하는 경우에는 완전자회사가 되는 회사의 주주에 대한
신주의 배정 또는 자기주식의 이전에 관하여 그 이유를 기재한 서면

3. 제360조의3제1항의 주주총회의 회일(제360조의9의 규정에 의한 간이
주식교환의 경우에는 동조제2항의 규정에 의하여 공고 또는 통지를
한 날)전 6월 이내의 날에 작성한 주식교환을 하는 각 회사의 최종
대차대조표 및 손익계산서

② 제1항의 서류에 관하여는 제391조의3제3항의 규정을 준용한다.

[본조신설 2001.7.24.]

제360조의5(반대주주의 주식매수청구권) ① 제360조의3제1항의 규정에 의한
승인사항에 관하여 이사회의 결의가 있는 때에 그 결의에 반대하는 주주
(의결권이 없거나 제한되는 주주를 포함한다. 이하 이 조에서 같다)는 주
주총회전에 회사에 대하여 서면으로 그 결의에 반대하는 의사를 통지한

경우에는 그 총회의 결의일부터 20일 이내에 주식의 종류와 수를 기재한 서면으로 회사에 대하여 자기가 소유하고 있는 주식의 매수를 청구할 수 있다. <개정 2015.12.1.>

② 제360조의9제2항의 공고 또는 통지를 한 날부터 2주내에 회사에 대하여 서면으로 주식교환에 반대하는 의사를 통지한 주주는 그 기간이 경과한 날부터 20일 이내에 주식의 종류와 수를 기재한 서면으로 회사에 대하여 자기가 소유하고 있는 주식의 매수를 청구할 수 있다.

③ 제1항 및 제2항의 매수청구에 관하여는 제374조의2제2항 내지 제5항의 규정을 준용한다.

[본조신설 2001.7.24.]

제360조의6 삭제 <2015.12.1.>

제360조의7(완전모회사의 자본금 증가의 한도액) ① 완전모회사가 되는 회사의 자본금은 주식교환의 날에 완전자회사가 되는 회사에 현존하는 순자산액에서 다음 각호의 금액을 뺀 금액을 초과하여 증가시킬 수 없다. <개정 2011.4.14., 2015.12.1.>

1. 완전자회사가 되는 회사의 주주에게 제공할 금전이나 그 밖의 재산의 가액

2. 제360조의3제3항제2호에 따라 완전자회사가 되는 회사의 주주에게 이전하는 자기주식의 장부가액의 합계액

② 완전모회사가 되는 회사가 주식교환 이전에 완전자회사가 되는 회사의 주식을 이미 소유하고 있는 경우에는 완전모회사가 되는 회사의 자본금은 주식교환의 날에 완전자회사가 되는 회사에 현존하는 순자산액에 그 회사의 발행주식총수에 대한 주식교환으로 인하여 완전모회사가 되는 회사에 이전하는 주식의 수의 비율을 곱한 금액에서 제1항 각호의 금액을 뺀 금액의 한도를 초과하여 이를 증가시킬 수 없다. <개정 2011.4.14.>

[본조신설 2001.7.24.]

[제목개정 2011.4.14.]

제360조의8(주권의 실효절차) ① 주식교환에 의하여 완전자회사가 되는 회사는 주주총회에서 제360조의3제1항의 규정에 의한 승인을 한 때에는 다음 각호의 사항을 주식교환의 날 1월전에 공고하고, 주주명부에 기재된 주주와 질권자에 대하여 따로 따로 그 통지를 하여야 한다.

1. 제360조의3제1항의 규정에 의한 승인을 한 뜻

2. 주식교환의 날의 전날까지 주권을 회사에 제출하여야 한다는 뜻

3. 주식교환의 날에 주권이 무효가 된다는 뜻

② 제442조의 규정은 제360조의3제1항의 규정에 의한 승인을 한 경우에 이를 준용한다. <개정 2014.5.20.>

[본조신설 2001.7.24.]

제360조의9(간이주식교환) ① 완전자회사가 되는 회사의 총주주의 동의가 있거나 그 회사의 발행주식총수의 100분의 90 이상을 완전모회사가 되는 회사가 소유하고 있는 때에는 완전자회사가 되는 회사의 주주총회의 승인은 이를 이사회의 승인으로 갈음할 수 있다.

② 제1항의 경우에 완전자회사가 되는 회사는 주식교환계약서를 작성한 날부터 2주내에 주주총회의 승인을 얻지 아니하고 주식교환을 한다는 뜻을 공고하거나 주주에게 통지하여야 한다. 다만, 총주주의 동의가 있는 때에는 그러하지 아니하다.

[본조신설 2001.7.24.]

제360조의10(소규모 주식교환) ① 완전모회사가 되는 회사가 주식교환을 위하여 발행하는 신주 및 이전하는 자기주식의 총수가 그 회사의 발행주식총수의 100분의 10을 초과하지 아니하는 경우에는 그 회사에서의 제360조의3제1항의 규정에 의한 주주총회의 승인은 이를 이사회의 승인으로 갈음할 수 있다. 다만, 완전자회사가 되는 회사의 주주에게 제공할 금전이나 그 밖의 재산을 정한 경우에 그 금액 및 그 밖의 재산의 가액이 제360조의4제1항제3호에서 규정한 최종 대차대조표에 의하여 완전모회사가 되는 회사에 현존하는 순자산액의 100분의 5를 초과하는 때에는 그러하지 아니하다. <개정 2015.12.1.>

② 삭제 <2015.12.1.>

③ 제1항 본문의 경우에는 주식교환계약서에 완전모회사가 되는 회사에 관하여는 제360조의3제1항의 규정에 의한 주주총회의 승인을 얻지 아니하고 주식교환을 할 수 있는 뜻을 기재하여야 하며, 동조제3항제1호의 사항은 이를 기재하지 못한다.

④ 완전모회사가 되는 회사는 주식교환계약서를 작성한 날부터 2주내에 완전자회사가 되는 회사의 상호와 본점, 주식교환을 할 날 및 제360조

의3제1항의 승인을 얻지 아니하고 주식교환을 한다는 뜻을 공고하거나 주주에게 통지하여야 한다.

⑤ 완전모회사가 되는 회사의 발행주식총수의 100분의 20 이상에 해당하는 주식을 가지는 주주가 제4항에 따른 공고 또는 통지를 한 날부터 2주 내에 회사에 대하여 서면으로 제1항 본문에 따른 주식교환에 반대하는 의사를 통지한 경우에는 이 조에 따른 주식교환을 할 수 없다. <개정 2011.4.14.>

⑥ 제1항 본문의 경우에 완전모회사가 되는 회사에 관하여 제360조의4제1항의 규정을 적용함에 있어서는 동조동항 각호외의 부분중 "제360조의3제1항의 주주총회의 회일의 2주전" 및 동조동항제3호중 "제360조의3제1항의 주주총회의 회일"은 각각"이 조제4항의 규정에 의한 공고 또는 통지의 날"로 한다.

⑦ 제1항 본문의 경우에는 제360조의5의 규정은 이를 적용하지 아니한다.
[본조신설 2001.7.24.]

제360조의11(단주처리 등에 관한 규정의 준용) ① 제443조의 규정은 회사의 주식교환의 경우에 이를 준용한다.

② 제339조 및 제340조제3항의 규정은 주식교환의 경우에 완전자회사가 되는 회사의 주식을 목적으로 하는 질권에 이를 준용한다.
[본조신설 2001.7.24.]

제360조의12(주식교환사항을 기재한 서면의 사후공시) ① 이사는 다음 각호의 사항을 기재한 서면을 주식교환의 날부터 6월간 본점에 비치하여야 한다.

　1. 주식교환의 날

　2. 주식교환의 날에 완전자회사가 되는 회사에 현존하는 순자산액

　3. 주식교환으로 인하여 완전모회사에 이전한 완전자회사의 주식의 수

　4. 그 밖의 주식교환에 관한 사항

② 제1항의 서면에 관하여는 제391조의3제3항의 규정을 준용한다.
[본조신설 2001.7.24.]

제360조의13(완전모회사의 이사·감사의 임기) 주식교환에 의하여 완전모회사가 되는 회사의 이사 및 감사로서 주식교환전에 취임한 자는 주식교환계약서에 다른 정함이 있는 경우를 제외하고는 주식교환후 최초로 도래하는 결산기에 관한 정기총회가 종료하는 때에 퇴임한다.

[본조신설 2001.7.24.]

제360조의14(주식교환무효의 소) ① 주식교환의 무효는 각 회사의 주주·이사·감사·감사위원회의 위원 또는 청산인에 한하여 주식교환의 날부터 6월내에 소만으로 이를 주장할 수 있다.

② 제1항의 소는 완전모회사가 되는 회사의 본점소재지의 지방법원의 관할에 전속한다.

③ 주식교환을 무효로 하는 판결이 확정된 때에는 완전모회사가 된 회사는 주식교환을 위하여 발행한 신주 또는 이전한 자기주식의 주주에 대하여 그가 소유하였던 완전자회사가 된 회사의 주식을 이전하여야 한다. <개정 2015.12.1.>

④ 제187조 내지 제189조, 제190조 본문, 제191조, 제192조, 제377조 및 제431조의 규정은 제1항의 소에, 제339조 및 제340조제3항의 규정은 제3항의 경우에 각각 이를 준용한다.

[본조신설 2001.7.24.]

제3관 주식의 포괄적 이전 <신설 2001.7.24.>

제360조의15(주식의 포괄적 이전에 의한 완전모회사의 설립) ① 회사는 이 관의 규정에 의한 주식의 포괄적 이전(이하 이 관에서 "주식이전"이라 한다)에 의하여 완전모회사를 설립하고 완전자회사가 될 수 있다.

② 주식이전에 의하여 완전자회사가 되는 회사의 주주가 소유하는 그 회사의 주식은 주식이전에 의하여 설립하는 완전모회사에 이전하고, 그 완전자회사가 되는 회사의 주주는 그 완전모회사가 주식이전을 위하여 발행하는 주식의 배정을 받음으로써 그 완전모회사의 주주가 된다.

[본조신설 2001.7.24.]

제360조의16(주주총회에 의한 주식이전의 승인) ① 주식이전을 하고자 하는 회사는 다음 각호의 사항을 적은 주식이전계획서를 작성하여 주주총회의 승인을 받아야 한다. <개정 2011.4.14., 2015.12.1.>

1. 설립하는 완전모회사의 정관의 규정
2. 설립하는 완전모회사가 주식이전에 있어서 발행하는 주식의 종류와 수 및 완전자회사가 되는 회사의 주주에 대한 주식의 배정에 관한

사항

3. 설립하는 완전모회사의 자본금 및 자본준비금에 관한 사항
4. 완전자회사가 되는 회사의 주주에게 제2호에도 불구하고 금전이나
   그 밖의 재산을 제공하는 경우에는 그 내용 및 배정에 관한 사항
5. 주식이전을 할 시기
6. 완전자회사가 되는 회사가 주식이전의 날까지 이익배당을 할 때에는
   그 한도액
7. 설립하는 완전모회사의 이사와 감사 또는 감사위원회의 위원의 성명
   및 주민등록번호
8. 회사가 공동으로 주식이전에 의하여 완전모회사를 설립하는 때에는
   그 뜻

② 제1항의 승인결의는 제434조의 규정에 의하여야 한다.

③ 제360조의3제4항의 규정은 제1항의 경우의 주주총회의 승인에 이를
준용한다.

④ 주식이전으로 인하여 주식이전에 관련되는 각 회사의 주주의 부담이
가중되는 경우에는 제1항 및 제436조의 결의 외에 그 주주 전원의 동의
가 있어야 한다. <신설 2011.4.14.>

[본조신설 2001.7.24.]

제360조의17(주식이전계획서 등의 서류의 공시) ① 이사는 제360조의16제1
항의 규정에 의한 주주총회의 회일의 2주전부터 주식이전의 날 이후 6월
을 경과하는 날까지 다음 각호의 서류를 본점에 비치하여야 한다.

1. 제360조의16제1항의 규정에 의한 주식이전계획서
2. 완전자회사가 되는 회사의 주주에 대한 주식의 배정에 관하여 그 이
   유를 기재한 서면
3. 제360조의16제1항의 주주총회의 회일전 6월 이내의 날에 작성한 완
   전자회사가 되는 회사의 최종 대차대조표 및 손익계산서

② 제1항의 서류에 관하여는 제391조의3제3항의 규정을 준용한다.

[본조신설 2001.7.24.]

제360조의18(완전모회사의 자본금의 한도액) 설립하는 완전모회사의 자본금
은 주식이전의 날에 완전자회사가 되는 회사에 현존하는 순자산액에서
그 회사의 주주에게 제공할 금전 및 그 밖의 재산의 가액을 뺀 액을 초

과하지 못한다. <개정 2011.4.14., 2015.12.1.>

[본조신설 2001.7.24.]

[제목개정 2011.4.14.]

제360조의19(주권의 실효절차) ① 주식이전에 의하여 완전자회사가 되는 회사는 제360조의16제1항의 규정에 의한 결의를 한 때에는 다음 각호의 사항을 공고하고, 주주명부에 기재된 주주와 질권자에 대하여 따로 따로 그 통지를 하여야 한다.

  1. 제360조의16제1항의 규정에 의한 결의를 한 뜻

  2. 1월을 초과하여 정한 기간내에 주권을 회사에 제출하여야 한다는 뜻

  3. 주식이전의 날에 주권이 무효가 된다는 뜻

  ② 제442조의 규정은 제360조의16제1항의 규정에 의한 결의를 한 경우에 이를 준용한다. <개정 2014.5.20.>

[본조신설 2001.7.24.]

제360조의20(주식이전에 의한 등기) 주식이전을 한 때에는 설립한 완전모회사의 본점의 소재지에서는 2주내에, 지점의 소재지에서는 3주내에 제317조제2항에서 정하는 사항을 등기하여야 한다.

[본조신설 2001.7.24.]

제360조의21(주식이전의 효력발생시기) 주식이전은 이로 인하여 설립한 완전모회사가 그 본점소재지에서 제360조의20의 규정에 의한 등기를 함으로써 그 효력이 발생한다.

[본조신설 2001.7.24.]

제360조의22(주식교환 규정의 준용) 제360조의5, 제360조의11 및 제360조의12의 규정은 주식이전의 경우에 이를 준용한다.

[본조신설 2001.7.24.]

제360조의23(주식이전무효의 소) ① 주식이전의 무효는 각 회사의 주주·이사·감사·감사위원회의 위원 또는 청산인에 한하여 주식이전의 날부터 6월내에 소만으로 이를 주장할 수 있다.

  ② 제1항의 소는 완전모회사가 되는 회사의 본점소재지의 지방법원의 관할에 전속한다.

  ③ 주식이전을 무효로 하는 판결이 확정된 때에는 완전모회사가 된 회사는 주식이전을 위하여 발행한 주식의 주주에 대하여 그가 소유하였던 완

전자회사가 된 회사의 주식을 이전하여야 한다.

④ 제187조 내지 제193조 및 제377조의 규정은 제1항의 소에, 제339조 및 제340조제3항의 규정은 제3항의 경우에 각각 이를 준용한다.

[본조신설 2001.7.24.]

제4관 지배주주에 의한 소수주식의 전부 취득 <신설 2011.4.14.>

제360조의24(지배주주의 매도청구권) ① 회사의 발행주식총수의 100분의 95 이상을 자기의 계산으로 보유하고 있는 주주(이하 이 관에서 "지배주주"라 한다)는 회사의 경영상 목적을 달성하기 위하여 필요한 경우에는 회사의 다른 주주(이하 이 관에서 "소수주주"라 한다)에게 그 보유하는 주식의 매도를 청구할 수 있다.

② 제1항의 보유주식의 수를 산정할 때에는 모회사와 자회사가 보유한 주식을 합산한다. 이 경우 회사가 아닌 주주가 발행주식총수의 100분의 50을 초과하는 주식을 가진 회사가 보유하는 주식도 그 주주가 보유하는 주식과 합산한다.

③ 제1항의 매도청구를 할 때에는 미리 주주총회의 승인을 받아야 한다.

④ 제3항의 주주총회의 소집을 통지할 때에는 다음 각 호에 관한 사항을 적어야 하고, 매도를 청구하는 지배주주는 주주총회에서 그 내용을 설명하여야 한다.

1. 지배주주의 회사 주식의 보유 현황
2. 매도청구의 목적
3. 매매가액의 산정 근거와 적정성에 관한 공인된 감정인의 평가
4. 매매가액의 지급보증

⑤ 지배주주는 매도청구의 날 1개월 전까지 다음 각 호의 사실을 공고하고, 주주명부에 적힌 주주와 질권자에게 따로 그 통지를 하여야 한다.

1. 소수주주는 매매가액의 수령과 동시에 주권을 지배주주에게 교부하여야 한다는 뜻
2. 교부하지 아니할 경우 매매가액을 수령하거나 지배주주가 매매가액을 공탁(供託)한 날에 주권은 무효가 된다는 뜻

⑥ 제1항의 매도청구를 받은 소수주주는 매도청구를 받은 날부터 2개월

내에 지배주주에게 그 주식을 매도하여야 한다.

⑦ 제6항의 경우 그 매매가액은 매도청구를 받은 소수주주와 매도를 청구한 지배주주 간의 협의로 결정한다.

⑧ 제1항의 매도청구를 받은 날부터 30일 내에 제7항의 매매가액에 대한 협의가 이루어지지 아니한 경우에는 매도청구를 받은 소수주주 또는 매도청구를 한 지배주주는 법원에 매매가액의 결정을 청구할 수 있다.

⑨ 법원이 제8항에 따라 주식의 매매가액을 결정하는 경우에는 회사의 재산상태와 그 밖의 사정을 고려하여 공정한 가액으로 산정하여야 한다.

[본조신설 2011.4.14.]

제360조의25(소수주주의 매수청구권) ① 지배주주가 있는 회사의 소수주주는 언제든지 지배주주에게 그 보유주식의 매수를 청구할 수 있다.

② 제1항의 매수청구를 받은 지배주주는 매수를 청구한 날을 기준으로 2개월 내에 매수를 청구한 주주로부터 그 주식을 매수하여야 한다.

③ 제2항의 경우 그 매매가액은 매수를 청구한 주주와 매수청구를 받은 지배주주 간의 협의로 결정한다.

④ 제2항의 매수청구를 받은 날부터 30일 내에 제3항의 매매가액에 대한 협의가 이루어지지 아니한 경우에는 매수청구를 받은 지배주주 또는 매수청구를 한 소수주주는 법원에 대하여 매매가액의 결정을 청구할 수 있다.

⑤ 법원이 제4항에 따라 주식의 매매가액을 결정하는 경우에는 회사의 재산상태와 그 밖의 사정을 고려하여 공정한 가액으로 산정하여야 한다.

[본조신설 2011.4.14.]

제360조의26(주식의 이전 등) ① 제360조의24와 제360조의25에 따라 주식을 취득하는 지배주주가 매매가액을 소수주주에게 지급한 때에 주식이 이전된 것으로 본다.

② 제1항의 매매가액을 지급할 소수주주를 알 수 없거나 소수주주가 수령을 거부할 경우에는 지배주주는 그 가액을 공탁할 수 있다. 이 경우 주식은 공탁한 날에 지배주주에게 이전된 것으로 본다.

[본조신설 2011.4.14.]

제3절 회사의 기관
제1관 주주총회

제361조(총회의 권한) 주주총회는 본법 또는 정관에 정하는 사항에 한하여 결의할 수 있다.

제362조(소집의 결정) 총회의 소집은 본법에 다른 규정이 있는 경우외에는 이사회가 이를 결정한다.

제363조(소집의 통지) ① 주주총회를 소집할 때에는 주주총회일의 2주 전에 각 주주에게 서면으로 통지를 발송하거나 각 주주의 동의를 받아 전자문서로 통지를 발송하여야 한다. 다만, 그 통지가 주주명부상 주주의 주소에 계속 3년간 도달하지 아니한 경우에는 회사는 해당 주주에게 총회의 소집을 통지하지 아니할 수 있다.

② 제1항의 통지서에는 회의의 목적사항을 적어야 한다.

③ 제1항에도 불구하고 자본금 총액이 10억원 미만인 회사가 주주총회를 소집하는 경우에는 주주총회일의 10일 전에 각 주주에게 서면으로 통지를 발송하거나 각 주주의 동의를 받아 전자문서로 통지를 발송할 수 있다. <개정 2014.5.20.>

④ 자본금 총액이 10억원 미만인 회사는 주주 전원의 동의가 있을 경우에는 소집절차 없이 주주총회를 개최할 수 있고, 서면에 의한 결의로써 주주총회의 결의를 갈음할 수 있다. 결의의 목적사항에 대하여 주주 전원이 서면으로 동의를 한 때에는 서면에 의한 결의가 있는 것으로 본다. <개정 2014.5.20.>

⑤ 제4항의 서면에 의한 결의는 주주총회의 결의와 같은 효력이 있다. <개정 2014.5.20.>

⑥ 서면에 의한 결의에 대하여는 주주총회에 관한 규정을 준용한다. <개정 2014.5.20.>

⑦ 제1항부터 제4항까지의 규정은 의결권 없는 주주에게는 적용하지 아니한다. 다만, 제1항의 통지서에 적은 회의의 목적사항에 제360조의5, 제360조의22, 제374조의2, 제522조의3 또는 제530조의11에 따라 반대주주의 주식매수청구권이 인정되는 사항이 포함된 경우에는 그러하지 아니하다. <개정 2014.5.20., 2015.12.1.>

[전문개정 2009.5.28.]

[제목개정 2014.5.20.]

제363조의2(주주제안권) ① 의결권없는 주식을 제외한 발행주식총수의 100분의 3 이상에 해당하는 주식을 가진 주주는 이사에게 주주총회일(정기주주총회의 경우 직전 연도의 정기주주총회일에 해당하는 그 해의 해당일. 이하 이 조에서 같다)의 6주 전에 서면 또는 전자문서로 일정한 사항을 주주총회의 목적사항으로 할 것을 제안(이하 '株主提案'이라 한다)할 수 있다. <개정 2009.1.30.>

② 제1항의 주주는 이사에게 주주총회일의 6주 전에 서면 또는 전자문서로 회의의 목적으로 할 사항에 추가하여 당해 주주가 제출하는 의안의 요령을 제363조에서 정하는 통지에 기재할 것을 청구할 수 있다. <개정 2009.1.30., 2014.5.20.>

③ 이사는 제1항에 의한 주주제안이 있는 경우에는 이를 이사회에 보고하고, 이사회는 주주제안의 내용이 법령 또는 정관을 위반하는 경우와 그 밖에 대통령령으로 정하는 경우를 제외하고는 이를 주주총회의 목적사항으로 하여야 한다. 이 경우 주주제안을 한 자의 청구가 있는 때에는 주주총회에서 당해 의안을 설명할 기회를 주어야 한다. <개정 2009.1.30.>

[본조신설 1998.12.28.]

제364조(소집지) 총회는 정관에 다른 정함이 없으면 본점소재지 또는 이에 인접한 지에 소집하여야 한다.

제365조(총회의 소집) ① 정기총회는 매년 1회 일정한 시기에 이를 소집하여야 한다.

② 연 2회 이상의 결산기를 정한 회사는 매기에 총회를 소집하여야 한다.

③ 임시총회는 필요있는 경우에 수시 이를 소집한다.

제366조(소수주주에 의한 소집청구) ① 발행주식총수의 100분의 3 이상에 해당하는 주식을 가진 주주는 회의의 목적사항과 소집의 이유를 적은 서면 또는 전자문서를 이사회에 제출하여 임시총회의 소집을 청구할 수 있다. <개정 2009.5.28.>

② 제1항의 청구가 있은 후 지체 없이 총회소집의 절차를 밟지 아니한 때에는 청구한 주주는 법원의 허가를 받아 총회를 소집할 수 있다. 이 경우 주주총회의 의장은 법원이 이해관계인의 청구나 직권으로 선임할 수

있다. <개정 2011.4.14.>

③ 제1항 및 제2항의 규정에 의한 총회는 회사의 업무와 재산상태를 조사하게 하기 위하여 검사인을 선임할 수 있다. <개정 1998.12.28.>

제366조의2(총회의 질서유지) ① 총회의 의장은 정관에서 정함이 없는 때에는 총회에서 선임한다.

② 총회의 의장은 총회의 질서를 유지하고 의사를 정리한다.

③ 총회의 의장은 고의로 의사진행을 방해하기 위한 발언·행동을 하는 등 현저히 질서를 문란하게 하는 자에 대하여 그 발언의 정지 또는 퇴장을 명할 수 있다.

[본조신설 1999.12.31.]

제367조(검사인의 선임) ① 총회는 이사가 제출한 서류와 감사의 보고서를 조사하게 하기 위하여 검사인(檢査人)을 선임할 수 있다.

② 회사 또는 발행주식총수의 100분의 1 이상에 해당하는 주식을 가진 주주는 총회의 소집절차나 결의방법의 적법성을 조사하기 위하여 총회 전에 법원에 검사인의 선임을 청구할 수 있다.

[전문개정 2011.4.14.]

제368조(총회의 결의방법과 의결권의 행사) ① 총회의 결의는 이 법 또는 정관에 다른 정함이 있는 경우를 제외하고는 출석한 주주의 의결권의 과반수와 발행주식총수의 4분의 1 이상의 수로써 하여야 한다. <개정 1995.12.29.>

② 주주는 대리인으로 하여금 그 의결권을 행사하게 할 수 있다. 이 경우에는 그 대리인은 대리권을 증명하는 서면을 총회에 제출하여야 한다. <개정 2014.5.20.>

③ 총회의 결의에 관하여 특별한 이해관계가 있는 자는 의결권을 행사하지 못한다. <개정 2014.5.20.>

제368조의2(의결권의 불통일행사) ① 주주가 2 이상의 의결권을 가지고 있는 때에는 이를 통일하지 아니하고 행사할 수 있다. 이 경우 주주총회일의 3일전에 회사에 대하여 서면 또는 전자문서로 그 뜻과 이유를 통지하여야 한다. <개정 2009.5.28.>

② 주주가 주식의 신탁을 인수하였거나 기타 타인을 위하여 주식을 가지고 있는 경우 외에는 회사는 주주의 의결권의 불통일행사를 거부할 수 있다.

[본조신설 1984.4.10.]

제368조의3(서면에 의한 의결권의 행사) ① 주주는 정관이 정한 바에 따라 총회에 출석하지 아니하고 서면에 의하여 의결권을 행사할 수 있다.

② 회사는 총회의 소집통지서에 주주가 제1항의 규정에 의한 의결권을 행사하는데 필요한 서면과 참고자료를 첨부하여야 한다.

[본조신설 1999.12.31.]

제368조의4(전자적 방법에 의한 의결권의 행사) ① 회사는 이사회의 결의로 주주가 총회에 출석하지 아니하고 전자적 방법으로 의결권을 행사할 수 있음을 정할 수 있다.

② 회사는 제363조에 따라 소집통지를 할 때에는 주주가 제1항에 따른 방법으로 의결권을 행사할 수 있다는 내용을 통지하여야 한다. <개정 2014.5.20.>

③ 회사가 제1항에 따라 전자적 방법에 의한 의결권행사를 정한 경우에 주주는 주주 확인절차 등 대통령령으로 정하는 바에 따라 의결권을 행사하여야 한다. 이 경우 회사는 의결권행사에 필요한 양식과 참고자료를 주주에게 전자적 방법으로 제공하여야 한다.

④ 동일한 주식에 관하여 제1항 또는 제368조의3제1항에 따라 의결권을 행사하는 경우 전자적 방법 또는 서면 중 어느 하나의 방법을 선택하여야 한다.

⑤ 회사는 의결권행사에 관한 전자적 기록을 총회가 끝난 날부터 3개월간 본점에 갖추어 두어 열람하게 하고 총회가 끝난 날부터 5년간 보존하여야 한다.

⑥ 주주 확인절차 등 전자적 방법에 의한 의결권행사의 절차와 그 밖에 필요한 사항은 대통령령으로 정한다.

[본조신설 2009.5.28.]

제369조(의결권) ① 의결권은 1주마다 1개로 한다.

② 회사가 가진 자기주식은 의결권이 없다.

③ 회사, 모회사 및 자회사 또는 자회사가 다른 회사의 발행주식의 총수의 10분의 1을 초과하는 주식을 가지고 있는 경우 그 다른 회사가 가지고 있는 회사 또는 모회사의 주식은 의결권이 없다. <신설 1984.4.10.>

제370조 삭제 <2011.4.14.>

제371조(정족수, 의결권수의 계산) ① 총회의 결의에 관하여는 제344조의3

제1항과 제369조제2항 및 제3항의 의결권 없는 주식의 수는 발행주식총 수에 산입하지 아니한다.

② 총회의 결의에 관하여는 제368조제3항에 따라 행사할 수 없는 주식의 의결권 수와 제409조제2항·제3항 및 제542조의12제3항·제4항에 따라 그 비율을 초과하는 주식으로서 행사할 수 없는 주식의 의결권 수는 출석한 주주의 의결권의 수에 산입하지 아니한다. <개정 2014.5.20.>

[전문개정 2011.4.14.]

제372조(총회의 연기, 속행의 결의) ① 총회에서는 회의의 속행 또는 연기의 결의를 할 수 있다.

② 전항의 경우에는 제363조의 규정을 적용하지 아니한다.

제373조(총회의 의사록) ① 총회의 의사에는 의사록을 작성하여야 한다.

② 의사록에는 의사의 경과요령과 그 결과를 기재하고 의장과 출석한 이사가 기명날인 또는 서명하여야 한다. <개정 1995.12.29.>

제374조(영업양도, 양수, 임대등) ① 회사가 다음 각 호의 어느 하나에 해당하는 행위를 할 때에는 제434조에 따른 결의가 있어야 한다. <개정 2011.4.14.>

1. 영업의 전부 또는 중요한 일부의 양도

2. 영업 전부의 임대 또는 경영위임, 타인과 영업의 손익 전부를 같이 하는 계약, 그 밖에 이에 준하는 계약의 체결·변경 또는 해약

3. 회사의 영업에 중대한 영향을 미치는 다른 회사의 영업 전부 또는 일부의 양수

② 제1항의 행위에 관한 주주총회의 소집의 통지를 하는 때에는 제374조의2제1항 및 제2항의 규정에 의한 주식매수청구권의 내용 및 행사방법을 명시하여야 한다. <신설 1995.12.29., 2014.5.20.>

제374조의2(반대주주의 주식매수청구권) ① 제374조에 따른 결의사항에 반대하는 주주(의결권이 없거나 제한되는 주주를 포함한다. 이하 이 조에서 같다)는 주주총회 전에 회사에 대하여 서면으로 그 결의에 반대하는 의사를 통지한 경우에는 그 총회의 결의일부터 20일 이내에 주식의 종류와 수를 기재한 서면으로 회사에 대하여 자기가 소유하고 있는 주식의 매수를 청구할 수 있다. <개정 2015.12.1.>

② 제1항의 청구를 받으면 해당 회사는 같은 항의 매수 청구 기간(이하

이 조에서 "매수청구기간"이라 한다)이 종료하는 날부터 2개월 이내에 그 주식을 매수하여야 한다. <개정 2015.12.1.>

③ 제2항의 규정에 의한 주식의 매수가액은 주주와 회사간의 협의에 의하여 결정한다. <개정 2001.7.24.>

④ 매수청구기간이 종료하는 날부터 30일 이내에 제3항의 규정에 의한 협의가 이루어지지 아니한 경우에는 회사 또는 주식의 매수를 청구한 주주는 법원에 대하여 매수가액의 결정을 청구할 수 있다. <개정 2001.7.24., 2015.12.1.>

⑤ 법원이 제4항의 규정에 의하여 주식의 매수가액을 결정하는 경우에는 회사의 재산상태 그 밖의 사정을 참작하여 공정한 가액으로 이를 산정하여야 한다. <신설 2001.7.24.>

[본조신설 1995.12.29.]

[제목개정 2015.12.1.]

제374조의3(간이영업양도, 양수, 임대 등) ① 제374조제1항 각 호의 어느 하나에 해당하는 행위를 하는 회사의 총주주의 동의가 있거나 그 회사의 발행주식총수의 100분의 90 이상을 해당 행위의 상대방이 소유하고 있는 경우에는 그 회사의 주주총회의 승인은 이를 이사회의 승인으로 갈음할 수 있다.

② 제1항의 경우에 회사는 영업양도, 양수, 임대 등의 계약서 작성일부터 2주 이내에 주주총회의 승인을 받지 아니하고 영업양도, 양수, 임대 등을 한다는 뜻을 공고하거나 주주에게 통지하여야 한다. 다만, 총주주의 동의가 있는 경우에는 그러하지 아니하다.

③ 제2항의 공고 또는 통지를 한 날부터 2주 이내에 회사에 대하여 서면으로 영업양도, 양수, 임대 등에 반대하는 의사를 통지한 주주는 그 기간이 경과한 날부터 20일 이내에 주식의 종류와 수를 기재한 서면으로 회사에 대하여 자기가 소유하고 있는 주식의 매수를 청구할 수 있다. 이 경우 제374조의2제2항부터 제5항까지의 규정을 준용한다.

[본조신설 2015.12.1.]

제375조(사후설립) 회사가 그 성립 후 2년 내에 그 성립 전부터 존재하는 재산으로서 영업을 위하여 계속하여 사용하여야 할 것을 자본금의 100분의 5 이상에 해당하는 대가로 취득하는 계약을 하는 경우에는 제374

조를 준용한다.

[전문개정 2011.4.14.]

제376조(결의취소의 소) ① 총회의 소집절차 또는 결의방법이 법령 또는 정관에 위반하거나 현저하게 불공정한 때 또는 그 결의의 내용이 정관에 위반한 때에는 주주·이사 또는 감사는 결의의 날로부터 2월내에 결의취소의 소를 제기할 수 있다. <개정 1984.4.10., 1995.12.29.>

② 제186조 내지 제188조, 제190조 본문과 제191조의 규정은 제1항의 소에 준용한다. <개정 1984.4.10., 1995.12.29.>

제377조(제소주주의 담보제공의무) ① 주주가 결의취소의 소를 제기한 때에는 법원은 회사의 청구에 의하여 상당한 담보를 제공할 것을 명할 수 있다. 그러나 그 주주가 이사 또는 감사인 때에는 그러하지 아니하다. <개정 1984.4.10.>

② 제176조제4항의 규정은 제1항의 청구에 준용한다. <개정 1984.4.10.>

제378조(결의취소의 등기) 결의한 사항이 등기된 경우에 결의취소의 판결이 확정된 때에는 본점과 지점의 소재지에서 등기하여야 한다.

제379조(법원의 재량에 의한 청구기각) 결의취소의 소가 제기된 경우에 결의의 내용, 회사의 현황과 제반사정을 참작하여 그 취소가 부적당하다고 인정한 때에는 법원은 그 청구를 기각할 수 있다.

제380조(결의무효 및 부존재확인의 소) 제186조 내지 제188조, 제190조 본문, 제191조, 제377조와 제378조의 규정은 총회의 결의의 내용이 법령에 위반한 것을 이유로 하여 결의무효의 확인을 청구하는 소와 총회의 소집절차 또는 결의방법에 총회결의가 존재한다고 볼 수 없을 정도의 중대한 하자가 있는 것을 이유로 하여 결의부존재의 확인을 청구하는 소에 이를 준용한다. <개정 1984.4.10., 1995.12.29.>

제381조(부당결의의 취소, 변경의 소) ① 주주가 제368조제3항의 규정에 의하여 의결권을 행사할 수 없었던 경우에 결의가 현저하게 부당하고 그 주주가 의결권을 행사하였더라면 이를 저지할 수 있었을 때에는 그 주주는 그 결의의 날로부터 2월내에 결의의 취소의 소 또는 변경의 소를 제기할 수 있다. <개정 2014.5.20.>

② 제186조 내지 제188조, 제190조 본문, 제191조, 제377조와 제378조의 규정은 제1항의 소에 준용한다. <개정 1998.12.28.>

제2관 이사와 이사회

제382조(이사의 선임, 회사와의 관계 및 사외이사) ① 이사는 주주총회에서 선임한다.

② 회사와 이사의 관계는 「민법」의 위임에 관한 규정을 준용한다.

③ 사외이사(社外理事)는 해당 회사의 상무(常務)에 종사하지 아니하는 이사로서 다음 각 호의 어느 하나에 해당하지 아니하는 자를 말한다. 사외이사가 다음 각 호의 어느 하나에 해당하는 경우에는 그 직을 상실한다. <개정 2011.4.14.>

1. 회사의 상무에 종사하는 이사·집행임원 및 피용자 또는 최근 2년 이내에 회사의 상무에 종사한 이사·감사·집행임원 및 피용자
2. 최대주주가 자연인인 경우 본인과 그 배우자 및 직계 존속·비속
3. 최대주주가 법인인 경우 그 법인의 이사·감사·집행임원 및 피용자
4. 이사·감사·집행임원의 배우자 및 직계 존속·비속
5. 회사의 모회사 또는 자회사의 이사·감사·집행임원 및 피용자
6. 회사와 거래관계 등 중요한 이해관계에 있는 법인의 이사·감사·집행임원 및 피용자
7. 회사의 이사·집행임원 및 피용자가 이사·집행임원으로 있는 다른 회사의 이사·감사·집행임원 및 피용자

[전문개정 2009.1.30.]

제382조의2(집중투표) ① 2인 이상의 이사의 선임을 목적으로 하는 총회의 소집이 있는 때에는 의결권없는 주식을 제외한 발행주식총수의 100분의 3 이상에 해당하는 주식을 가진 주주는 정관에서 달리 정하는 경우를 제외하고는 회사에 대하여 집중투표의 방법으로 이사를 선임할 것을 청구할 수 있다.

② 제1항의 청구는 주주총회일의 7일 전까지 서면 또는 전자문서로 하여야 한다. <개정 2009.5.28.>

③ 제1항의 청구가 있는 경우에 이사의 선임결의에 관하여 각 주주는 1주마다 선임할 이사의 수와 동일한 수의 의결권을 가지며, 그 의결권은 이사 후보자 1인 또는 수인에게 집중하여 투표하는 방법으로 행사할 수

있다.

④ 제3항의 규정에 의한 투표의 방법으로 이사를 선임하는 경우에는 투표의 최다수를 얻은 자부터 순차적으로 이사에 선임되는 것으로 한다.

⑤ 제1항의 청구가 있는 경우에는 의장은 의결에 앞서 그러한 청구가 있다는 취지를 알려야 한다.

⑥ 제2항의 서면은 총회가 종결될 때까지 이를 본점에 비치하고 주주로 하여금 영업시간내에 열람할 수 있게 하여야 한다.

[본조신설 1998.12.28.]

제382조의3(이사의 충실의무) 이사는 법령과 정관의 규정에 따라 회사를 위하여 그 직무를 충실하게 수행하여야 한다.

[본조신설 1998.12.28.]

제382조의4(이사의 비밀유지의무) 이사는 재임중 뿐만 아니라 퇴임 후에도 직무상 알게된 회사의 영업상 비밀을 누설하여서는 아니 된다.

[본조신설 2001.7.24.]

제383조(원수, 임기) ① 이사는 3명 이상이어야 한다. 다만, 자본금 총액이 10억원 미만인 회사는 1명 또는 2명으로 할 수 있다. <개정 2009.5.28.>

② 이사의 임기는 3년을 초과하지 못한다. <개정 1984.4.10.>

③ 제2항의 임기는 정관으로 그 임기 중의 최종의 결산기에 관한 정기주주총회의 종결에 이르기까지 연장할 수 있다. <개정 1984.4.10.>

④ 제1항 단서의 경우에는 제302조제2항제5호의2, 제317조제2항제3호의2, 제335조제1항 단서 및 제2항, 제335조의2제1항·제3항, 제335조의3제1항·제2항, 제335조의7제1항, 제340조의3제1항제5호, 제356조제6호의2, 제397조제1항·제2항, 제397조의2제1항, 제398조, 제416조 본문, 제451조제2항, 제461조제1항 본문 및 제3항, 제462조의3제1항, 제464조의2제1항, 제469조, 제513조제2항 본문 및 제516조의2제2항 본문(준용되는 경우를 포함한다) 중 "이사회"는 각각 "주주총회"로 보며, 제360조의5제1항 및 제522조의3제1항 중 "이사회의 결의가 있는 때"는 "제363조제1항에 따른 주주총회의 소집통지가 있는 때"로 본다. <개정 2009.5.28., 2011.4.14.>

⑤ 제1항 단서의 경우에는 제341조제2항 단서, 제390조, 제391조, 제391조의2, 제391조의3, 제392조, 제393조제2항부터 제4항까지, 제399조제2항, 제408조의2제3항·제4항, 제408조의3제2항, 제408조의4제2호, 제408조의5

제1항, 제408조의6, 제408조의7, 제412조의4, 제449조의2, 제462조제2항 단서, 제526조제3항, 제527조제4항, 제527조의2, 제527조의3제1항 및 제527조의5제2항은 적용하지 아니한다. <개정 2009.5.28., 2011.4.14.>

⑥ 제1항 단서의 경우에는 각 이사(정관에 따라 대표이사를 정한 경우에는 그 대표이사를 말한다)가 회사를 대표하며 제343조제1항 단서, 제346조제3항, 제362조, 제363조의2제3항, 제366조제1항, 제368조의4제1항, 제393조제1항, 제412조의3제1항 및 제462조의3제1항에 따른 이사회의 기능을 담당한다. <개정 2009.5.28., 2011.4.14.>

제384조 삭제 <1995.12.29.>

제385조(해임) ① 이사는 언제든지 제434조의 규정에 의한 주주총회의 결의로 이를 해임할 수 있다. 그러나 이사의 임기를 정한 경우에 정당한 이유없이 그 임기만료전에 이를 해임한 때에는 그 이사는 회사에 대하여 해임으로 인한 손해의 배상을 청구할 수 있다.

② 이사가 그 직무에 관하여 부정행위 또는 법령이나 정관에 위반한 중대한 사실이 있음에도 불구하고 주주총회에서 그 해임을 부결한 때에는 발행주식의 총수의 100분의 3 이상에 해당하는 주식을 가진 주주는 총회의 결의가 있은 날부터 1월내에 그 이사의 해임을 법원에 청구할 수 있다. <개정 1998.12.28.>

③ 제186조의 규정은 전항의 경우에 준용한다.

제386조(결원의 경우) ① 법률 또는 정관에 정한 이사의 원수를 결한 경우에는 임기의 만료 또는 사임으로 인하여 퇴임한 이사는 새로 선임된 이사가 취임할 때까지 이사의 권리의무가 있다.

② 제1항의 경우에 필요하다고 인정할 때에는 법원은 이사, 감사 기타의 이해관계인의 청구에 의하여 일시 이사의 직무를 행할 자를 선임할 수 있다. 이 경우에는 본점의 소재지에서 그 등기를 하여야 한다. <개정 1995.12.29.>

제387조(자격주) 정관으로 이사가 가질 주식의 수를 정한 경우에 다른 규정이 없는 때에는 이사는 그 수의 주권을 감사에게 공탁하여야 한다.

제388조(이사의 보수) 이사의 보수는 정관에 그 액을 정하지 아니한 때에는 주주총회의 결의로 이를 정한다.

제389조(대표이사) ① 회사는 이사회의 결의로 회사를 대표할 이사를 선정하여야 한다. 그러나 정관으로 주주총회에서 이를 선정할 것을 정할 수

있다.

② 전항의 경우에는 수인의 대표이사가 공동으로 회사를 대표할 것을 정할 수 있다.

③ 제208조제2항, 제209조, 제210조와 제386조의 규정은 대표이사에 준용한다. <개정 1962.12.12.>

제390조(이사회의 소집) ① 이사회는 각 이사가 소집한다. 그러나 이사회의 결의로 소집할 이사를 정한 때에는 그러하지 아니하다.

② 제1항 단서의 규정에 의하여 소집권자로 지정되지 않은 다른 이사는 소집권자인 이사에게 이사회 소집을 요구할 수 있다. 소집권자인 이사가 정당한 이유없이 이사회 소집을 거절하는 경우에는 다른 이사가 이사회를 소집할 수 있다. <신설 2001.7.24.>

③ 이사회를 소집함에는 회일을 정하고 그 1주간전에 각 이사 및 감사에 대하여 통지를 발송하여야 한다. 그러나 그 기간은 정관으로 단축할 수 있다. <개정 1984.4.10.>

④ 이사회는 이사 및 감사 전원의 동의가 있는 때에는 제3항의 절차없이 언제든지 회의할 수 있다. <개정 1984.4.10., 2001.7.24.>

제391조(이사회의 결의방법) ① 이사회의 결의는 이사과반수의 출석과 출석이사의 과반수로 하여야 한다. 그러나 정관으로 그 비율을 높게 정할 수 있다.

② 정관에서 달리 정하는 경우를 제외하고 이사회는 이사의 전부 또는 일부가 직접 회의에 출석하지 아니하고 모든 이사가 음성을 동시에 송수신하는 원격통신수단에 의하여 결의에 참가하는 것을 허용할 수 있다. 이 경우 당해 이사는 이사회에 직접 출석한 것으로 본다. <신설 1999.12.31., 2011.4.14.>

③ 제368조제3항 및 제371조제2항의 규정은 제1항의 경우에 이를 준용한다. <개정 2014.5.20.>

[전문개정 1984.4.10.]

제391조의2(감사의 이사회출석·의견진술권) ① 감사는 이사회에 출석하여 의견을 진술할 수 있다.

② 감사는 이사가 법령 또는 정관에 위반한 행위를 하거나 그 행위를 할 염려가 있다고 인정한 때에는 이사회에 이를 보고하여야 한다.

[본조신설 1984.4.10.]

제391조의3(이사회의 의사록) ① 이사회의 의사에 관하여는 의사록을 작성하여야 한다.

② 의사록에는 의사의 안건, 경과요령, 그 결과, 반대하는 자와 그 반대이유를 기재하고 출석한 이사 및 감사가 기명날인 또는 서명하여야 한다. <개정 1995.12.29., 1999.12.31.>

③ 주주는 영업시간내에 이사회의사록의 열람 또는 등사를 청구할 수 있다. <신설 1999.12.31.>

④ 회사는 제3항의 청구에 대하여 이유를 붙여 이를 거절할 수 있다. 이 경우 주주는 법원의 허가를 얻어 이사회의사록을 열람 또는 등사할 수 있다. <신설 1999.12.31.>

[본조신설 1984.4.10.]

제392조(이사회의 연기·속행) 제372조의 규정은 이사회에 관하여 이를 준용한다.

[전문개정 1984.4.10.]

제393조(이사회의 권한) ① 중요한 자산의 처분 및 양도, 대규모 재산의 차입, 지배인의 선임 또는 해임과 지점의 설치·이전 또는 폐지 등 회사의 업무집행은 이사회의 결의로 한다. <개정 2001.7.24.>

② 이사회는 이사의 직무의 집행을 감독한다.

③ 이사는 대표이사로 하여금 다른 이사 또는 피용자의 업무에 관하여 이사회에 보고할 것을 요구할 수 있다. <신설 2001.7.24.>

④ 이사는 3월에 1회 이상 업무의 집행상황을 이사회에 보고하여야 한다. <신설 2001.7.24.>

[전문개정 1984.4.10.]

제393조의2(이사회내 위원회) ① 이사회는 정관이 정한 바에 따라 위원회를 설치할 수 있다.

② 이사회는 다음 각호의 사항을 제외하고는 그 권한을 위원회에 위임할 수 있다.

  1. 주주총회의 승인을 요하는 사항의 제안

  2. 대표이사의 선임 및 해임

  3. 위원회의 설치와 그 위원의 선임 및 해임

    4. 정관에서 정하는 사항

③ 위원회는 2인 이상의 이사로 구성한다.

④ 위원회는 결의된 사항을 각 이사에게 통지하여야 한다. 이 경우 이를 통지받은 각 이사는 이사회의 소집을 요구할 수 있으며, 이사회는 위원회가 결의한 사항에 대하여 다시 결의할 수 있다.

⑤ 제386조제1항·제390조·제391조·제391조의3 및 제392조의 규정은 위원회에 관하여 이를 준용한다.

[본조신설 1999.12.31.]

제394조(이사와 회사간의 소에 관한 대표) ① 회사가 이사에 대하여 또는 이사가 회사에 대하여 소를 제기하는 경우에 감사는 그 소에 관하여 회사를 대표한다. 회사가 제403조제1항의 청구를 받음에 있어서도 같다.

② 제415조의2의 규정에 의한 감사위원회의 위원이 소의 당사자인 경우에는 감사위원회 또는 이사는 법원에 회사를 대표할 자를 선임하여 줄 것을 신청하여야 한다. <신설 1999.12.31.>

[전문개정 1984.4.10.]

제395조(표현대표이사의 행위와 회사의 책임) 사장, 부사장, 전무, 상무 기타 회사를 대표할 권한이 있는 것으로 인정될 만한 명칭을 사용한 이사의 행위에 대하여는 그 이사가 회사를 대표할 권한이 없는 경우에도 회사는 선의의 제삼자에 대하여 그 책임을 진다.

제396조(정관 등의 비치, 공시의무) ① 이사는 회사의 정관, 주주총회의 의사록을 본점과 지점에, 주주명부, 사채원부를 본점에 비치하여야 한다. 이 경우 명의개서대리인을 둔 때에는 주주명부나 사채원부 또는 그 복본을 명의개서대리인의 영업소에 비치할 수 있다. <개정 1984.4.10., 1999.12.31.>

② 주주와 회사채권자는 영업시간 내에 언제든지 제1항의 서류의 열람 또는 등사를 청구할 수 있다. <개정 1984.4.10.>

제397조(경업금지) ① 이사는 이사회의 승인이 없으면 자기 또는 제삼자의 계산으로 회사의 영업부류에 속한 거래를 하거나 동종영업을 목적으로 하는 다른 회사의 무한책임사원이나 이사가 되지 못한다. <개정 1995.12.29.>

② 이사가 제1항의 규정에 위반하여 거래를 한 경우에 회사는 이사회의 결의로 그 이사의 거래가 자기의 계산으로 한 것인 때에는 이를 회사의 계산으로 한 것으로 볼 수 있고 제삼자의 계산으로 한 것인 때에는 그 이사에

대하여 이로 인한 이득의 양도를 청구할 수 있다. <개정 1962.12.12.,
1995.12.29.>

③ 제2항의 권리는 거래가 있은 날로부터 1년을 경과하면 소멸한다. <개
정 1995.12.29.>

제397조의2(회사의 기회 및 자산의 유용 금지) ① 이사는 이사회의 승인 없
이 현재 또는 장래에 회사의 이익이 될 수 있는 다음 각 호의 어느 하
나에 해당하는 회사의 사업기회를 자기 또는 제3자의 이익을 위하여 이
용하여서는 아니 된다. 이 경우 이사회의 승인은 이사 3분의 2 이상의
수로써 하여야 한다.

　　1. 직무를 수행하는 과정에서 알게 되거나 회사의 정보를 이용한 사업
　　기회

　　2. 회사가 수행하고 있거나 수행할 사업과 밀접한 관계가 있는 사업기회

② 제1항을 위반하여 회사에 손해를 발생시킨 이사 및 승인한 이사는 연
대하여 손해를 배상할 책임이 있으며 이로 인하여 이사 또는 제3자가
얻은 이익은 손해로 추정한다.

[본조신설 2011.4.14.]

제398조(이사 등과 회사 간의 거래) 다음 각 호의 어느 하나에 해당하는
자가 자기 또는 제3자의 계산으로 회사와 거래를 하기 위하여는 미리
이사회에서 해당 거래에 관한 중요사실을 밝히고 이사회의 승인을 받아
야 한다. 이 경우 이사회의 승인은 이사 3분의 2 이상의 수로써 하여야
하고, 그 거래의 내용과 절차는 공정하여야 한다.

　　1. 이사 또는 제542조의8제2항제6호에 따른 주요주주

　　2. 제1호의 자의 배우자 및 직계존비속

　　3. 제1호의 자의 배우자의 직계존비속

　　4. 제1호부터 제3호까지의 자가 단독 또는 공동으로 의결권 있는 발행
　　주식 총수의 100분의 50 이상을 가진 회사 및 그 자회사

　　5. 제1호부터 제3호까지의 자가 제4호의 회사와 합하여 의결권 있는
　　발행주식총수의 100분의 50 이상을 가진 회사

[전문개정 2011.4.14.]

제399조(회사에 대한 책임) ① 이사가 고의 또는 과실로 법령 또는 정관에
위반한 행위를 하거나 그 임무를 게을리한 경우에는 그 이사는 회사에

대하여 연대하여 손해를 배상할 책임이 있다. <개정 2011.4.14.>

② 전항의 행위가 이사회의 결의에 의한 것인 때에는 그 결의에 찬성한 이사도 전항의 책임이 있다.

③ 전항의 결의에 참가한 이사로서 이의를 한 기재가 의사록에 없는 자는 그 결의에 찬성한 것으로 추정한다.

제400조(회사에 대한 책임의 감면) ① 제399조에 따른 이사의 책임은 주주 전원의 동의로 면제할 수 있다.

② 회사는 정관으로 정하는 바에 따라 제399조에 따른 이사의 책임을 이사가 그 행위를 한 날 이전 최근 1년간의 보수액(상여금과 주식매수선택권의 행사로 인한 이익 등을 포함한다)의 6배(사외이사의 경우는 3배)를 초과하는 금액에 대하여 면제할 수 있다. 다만, 이사가 고의 또는 중대한 과실로 손해를 발생시킨 경우와 제397조 제397조의2 및 제398조에 해당하는 경우에는 그러하지 아니하다.

[전문개정 2011.4.14.]

제401조(제삼자에 대한 책임) ① 이사가 고의 또는 중대한 과실로 그 임무를 게을리한 때에는 그 이사는 제3자에 대하여 연대하여 손해를 배상할 책임이 있다. <개정 2011.4.14.>

② 제399조제2항, 제3항의 규정은 전항의 경우에 준용한다.

제401조의2(업무집행지시자 등의 책임) ① 다음 각호의 1에 해당하는 자는 그 지시하거나 집행한 업무에 관하여 제399조·제401조 및 제403조의 적용에 있어서 이를 이사로 본다.

1. 회사에 대한 자신의 영향력을 이용하여 이사에게 업무집행을 지시한 자

2. 이사의 이름으로 직접 업무를 집행한 자

3. 이사가 아니면서 명예회장·회장·사장·부사장·전무·상무·이사 기타 회사의 업무를 집행할 권한이 있는 것으로 인정될 만한 명칭을 사용하여 회사의 업무를 집행한 자

② 제1항의 경우에 회사 또는 제3자에 대하여 손해를 배상할 책임이 있는 이사는 제1항에 규정된 자와 연대하여 그 책임을 진다.

[본조신설 1998.12.28.]

제402조(유지청구권) 이사가 법령 또는 정관에 위반한 행위를 하여 이로 인

하여 회사에 회복할 수 없는 손해가 생길 염려가 있는 경우에는 감사 또는 발행주식의 총수의 100분의 1 이상에 해당하는 주식을 가진 주주는 회사를 위하여 이사에 대하여 그 행위를 유지할 것을 청구할 수 있다. <개정 1984.4.10., 1998.12.28.>

제403조(주주의 대표소송) ① 발행주식의 총수의 100분의 1 이상에 해당하는 주식을 가진 주주는 회사에 대하여 이사의 책임을 추궁할 소의 제기를 청구할 수 있다. <개정 1998.12.28.>

② 제1항의 청구는 그 이유를 기재한 서면으로 하여야 한다. <개정 1998.12.28.>

③ 회사가 전항의 청구를 받은 날로부터 30일내에 소를 제기하지 아니한 때에는 제1항의 주주는 즉시 회사를 위하여 소를 제기할 수 있다.

④ 제3항의 기간의 경과로 인하여 회사에 회복할 수 없는 손해가 생길 염려가 있는 경우에는 전항의 규정에 불구하고 제1항의 주주는 즉시 소를 제기할 수 있다. <개정 1998.12.28.>

⑤ 제3항과 제4항의 소를 제기한 주주의 보유주식이 제소후 발행주식총수의 100분의 1 미만으로 감소한 경우(發行株式을 보유하지 아니하게 된 경우를 제외한다)에도 제소의 효력에는 영향이 없다. <신설 1998.12.28.>

⑥ 회사가 제1항의 청구에 따라 소를 제기하거나 주주가 제3항과 제4항의 소를 제기한 경우 당사자는 법원의 허가를 얻지 아니하고는 소의 취하, 청구의 포기·인락·화해를 할 수 없다. <신설 1998.12.28., 2011.4.14.>

⑦ 제176조제3항, 제4항과 제186조의 규정은 본조의 소에 준용한다.

제404조(대표소송과 소송참가, 소송고지) ① 회사는 전조제3항과 제4항의 소송에 참가할 수 있다.

② 전조제3항과 제4항의 소를 제기한 주주는 소를 제기한 후 지체없이 회사에 대하여 그 소송의 고지를 하여야 한다.

제405조(제소주주의 권리의무) ① 제403조제3항과 제4항의 규정에 의하여 소를 제기한 주주가 승소한 때에는 그 주주는 회사에 대하여 소송비용 및 그 밖에 소송으로 인하여 지출한 비용중 상당한 금액의 지급을 청구할 수 있다. 이 경우 소송비용을 지급한 회사는 이사 또는 감사에 대하여 구상권이 있다. <개정 1962.12.12., 2001.7.24.>

② 제403조제3항과 제4항의 규정에 의하여 소를 제기한 주주가 패소한

때에는 악의인 경우외에는 회사에 대하여 손해를 배상할 책임이 없다.

제406조(대표소송과 재심의 소) ① 제403조의 소가 제기된 경우에 원고와 피고의 공모로 인하여 소송의 목적인 회사의 권리를 사해할 목적으로써 판결을 하게 한 때에는 회사 또는 주주는 확정한 종국판결에 대하여 재심의 소를 제기할 수 있다.

② 전조의 규정은 전항의 소에 준용한다.

제407조(직무집행정지, 직무대행자선임) ① 이사선임결의의 무효나 취소 또는 이사해임의 소가 제기된 경우에는 법원은 당사자의 신청에 의하여 가처분으로써 이사의 직무집행을 정지할 수 있고 또는 직무대행자를 선임할 수 있다. 급박한 사정이 있는 때에는 본안소송의 제기전에도 그 처분을 할 수 있다.

② 법원은 당사자의 신청에 의하여 전항의 가처분을 변경 또는 취소할 수 있다.

③ 전2항의 처분이 있는 때에는 본점과 지점의 소재지에서 그 등기를 하여야 한다.

제408조(직무대행자의 권한) ① 전조의 직무대행자는 가처분명령에 다른 정함이 있는 경우외에는 회사의 상무에 속하지 아니한 행위를 하지 못한다. 그러나 법원의 허가를 얻은 경우에는 그러하지 아니하다.

② 직무대행자가 전항의 규정에 위반한 행위를 한 경우에도 회사는 선의의 제삼자에 대하여 책임을 진다.

제408조의2(집행임원 설치회사, 집행임원과 회사의 관계) ① 회사는 집행임원을 둘 수 있다. 이 경우 집행임원을 둔 회사(이하 "집행임원 설치회사"라 한다)는 대표이사를 두지 못한다.

② 집행임원 설치회사와 집행임원의 관계는 「민법」 중 위임에 관한 규정을 준용한다.

③ 집행임원 설치회사의 이사회는 다음의 권한을 갖는다.

  1. 집행임원과 대표집행임원의 선임 · 해임

  2. 집행임원의 업무집행 감독

  3. 집행임원과 집행임원 설치회사의 소송에서 집행임원 설치회사를 대표할 자의 선임

  4. 집행임원에게 업무집행에 관한 의사결정의 위임(이 법에서 이사회 권

한사항으로 정한 경우는 제외한다)

    5. 집행임원이 여러 명인 경우 집행임원의 직무 분담 및 지휘·명령관계, 그 밖에 집행임원의 상호관계에 관한 사항의 결정

    6. 정관에 규정이 없거나 주주총회의 승인이 없는 경우 집행임원의 보수 결정

④ 집행임원 설치회사는 이사회의 회의를 주관하기 위하여 이사회 의장을 두어야 한다. 이 경우 이사회 의장은 정관의 규정이 없으면 이사회 결의로 선임한다.

[본조신설 2011.4.14.]

제408조의3(집행임원의 임기) ① 집행임원의 임기는 정관에 다른 규정이 없으면 2년을 초과하지 못한다.

② 제1항의 임기는 정관에 그 임기 중의 최종 결산기에 관한 정기주주총회가 종결한 후 가장 먼저 소집하는 이사회의 종결 시까지로 정할 수 있다.

[본조신설 2011.4.14.]

제408조의4(집행임원의 권한) 집행임원의 권한은 다음 각 호의 사항으로 한다.

    1. 집행임원 설치회사의 업무집행

    2. 정관이나 이사회의 결의에 의하여 위임받은 업무집행에 관한 의사결정

[본조신설 2011.4.14.]

제408조의5(대표집행임원) ① 2명 이상의 집행임원이 선임된 경우에는 이사회 결의로 집행임원 설치회사를 대표할 대표집행임원을 선임하여야 한다. 다만, 집행임원이 1명인 경우에는 그 집행임원이 대표집행임원이 된다.

② 대표집행임원에 관하여는 이 법에 다른 규정이 없으면 주식회사의 대표이사에 관한 규정을 준용한다.

③ 집행임원 설치회사에 대하여는 제395조를 준용한다.

[본조신설 2011.4.14.]

제408조의6(집행임원의 이사회에 대한 보고) ① 집행임원은 3개월에 1회 이상 업무의 집행상황을 이사회에 보고하여야 한다.

② 집행임원은 제1항의 경우 외에도 이사회의 요구가 있으면 언제든지 이사회에 출석하여 요구한 사항을 보고하여야 한다.

③ 이사는 대표집행임원으로 하여금 다른 집행임원 또는 피용자의 업무에 관하여 이사회에 보고할 것을 요구할 수 있다.

[본조신설 2011.4.14.]

제408조의7(집행임원의 이사회 소집 청구) ① 집행임원은 필요하면 회의의 목적사항과 소집이유를 적은 서면을 이사(소집권자가 있는 경우에는 소집권자를 말한다. 이하 이 조에서 같다)에게 제출하여 이사회 소집을 청구할 수 있다.

② 제1항의 청구를 한 후 이사가 지체 없이 이사회 소집의 절차를 밟지 아니하면 소집을 청구한 집행임원은 법원의 허가를 받아 이사회를 소집할 수 있다. 이 경우 이사회 의장은 법원이 이해관계자의 청구에 의하여 또는 직권으로 선임할 수 있다.

[본조신설 2011.4.14.]

제408조의8(집행임원의 책임) ① 집행임원이 고의 또는 과실로 법령이나 정관을 위반한 행위를 하거나 그 임무를 게을리한 경우에는 그 집행임원은 집행임원 설치회사에 손해를 배상할 책임이 있다.

② 집행임원이 고의 또는 중대한 과실로 그 임무를 게을리한 경우에는 그 집행임원은 제3자에게 손해를 배상할 책임이 있다.

③ 집행임원이 집행임원 설치회사 또는 제3자에게 손해를 배상할 책임이 있는 경우에 다른 집행임원 · 이사 또는 감사도 그 책임이 있으면 다른 집행임원 · 이사 또는 감사와 연대하여 배상할 책임이 있다.

[본조신설 2011.4.14.]

제408조의9(준용규정) 집행임원에 대하여는 제382조의3, 제382조의4, 제396조, 제397조, 제397조의2, 제398조, 제400조, 제401조의2, 제402조부터 제408조까지, 제412조 및 제412조의2를 준용한다.

[본조신설 2011.4.14.]

제3관 감사 및 감사위원회 <개정 1999.12.31.>

제409조(선임) ① 감사는 주주총회에서 선임한다.

② 의결권없는 주식을 제외한 발행주식의 총수의 100분의 3을 초과하는 수의 주식을 가진 주주는 그 초과하는 주식에 관하여 제1항의 감사의

선임에 있어서는 의결권을 행사하지 못한다. <개정 1984.4.10.>

③ 회사는 정관으로 제2항의 비율보다 낮은 비율을 정할 수 있다. <신설 1984.4.10.>

④ 제1항, 제296조제1항 및 제312조에도 불구하고 자본금의 총액이 10억원 미만인 회사의 경우에는 감사를 선임하지 아니할 수 있다. <신설 2009.5.28.>

⑤ 제4항에 따라 감사를 선임하지 아니한 회사가 이사에 대하여 또는 이사가 그 회사에 대하여 소를 제기하는 경우에 회사, 이사 또는 이해관계인은 법원에 회사를 대표할 자를 선임하여 줄 것을 신청하여야 한다. <신설 2009.5.28.>

⑥ 제4항에 따라 감사를 선임하지 아니한 경우에는 제412조, 제412조의2 및 제412조의5제1항·제2항 중 "감사"는 각각 "주주총회"로 본다. <신설 2009.5.28., 2011.4.14.>

제409조의2(감사의 해임에 관한 의견진술의 권리) 감사는 주주총회에서 감사의 해임에 관하여 의견을 진술할 수 있다.

[본조신설 1995.12.29.]

제410조(임기) 감사의 임기는 취임후 3년내의 최종의 결산기에 관한 정기총회의 종결시까지로 한다. <개정 1995.12.29.>

[전문개정 1984.4.10.]

제411조(겸임금지) 감사는 회사 및 자회사의 이사 또는 지배인 기타의 사용인의 직무를 겸하지 못한다. <개정 1995.12.29.>

제412조(감사의 직무와 보고요구, 조사의 권한) ① 감사는 이사의 직무의 집행을 감사한다.

② 감사는 언제든지 이사에 대하여 영업에 관한 보고를 요구하거나 회사의 업무와 재산상태를 조사할 수 있다.

③ 감사는 회사의 비용으로 전문가의 도움을 구할 수 있다. <신설 2011.4.14.>

[전문개정 1984.4.10.]

[제목개정 2011.4.14.]

제412조의2(이사의 보고의무) 이사는 회사에 현저하게 손해를 미칠 염려가 있는 사실을 발견한 때에는 즉시 감사에게 이를 보고하여야 한다.

[본조신설 1995.12.29.]

제412조의3(총회의 소집청구) ① 감사는 회의의 목적사항과 소집의 이유를

기재한 서면을 이사회에 제출하여 임시총회의 소집을 청구할 수 있다.

② 제366조제2항의 규정은 감사가 총회를 소집하는 경우에 이를 준용한다.

[본조신설 1995.12.29.]

제412조의4(감사의 이사회 소집 청구) ① 감사는 필요하면 회의의 목적사항과 소집이유를 서면에 적어 이사(소집권자가 있는 경우에는 소집권자를 말한다. 이하 이 조에서 같다)에게 제출하여 이사회 소집을 청구할 수 있다.

② 제1항의 청구를 하였는데도 이사가 지체 없이 이사회를 소집하지 아니하면 그 청구한 감사가 이사회를 소집할 수 있다.

[본조신설 2011.4.14.]

[종전 제412조의4는 제412조의5로 이동 <2011.4.14.>]

제412조의5(자회사의 조사권) ① 모회사의 감사는 그 직무를 수행하기 위하여 필요한 때에는 자회사에 대하여 영업의 보고를 요구할 수 있다.

② 모회사의 감사는 제1항의 경우에 자회사가 지체없이 보고를 하지 아니할 때 또는 그 보고의 내용을 확인할 필요가 있는 때에는 자회사의 업무와 재산상태를 조사할 수 있다.

③ 자회사는 정당한 이유가 없는 한 제1항의 규정에 의한 보고 또는 제2항의 규정에 의한 조사를 거부하지 못한다.

[본조신설 1995.12.29.]

[제412조의4에서 이동 <2011.4.14.>]

제413조(조사ㆍ보고의 의무) 감사는 이사가 주주총회에 제출할 의안 및 서류를 조사하여 법령 또는 정관에 위반하거나 현저하게 부당한 사항이 있는지의 여부에 관하여 주주총회에 그 의견을 진술하여야 한다.

[전문개정 1984.4.10.]

제413조의2(감사록의 작성) ① 감사는 감사에 관하여 감사록을 작성하여야 한다.

② 감사록에는 감사의 실시요령과 그 결과를 기재하고 감사를 실시한 감사가 기명날인 또는 서명하여야 한다. <개정 1995.12.29.>

[본조신설 1984.4.10.]

제414조(감사의 책임) ① 감사가 그 임무를 해태한 때에는 그 감사는 회사

에 대하여 연대하여 손해를 배상할 책임이 있다.

② 감사가 악의 또는 중대한 과실로 인하여 그 임무를 해태한 때에는 그 감사는 제삼자에 대하여 연대하여 손해를 배상할 책임이 있다.

③ 감사가 회사 또는 제삼자에 대하여 손해를 배상할 책임이 있는 경우에 이사도 그 책임이 있는 때에는 그 감사와 이사는 연대하여 배상할 책임이 있다.

제415조(준용규정) 제382조제2항, 제382조의4, 제385조, 제386조, 제388조, 제400조, 제401조와 제403조 내지 제407조의 규정은 감사에 준용한다. <개정 1984.4.10., 2001.7.24.>

제415조의2(감사위원회) ① 회사는 정관이 정한 바에 따라 감사에 갈음하여 제393조의2의 규정에 의한 위원회로서 감사위원회를 설치할 수 있다. 감사위원회를 설치한 경우에는 감사를 둘 수 없다.

② 감사위원회는 제393조의2제3항에도 불구하고 3명 이상의 이사로 구성한다. 다만, 사외이사가 위원의 3분의 2 이상이어야 한다. <개정 2009.1.30.>

③ 감사위원회의 위원의 해임에 관한 이사회의 결의는 이사 총수의 3분의 2 이상의 결의로 하여야 한다.

④ 감사위원회는 그 결의로 위원회를 대표할 자를 선정하여야 한다. 이 경우 수인의 위원이 공동으로 위원회를 대표할 것을 정할 수 있다.

⑤ 감사위원회는 회사의 비용으로 전문가의 조력을 구할 수 있다.

⑥ 감사위원회에 대하여는 제393조의2제4항 후단을 적용하지 아니 한다. <신설 2009.1.30.>

⑦제296조 · 제312조 · 제367조 · 제387조 · 제391조의2제2항 · 제394조제1항 · 제400조 · 제402조 내지 제407조 · 제412조 내지 제414조 · 제447조의3 · 제447조의4 · 제450조 · 제527조의4 · 제530조의5제1항제9호 · 제530조의6제1항제10호 및 제534조의 규정은 감사위원회에 관하여 이를 준용한다. 이 경우 제530조의5제1항제9호 및 제530조의6제1항제10호중 "감사"는 "감사위원회 위원"으로 본다. <개정 2009.1.30.>

[본조신설 1999.12.31.]

제4절 신주의 발행

제416조(발행사항의 결정) 회사가 그 성립 후에 주식을 발행하는 경우에는 다음의 사항으로서 정관에 규정이 없는 것은 이사회가 결정한다. 다만, 이 법에 다른 규정이 있거나 정관으로 주주총회에서 결정하기로 정한 경우에는 그러하지 아니하다. <개정 1984.4.10., 2011.4.14.>

1. 신주의 종류와 수
2. 신주의 발행가액과 납입기일
2의2. 무액면주식의 경우에는 신주의 발행가액 중 자본금으로 계상하는 금액
3. 신주의 인수방법
4. 현물출자를 하는 자의 성명과 그 목적인 재산의 종류, 수량, 가액과 이에 대하여 부여할 주식의 종류와 수
5. 주주가 가지는 신주인수권을 양도할 수 있는 것에 관한 사항
6. 주주의 청구가 있는 때에만 신주인수권증서를 발행한다는 것과 그 청구기간

제417조(액면미달의 발행) ① 회사가 성립한 날로부터 2년을 경과한 후에 주식을 발행하는 경우에는 회사는 제434조의 규정에 의한 주주총회의 결의와 법원의 인가를 얻어서 주식을 액면미달의 가액으로 발행할 수 있다. <개정 1962.12.12.>

② 전항의 주주총회의 결의에서는 주식의 최저발행가액을 정하여야 한다.

③ 법원은 회사의 현황과 제반사정을 참작하여 최저발행가액을 변경하여 인가할 수 있다. 이 경우에 법원은 회사의 재산상태 기타 필요한 사항을 조사하게 하기 위하여 검사인을 선임할 수 있다.

④ 제1항의 주식은 법원의 인가를 얻은 날로부터 1월내에 발행하여야 한다. 법원은 이 기간을 연장하여 인가할 수 있다.

제418조(신주인수권의 내용 및 배정일의 지정·공고) ① 주주는 그가 가진 주식 수에 따라서 신주의 배정을 받을 권리가 있다. <개정 2001.7.24.>

② 회사는 제1항의 규정에 불구하고 정관에 정하는 바에 따라 주주 외의 자에게 신주를 배정할 수 있다. 다만, 이 경우에는 신기술의 도입, 재무구조의 개선 등 회사의 경영상 목적을 달성하기 위하여 필요한 경우에

한한다. <신설 2001.7.24.>

③ 회사는 일정한 날을 정하여 그 날에 주주명부에 기재된 주주가 제1항의 권리를 가진다는 뜻과 신주인수권을 양도할 수 있을 경우에는 그 뜻을 그 날의 2주간전에 공고하여야 한다. 그러나 그 날이 제354조제1항의 기간 중인 때에는 그 기간의 초일의 2주간전에 이를 공고하여야 한다. <신설 1984.4.10.>

④ 제2항에 따라 주주 외의 자에게 신주를 배정하는 경우 회사는 제416조제1호, 제2호, 제2호의2, 제3호 및 제4호에서 정하는 사항을 그 납입기일의 2주 전까지 주주에게 통지하거나 공고하여야 한다. <신설 2011.4.14.>

제419조(신주인수권자에 대한 최고) ① 회사는 신주의 인수권을 가진 자에 대하여 그 인수권을 가지는 주식의 종류 및 수와 일정한 기일까지 주식인수의 청약을 하지 아니하면 그 권리를 잃는다는 뜻을 통지하여야 한다. 이 경우 제416조제5호 및 제6호에 규정한 사항의 정함이 있는 때에는 그 내용도 통지하여야 한다.

② 제1항의 통지는 제1항의 기일의 2주간전에 이를 하여야 한다. <개정 2014.5.20.>

③ 제1항의 통지에도 불구하고 그 기일까지 주식인수의 청약을 하지 아니한 때에는 신주의 인수권을 가진 자는 그 권리를 잃는다. <개정 2014.5.20.>

[전문개정 1984.4.10.]

제420조(주식청약서) 이사는 주식청약서를 작성하여 다음의 사항을 적어야 한다. <개정 1984.4.10., 2011.4.14.>

1. 제289조제1항제2호 내지 제4호에 게기한 사항
2. 제302조제2항제7호·제9호 및 제10호에 게기한 사항
3. 제416조제1호 내지 제4호에 게기한 사항
4. 제417조에 따른 주식을 발행한 경우에는 그 발행조건과 미상각액 (未償却額)
5. 주주에 대한 신주인수권의 제한에 관한 사항 또는 특정한 제삼자에게 이를 부여할 것을 정한 때에는 그 사항
6. 주식발행의 결의연월일

제420조의2(신주인수권증서의 발행) ① 제416조제5호에 규정한 사항을 정한 경우에 회사는 동조제6호의 정함이 있는 때에는 그 정함에 따라, 그 정

함이 없는 때에는 제419조제1항의 기일의 2주간전에 신주인수권증서를 발행하여야 한다.

② 신주인수권증서에는 다음 사항과 번호를 기재하고 이사가 기명날인 또는 서명하여야 한다. <개정 1995.12.29.>

　　1. 신주인수권증서라는 뜻의 표시

　　2. 제420조에 규정한 사항

　　3. 신주인수권의 목적인 주식의 종류와 수

　　4. 일정기일까지 주식의 청약을 하지 아니할 때에는 그 권리를 잃는다는 뜻

[본조신설 1984.4.10.]

제420조의3(신주인수권의 양도)　① 신주인수권의 양도는 신주인수권증서의 교부에 의하여서만 이를 행한다.

② 제336조제2항 및 수표법 제21조의 규정은 신주인수권증서에 관하여 이를 준용한다.

[본조신설 1984.4.10.]

제420조의4(신주인수권의 전자등록)　회사는 신주인수권증서를 발행하는 대신 정관으로 정하는 바에 따라 전자등록기관의 전자등록부에 신주인수권을 등록할 수 있다. 이 경우 제356조의2제2항부터 제4항까지의 규정을 준용한다.

[본조신설 2011.4.14.]

[종전 제420조의4는 제420조의5로 이동 <2011.4.14.>]

제420조의5(신주인수권증서에 의한 청약)　① 신주인수권증서를 발행한 경우에는 신주인수권증서에 의하여 주식의 청약을 한다. 이 경우에는 제302조제1항의 규정을 준용한다.

② 신주인수권증서를 상실한 자는 주식청약서에 의하여 주식의 청약을 할 수 있다. 그러나 그 청약은 신주인수권증서에 의한 청약이 있는 때에는 그 효력을 잃는다.

[본조신설 1984.4.10.]

[제420조의4에서 이동 <2011.4.14.>]

제421조(주식에 대한 납입)　① 이사는 신주의 인수인으로 하여금 그 배정한 주수(株數)에 따라 납입기일에 그 인수한 주식에 대한 인수가액의 전액

을 납입시켜야 한다.

② 신주의 인수인은 회사의 동의 없이 제1항의 납입채무와 주식회사에 대한 채권을 상계할 수 없다.

[전문개정 2011.4.14.]

제422조(현물출자의 검사) ① 현물출자를 하는 자가 있는 경우에는 이사는 제416조제4호의 사항을 조사하게 하기 위하여 검사인의 선임을 법원에 청구하여야 한다. 이 경우 공인된 감정인의 감정으로 검사인의 조사에 갈음할 수 있다. <개정 1998.12.28.>

② 다음 각 호의 어느 하나에 해당할 경우에는 제1항을 적용하지 아니한다. <신설 2011.4.14.>

  1. 제416조제4호의 현물출자의 목적인 재산의 가액이 자본금의 5분의 1을 초과하지 아니하고 대통령령으로 정한 금액을 초과하지 아니하는 경우

  2. 제416조제4호의 현물출자의 목적인 재산이 거래소의 시세 있는 유가증권인 경우 제416조 본문에 따라 결정된 가격이 대통령령으로 정한 방법으로 산정된 시세를 초과하지 아니하는 경우

  3. 변제기가 돌아온 회사에 대한 금전채권을 출자의 목적으로 하는 경우로서 그 가액이 회사장부에 적혀 있는 가액을 초과하지 아니하는 경우

  4. 그 밖에 제1호부터 제3호까지의 규정에 준하는 경우로서 대통령령으로 정하는 경우

③ 법원은 검사인의 조사보고서 또는 감정인 감정결과를 심사하여 제1항의 사항을 부당하다고 인정한 때에는 이를 변경하여 이사와 현물출자를 한 자에게 통고할 수 있다. <개정 1998.12.28., 2011.4.14.>

④ 전항의 변경에 불복하는 현물출자를 한 자는 그 주식의 인수를 취소할 수 있다. <개정 2011.4.14.>

⑤ 법원의 통고가 있은 후 2주내에 주식의 인수를 취소한 현물출자를 한 자가 없는 때에는 제1항의 사항은 통고에 따라 변경된 것으로 본다. <개정 1998.12.28., 2011.4.14.>

제423조(주주가 되는 시기, 납입해태의 효과) ① 신주의 인수인은 납입 또는 현물출자의 이행을 한 때에는 납입기일의 다음 날로부터 주주의 권리의무가

있다. 이 경우 제350조제3항 후단의 규정을 준용한다. <개정 1984.4.10., 1995.12.29.>

② 신주의 인수인이 납입기일에 납입 또는 현물출자의 이행을 하지 아니한 때에는 그 권리를 잃는다.

③ 제2항의 규정은 신주의 인수인에 대한 손해배상의 청구에 영향을 미치지 아니한다. <개정 1984.4.10.>

제424조(유지청구권) 회사가 법령 또는 정관에 위반하거나 현저하게 불공정한 방법에 의하여 주식을 발행함으로써 주주가 불이익을 받을 염려가 있는 경우에는 그 주주는 회사에 대하여 그 발행을 유지할 것을 청구할 수 있다.

제424조의2(불공정한 가액으로 주식을 인수한 자의 책임) ① 이사와 통모하여 현저하게 불공정한 발행가액으로 주식을 인수한 자는 회사에 대하여 공정한 발행가액과의 차액에 상당한 금액을 지급할 의무가 있다.

② 제403조 내지 제406조의 규정은 제1항의 지급을 청구하는 소에 관하여 이를 준용한다.

③ 제1항 및 제2항의 규정은 이사의 회사 또는 주주에 대한 손해배상의 책임에 영향을 미치지 아니한다.

[본조신설 1984.4.10.]

제425조(준용규정) ① 제302조제1항, 제3항, 제303조, 제305조제2항, 제3항, 제306조, 제318조와 제319조의 규정은 신주의 발행에 준용한다.

② 제305조제2항의 규정은 신주인수권증서를 발행하는 경우에 이를 준용한다. <신설 1984.4.10.>

제426조(미상각액의 등기) 제417조에 따른 주식을 발행한 경우에 주식의 발행에 따른 변경등기에는 미상각액을 등기하여야 한다.

[전문개정 2011.4.14.]

제427조(인수의 무효주장, 취소의 제한) 신주의 발행으로 인한 변경등기를 한 날로부터 1년을 경과한 후에는 신주를 인수한 자는 주식청약서 또는 신주인수권증서의 요건의 흠결을 이유로 하여 그 인수의 무효를 주장하거나 사기, 강박 또는 착오를 이유로 하여 그 인수를 취소하지 못한다. 그 주식에 대하여 주주의 권리를 행사한 때에도 같다. <개정 1962.12.12., 1984.4.10.>

제428조(이사의 인수담보책임) ① 신주의 발행으로 인한 변경등기가 있은 후에 아직 인수하지 아니한 주식이 있거나 주식인수의 청약이 취소된 때에는 이사가 이를 공동으로 인수한 것으로 본다.

② 전항의 규정은 이사에 대한 손해배상의 청구에 영향을 미치지 아니한다.

제429조(신주발행무효의 소) 신주발행의 무효는 주주·이사 또는 감사에 한하여 신주를 발행한 날로부터 6월내에 소만으로 이를 주장할 수 있다. <개정 1984.4.10.>

제430조(준용규정) 제186조 내지 제189조·제190조 본문·제191조·제192조 및 제377조의 규정은 제429조의 소에 관하여 이를 준용한다.
[전문개정 1995.12.29.]

제431조(신주발행무효판결의 효력) ① 신주발행무효의 판결이 확정된 때에는 신주는 장래에 대하여 그 효력을 잃는다.

② 전항의 경우에는 회사는 지체없이 그 뜻과 일정한 기간내에 신주의 주권을 회사에 제출할 것을 공고하고 주주명부에 기재된 주주와 질권자에 대하여는 각별로 그 통지를 하여야 한다. 그러나 그 기간은 3월 이상으로 하여야 한다.

제432조(무효판결과 주주에의 환급) ① 신주발행무효의 판결이 확정된 때에는 회사는 신주의 주주에 대하여 그 납입한 금액을 반환하여야 한다.

② 전항의 금액이 전조제1항의 판결확정시의 회사의 재산상태에 비추어 현저하게 부당한 때에는 법원은 회사 또는 전항의 주주의 청구에 의하여 그 금액의 증감을 명할 수 있다.

③ 제339조와 제340조제1항, 제2항의 규정은 제1항의 경우에 준용한다.

제5절 정관의 변경

제433조(정관변경의 방법) ① 정관의 변경은 주주총회의 결의에 의하여야 한다.

② 정관의 변경에 관한 의안의 요령은 제363조에 따른 통지에 기재하여야 한다. <개정 2014.5.20.>

제434조(정관변경의 특별결의) 제433조제1항의 결의는 출석한 주주의 의결권

의 3분의 2 이상의 수와 발행주식총수의 3분의 1 이상의 수로써 하여야
한다.

[전문개정 1995.12.29.]

제435조(종류주주총회) ① 회사가 종류주식을 발행한 경우에 정관을 변경함으
로써 어느 종류주식의 주주에게 손해를 미치게 될 때에는 주주총회의 결의
외에 그 종류주식의 주주의 총회의 결의가 있어야 한다. <개정 2011.4.14.>
② 제1항의 결의는 출석한 주주의 의결권의 3분의 2 이상의 수와 그 종류의
발행주식총수의 3분의 1 이상의 수로써 하여야 한다. <개정 1995.12.29.>
③ 주주총회에 관한 규정은 의결권없는 종류의 주식에 관한 것을 제외하
고 제1항의 총회에 준용한다.

제436조(준용규정) 제344조제3항에 따라 주식의 종류에 따라 특수하게 정
하는 경우와 회사의 분할 또는 분할합병, 주식교환, 주식이전 및 회사의
합병으로 인하여 어느 종류의 주주에게 손해를 미치게 될 경우에는 제
435조를 준용한다.

[전문개정 2011.4.14.]

제437조 삭제 <1995.12.29.>

제6절 자본금의 감소 <개정 2011.4.14.>

제438조(자본금 감소의 결의) ① 자본금의 감소에는 제434조에 따른 결의
가 있어야 한다.
② 제1항에도 불구하고 결손의 보전(補塡)을 위한 자본금의 감소는 제
368조제1항의 결의에 의한다.
③ 자본금의 감소에 관한 의안의 주요내용은 제363조에 따른 통지에 적
어야 한다. <개정 2014.5.20.>

[전문개정 2011.4.14.]

제439조(자본금 감소의 방법, 절차) ① 자본금 감소의 결의에서는 그 감소
의 방법을 정하여야 한다.
② 자본금 감소의 경우에는 제232조를 준용한다. 다만, 결손의 보전을 위
하여 자본금을 감소하는 경우에는 그러하지 아니하다.
③ 사채권자가 이의를 제기하려면 사채권자집회의 결의가 있어야 한다. 이

경우에는 법원은 이해관계인의 청구에 의하여 사채권자를 위하여 이의
제기 기간을 연장할 수 있다.

[전문개정 2011.4.14.]

제440조(주식병합의 절차) 주식을 병합할 경우에는 회사는 1월 이상의 기간
을 정하여 그 뜻과 그 기간 내에 주권을 회사에 제출할 것을 공고하고
주주명부에 기재된 주주와 질권자에 대하여는 각별로 그 통지를 하여야
한다. <개정 1995.12.29.>

제441조(동전) 주식의 병합은 전조의 기간이 만료한 때에 그 효력이 생긴다.
그러나 제232조의 규정에 의한 절차가 종료하지 아니한 때에는 그 종료
한 때에 효력이 생긴다.

제442조(신주권의 교부) ① 주식을 병합하는 경우에 구주권을 회사에 제출
할 수 없는 자가 있는 때에는 회사는 그 자의 청구에 의하여 3월 이상
의 기간을 정하고 이해관계인에 대하여 그 주권에 대한 이의가 있으면
그 기간 내에 제출할 뜻을 공고하고 그 기간이 경과한 후에 신주권을
청구자에게 교부할 수 있다.

② 전항의 공고의 비용은 청구자의 부담으로 한다.

제443조(단주의 처리) ① 병합에 적당하지 아니한 수의 주식이 있는 때에는 그
병합에 적당하지 아니한 부분에 대하여 발행한 신주를 경매하여 각 주수에
따라 그 대금을 종전의 주주에게 지급하여야 한다. 그러나 거래소의 시세있
는 주식은 거래소를 통하여 매각하고, 거래소의 시세없는 주식은 법원의 허
가를 받아 경매외의 방법으로 매각할 수 있다. <개정 1984.4.10.>

② 제442조의 규정은 제1항의 경우에 준용한다. <개정 1984.4.10.>

제444조 삭제 <2014.5.20.>

제445조(감자무효의 소) 자본금 감소의 무효는 주주·이사·감사·청산인·파
산관재인 또는 자본금의 감소를 승인하지 아니한 채권자만이 자본금 감소
로 인한 변경등기가 된 날부터 6개월 내에 소(訴)만으로 주장할 수 있다.

[전문개정 2011.4.14.]

제446조(준용규정) 제186조 내지 제189조·제190조 본문·제191조·제192
조 및 제377조의 규정은 제445조의 소에 관하여 이를 준용한다.

[전문개정 1995.12.29.]

제7절 회사의 회계 <개정 2011.4.14.>

제446조의2(회계의 원칙) 회사의 회계는 이 법과 대통령령으로 규정한 것을 제외하고는 일반적으로 공정하고 타당한 회계관행에 따른다.

[본조신설 2011.4.14.]

제447조(재무제표의 작성) ① 이사는 결산기마다 다음 각 호의 서류와 그 부속명세서를 작성하여 이사회의 승인을 받아야 한다.

1. 대차대조표
2. 손익계산서
3. 그 밖에 회사의 재무상태와 경영성과를 표시하는 것으로서 대통령령으로 정하는 서류

② 대통령령으로 정하는 회사의 이사는 연결재무제표(聯結財務諸表)를 작성하여 이사회의 승인을 받아야 한다.

[전문개정 2011.4.14.]

제447조의2(영업보고서의 작성) ① 이사는 매결산기에 영업보고서를 작성하여 이사회의 승인을 얻어야 한다.

② 영업보고서에는 대통령령이 정하는 바에 의하여 영업에 관한 중요한 사항을 기재하여야 한다.

[본조신설 1984.4.10.]

제447조의3(재무제표등의 제출) 이사는 정기총회회일의 6주간전에 제447조 및 제447조의2의 서류를 감사에게 제출하여야 한다.

[본조신설 1984.4.10.]

제447조의4(감사보고서) ① 감사는 제447조의3의 서류를 받은 날부터 4주 내에 감사보고서를 이사에게 제출하여야 한다.

② 제1항의 감사보고서에는 다음 각 호의 사항을 적어야 한다.

1. 감사방법의 개요
2. 회계장부에 기재될 사항이 기재되지 아니하거나 부실기재된 경우 또는 대차대조표나 손익계산서의 기재 내용이 회계장부와 맞지 아니하는 경우에는 그 뜻
3. 대차대조표 및 손익계산서가 법령과 정관에 따라 회사의 재무상태와 경영성과를 적정하게 표시하고 있는 경우에는 그 뜻

4. 대차대조표 또는 손익계산서가 법령이나 정관을 위반하여 회사의 재무상태와 경영성과를 적정하게 표시하지 아니하는 경우에는 그 뜻과 이유

5. 대차대조표 또는 손익계산서의 작성에 관한 회계방침의 변경이 타당한지 여부와 그 이유

6. 영업보고서가 법령과 정관에 따라 회사의 상황을 적정하게 표시하고 있는지 여부

7. 이익잉여금의 처분 또는 결손금의 처리가 법령 또는 정관에 맞는지 여부

8. 이익잉여금의 처분 또는 결손금의 처리가 회사의 재무상태나 그 밖의 사정에 비추어 현저하게 부당한 경우에는 그 뜻

9. 제447조의 부속명세서에 기재할 사항이 기재되지 아니하거나 부실기재된 경우 또는 회계장부·대차대조표·손익계산서나 영업보고서의 기재 내용과 맞지 아니하게 기재된 경우에는 그 뜻

10. 이사의 직무수행에 관하여 부정한 행위 또는 법령이나 정관의 규정을 위반하는 중대한 사실이 있는 경우에는 그 사실

③ 감사가 감사를 하기 위하여 필요한 조사를 할 수 없었던 경우에는 감사보고서에 그 뜻과 이유를 적어야 한다.

[전문개정 2011.4.14.]

제448조(재무제표 등의 비치·공시) ① 이사는 정기총회회일의 1주간전부터 제447조 및 제447조의2의 서류와 감사보고서를 본점에 5년간, 그 등본을 지점에 3년간 비치하여야 한다. <개정 1962.12.12., 1984.4.10.>

② 주주와 회사채권자는 영업시간내에 언제든지 제1항의 비치서류를 열람할 수 있으며 회사가 정한 비용을 지급하고 그 서류의 등본이나 초본의 교부를 청구할 수 있다. <개정 1984.4.10.>

제449조(재무제표 등의 승인·공고) ① 이사는 제447조의 각 서류를 정기총회에 제출하여 그 승인을 요구하여야 한다.

② 이사는 제447조의2의 서류를 정기총회에 제출하여 그 내용을 보고하여야 한다. <신설 1984.4.10.>

③ 이사는 제1항의 서류에 대한 총회의 승인을 얻은 때에는 지체없이 대차대조표를 공고하여야 한다. <개정 1984.4.10.>

제449조의2(재무제표 등의 승인에 대한 특칙) ① 제449조에도 불구하고 회사는 정관으로 정하는 바에 따라 제447조의 각 서류를 이사회의 결의로 승인할 수 있다. 다만, 이 경우에는 다음 각 호의 요건을 모두 충족하여야 한다.

  1. 제447조의 각 서류가 법령 및 정관에 따라 회사의 재무상태 및 경영성과를 적정하게 표시하고 있다는 외부감사인의 의견이 있을 것
  2. 감사(감사위원회 설치회사의 경우에는 감사위원을 말한다) 전원의 동의가 있을 것

② 제1항에 따라 이사회가 승인한 경우에는 이사는 제447조의 각 서류의 내용을 주주총회에 보고하여야 한다.

[본조신설 2011.4.14.]

제450조(이사, 감사의 책임해제) 정기총회에서 전조제1항의 승인을 한 후 2년내에 다른 결의가 없으면 회사는 이사와 감사의 책임을 해제한 것으로 본다. 그러나 이사 또는 감사의 부정행위에 대하여는 그러하지 아니하다.

제451조(자본금) ① 회사의 자본금은 이 법에서 달리 규정한 경우 외에는 발행주식의 액면총액으로 한다.

② 회사가 무액면주식을 발행하는 경우 회사의 자본금은 주식 발행가액의 2분의 1 이상의 금액으로서 이사회(제416조 단서에서 정한 주식발행의 경우에는 주주총회를 말한다)에서 자본금으로 계상하기로 한 금액의 총액으로 한다. 이 경우 주식의 발행가액 중 자본금으로 계상하지 아니하는 금액은 자본준비금으로 계상하여야 한다.

③ 회사의 자본금은 액면주식을 무액면주식으로 전환하거나 무액면주식을 액면주식으로 전환함으로써 변경할 수 없다.

[전문개정 2011.4.14.]

제452조 ~ 제457조 삭제 <2011.4.14.>

제457조의2 삭제 <2011.4.14.>

제458조(이익준비금) 회사는 그 자본금의 2분의 1이 될 때까지 매 결산기 이익배당액의 10분의 1 이상을 이익준비금으로 적립하여야 한다. 다만, 주식배당의 경우에는 그러하지 아니하다.

[전문개정 2011.4.14.]

제459조(자본준비금) ① 회사는 자본거래에서 발생한 잉여금을 대통령령으로 정하는 바에 따라 자본준비금으로 적립하여야 한다.

② 합병이나 제530조의2에 따른 분할 또는 분할합병의 경우 소멸 또는 분할되는 회사의 이익준비금이나 그 밖의 법정준비금은 합병·분할·분할합병 후 존속되거나 새로 설립되는 회사가 승계할 수 있다.

[전문개정 2011.4.14.]

제460조(법정준비금의 사용) 제458조 및 제459조의 준비금은 자본금의 결손보전에 충당하는 경우 외에는 처분하지 못한다.

[전문개정 2011.4.14.]

제461조(준비금의 자본금 전입) ① 회사는 이사회의 결의에 의하여 준비금의 전부 또는 일부를 자본금에 전입할 수 있다. 그러나 정관으로 주주총회에서 결정하기로 정한 경우에는 그러하지 아니하다. <개정 2011.4.14.>

② 제1항의 경우에는 주주에 대하여 그가 가진 주식의 수에 따라 주식을 발행하여야 한다. 이 경우 1주에 미달하는 단수에 대하여는 제443조제1항의 규정을 준용한다.

③ 제1항의 이사회의 결의가 있은 때에는 회사는 일정한 날을 정하여 그 날에 주주명부에 기재된 주주가 제2항의 신주의 주주가 된다는 뜻을 그 날의 2주간전에 공고하여야 한다. 그러나 그 날이 제354조제1항의 기간 중인 때에는 그 기간의 초일의 2주간전에 이를 공고하여야 한다.

④ 제1항 단서의 경우에 주주는 주주총회의 결의가 있은 때로부터 제2항의 신주의 주주가 된다.

⑤ 제3항 또는 제4항의 규정에 의하여 신주의 주주가 된 때에는 이사는 지체없이 신주를 받은 주주와 주주명부에 기재된 질권자에 대하여 그 주주가 받은 주식의 종류와 수를 통지하여야 한다. <개정 2014.5.20.>

⑥ 제350조제3항 후단의 규정은 제1항의 경우에 이를 준용한다. <신설 1995.12.29.>

⑦ 제339조의 규정은 제2항의 규정에 의하여 주식의 발행이 있는 경우에 이를 준용한다.

[전문개정 1984.4.10.]

[제목개정 2011.4.14.]

제461조의2(준비금의 감소) 회사는 적립된 자본준비금 및 이익준비금의 총액

이 자본금의 1.5배를 초과하는 경우에 주주총회의 결의에 따라 그 초과한 금액 범위에서 자본준비금과 이익준비금을 감액할 수 있다.

[본조신설 2011.4.14.]

제462조(이익의 배당) ① 회사는 대차대조표의 순자산액으로부터 다음의 금액을 공제한 액을 한도로 하여 이익배당을 할 수 있다.

　1. 자본금의 액

　2. 그 결산기까지 적립된 자본준비금과 이익준비금의 합계액

　3. 그 결산기에 적립하여야 할 이익준비금의 액

　4. 대통령령으로 정하는 미실현이익

② 이익배당은 주주총회의 결의로 정한다. 다만, 제449조의2제1항에 따라 재무제표를 이사회가 승인하는 경우에는 이사회의 결의로 정한다.

③ 제1항을 위반하여 이익을 배당한 경우에 회사채권자는 배당한 이익을 회사에 반환할 것을 청구할 수 있다.

④ 제3항의 청구에 관한 소에 대하여는 제186조를 준용한다.

[전문개정 2011.4.14.]

제462조의2(주식배당) ① 회사는 주주총회의 결의에 의하여 이익의 배당을 새로이 발행하는 주식으로써 할 수 있다. 그러나 주식에 의한 배당은 이익배당총액의 2분의 1에 상당하는 금액을 초과하지 못한다.

② 제1항의 배당은 주식의 권면액으로 하며, 회사가 종류주식을 발행한 때에는 각각 그와 같은 종류의 주식으로 할 수 있다. <개정 1995.12.29., 2011.4.14.>

③ 주식으로 배당할 이익의 금액중 주식의 권면액에 미달하는 단수가 있는 때에는 그 부분에 대하여는 제443조제1항의 규정을 준용한다. <개정 1995.12.29.>

④ 주식으로 배당을 받은 주주는 제1항의 결의가 있는 주주총회가 종결한 때부터 신주의 주주가 된다. 이 경우 제350조제3항 후단의 규정을 준용한다. <개정 1995.12.29.>

⑤ 이사는 제1항의 결의가 있는 때에는 지체없이 배당을 받을 주주와 주주명부에 기재된 질권자에게 그 주주가 받을 주식의 종류와 수를 통지하여야 한다. <개정 2014.5.20.>

⑥ 제340조제1항의 질권자의 권리는 제1항의 규정에 의한 주주가 받을

주식에 미친다. 이 경우 제340조제3항의 규정을 준용한다.

[본조신설 1984.4.10.]

제462조의3(중간배당) ① 년 1회의 결산기를 정한 회사는 영업년도중 1회에 한하여 이사회의 결의로 일정한 날을 정하여 그 날의 주주에 대하여 이익을 배당(이하 이 條에서 "中間配當"이라 한다)할 수 있음을 정관으로 정할 수 있다. <개정 2011.4.14.>

② 중간배당은 직전 결산기의 대차대조표상의 순자산액에서 다음 각호의 금액을 공제한 액을 한도로 한다. <개정 2001.7.24., 2011.4.14.>

　1. 직전 결산기의 자본금의 액

　2. 직전 결산기까지 적립된 자본준비금과 이익준비금의 합계액

　3. 직전 결산기의 정기총회에서 이익으로 배당하거나 또는 지급하기로 정한 금액

　4. 중간배당에 따라 당해 결산기에 적립하여야 할 이익준비금

③ 회사는 당해 결산기의 대차대조표상의 순자산액이 제462조제1항 각호의 금액의 합계액에 미치지 못할 우려가 있는 때에는 중간배당을 하여서는 아니된다. <개정 2001.7.24.>

④ 당해 결산기 대차대조표상의 순자산액이 제462조제1항 각호의 금액의 합계액에 미치지 못함에도 불구하고 중간배당을 한 경우 이사는 회사에 대하여 연대하여 그 차액(配當額이 그 差額보다 적을 경우에는 配當額)을 배상할 책임이 있다. 다만, 이사가 제3항의 우려가 없다고 판단함에 있어 주의를 게을리하지 아니하였음을 증명한 때에는 그러하지 아니하다. <개정 2001.7.24.>

⑤ 제340조제1항, 제344조제1항, 제350조제3항(第423條第1項, 第516條第2項 및 제516조의10에서 準用하는 경우를 포함한다. 이하 이 項에서 같다), 제354조제1항, 제458조, 제464조 및 제625조제3호의 규정의 적용에 관하여는 중간배당을 제462조제1항의 규정에 의한 이익의 배당으로, 제350조제3항의 규정의 적용에 관하여는 제1항의 일정한 날을 영업년도말로본다. <개정 2011.4.14.>

⑥ 제399조제2항·제3항 및 제400조의 규정은 제4항의 이사의 책임에 관하여, 제462조제3항 및 제4항은 제3항의 규정에 위반하여 중간배당을 한 경우에 이를 준용한다. <개정 2011.4.14.>

[본조신설 1998.12.28.]

제462조의4(현물배당) ① 회사는 정관으로 금전 외의 재산으로 배당을 할 수 있음을 정할 수 있다.

② 제1항에 따라 배당을 결정한 회사는 다음 사항을 정할 수 있다.

　1. 주주가 배당되는 금전 외의 재산 대신 금전의 지급을 회사에 청구할 수 있도록 한 경우에는 그 금액 및 청구할 수 있는 기간

　2. 일정 수 미만의 주식을 보유한 주주에게 금전 외의 재산 대신 금전을 지급하기로 한 경우에는 그 일정 수 및 금액

[본조신설 2011.4.14.]

제463조 삭제 <2011.4.14.>

제464조(이익배당의 기준) 이익배당은 각 주주가 가진 주식의 수에 따라 한다. 다만, 제344조제1항을 적용하는 경우에는 그러하지 아니하다.

[전문개정 2011.4.14.]

제464조의2(이익배당의 지급시기) ① 회사는 제464조에 따른 이익배당을 제462조제2항의 주주총회나 이사회의 결의 또는 제462조의3제1항의 결의를 한 날부터 1개월 내에 하여야 한다. 다만, 주주총회 또는 이사회에서 배당금의 지급시기를 따로 정한 경우에는 그러하지 아니하다. <개정 2011.4.14.>

② 제1항의 배당금의 지급청구권은 5년간 이를 행사하지 아니하면 소멸시효가 완성한다.

[본조신설 1984.4.10.]

[제목개정 2011.4.14.]

제465조 삭제 <1984.4.10.>

제466조(주주의 회계장부열람권) ① 발행주식의 총수의 100분의 3 이상에 해당하는 주식을 가진 주주는 이유를 붙인 서면으로 회계의 장부와 서류의 열람 또는 등사를 청구할 수 있다. <개정 1998.12.28.>

② 회사는 제1항의 주주의 청구가 부당함을 증명하지 아니하면 이를 거부하지 못한다. <개정 1998.12.28.>

제467조(회사의 업무, 재산상태의 검사) ① 회사의 업무집행에 관하여 부정행위 또는 법령이나 정관에 위반한 중대한 사실이 있음을 의심할 사유가 있는 때에는 발행주식의 총수의 100분의 3 이상에 해당하는 주식을 가

진 주주는 회사의 업무와 재산상태를 조사하게 하기 위하여 법원에 검사인의 선임을 청구할 수 있다. <개정 1998.12.28.>

② 검사인은 그 조사의 결과를 법원에 보고하여야 한다.

③ 법원은 제2항의 보고에 의하여 필요하다고 인정한 때에는 대표이사에게 주주총회의 소집을 명할 수 있다. 제310조제2항의 규정은 이 경우에 준용한다. <개정 1962.12.12., 1995.12.29.>

④ 이사와 감사는 지체없이 제3항의 규정에 의한 검사인의 보고서의 정확 여부를 조사하여 이를 주주총회에 보고하여야 한다. <신설 1995.12.29.>

제467조의2(이익공여의 금지) ① 회사는 누구에게든지 주주의 권리행사와 관련하여 재산상의 이익을 공여할 수 없다.

② 회사가 특정의 주주에 대하여 무상으로 재산상의 이익을 공여한 경우에는 주주의 권리행사와 관련하여 이를 공여한 것으로 추정한다. 회사가 특정의 주주에 대하여 유상으로 재산상의 이익을 공여한 경우에 있어서 회사가 얻은 이익이 공여한 이익에 비하여 현저하게 적은 때에도 또한 같다.

③ 회사가 제1항의 규정에 위반하여 재산상의 이익을 공여한 때에는 그 이익을 공여받은 자는 이를 회사에 반환하여야 한다. 이 경우 회사에 대하여 대가를 지급한 것이 있는 때에는 그 반환을 받을 수 있다.

④ 제403조 내지 제406조의 규정은 제3항의 이익의 반환을 청구하는 소에 대하여 이를 준용한다.

[본조신설 1984.4.10.]

제468조(사용인의 우선변제권) 신원보증금의 반환을 받을 채권 기타 회사와 사용인간의 고용관계로 인한 채권이 있는 자는 회사의 총재산에 대하여 우선변제를 받을 권리가 있다. 그러나 질권·저당권이나 「동산·채권 등의 담보에 관한 법률」에 따른 담보권에 우선하지 못한다. <개정 2010.6.10.>

▣ 편 저 이 종 익 ▣

- •전(前) 서울지방법원민사과장
- •전(前) 고등법원종합민원실장

- •저서 : 자동차사고의 법률적 해법과 지식(공저)
  법인등기실무
  의료사고의료분쟁속시원하게해결해드립니다(공저)
  채권채무 정석 요해
  채무 소액소장 사례실무
  이 정도도 모르면 대부업체 이용하지 마세요

회사운영과 관련된 전반적인 법률문제를 해결하는
회사설립과 법대로 운영하기

정가 18,000원

2018년 7월 10일 1판 인쇄
2018년 7월 15일 1판 발행
편   저 : 이 종 익
발 행 인 : 김 현 호
발 행 처 : 법문 북스
공 급 처 : 법률미디어

서울 구로구 경인로 54길4 (우편번호 : 08278)
TEL : 2636-2911~2, FAX : 2636-3012
등록 : 1979년 8월 27일 제5-22호
Home : www.lawb.co.kr

▌ ISBN 978-89-7535-668-1 (13360)
▌ 이 도서의 국립중앙도서관 출판예정도서목록(CIP)은 서지정보유통지원시스템 홈페이지(http://seoji.nl.go.kr)와 국가자료공동목록시스템(http://www.nl.go.kr/kolisnet)에서 이용하실 수 있습니다. (CIP제어번호 : CIP2018021386)